羅軍鳳 著

清代春秋左傳學論著提要

北京大學出版社
PEKING UNIVERSITY PRESS

圖書在版編目（CIP）數據

清代春秋左傳學論著提要/羅軍鳳著.—北京：北京大學出版社，2023.5
ISBN 978-7-301-31110-3

Ⅰ.①清… Ⅱ.①羅… Ⅲ.①《左傳》—研究—著作—内容提要—中國—清代　Ⅳ.①K225.04

中國版本圖書館 CIP 數據核字（2020）第 005577 號

書　　　名	清代春秋左傳學論著提要 QINGDAI CHUNQIU ZUOZHUANXUE LUNZHU TIYAO
著作責任者	羅軍鳳　著
責任編輯	張弘泓
標準書號	ISBN 978-7-301-31110-3
出版發行	北京大學出版社
地　　　址	北京市海淀區成府路 205 號　100871
網　　　址	http://www.pup.cn　新浪微博：@北京大學出版社
電子郵箱	編輯部 dj@pup.cn　總編室 zpup@pup.cn
電　　　話	郵購部 010-62752015　發行部 010-62750672 編輯部 010-62745466
印　刷　者	北京虎彩文化傳播有限公司
經　銷　者	新華書店
	965 毫米×1300 毫米　16 開本　23 印張　333 千字 2023 年 5 月第 1 版　2023 年 12 月第 2 次印刷
定　　　價	80.00 元

未經許可，不得以任何方式複製或鈔襲本書之部分或全部内容。
版權所有，侵權必究
舉報電話：010-62752024　電子郵箱：fd@pup.cn
圖書如有印裝質量問題，請與出版部聯繫，電話：010-62756370

國家社會科學基金重大招標項目《〈春秋左傳〉校注及研究》(項目編號15ZDB071)成果
"西安交通大學人文社會科學學術著作出版基金"和"中央高校基本科研業務費專項資金"資助
Supported by "the Fundamental Research Funds for the Central Universities"

目 録

序 …………………………………… 劉躍進/1
凡　例 ……………………………………………… 1

一　《春秋》經義類 ………………………………………… 1
二　糾補胡安國《春秋傳》或蒐輯《春秋》三傳以解經類 ……… 68
三　《春秋》史學類 ………………………………………… 108
四　蒐輯考證《春秋左傳》古注古疏 ……………………… 125
五　補苴《春秋左傳》杜注 ………………………………… 143
六　《春秋左傳》專題研究
　　(一) 典章制度考證 …………………………………… 180
　　(二) 人物姓氏職官考證 ……………………………… 192
　　(三) 文字音韻校勘 …………………………………… 208
　　(四) 地理考證 ………………………………………… 239
　　(五)《左傳》古經及《春秋》異文考釋 ………………… 246
　　(六) 今古文之爭 ……………………………………… 262
　　(七)《左傳》經義 ……………………………………… 286
七　《左傳》評點與科舉讀物 ……………………………… 294
八　索引 …………………………………………………… 351

序

　　2004年，羅軍鳳考入中國社會科學院研究生院文學系攻讀博士學位。在確定博士論文題目時，考慮到她在碩士研究生期間曾參與《十三經辭典》中《左傳辭典》的編纂工作，對《左傳》文本相對熟悉，就建議她以《左傳》作爲研究對象；又考慮到清代左傳學研究在整個左傳學史上的地位比較重要，且研究成果還不系統，又建議她將研究範圍集中在清代。按照慣例，我主張先從目錄做起，選讀重要論著，比類編排，歸納問題，形成自己的觀點。她的博士論文《清代春秋左傳學研究》就是建立在大量的文本閱讀基礎上完成的，有四十多萬字，該書已由人民出版社2010年出版。我在序中不無期待地寫道：" 她認真查閱了清代現存的二百多部《左傳》學論著，對於重點著作，作了詳細的讀書筆記，最終形成十多萬字的論著提要稿，並加以編年排列。這樣，據此就可以清晰地看出清代《左傳》研究的基本脈絡。可以說，《清代春秋左傳學研究》就是在這些讀書筆記基礎上完成的。很可惜，限於篇幅，《清代春秋左傳學研究》未能將這部分論著提要收錄。其實，對於讀者來說，這部分內容是很有參考價值的。"經過十多年的潛心研讀，作者終於推出了期待已久的《清代春秋左傳學論著提要》。

　　我們知道，乾隆年間修《四庫全書》，收錄乾隆四十六年以前清代春秋學著作29種，並有專門提要。此外還另設春秋類"存目"，保存清代春秋學著作59種，《四庫全書》雖不收其書，但亦爲之作《提要》。2002年上海古籍出版社的《續修四庫全書》接續《四庫全書》，收錄乾隆四十六年以後直至晚清的春秋學著作，兼收《四庫全書》存目所收書，凡80餘種。兩者相加，去其重複，書目提要已有120種左右。可以説,重要著作,基本收録。既然如此,我爲什麽還要堅持讓她完成《清代春秋左傳學論著提要》的工作呢?

首先,兩個大型叢書雖命名"全書",但並不能將清代春秋學著作盡收無遺。如國家圖書館出版社 2012 年出版的《〈左傳〉研究文獻輯刊》收録姚東升《讀左一隅初稿》、朱亦棟《左傳札記》,二書皆爲不知名著述。《左傳札記》從屬於《十三經札記》,通過搜索工具,未必能鈎沉索隱,姚東升《讀左一隅初稿》則罕見於各種目録。另外,某些名家著述亦多被忽視。王韜《春秋左氏傳集釋》係作者 1867—1870 年旅居蘇格蘭期間,爲輔助傳教士理雅各翻譯《中國經典》而作,手稿本現藏於上海圖書館。2008 年復旦大學出版社推出《上海圖書館未刊古籍稿本》,其中春秋類著作收録了清金奉堯《春秋氏族彙攷》四卷,卻未收王韜《春秋左氏傳集釋》(不分卷)。王韜是晚清重要學者,國内對王韜《春秋左氏傳集釋》的研究仍然是空白。

其次,《四庫全書總目》多出大家、專家之手,歷來奉爲楷模。但也不可否認,其經學著作,多有學派門户成見,不無偏頗。如宋代《春秋》經學"貶天子"之説,在清初一再被抨擊、否定,孔子被定位爲"素臣",而非"素王",並無褒貶的權力。四庫館臣扶持這種輿論,這在一定程度上扼制了清代《春秋》經學的活力。清代乾嘉學者利用漢代舊注解經,卻對漢儒災異説避之如水火。惠士奇《春秋説》較早地引用漢儒災異之説,四庫館臣稱之爲"物而不化"。莊存與《春秋正辭》大量徵引漢儒天人感應、災異之説,藉災異之説直指權臣,恐怕有其政治目的。一般認爲,清代政治的高壓促使讀書人埋頭故紙堆,實際上,清代政治的高壓確實存在,而讀書人在此高壓之下的反應,則有些出人意外。清初錢謙益等人授意讀書人抹煞華夷之辨、王霸之争,《四庫全書》編者標舉一些名不見經傳的秀才、舉人,講論孔子爲臣,無譏貶天子之理。馬驌、高士奇等人的《左傳》評點消解霸主的含義,將霸主"攘夷"的一面刪去,而單講"尊王",這樣的歷史觀獲得清代統治者的讚賞。雍正年間,孫嘉淦以犯顔直諫著稱,其《春秋義》傷天王不能救天下於水火,指出霸主尊王,頗改春秋學"尊王黜霸""尊君抑臣"的傾向,但是他後來卻"自燬其板"。近三十年之後,楊方達於乾隆十九年(1754)爲孫嘉淦《春秋義》作《補注》,刪去了孫嘉淦《春秋義》的大膽新意,一切回歸平庸。學者郝懿行著《春秋說畧》,曾經在十四年間三改其稿,嘉慶十年(1805)方成書,但其成書差強人意。《清儒學案新編》稱"微言大義,非其所長",但紀昀卻稱其"刬盡千秋藤葛",無非是對郝著不敢褒貶天子的態度而言。這些足可見清代儒生的識見。學者著作尚且如此,評點學著作皆仰官方鼻息。乾隆二十三年敕編的《御纂春秋直解》,以華夏正統自居,尊王貶霸,將春秋學的話語權牢牢掌握在自己手裏。乾隆五十七年科舉考試廢胡安國《春秋傳》後,《御纂春秋直解》便成爲清代評點學著作的軌範。這些內容,可謂筆底春秋,以往的提要著述,多所忽畧。

嘉慶以後,乾嘉漢學的代表性著作呈現井噴之勢,其學術涉及文字、音韻、訓詁等小學知識,研究對象多轉向實學領域,舉凡禮制、禮器、地理、職官、宗族、《春秋》異文、《左傳》古經古注等等,無不一一考證。如江永對春秋禮制的研究,實事求是,不依據文獻以定禮之是非,而是根據《左傳》記載考證春秋禮制之實際。朱大韶考證禮制,能擺脫《公羊》《穀梁》的成見,指出《公羊》《穀梁》之說出於《禮記·王制》,或出於緯書,皆漢代書籍,不能用以說明春秋時期的禮制。惠棟《春秋左傳補注》得益於家學優勢,利用漢代舊注破解經學難題,王引之《春秋名字解詁》發闡"以聲訓釋"的方法,解釋名和字的聯繫,皆樹立了同類專題考證的典範。劉文淇《左傳舊疏考正》辨析孔疏鈔襲隋劉炫疏,而隱去其名,這已勝義紛呈,發前人所未發。劉文淇接著辨析孔疏體例,指出孔疏原本具劉炫及前儒之名,只不過孔疏後來被唐人纂改,這又爲孔疏挽回一些信譽。陳熙晉的《春秋規過考信》,力辨劉炫規杜大抵正確,又著《春秋左氏傳述義拾遺》,指出劉炫規杜,同時申杜。陳氏對杜注的態度,不從狹隘的單方面視角立論。劉文淇、劉毓崧、劉壽曾《春秋左氏傳舊注疏證》廣搜漢唐舊注以補杜注,辨析舊注,考證真偽,與此同時,揭示出漢魏以來經典文本的變化以及學術的演變。這些內容,博大精深,面面俱到,窮盡事務的多重面相。後來人撰寫的提要,並沒有在專書上下功夫,其質量往往參差不齊。

當然，清人考證雖勤，但所據文獻往往不明底本，且繁徵博引，容易出現博而不精、引而不斷的弊端。看似簡單的學術規範問題，沒有做好，便爲閱讀帶來難度。還有一些考證，囿於門户之見，强詞奪理，有失學術之真。晚清以來，劉師培、章太炎等人的春秋學研究有三傳兼採之趨勢，廖平《今古文考》明確指出清人崇尚的漢代學者實際上是古今兼採，没有嚴格的學派之分。晚清學者逐漸走出門户之見，揭開了經學研究轉入史學研究的序幕。

此外，清人考證雖然徵引繁多，但仍有未盡之處，有的因爲文獻不足而致誤，有的因爲没有實地考證，而淪爲紙上談兵。杜預謂"戎狄夷蠻皆氐羌之别種"，王夫之《春秋稗疏》否定這個意見，謂氐羌居西南，與山東懸隔，未聞氐羌東徙。王夫之論氐羌，停留在秦代甚至更早以前之狀況，秦以後之史實，未暇考證而遽下結論。據《後漢書·西羌傳》，"西羌之本，出自三苗，姜姓之别也。其國近南岳。及舜流四凶，徙之三危，河關之西南羌地是也"。杜注與《後漢書》互爲印證，不可輕易否認。清代官修《春秋傳説彙纂》流播非常廣泛，其地理訓釋卻往往直接鈔録明《一統志》，沿用明代的行政地理區分，與清代行政區劃多有不符。對此，江永《春秋地理考實》一一辨正。地理考證，清人執念於文獻考證，像顧炎武、顧棟高那樣實地考察的人不多。實踐與文獻結合，方能提出新見。我希望作者通過這樣的比對、考訂，通讀清人相關著作，熟悉清人治學方法，爲當今學術界提供正反兩個方面的參照。

再次，通過對"春秋左傳學"著作的按類、按時的編排，可以清晰地呈現出清代學術傳承、傳播，以及精英文化與平民文化之間溝通交流的歷史脈絡。如上海圖書館藏陳貽穀《左傳嘉集》爲《左繡》的成書年代提供了參考。據《左傳嘉集》著者自序，《嘉集》草創於康熙二十八年（1689），彼時，馮李驊所編《左繡》即已在浙江風靡。《左傳嘉集》是目前所見最早徵引《左繡》的著作，因此，康熙二十八年應該是《左繡》成書年代的下限。若僅僅依據《左繡》朱軾序的撰作時間確定著述時間，《左繡》只能繫年於康熙五十九年（1720），晚了 31 年。

當初《左繡》風靡的時候，未必有朱軾的序。康熙五十九年，朱軾在浙江巡撫任上，給浙江錢塘(今杭州)人馮李驊的書作序。朱軾的序爲《左繡》的流行提供了官方的支持，也從一個側面看出，康熙二十八年到康熙五十九年，《左繡》熱度不減。至少乾隆四十年(1775)前，《左繡》被各家評點類著作大量徵引，嘉慶以後，提及《左繡》就不再頂禮膜拜，批判性意見居多了。像《左繡》這樣大肆流行的例子並不多見，某些學術著作的傳播並未如我們想象的那樣便宜。清初陳厚耀《春秋世族譜》是研究春秋世族的重要著作，便流傳不廣。惠棟《春秋左傳補注》成書於康熙五十七年，在當時罕有流傳。嘉慶年間，已經是七十多年之後，惠棟的鄉人在京爲官始知惠氏大名，而未離鄉之前竟沒有聽聞過惠氏。學術固然後來居上，但是囿於書籍獲得途徑的困難，前人著述對後人的影響並非我們想象的那樣理所當然。

　　基於上述認識，編纂清代"春秋左傳學論著提要"，仍屬當務之急。羅軍鳳研讀《左傳》二十年，在出版《清代春秋左傳學研究》後，終於完成了這部耗時費力的著作。全書收錄相關著作268種，以清代爲斷代，除個別學術領域(如天文學)外，凡標題有"春秋""左傳"字樣、屬於"春秋左傳學"的著作，悉爲著錄。每部著作，注明其卷數、版式；每個著者，介紹其生卒年、籍貫、功名、仕宦及學術特點。某些人，沒有文集傳世，其生平不見於史傳文獻，則搜訪地方志。若地方志亦無傳記，則依據《選舉志》確定其身份。著者的生平不能確定，便通過各種途徑推測著作的年代。這些工作，繁雜瑣細，却需要下實實在在的功夫。

　　全書不僅出色地完善了上述三個方面的工作，在編排方面，亦見功力。如從顧炎武《左傳杜解補正》起，清代對杜注提出補苴、校正的著作多達二十餘種。按照時間先後編排，可以看到學者對杜注的考證愈趨精細，對古注的利用愈趨繁複，杜注在某些文字、禮制方面的闕失亦爲之補正，這些都是積極的方面。當然，杜注的某些錯誤並未如我們想象的那樣被輕易破除。隱公元年莊公"寤生"一詞的訓解，見仁見智，錯綜複雜，清代注家在杜注和《風俗通義》《史記》《衆經音義》等相關文獻中糾結、搖擺。由此可見,清人著述,資料收集很勤勉,但也難免和前人勞動多所重複。類似這樣的問題,恐怕非清代所獨有。

據我所知,作者正從清代往前推,計劃對歷代"春秋左傳學"著作,作系統的鉤沉著錄。這是一項更加浩大繁難的工程,可能曠日持久,但我對此依然寄予厚望。

劉躍進

2019年元月於京城愛吾廬

凡　例

1.《清代春秋左傳學論著提要》(以下簡稱《提要》)收錄清代春秋學著作,以春秋左傳學爲核心,不收錄《公羊》《穀梁》類著作。時間以 1911 年爲下限。對於某些重要學者,爲呈現其學術的完整性,個別著作超出此時間範圍,亦謹爲收錄。

2.《提要》收錄的書目,大部分來自《四庫全書》《續修四庫全書》《四庫全書存目叢書》《清經解》《清經解續編》《叢書集成初編》《叢書集成續編》《叢書集成新編》等大型叢書,另有一部分書目據《中國叢書綜錄》《販書偶記》《販書偶記續編》等書目索引補足。

3.《提要》亦有少量書目取自清人文集。選取標準爲自成卷帙,卷目在一卷以上,且爲今人所常見的文集,如《日知錄》《義門讀書記》《戴震文集》《潛研堂集》等。

4.《提要》按類劃分。分類以著作的内容爲基礎,兼顧清代春秋左傳學的學術發展史。

《春秋》經義類。特收錄建構清代《春秋》經義體系及治經方法的著作。

糾補胡安國《春秋傳》或蒐輯《春秋》三傳以解經類。胡安國《春秋傳》與《春秋》三傳合稱"四傳"。爲獲得經義,或專門糾補胡安國《春秋傳》,或在《春秋》三傳之間擇善而從。

《春秋》史學類。收錄有關春秋諸侯國歷史、春秋編年的史學著作。

蒐輯考證《春秋左傳》古注古疏。蒐輯歷代舊注以解經,不僅收錄《春秋》三傳,而且收錄漢以來其他舊注;不僅收錄胡安國《春秋傳》,而且收錄宋以來其他春秋學著作。重視漢唐舊注,尤其重視漢代賈逵、服虔等人的舊注。

補苴《春秋左傳》杜注。專注於《左傳》杜注的補正和補闕。

《春秋左傳》專題研究。分典章制度考證、人物姓氏職官考證、文字音韻校勘、地理考證、《左傳》古經及《春秋》異文考釋、今古文之爭、《左傳》經義等若干小項。

《左傳》評點與科舉讀物。

5. 每一類下，按著作時間先後排序。著作年代不詳，刊刻時間在作者生前，則以著作刊刻時間爲準。若刊刻時間晚於作者卒年，則以作者的卒年爲準。若不能獲知作者的卒年，則根據序跋等信息考證著作的大概時間，繫此著作於一個特定的時間點。若著作不能根據以上方法繫年，則附於該類著作最後。

6. 同一著者收錄多部著作，若有著作歸於一類，但不能確定年代，則叢聚一處，附於已知著作年代的著作之後。

7. 對於古籍，先著錄版本、版式，後介紹作者、內容。對於作者，一般介紹生卒年、籍貫、經歷、學術特點、著作。若不能獲知生卒年，則付之闕如，以待考證。同一作者重複出現，標示其已著錄著作，不再介紹生平。《四庫全書》本不著錄版本信息。

一 《春秋》經義類

1. 1683年萬斯大《學春秋隨筆》十卷,《四庫全書存目叢書》影印中國科學院圖書館藏清乾隆二十六年(1761)萬福刻本

每半葉11行,行21字,左右雙邊,黑口,雙魚尾。卷首有康熙二十四年(1685)黃宗羲撰《萬子充宗墓誌銘》、康熙二十二年慈溪同學弟鄭梁禹梅氏撰《跛翁傳》,另附《浙江通志·儒林傳》《寧波府志·文學傳》《杭州府志·寓賢傳》、萬經《先考充宗府君行狀》等有關萬斯大的傳記資料。

萬斯大(1633—1683),字充宗,別字褐夫,自號跛翁。浙江鄞縣(今寧波)人。諸生。與其弟萬斯同俱師事黃宗羲,萬斯同肆力於史,萬斯大專究於經。在清初主張"以經治經",以爲非通諸經不能通一經,非悟傳注之失,則不能通經。非以經釋經,則亦無由悟傳注之失。所謂"以經治經",即諸經會通,解一經而遍輯五經之注疏,窮其旨要,而非抱一家之傳注(如胡安國《春秋傳》)而說經。其學尤邃於《春秋》、三《禮》。

康熙五十六年(1717),萬斯大之子萬經爲《學春秋隨筆》作序,云萬斯大篤志經學,尤精於三《禮》、《春秋》,曾在康熙十年集《春秋》三傳、五經注疏以及唐宋《春秋》注疏,每天編纂,每一事別一紙書之,以備後來鈔撮,得二百四十二卷,但在康熙十二年手稿毀於大火。於是專治《禮》,有《學禮質疑》《禮記偶箋》《儀禮商》《周官辨非》諸書。康熙二十年辛酉在海昌陳令升先生家,重新蒐輯《春秋》傳注,取數年來所搜羅者,條舉件繫,編至魯昭公而歿。故此書止於昭公。

萬斯大《學春秋隨筆》以禮學作根柢,如考證世子親迎之禮、春秋時期朝覲之禮，以此回應胡氏《春秋傳》貶斥天子諸侯不親迎、譏貶諸侯大夫盟會等觀點。又如晉獻公殺申生，曰君父生我立我又殺我，君父有過而申生無過，以此與指責申生陷君父於不義的宋儒議論劃清界線。不讚同胡氏《春秋傳》"夏時冠周月"之說，主張《春秋》用周曆，改時亦改月。藉昭公時魯國三次蒐獵，貶季氏專國爲禍。此皆針對胡氏《春秋傳》而立論。《學春秋隨筆》在很大程度上改變了宋儒議論中的深刻，而變得平和，但在某些方面，仍然堅持宋學義理。如在魯莊公與齊襄公狩獵、王姬下嫁齊國，魯爲之主婚等史事上張《公羊》"復讎"之意，與胡安國《春秋傳》大致相同。

紀侯不能止齊滅紀，不得已讓國給紀季，爲名而已，而紀季攜地入齊，迫不得已。魯國乾時之敗，不義之尤。"與讎國戰，而非爲復讎"，勝不足稱善，更何況是魯國軍隊大潰。泓之戰，宋與楚戰，宋襄公傷於股而死，"失伯體之重，傷中國之威，由其傲狠悖德，爲謀不臧，馴致孤立無援，喪師辱國，以至于死也"。此皆有的放矢，或與《穀梁》異說，或與《公羊》立異。《學春秋隨筆》雖未明引前人之說，但處處針對前人議論。萬斯大對於戰爭，更看重其功利性結果，與《公羊》《穀梁》宣揚所謂戰爭之"禮"不同。

萬斯大雖對宋學義理有所糾正，但仍維護君臣倫理，張揚"尊尊"之義。如論趙盾弒君，一則靈公冥頑，二則趙盾專權，《左傳》稱趙盾"越竟乃免"乃誣妄之辭。萬氏反對《左傳》義例，因爲《左傳》偏袒臣子，《左傳》"弒君稱君"助長了亂臣賊子的"邪説"。不管朝代如何變遷，經學以"君臣之義"爲本位的思想沒有變。相較清初黃宗羲等思想家，萬斯大的經學顯現出保守的特色，尚未有啓蒙之氣象。

萬斯大認爲"《春秋》是非有當通前後參觀而後見者，執一字以求之則泥"，明確反對宋儒一字褒貶之風，主張通觀前後，聯繫事實以求得經義，這也就是屬辭比事、以經解經的治經方法。即便以經解經，仍然少不了主觀裁斷。惠公之妾仲子得夫人之禮，天王致賵，這是違禮之事。萬斯大以禮作褒貶，顯示出經學家的立場。

2. 1702年李光地《春秋燬餘》四卷，清道光間刻榕村全書本

每半葉9行，行20字。左右雙邊，白口，單魚尾。後有道光二年（1822）壬午仲春李維迪《敬書春秋燬餘後》，稱此書成於康熙四十一年（1702）壬午，四十四年乙酉，保定官署大火，書稿大半被燬。李光地去世後，從孫李清植（穆亭公）掇拾殘篇，補以散刻在《榕村全集》中有關《春秋》的條目，以及《榕村語錄·春秋》目錄中有但未經刊刻的內容，合在一起，方首尾完備。道光年間其玄孫輩取此本重新謄錄，並加以刊刻，名之曰《春秋燬餘》。

李光地（1642—1718），字晋卿，號厚庵，別號榕村，福建泉州人。康熙九年（1670）進士，歷任翰林編修、吏部尚書、文淵閣大學士，清朝康熙年間理學名臣。謚文貞。

《春秋燬餘》辨析、擇取三傳，時用《公羊》《穀梁》攻《左傳》，時用《左傳》而不用《公羊》《穀梁》。"祭伯來"，用《穀梁》義。"公子益師卒"，沿用《公羊》《穀梁》日月之例。"築王姬之館于外"，用《穀梁》"非禮"之義。"公及齊人狩于禚"，用《公羊》譏不復讎之義。"齊人取子糾殺之"，用《穀梁》義。"戰于柏舉，楚師敗績"，用《公羊》説。"公子季友卒"，用胡安國《春秋傳》之義，"胡氏《春秋傳》過二傳多矣"。"天王使王季子來聘"，則用汪克寬之義。"叔弓如晋""楚人執陳行人干徵師殺之"，則《左傳》義長。"紀侯大去其國"，亦用《左傳》義："紀侯不能下齊，以與紀季，大去其國，違齊難也。"不言國滅，紀國仍存其祀。紀侯大去其國，《春秋》稱許之，此與太王古公亶父去豳就岐一樣。紀侯大去其國，不用《公羊》的復讎之説，是因爲李光地不贊成諸侯復"九世"之讎，滅他人國家。

魯惠公二年（前767）西周東遷，但《春秋》始於隱公，是因爲從隱公起，王者之跡熄。十五《國風》無魯風，東遷之後魯風猶如鄭風、衛風，必多刺淫邪之心，夫子盡刪之，未必魯無詩可採。此皆本胡氏《春秋傳》立論。宋胡安國《春秋傳》影響非常深遠，其一字褒貶、棄傳講經的解經方法、貶多褒少的説經傾向，代表了宋代學風。胡氏《春秋傳》有時暗襲《春秋》三傳，但不指明出處。李光地《春秋燬餘》擇三傳而從，有時亦採用宋胡安國《春秋傳》、元汪克寬《春秋胡

傳附錄纂疏》之說,其他宋儒之說並未涉及,這不過是以《春秋》三傳濟胡氏之窮。將《春秋》之義歸之於《春秋》三傳,表明了以古注解經的新的學風。但《春秋燼餘》仍沿用宋學"義例講經"的方法,在清初衆人皆排斥義例之時,仍講日月之例,顯露其因循守舊的一面。

3. 1707年姚際恒《春秋通論》十五卷,存卷一至卷一〇、卷一四、卷一五,《續修四庫全書》影印國家圖書館藏清鈔本

每半葉10行,行21字。四周雙邊,白口,單魚尾。卷首有康熙四十六年(1707)丁亥秋七月姚際恒序、《春秋論旨》一卷,卷尾附《春秋無例詳考》。

姚際恒(1647—1715?),字立方,號首源,浙江仁和(今杭州)人,祖籍安徽新安,諸生。泛濫百家,盡棄詞章之學,專事經學,閱十四年而成《九經通論》。時閻若璩辨古文《尚書》爲僞書,姚際恒與之不謀而合。數與毛奇齡爭辯古文《尚書》之真僞。著《庸言錄》,雜論經史、理學、諸子,卷尾附《古今僞書考》,入《四庫全書》存目。又著《詩經通論》十八卷。

序缺首葉。序稱學者宜捨傳以從經,不可捨經而從傳。《春秋》三傳之流弊,一曰例,二曰常事不書。例多不合於事,常事不書之說,起於《公羊》。常事不書,則《春秋》所書必非常之事,非常之事,必非禮、非法,非禮、非法則必皆譏皆貶,這使《春秋》變成"刑書"。《春秋》之流弊如此,《春秋通論》爲革除"三傳流弊"而作。

姚氏反對宋儒《春秋》"貶天子"之說,認爲《春秋》主於尊周室,明王法。姚氏又將韓愈"《春秋》三傳束高閣,獨抱遺經究終始"之語作爲信條,空言說經,"不知有《左》,何論《公》《穀》"。不惟不用《左傳》解經之語,亦不用其敘事;不惟棄《春秋》三傳,亦拋棄前代學者的注疏。《春秋通論》卷首《春秋綱領》一卷,回顧宋元以降解經諸家,即以否定性評價居多。

姚氏認爲,《春秋》無褒貶,三傳之義例皆非。世人僅知胡氏《春秋傳》有例而棄之,不知《公》《穀》亦有例;知《公》《穀》有例,又不知《左傳》有例,而例實自《左傳》始。姚際恒因《左傳》有例而否定《左

傳》,非但不據《左傳》,還攻伐《左傳》的解經語和敘事,唯恐不力。

姚氏棄傳講經,故隨意說經。邾國不是魯國附庸,邾儀父不是邾國國君,只是一個大夫。認爲從《春秋》稱名稱字的義例上說,未有國君而稱字者,《左傳》稱邾儀父爲邾子克之說不可靠。《左傳》君子曰:"苟信不繼,盟無益也。"姚際恒舉魯侯與鄭結盟,然後和鄭國一起伐宋,說明魯國與鄭國的結盟有信。於此一事,斥《左傳》解經語不可信。宋學義例說經,空言說經,輕下論斷,於此可見一斑。

《春秋通論》所謂三傳之流弊,實際是宋儒義例解經的方法及其褒貶義理。姚氏用以破除宋儒說經流弊的,仍是宋儒的方法——棄傳解經。姚氏廢棄義例解經的方法、破除《春秋》皆貶的說經傾向,從方法到思想體系,都與宋學劃清界線,這與其他清初學者相同。但與其他學者尋求實學考證不同,姚氏仍未跳出宋學的泥淖。

《春秋通論》不再把楚、吳、越當作蠻夷,《春秋》無"退中國進夷狄"之義。江浙一帶,文采富麗,天下不視之爲"蠻",其人亦不以"蠻"自視。在姚氏的經學話語體系裏,不再有華夷之分。但經濟不是劃分夷狄、華夏的標準。清人不提蠻夷,還有政治上的原因。姚際恒的《春秋通論》,是這個時代的縮影。

4. 1715年陸奎勳《春秋義存錄》十二卷,首一卷,《續修四庫全書》影印浙江圖書館藏清康熙刻本

每半葉9行,行24字,小字單行,同。左右雙邊,單魚尾。前有康熙乙未(1715)冬十月望日自序、《春秋綱領》三十條(自敘稱"三十四條",誤)、《春秋或問》,回答《春秋》的疑難問題。

陸奎勳(1663—1738),字聚緱,號坡星,又號陸堂,浙江平湖人。少工詩文,喜談兵,中年以後一意說經。康熙六十年(1721)進士,官檢討,充明史纂修官。著《陸堂易學》十卷、《今文尚書說》三卷、《春秋義存錄》十二卷、《戴記緒言》四卷、《陸堂詩學》十二卷,皆入《四庫全書》存目。撰《古樂發微》,未成而卒。

陸氏自序云年少時受胡安國《春秋傳》"一字褒貶"的影響,年過四十方悟聖人之意未必如此,兩年後撰成《春秋義存錄》十二卷。據

此推測該書成於1705年之後。認爲孔子作《春秋》,"與贊《易》、説《詩》,其揆一也"。該書遍輯孔子之語,分列《春秋》條文之下,内容涉及"朝會戰伐,郊禘卒葬,與夫天災物異"。陸氏所採輯,除《春秋》三傳相關内容之外,還涉及《易傳》《詩傳》《論語》《説苑》《孔叢子》《孔子家語》,及秦漢經史子集如《禮記》《説苑》《史記》《後漢書》《中論》等文獻中的"孔子曰",用以闡發經義。"若《魯論》中辯桓文之正譎,責武仲爲要君,《檀弓》之卿卒不繹,《坊記》之天無二日、土無二王、取妻不取同姓"等微言大義,俱爲徵引(自序)。陸氏慨嘆《孔子家語》於漢以後失其真,梁武帝輯《孔氏正言》二十卷,唐人罕見。此二書是記録孔子思想的直接資料,如果有這兩種真書,則孔子之微言大義唾手可得,可惜前者並非全真,後者全佚。即便知道失真,陸氏仍採擇《孔子家語》而不遺餘力。故《春秋義存録》有輯佚性質。

與經義無關的"孔子曰"也照録不誤,不加分析地引用緯書,這些做法,未免別擇不精。如用《春秋元命苞》"《春秋》始于元,終于麟,王道成也",以解《春秋》每年之始記載"元年"。有時"孔子曰"不支持自己所理解的《春秋》之義,亦予徵引。如陸氏在"春王正月"之下引用《論語》《禮記》等文獻説明孔子"行夏之時"的理想,似受胡安國《春秋傳》的影響;但陸氏所下斷語,卻不用胡安國"夏時冠周月"之説,而支持《左傳》的看法,"正月"指周曆建子之月,以王爲周王。

陸氏不僅認同《左傳》的"孔子曰",也認同《左傳》的叙事。孔子《春秋》之義,賴《左傳》才得以保存其十分之一。雖然《左傳》"誠有與理背違者"(《春秋或問》),但"孔子曰"卻是可信的。在"趙盾弑君"一事上,陸氏便信任被經學家一再詆斥的"孔子曰"。孔子曰:"越竟乃免。"劉敞認爲此非孔子之語,歷來學者亦多不認同此義理,陸氏則認爲此"蓋聖人之恕道也"。依照陸氏的蒐輯所得,今文經學中某些學説也可上溯至孔子。如《公羊》學説"爲尊者諱,爲親者諱,爲賢者諱",《穀梁》學説中"詁誓不及五帝,盟詛不及三王,交質子不及二伯"等思想,皆可追溯至孔子。

此書以孔子之言廢除宋儒的褒貶,且摒棄宋儒棄傳言經的傳統,回歸《春秋》三傳的經傳身份。陸氏認爲:"《左傳》與孔子《春秋》相爲表裏者也,今疑《左氏》而信宋儒,有是理乎?"(《春秋或問》)爲求得《春秋》義理,尤其看重《左傳》叙事。如夾谷之會,宋黃仲炎、明王樵、清嚴啓隆都認爲夾谷之會没有萊人兵劫魯侯之事,且《春秋》不書盟,而《左傳》書盟,此則《左傳》之誣。陸氏認爲兵戈相會,是春秋時本有之事;詐謀興起,萊人劫魯侯與齊饋女樂一樣,同是詐謀,《左傳》的叙事不能輕易否定。

對於經傳文字矛盾,偶爾採取歐陽脩和程頤等宋儒的觀點,信經而捨傳。如經傳不同,則信經;三傳不同,則求之於經。如"尹氏",《左傳》經文作"君氏",乃惠公繼室聲子,陸氏認爲,依事實來看並不合理,所以取《公羊》《穀梁》之文,作"尹氏"。闡説義理亦間用宋儒之説。如用高閌之説,講魯國兩次蒐獵,三桓强大,公室卑弱。

《春秋義存録》羅列孔子諸説,以求《春秋》義理,以小字下案語,多材料排比而少裁斷。蒐輯孔子之語較爲完備,但是材料來源不同,各家意見的出發點不一樣,不加辨析堆積在一起,湮没了作者自身的觀點,未免雜而不淳。這顯示出破除宋學義理之後,《春秋》義理的多種發展方向及多重説經空間。

5. 1713年 毛奇齡《春秋毛氏傳》三十六卷,道光九年(1829)廣東學海堂刻清經解本,咸豐十一年(1861)增刻

每半葉11行,行24字。左右雙邊,白口,單魚尾。

毛奇齡(1623—1713),字大可,一字齊于。原名甡,字初晴,學者稱西河先生,浙江蕭山人。康熙十八年(1679)舉博學鴻詞科,官翰林院檢討、國史館纂修等職,康熙二十四年爲會試同考官。淹貫群書,説經長於辯駁,爲學力排宋儒空言説經,但不免入宋學窠臼。著《西河合集》四百餘卷。

毛氏否認宋以來依據"不更""庶長"等官名認定《左傳》是僞書的看法。《春秋》一經是魯史舊文,始於隱公,別無深義,否定《公羊》《穀梁》的解釋。漢代今文經學論《春秋》終於西狩獲麟,孔子受符瑞

作《春秋》，自號素王，爲天下立法，毛氏認爲這是"無稽之談"。司馬遷《史記》謂孔子厄陳蔡之時作《春秋》，在哀公六年，而《公羊》謂孔子西狩獲麟，乃作《春秋》，則又在哀公十四年。《左傳》舊説認爲哀公十一年孔子自衛返魯，於是作《春秋》，爲揣測之辭。《左傳》記載了孔子返魯，但没有説"作《春秋》"，"孔子作《春秋》"之説不可信。

《春秋》是史，與《春秋左氏傳》的材料來源有異，經從簡書，傳從策書。簡者，簡也，單策爲簡；策者，册也，聯簡爲册。簡書簡畧，策書繁複。簡書和策書在叙事上互爲闕畧，《左傳》有悖義理的地方，是簡書本闕而《左傳》以己意補足造成的。毛氏看到了《春秋》經傳的不同來源，但將經傳所有不諧之處都歸結於材料來源的問題，實避重就輕，一概而論。《春秋毛氏傳》雖然以《左傳》叙事爲立論根據，但非議《左傳》的義理動輒與《春秋》相違背，而杜注"五十凡例"專指《左傳》所據典禮，亦非春秋之禮。毛氏《春秋傳》汲汲於辨胡安國《春秋傳》之非。有明一代三百年設科取士以胡氏《春秋傳》爲準，使天下只知有傳而未知有經，胡氏《春秋傳》是宋儒以來"解經之中畔經尤甚"，爲達孔子《春秋》之義，必辨胡氏之非。

毛氏總結《春秋》義例，設改元、即位、生子、立君、朝聘、盟會、侵伐、遷滅、昏覯、享唁、喪葬、祭祀、蒐狩、興作、甲兵、田賦、豐凶、災祥、出國、入國、盜弑、刑戮等二十二個門類，每個門類之下，分别從禮、事、文、義等四個方面闡述，春秋十二公二百四十二年一千八百餘條經文，無不歸之於禮、事、文、義四個類例；從改元即位、朝聘盟會，以至征伐喪祭、蒐狩興作、豐凶災祥，無非《周禮》所記吉禮、凶禮、軍禮、賓禮、嘉禮等五禮，《春秋》所褒所貶，無不以"禮"爲斷。毛氏《春秋傳》反對二類、三體、五情、五始、六輔、七缺、九旨等前人所歸納的義例，抛棄了日月例和名氏、"天王"的褒貶義例，欲以毛氏二十二義例取而代之。贊同《左傳》杜注與孔疏，認爲春秋時禮爲周制，"禮"對認識《春秋》褒貶有决定性的意義。

宋代學者譏盟會非禮。隱公元年《春秋》："公及邾儀父盟于蔑。"《春秋毛氏傳》指出盟會是周之典制，考證了周代朝、同、盟、會的禮制："大抵天子十二載一巡狩，則盟諸侯於方岳之下；而諸侯有事朝王,或會或同,則又彼此相盟,以著講信修睦之意。"據《周禮》,玉府掌管盟會之物,戎右掌辟盟之役,典盟掌盟載之法。盟會大典,盛世最重。只不過"春秋世衰,天子無巡狩之事,諸侯無會同之典,而徒事要盟,所謂大國制其言,小國尸其事者,則未免于行禮之中寓失禮之意"。對於春秋盟會,《春秋》只不過如實記錄,胡氏《春秋傳》因不明白盟會時刑牲歃血、要盟鬼神,詛神告祖這些禮儀,認爲這些禮儀非禮所貴,凡春秋盟會一律施以譏貶,實不讀《春秋》、不讀三《禮》、不明春秋時人生活信仰之緣故。

《春秋毛氏傳》斥胡氏《春秋傳》在名氏之中穿鑿褒貶,自行制定稱字稱名之例,所謂"中國之附庸例稱字,邾儀父、蕭叔是也;夷狄之附庸例稱名,鄫犁來、介葛盧是也"。並指出胡氏在名字中分別中國夷狄,全出杜撰,"自造族姓,自定封國,自判華夏,肆然無忌憚",貽誤後學不淺。綜觀全書,毛奇齡將宋儒以來的空言臆斷歸惡於胡氏《春秋傳》,排斥不遺餘力。

毛氏突出《春秋》史官記事的特點,把握《春秋》的史事、書法,從中見典禮制度與褒貶。毛氏以"禮"破除了宋人解經的穿鑿,廢除了宋儒以來的褒貶之説,主張義理貴以據,據經、據傳、據漢儒之説,以義爲裁斷,則可杜絶宋儒的臆斷和空鑿。清以前只有少數學者以禮説《春秋》,如宋張大亨《春秋五禮例宗》、元吴澄《春秋纂言》,僅粗陳梗概。而清代對春秋典章制度的考證,在乾嘉時期蔚爲大觀。以禮説《春秋》,毛氏可謂先行者,在清初開風氣之先,難能可貴。

毛氏《春秋傳》不關心宋儒以來最關心的春秋學命題,如王霸之分、華夷之辨。謂霸主之罪,在於使諸侯互相征伐,屠毒天下百姓。踐土之盟,晋文公確立霸主地位,周天子親身與會,魯侯朝于王所。毛氏不在晋以臣召君這一點上議論,稱魯侯朝王遵守了禮制,因爲"禮,行在必朝"。毛氏強調中國和夷狄同族,以及二者相互溝通往來,而不在中國和夷狄之間劃立界線。如隱公二年《春秋》"公會戎于潛",乃魯侯會徐戎,"此是内夷雜處中國,故得與中國通往來之禮"。《春秋》據事直書而已,未有譏刺魯侯會戎之義。

毛氏反對《公羊傳》所稱齊襄公復九世之讎,云"周制,復讎之義不過五世,並無九世猶相讎者","復讎之義不過五世",出自孔疏引古周禮,不足據。又云齊哀公行不道,當殺,"周制,不讎義殺",此所謂"周制",實無出處,自立異議而已。毛氏某些觀點仍沿襲宋儒,認爲《春秋》責備賢者,故責鄭莊公輕,責趙盾重。《春秋》載"鄭伯克段于鄢",《春秋》不譏鄭莊公養成段惡,不苛責其無兄弟之友,只是講鄭莊公誅伐共叔段一事,《左傳》譏鄭伯失教之説不當。《春秋》記"趙盾弑其君",則史官加罪名於趙盾,趙盾受惡名至今;同時,趙盾未誅弑君之人,晉君身邊盡是趙盾之黨,依此看,晉國趙氏強大,始於趙盾。緊緊圍繞君臣倫理褒貶人物,《春秋》經學編織的的君臣倫理日益嚴飭。

6. 1713年毛奇齡《春秋條貫》十一卷,《續修四庫全書》影印上海辭書出版社圖書館藏清康熙李塨等刻西河合集本

每半葉10行,行20字。四周單邊,白口。卷首有毛奇齡自序。

毛奇齡(1623—1713)著,其《春秋毛氏傳》已著録。

毛奇齡任康熙二十四年(1685)乙丑科會試同考官,閱《春秋》房卷,與内監臨御史就閱卷標準發生矛盾。"按舊法,《春秋》四題,一單題,二雙題,一脱經題。單題者,單傳也。雙題者,合兩經爲一題,而兩傳之語適相對也。脱經題者,題在此經,而是題之義則在他經之傳中,即他經與此經俱無關也。"毛奇齡不滿意於清初脱經題只遵胡氏《春秋傳》卻不尊《春秋》經,而雙經題亦有演變成脱經題的傾向。《春秋》雙經題的評審,亦以胡氏《春秋傳》爲指歸。毛氏責御史不以經爲本,對方以《春秋》"斷爛朝報"之語回應:"朝報無緒,而其事又不相屬。無緒則不條,不相屬則不貫;不條不貫,則雖不斷爛,而不可爲法,斷爛則廢矣。傳也者,蓋所以條貫之也。"御史認爲《春秋》史事不能條貫,只有《左傳》才能條貫史事。毛氏好爭,則必論《經》有條貫而《傳》無條貫,條貫不在《傳》,而在《經》。毛奇齡《春秋條貫》即條貫《春秋》史事,爲"尊經"而作。

事實上,論《春秋》之義,毛氏不可能避開《左傳》。《春秋條貫》一書中,"鄭伯克段于鄢""天王出居于鄭"等條目,毛氏採用《左傳》

之事,盡力闡明事件的前因後果,且以《左傳》敘事排斥《公羊》《穀梁》之義。毛奇齡平素亦多以《左傳》獲取《春秋》之義,而毛氏《春秋條貫》卻謂"條貫不在《傳》而在《經》",這不過是毛氏與他人爭口頭之勝而已。

《春秋條貫》尊經明義,以義爲統攝,將《春秋》同類記事附於其下,屬辭比事,詳加說明。這與宋章冲《春秋左氏傳事類始末》體例相似,但章冲條貫《左傳》之事,毛奇齡則條貫《春秋》之事。《春秋》二百四十二年一千八百餘條,或一條一屬,或數條一屬,爲之統紀。如"齊滅紀始末",將隱公元年至莊公三十年共二十三條史事,條貫一處,並在每件史事之上標記"紀"的字樣。隱公三年《春秋》"齊侯鄭伯盟于石門",亦在"齊滅紀"的史事系列當中。此事在《左傳》中並無記載,毛氏將其與桓公五年《春秋》"齊侯鄭伯如紀"並觀,推測齊侯鄭伯盟於石門,亦爲謀紀。毛氏認爲這是"策書闕而經獨詳者"。此二事相隔十三年,本來春秋時邦無定交,毛氏見後來齊侯與鄭伯攜手滅紀,便說十三年前齊鄭相盟亦爲滅紀,未免主觀臆斷。這是將不詳的史事加以條貫。又有《春秋》史事前後條貫,毛氏卻不加條貫的。如隱元年,公及邾儀父盟于蔑;桓公十七年,公及邾儀父盟于趡,《左傳》:"尋蔑之盟也。"《左傳》指出兩個盟會前後相繼。而毛奇齡斷定"究是兩事,不可通矣"。顯然是有意與《左傳》立異。魯侯與邾儀父的兩次盟會,雖然改換時間、地點,兩國關係亦經歷變化,但盟會的主體國家沒有變化,盟會的書法亦完全一樣,這兩件事卻被分隔爲不相關聯的兩事,不加條貫,這樣的做法難免遭後人之譏。《四庫全書總目》稱毛氏《春秋條貫》"欲理之,反棼之",道出了《春秋》以義相貫的致命弱點:《春秋》敘事簡署,義理又未定於一,如何能用爭議不下的義理貫串《春秋》晦暗不明的史事,最終義理和史事兩頭都將落空。

毛氏有意據《春秋》經文敷衍,謂三傳皆不解其意,唯據經文可解。如僖公二十八年春,晉侯伐衛、入曹,從晉侯早年出奔在外的經歷看,他必報鄭、曹、衛三國之無禮,但老而復國,日暮途遠,報鄭無所得,反受制於秦,侵曹侵衛,恣肆無理。晉文公與齊桓公相比,萬不及一。這樣的論斷,承繼了《論語》以來晉文公"譎而不正"的觀點,其中史事,何曾脫離三傳。

毛氏條貫《春秋》史事,若史事未見於三傳,則馳騁想象,不無附會。如僖公十五年《春秋》記載,楚人伐徐。對這次戰爭,《左傳》無記載,又據僖公三年《春秋》記載,"徐人取舒",《左傳》亦無記載。毛氏認爲,舒是楚的與國,則徐伐楚與國,故楚伐徐。毛氏將徐人取舒和楚人伐徐二事關聯在一起,其中關鍵在於論證舒是楚的與國,但毛氏並無考證。故所謂條貫《春秋》史事,流於臆斷。

7. 1717年方苞《春秋直解》十二卷首一卷,《續修四庫全書》影印上海辭書出版社圖書館藏清乾隆刻本

每半葉9行,行19字。左右雙邊,黑口,單魚尾。卷首有方苞口述《春秋直解後序》、程崟《春秋直解後序》,內容雷同,講述《春秋直解》的成書經過,當爲方苞口述,程崟記錄。康熙五十四至五十五年(乙未、丙申)間,方苞著《春秋通論》九十七章,一年之後,將《通論》改成注疏體式,原《通論》所載各條散佈於《春秋》經文之下,即得《春秋直解》。可知《春秋直解》成書於康熙五十六年丁酉(1717)。兩篇《後序》之後是無名氏序(缺最後一葉)、方苞自序。

方苞(1668—1749),字靈皋,號望溪,安徽桐城人。幼年跟隨兄長方百川誦經書古文,成年後負天下古文之盛名,受李光地賞識。康熙四十五年(1706)進士,乾隆初年充三禮館總裁,官至內閣大學士,以翰林院侍講致仕。方苞從史傳評點中抽繹出古文義法,主張言有物、言有序,以古文義法提升八股文的品格。受萬斯大影響,始全力研究經史,一以程朱爲宗。編《欽定四書文》四十一卷,著《周官集注》十二卷、《儀禮析疑》十七卷、《禮記析疑》四十六卷、《春秋通論》四卷、《望溪集》八卷,皆入《四庫全書》。其《周官析疑》三十六卷、《考工記析疑》四卷,入《四庫全書》存目。

方苞謂三傳不可棄,對宋學棄傳講經的做法提出救正,但仍有所保留。方氏自序云:"屈摺經義以附傳事者,諸儒之蔽也。執舊史之文,爲《春秋》之法者,傳者之蔽也。……使去傳,而經之義遂不可

求,則作經之志荒矣。……於是脱去傳者,諸儒之説,必義具於經文始用焉。……然後以義理爲權衡,辨其孰爲舊史之文,孰爲孔子所筆削。……余之始爲是學也,求之傳注而樊然殽亂,按之經文而參互相抵。……及其久也,然後知經文參互及衆説殽亂而不安者,筆削之精義每出於其間。"其實,這也是宋儒程頤等人標榜的治經方法:《春秋》經有不通,求之於傳;傳有不通,則求之於經。以傳考經之義,以經定傳之僞。經傳之利用很大程度上依靠主觀裁斷,傳之可信與否取決於經,究其實,經的地位高於傳,傳可信、可不信,而經不可違。

宋程頤只作《春秋》二卷,朱子對《春秋》未曾著書,元明兩代奉程朱理學爲官學,科舉考試中《春秋》經分別用程朱弟子的傳注,即胡安國《春秋傳》和張洽《春秋集傳》,後張洽傳因其繁複被罷,只用胡氏《春秋傳》。方苞不滿説經者仍襲宋儒棄傳講經之風,屈折經義以附傳事,執舊史之文爲《春秋》之法(如月日、爵次、名氏、或畧或詳、或同或異之義例)。方苞爲挽救宋學空虚而主張據傳講經,但仍不免棄傳講經,如夾谷之會,"《左》《穀》二傳所稱郤萊兵、誅優施、請汶陽之田",皆不足信,即否定《左傳》《穀梁》的叙事。方苞置經於傳之上,一切以義理爲權衡,這都是宋學風氣。

程朱未敢勝任的《春秋》經義,是否能炮製出來,這一直是個懸念。現今來看,於《春秋》簡畧的文字中尋求精微的義理,只是一廂情願。隱公三年《春秋》"武氏子來求賻",《公羊傳》:"譏。何譏爾?父卒,子未命也。"武氏未經天子任命,故不書天子使武氏子來求賻。方苞認爲:"不稱使,當喪未君,聽於冢宰,而發命者非王也。稱武氏子者,未有職,司徒以其父故任之也。"冢宰發使,不見於文獻記載,只是空言。但在"求賻"一事上,方苞未單方面貶魯或貶天子,他綜合了兩方面意見:魯不提供助喪物(賻),則不臣,而周求之,則不君。少了宋儒的尖刻,於事理上更趨平易。

方苞以義理權衡傳注,在《春秋》三傳中擇善而從,多取宋儒之説闡發義理。莊公元年魯爲王姬嫁齊主婚,時魯新喪,桓公爲齊襄公所殺,故築王姬之館于外。《公羊》:"非禮也。"《穀梁》:"仇讎之人,非所以接婚姻也,衰麻非所以接弁冕也。"《左傳》認爲此舉合於禮:

"築王姬之館于外,爲外,禮也。"方苞採用今文經學,不採用《左傳》説。

方苞用宋人的解經方法挽救宋學之弊,他指出了經傳對經解的重要性,但是置經於傳之上,以經之義理否定傳的敘事,而所謂義理,都是符合於統治者當前利益的。方苞的《春秋》義理,亦沿襲宋儒,多以《公羊》《穀梁》爲主。

8. 1718年張自超《春秋宗朱辨義》十二卷,《四庫全書》本

卷首有《總論》二十條。

張自超(1654—1718),字彝嘆,江蘇高淳(今南京)人。康熙四十二年(1703)進士。與王源、劉齊、劉捷等人志趣相近,方苞爲之作《四君子傳》。

朱子謂《春秋》據事直書,褒貶自見。《春秋宗朱辨義》遠師朱子之義,惟就《春秋》之文,排比同類史事,前後參觀,以求其義,不可知者則闕之。張氏之屬辭比事,實棄傳講經之遺風,脱離了朱子所倡導的據傳講經之法。朱子謂《春秋》據事直書,其事當據《左傳》而來,只要知曉二百四十年史事即可,不必要再去講《春秋》的褒貶微言大義,這樣反而多穿鑿附會。《春秋》自身,史事並不明朗,所以朱子沒有給《春秋》作注。而張自超講論《春秋》之義,沒有強調《左傳》的作用,反而抹煞《左傳》的重要性。

張自超以"宗朱"爲名,反對胡安國《春秋傳》的義理。莊公元年《春秋》"單伯送王姬",胡氏以爲魯大夫,張氏以爲天子之大夫。僖公十五年韓之戰,秦獲晉侯,胡氏以爲《春秋》罪秦晉兩國,張氏則以爲賢秦穆公,而罪晉侯。胡氏一般以稱字爲褒,但文公十五年《春秋》"宋司馬華孫來盟",稱字爲褒之義不再行得通,故又新生一義,謂義不繫乎名。張氏認爲名和字之間無褒貶,只不過司馬華孫不稱君命,不持國書,舊史原不稱名而已。張氏之説多爲方苞《春秋通論》所取。

張氏從八股文的角度看《春秋》的結構。"《春秋》全經,合看卻是一篇文字。天王是題旨,齊桓、晉文是主意,楚是客意,魯是線索,

鄭是波瀾,宋、衛、陳、蔡、曹、許、滕、邾是鋪襯。""直是千古第一篇奇文。逐字拆看,則事事有起結,有開合;逐字句細看,則一句一字,索之不能極其精,推之不能盡其大,但須得其大義所在,不可穿鑿。"(《總論》)這道出了張氏讀《春秋》之法。謂"克"爲兩國相克,《左傳》"鄭伯克段于鄢"一篇文字,皆從"克"字生出。"尹氏"不稱其名,是未赴告,而未有"譏世卿"之說。"衛人弒州吁",是當日事實,稱"人",未有討賊之意。這些義理皆與胡安國《春秋傳》不同。

宋孫復謂《春秋》有貶無褒,朱熹舉士匄聞齊喪而還師一事反對,張氏則舉葵丘之會、召陵之師、踐土之盟,謂齊晉尊周攘楚,貶中有褒。《春秋》只有齊桓、晉文兩霸,未有"夷進於夏"之說。僖公元年《春秋》:"邢遷于夷儀。"此事書於"齊師、宋師、曹師次于聶北,救邢"之後,作者據此認爲齊、宋、曹三師未及救邢,而《左傳》記載邢人"出奔師""師遂逐狄人",不確。作者用所謂"屬辭比事"的方法推求《春秋》義理,否定了《左傳》的叙事,謂齊未及救邢,以此否定前代注疏對齊桓公的正面評價。《春秋宗朱辨義》據《春秋》經文,棄三傳,勇於否定前說,而其自身的義理體系與治經方法,卻並未因此而明朗。

9. 方苞《春秋通論》四卷,《四庫全書》本

方苞(1668—1749)著,其《春秋直解》已著錄。據方苞所述《春秋直解序》,康熙五十五年(1716),方苞曾著《春秋通論》,後將其改爲《春秋直解》,將《春秋通論》所載各條散佈於《春秋》經文之下,不復變其文辭。但觀《四庫全書》所收錄方苞《春秋通論》,與方氏《春秋直解》並無雷同,《春秋直解》當不是此《春秋通論》改編而成。《春秋直解》一事一分析,而《春秋通論》屬辭比事,統而論之。因不知《春秋通論》的撰作年代,故置此書於方苞《春秋直解》之後。又因《春秋通論》引張自超《春秋宗朱辨義》,故置其於《春秋宗朱辨義》之後。

《春秋通論》屬辭比事,以解《春秋》。所謂屬辭比事,即將相同事例合併,以解說《春秋》微言大義及書法義例。方苞屬辭比事,主

要集《春秋》之事,重在"以經解經"。方苞並不遵從《左傳》叙事。如"襄夫人之葵不見于經,而《左氏》以齊歸爲娣,非也。未有志娣之薨葬而反削夫人之薨葬也",即以義斷事,不取《左傳》叙事。

《春秋通論》的微言太過細密,義例不重統一,闡述《春秋》之義而不見義例,致使《春秋》義理散漫。方苞杜絕了宋儒義例解經的弊端,回到《春秋》之事的根本上,依事解經,但很難歸結出義例,《春秋》義理反而難尋。從此可見,清儒普遍反對以義例求經,方苞《春秋通論》提不出可取代前人義例的東西,其《春秋》義理還是在義例上探尋。如何尋求《春秋》義理,清儒未找到切實有效的方法。

從《春秋通論》的内容上看,方苞的春秋學以"尊王"爲主,講王者禮樂征伐的必要,而對春秋五霸,以及華夷之分不再看重。王室攻伐、會盟諸侯,皆有禮制,體現在《周官·大司馬》中。胡安國《春秋傳》謂鄭伯不朝,"其罪至貶爵削地而止",胡氏無意於天子對臣子施以征伐,方苞認爲不征伐無以樹天子之威嚴,禮樂政教無以施行,而周公制禮,設大司馬,征伐是分内之事。周鄭交質,鄭興兵伐周,在這兩件事上,天子均應討伐鄭國。

10. 1721 年康熙《春秋傳説彙纂》三十八卷,《四庫全書》本

《春秋傳説彙纂》,康熙三十八年(1699)敕修,康熙六十年(1721)刊刻。卷首列康熙帝序、《綱領》(論《春秋》經傳源流、《春秋》大旨及經傳義例、傳注得失與讀《春秋》之法),又有《王朝世表》《列國年表》《王朝列國世次》《王朝列國興廢説》《列國爵姓》《列國地圖》《王朝地名》《列國地名》)。

《春秋傳説彙纂》的編者認爲《春秋》"因史制經,以明王道",是"尊王之書",《春秋》因事而褒貶,不提倡以日月、名稱、爵號以説褒貶。"屬辭比事"是《春秋》之大法,所謂"屬辭比事","其大者,合二百四十二年之事而比觀之,其小者,合數十年之事而比觀之"。即聯繫前後史事,以論《春秋》褒貶之義。《春秋》三傳同源,事取《左傳》,義取《公羊》《穀梁》,方得《春秋》之真義。

自明以來,胡安國《春秋傳》被奉爲科舉取士之標準,與《春秋》

三傳合稱"四傳",但胡氏議論大多穿鑿附會,去經義甚遠,於是康熙命臣子"以四傳爲主,其有舛于經者刪之,以集説爲輔,其有畔於傳者勿録"(康熙帝序)。是書以《春秋》三傳及宋胡安國《春秋傳》爲主,引用前代注疏計134家,爲清代《春秋》集傳之最。《春秋傳説彙纂》出現於宋胡安國《春秋傳》一統元明及清初科場三百餘年的背景之下,清初統治者欲廢胡氏一家之言,而大力推行前人傳注,以明經通義。但因胡氏《春秋傳》流行久遠,不能廢棄,故仍列《春秋》三傳之後,僅對其有所訂正。三傳之中,《左傳》先於《公羊》《穀梁》,標示時代先後,體現出據事説經的認識。採用的傳注繁多,聲稱去取的標準在是否違舛《春秋》經。實際上,傳注的違舛與否,視統治者的意志而定,所謂去取的標準,只不過是根據統治者的旨意,甚至對經傳進行隨意篡改。如宣公四年《左傳》"凡弒君稱君,君無道也;稱臣,臣之罪也"一句,被有意篡改成"凡弒君稱臣,臣之罪也"。而前人注疏中多次提到的"夷""虜"等字眼,亦被處心積慮地置換。此書地理訓釋簡明扼要,爲顧棟高等學者所引用。此書廣引傳注,反映了當時破胡氏《春秋傳》求《春秋》義理的努力,但博而未專,清代《春秋》經學的框架體系仍有待明晰。

康熙序云:"於《春秋》獨服膺朱子之論,朱子曰《春秋》明道正誼,據實書事,使人觀之,以爲鑒戒。書名書爵,亦無意義。"但康熙朝臣子不明朱子因《春秋》義理自身不能融通而不爲《春秋》作傳的苦衷,而執意求孔子《春秋》的筆削微旨。清人棄宋學的空鑿附會,已成風氣,如何表述聖人在《春秋》中寄寓的義理,則又是一個時代課題。

《春秋傳説彙纂》仍保留了宋儒對周天子的批判。隱公七年《春秋》"天王使凡伯來聘",周天子下聘諸侯計八次,而未見諸侯聘周天子,宋儒多責天子聘諸侯,以爲非禮。莊公元年《春秋》"王使榮叔來錫桓公命",宋儒亦認爲不合禮義,謂《春秋》去"天"而單稱"王",以示貶意。《春秋傳説彙纂》的編者未作批駁,可知其意更爲傾向於貶斥天子不守禮義,不行君臣之"正禮"。可知受宋儒思想的影響,清代官方《春秋》經學仍有對周天子的職責規範,不似民間某些讀書人懾服於天子的威權，認爲孔子只是士人，没有譏貶天子的權力。讀書人不敢拂天子臉面於萬一，顯示出政治高壓對讀書人内心的震懾與影響。

《春秋傳説彙纂》反對《公羊》經學的"復讎"思想，强化了"尊王"的概念。齊哀公爲紀侯所譖，被周王烹殺，魯莊公四年，齊襄公滅紀國，《公羊傳》認爲《春秋》大齊侯之"復讎"。《公羊》復讎思想肯定的是爲家族血親復讎的正當性，在漢代，法律層面之外，血親復讎是普通百姓普通接受的社會現象。但自唐宋以來，學者不再信奉血親復讎，於是質疑齊襄公九世復讎的正當性，轉而"憫紀而罪齊"，或討論齊襄公吞噬紀國土地的謀畧、紀侯"大去其國"的正義性。如唐陸淳、趙匡認爲："紀侯賢而無罪……不曰出奔，所以護紀惡齊也，不書滅，不絶其祀也。"北宋劉敞不滿《公羊傳》稱齊襄公滅紀爲賢："紀侯有罪，罪在譖人，不在烹人，何滅紀以爲賢哉？"南宋胡安國爲了勸宋高宗迎回宋徽宗、宋欽宗，曾苦心提起《春秋》復讎之意，但不爲統治者所重視。《春秋傳説彙纂》認爲"齊襄公志在併紀，肆行侵逼，雖以王命臨之，悍然不顧，此王法之所必誅者"，以"王法"打壓齊襄公復讎之志。

《春秋傳説彙纂》對宋儒"華夷之辨"保留不多，但仍保留了"夷狄行中國之禮則進之"的觀念。《春秋傳説彙纂》的《春秋》經文以胡氏《春秋傳》爲底本，列《春秋》三傳異文於其下，支持《公羊》《穀梁》的經文，而否定《左傳》的經文。不用《左傳》的"紀子帛""君氏"，而用《公羊》《穀梁》的"紀子伯""尹氏"，讚成《公羊》的譏世卿之説。

11. 1721年魏周琬《充射堂春秋餘論》一卷，國家圖書館藏康熙年間善本

4册。每半葉10行，行20字。左右雙邊，白口，單魚尾，版心題"春秋餘論"。作於清康熙年間。

魏周琬，字旭棠，江蘇興化人。雍正二年（1724）江南進士，制藝多用史事，有名於時。著《充射堂集》十二卷；《詩集》五集共九卷，《文鈔》一卷，《六易餘論》一卷，《春秋餘論》一卷。

"王正月",謂王者奉天以立政統,順天則易治,故曰"春王正月"。"梁山崩",是天給人警示,君王應心懷修省以自危。反對初税畝,認爲它變更古制,開啓世道之亂。

《春秋餘論》末以夷狄視秦國。僖公十九年,梁亡。梁亡不足惜,秦之取梁,取於梁民潰散之時,如無人之國,秦受而有之。梁國亟土功,峻刑罰,主昏亂,是必亡之道。文公三年,秦人伐晋。秦自殽之戰後反敗爲勝,是因敗而知懼,知懼而後思,增修國政,重施於民。《左傳》記載秦穆公不替孟明,這是稱讚穆公之善於任人,並非孟明能事君。

春秋時期,因爲王者不作,大道既隱,春秋霸主如齊桓、晋文,因救災恤鄰而稱霸。僖公二十二年宋楚泓之戰,宋以"禮"敗,敗而可以自高,敗而可以不恥。這是宋襄公能厠身於霸主的原因。看似平淡無奇,實則與宋以來經説大異。魏氏改寫春秋學中霸主"尊王攘夷"的内涵,削去"攘夷"之旨,增設"禮"的標準,重新評價霸主。

12. 1725年孫嘉淦《春秋義》十五卷首一卷,《四庫全書存目叢書》影印中國科學院圖書館藏清雍正三年(1725)刻本

每半葉9行,行24字。左右雙邊,白口,單魚尾。卷首有雍正三年孟冬孫嘉淦自序、《總論》一卷。

孫嘉淦(1683—1753),字錫公,號懿齋,山西興縣人。康熙五十二年(1713)進士,官太子少保、吏部尚書、協辦大學士,充經筵講官。服膺程朱"居敬""存誠"之説,歷康熙、雍正、乾隆三朝,以犯顔直諫而聞於世。

孫嘉淦認爲,日月、名氏、爵號,本無意義,學者强爲穿鑿。唐宋以來,凡例之陋、褒貶之非,學者能言之,但於事之始末終有未明。事不明,則《春秋》之義不得。欲明《春秋》之事,則用屬辭比事的方法,即通過《春秋》本身的史事排比,尋求意義。"事前有辭,事後有辭,比而屬之,始終本末具在焉。但使尋其起止,通其脉絡,則二百四十年國政之原委,邦交之離合,君卿之賢否,制度之沿革,如絲之綸,如珠之貫其間。"《春秋》之事,見於《春秋》一經,即經以考事,即事以見

義。《春秋》之中，有君臣、父子、夫婦、交友之道，天人性命之源，禮樂政刑之大，可以識正誼明道之功、撥亂反正之要、內聖外王之義。

孫嘉淦雖稱《春秋》經義不待傳注而明，實際上他不能脫離傳注解經。如關於紀侯滅國，宋殤公攻鄭的議論，即採用《左傳》史事及杜注。《春秋》會盟、征伐之詳細委曲，一般來自《左傳》，鮮見如他所宣稱的那樣，由《春秋》"屬辭比事"而來。孫嘉淦《春秋義》，多有前後矛盾之處，自己不能愜意。今《四庫全書存目叢書》收錄了雍正三年的刻本，以此爲孫嘉淦《春秋義》原本。

《孟子》云："五霸者，三王之罪人也；今之諸侯，五霸之罪人也；今之大夫，今之諸侯之罪人也。"孫嘉淦認爲此蓋指王政不行於天下，五霸出，制定新禮，尚扶持禮樂，禮樂征伐自諸侯出，但與三王之禮相矛盾；五霸衰，政自大夫出，大夫即諸侯之罪人。孫嘉淦《春秋義》肯定了春秋時諸侯及五霸所定之禮的合法性，而非固守理想中的封建專制皇權，排斥、否定諸侯及霸主之禮。孫氏宣稱"尊王賤霸"，實際上仍擁護霸主。僖公二十八年溫之會，周天子被晉文公召來參加此次會盟，孫氏認爲這是晉文公霸業的顛峰，爲齊桓公所未能企及。周王被召參會，諸侯朝于王所，那麼，晉文公召王以納王，這是尊周天子的表現。天子沒有巡狩而《春秋》書"（巡）狩"，亦爲尊王。孫氏處心積慮爲周天子挽回顏面，以表達《春秋》"尊王"的意思。清代學者在《春秋》經學中所尊之王，是現實中的"王"，而非理想中的"王"。沒有理想中的"王"，《春秋》便以現實爲王道。宋代春秋學中的理想"王道"降格爲現實"王道"，《春秋》經學注定將喪失拓展的空間。

孫氏又說，《春秋》正誼明道，貴王賤霸，尊君抑臣，內夏外夷。這些說法承宋人經說而未有革新。其他如譏世卿、貶盟會，諸侯不可執殺大夫等觀點，均沿襲宋儒。孫氏認爲，孔子未以禮樂賞罰之權自任，《春秋》非孔子褒貶之書，卻是孔子教誡天下之書。通過這種說法，改變了宋儒"貶天子"的學說。

孫氏傷天子不能救諸侯於蠻夷之手，謂"（楚）敗中國之師，執中國之諸侯，天子不敢問，方伯不能救，聖人之所傷也"。《春秋》無王道,不能正諸侯、夷狄,在宋儒的邏輯裏,《春秋》是貶天子的。但是孫氏生在清代,卻不能"貶天子",而是要尊崇現實中的天子,那麼就形成一個矛盾:現實中不能正諸侯、夷狄的周天子是否也要尊崇?孫氏未明確表明心曲,但"聖人所傷"之語與《春秋》"尊王"已然構成矛盾。

13. 1726年李塨《春秋傳注》四卷,《續修四庫全書》影印中國科學院圖書館藏清同治八年(1869)李繼曾刻本

每半葉10行,行21字。左右雙邊,白口,單魚尾。卷首有雍正四年(1726)李塨自序,後有同治八年李繼曾跋。

李塨(1659—1733),字剛主,號恕谷,直隸(今河北)蠡縣人。康熙二十九年(1690)舉人,官通州學正。博學工文辭,其學以實用爲主。師顏元,又師毛奇齡,論樂律。著《周易傳注》七卷、《周易筮考》一卷、《郊社考辨》一卷、《李氏學樂錄》二卷,入《四庫全書》。另著《大學辨業》《聖經學規纂》《小學稽業》《顏習齋先生年譜》《恕谷後集》《瘳忘編》,爲《易》《詩》《春秋》《四書》等典籍作傳注。

李塨謂儒家經書中,惟《易》與《春秋》最難。《易》參照孔子《易傳》亦能得十之八九,惟《春秋》不可解。至晚歲始悟《春秋》是史書,直錄事實而褒貶自見,以此視《春秋》則一切迎刃而解。《春秋》之義,即禮、王跡、天子之事。以"禮"考《春秋》事實,陪臣執國命,朝聘會盟多有之,這都是違禮的表現,所以孔子貶之。又《春秋》所載多朝會、宴享、巡狩等天子之事,表明了孔子維護東周禮制,萬事升太平之意。認同宋邵雍、清顏元的觀點,認爲《春秋》係"孔子之刑書""孔子經濟之書"。謂河陽本周地,故天子"狩于河陽",並非如《左傳》杜注所謂晉以諸侯召天子。聲稱凡臣弑君,則罪在臣,維護君臣倫理。

反對義例治經,如稱人稱爵,無深義。莊公二十三年《春秋》:"荆人來聘。""荆"稱"人",是因爲使其大夫來,並無褒貶。文公九年《春秋》:"楚子使椒來聘。"則楚與中夏諸國修禮,亦無褒貶。在對待楚人的事件上,李塨與毛奇齡一樣,不再提及華夏之防。

雖在盟會的譏貶上沿襲宋儒,但李塨特別重視《左傳》的史事,

用以闡發義理。多採《左傳》杜注孔疏、其師毛奇齡《春秋毛氏傳》之說,亦多引"鐵壺氏曰",不明所指。間引《穀梁傳》《公羊傳》,論禮之得失。

14. 1729年范爾梅《春秋札記》五卷,雍正七年(1729)敬恕堂刊本

范爾梅《讀書小記》之一種。每半葉10行,行24字。左右雙邊,白口,單魚尾。牌記題"雍正七年鐫",敬恕堂藏板。版心鐫"濠上存古堂藏板"。鈐"靈石王臣恭觀""倩廷"印。卷首有孫鍾靈(字龍川)《春秋小引》。

范爾梅(1660—?),字梅臣,一字雪庵,山西洪洞人,雍正間貢生。雍正七年,年已七十。宗程朱之學,著《讀書小記》三十一卷。

卷首有《列國圖説》《諸國興廢説》《綱領》《提要》《殊會四》《制楚得失》,皆僅録一二條。《春秋札記》只録《春秋》經文,按照《春秋》年月安排先後,每一公之後有《總傳》,札記文字殊少。似范爾梅讀書時手記於書上,弟子迻録其文字而成《春秋札記》。如《列國圖説》,沒有圖説的内容,唯有一條札記:"梅按:此少郟、郞、郭、郜、甲氏、留吁、廧咎如諸國。"《諸國興廢説》獨標舉越國、徐國史事。《制楚得失》謂晉悼公應入五霸,宋襄公應除名。昭公十九年《春秋》"許世子止弒其君買",表明"此駁歐陽之論,其法甚嚴",並加以引申:"《孟子》謂子産惠而不知爲政,用《春秋》之法也。"從《春秋札記》的體例和内容,大體可推知范氏所批點,是當時常見科舉讀物。因其有《列國圖説》《制楚得失》,當不是胡安國《春秋傳》原本。

《春秋札記》謂"春王正月"難解,此句是全書經解之關鍵,而《傳》不得不如此解,《傳》指何書,尚不能推知其詳。認爲周改月亦改時,對"夏時冠周月"之説有所駁正,則可知此特别針對胡安國《春秋傳》。《春秋札記》於隱公的"總傳"中,甚至質疑程頤"夏時冠周月"之説,此説亦存於胡氏《春秋傳》中。

昭公四年《春秋》:"大雨雹。"《公羊》《穀梁》皆作"大雨雪",無注。《春秋札記》:"《左氏》叙申豐之言而未有《傳》之論。"按《左

傳》記申豐就"大雨雹"闡釋藏冰之禮,而胡安國《春秋傳》將"大雨雹"視爲季氏專政之象,以警戒魯昭公遇災而懼,以禮治國。《左傳》尚禮,胡氏《春秋傳》倡災異説,《春秋札記》所謂《傳》,不指三傳,實指胡安國《春秋傳》。可知《春秋札記》的底本是胡氏《春秋傳》,不過加入了《列國圖説》《諸國興廢説》等科舉評點本常見的内容。

桓公二年,宋華督殺其大夫孔父。《春秋札記》據《史記》補足史事,不加議論。桓公四年,紀侯大去其國,用《左傳》《史記》等史書補充齊滅紀的史事,不事議論,但可知其議論傾向不與《公羊》《穀梁》相同。桓公六年九月丁卯子同生,《春秋札記》指出《左傳》側重於其命名爲"同",胡安國《春秋傳》闡發"子"字重嫡之義,《尚書大傳》記宗子,《檀弓》記公儀仲子之喪,皆重"子"之義。《春秋札記》主以史事解《春秋》,不以經解經,走出了一般科舉讀物的窠臼。

《春秋》記載天王使宰伯糾以及宰咺來聘魯,范氏以"宰"爲"宰相",《春秋》書其名,則爲貶,"桓王時糾與咺可謂紙糊宰相矣"。殊不知春秋時的宰是掌管禮儀的大夫,范氏對周代典章制度知之不多。

卷首《春秋小引》稱當時"帖括家率多摩擬《春秋》題目,標録旨趣,以應故事,而于全經大義茫然不求悉解"。范爾梅酷好《春秋》,熟習《公羊》《穀梁》《左傳》、胡氏《春秋傳》等傳注,"或以《學》《庸》《論》《孟》解,或以《詩》《書》《易》《禮》解,或以《史記》、諸子百家解",除胡氏《春秋傳》之外,廣覽而博求,自然可以標榜其獨特。《春秋札記》終究爲科舉而作,作者心繫科舉,稱胡氏《春秋傳》對《春秋》桓公五年"州公如曹"與桓公六年"春正月寔來"的解釋,"作合題絶好"。

15. 1737年康熙《日講春秋解義》六十四卷,《四庫全書》本

前有雍正序及乾隆二年(1737)乾隆序。康熙十年(1671)始設筵講經,《日講春秋解義》是康熙經筵舊稿,參以雍正考論,久未頒佈,後由張廷玉、方苞等人詳細校定,於乾隆二年頒示天下。

《日講春秋解義》以經義爲主,不同於章句之學。其經義,一仍胡安國《春秋傳》,認爲《春秋》有義例,有褒貶,胡氏《春秋傳》"雖持

論過激,抉隱太嚴,未必當日聖心皆然;要其本三綱,奉九法,明王道,正人心,於《春秋》大旨,十常得其六七,較之漢唐以後諸家優矣",對胡安國《春秋傳》仍示推崇之義。因《日講春秋解義》由經筵講官講給皇帝,故其重點放在"本三綱,奉九法,明王道"。《日講春秋解義》於乾隆二年刊刻時,《春秋傳說彙纂》已於康熙六十年(1721)刊出,對胡氏已有所辨正,故《日講春秋解義》以朱熹爲藉口,掩其尊胡之陋,云:"朱子深病是經之難通,而教門人姑從胡氏之說。"此書以胡安國《春秋傳》爲宗,而刪汰其過於深刻之論,若經有傳無,則博採諸說以補之。

此書以傳通經,經文頂格,另行低一格列《左傳》事跡,其次是《公羊》《穀梁》之說,另行低一格敷衍《春秋》義理。《日講春秋解義》不取胡氏《春秋傳》"夏時冠周月"之說,但仍將"春王正月"之"王"理解爲周文王,因文王始受天命,這是受胡氏《春秋傳》影響。由此看,在清代,糾正胡氏《春秋傳》天文曆算知識上的偏頗容易,但要改易胡氏《春秋傳》的義理,則頗爲不易。《日講春秋解義》稱許胡氏《春秋傳》,主要因爲其"尊王"之義。

《日講春秋解義》爲君王講授《春秋》經義而成,站在君王的角度講義理,不同於胡安國站在臣子的角度講《春秋》。隱公元年,鄭伯克段于鄢,歸惡於鄭莊公,因爲"王者以善養人,惟恐人之不入於善也,而鄭莊於弟則惟恐不入於惡,《春秋》所爲深誅其意,以正人心而扶世道也",對鄭莊公多有責備,而不像胡安國《春秋傳》,對共叔段責難有加。從這一點看,《日講春秋解義》側重於爲君之道,而非爲臣之道。

16. 1744 年方苞《春秋比事目錄》四卷,《四庫全書存目叢書》影印北京師範大學圖書館藏清乾隆嘉慶間刻抗希堂十六種本

每半葉9行,行19字。四周雙邊,白口,單魚尾。卷首有乾隆九年冬十二月(1745)顧琮《春秋比事目錄序》。

方苞(1668—1749)著,其《春秋直解》《春秋通論》已著錄。方苞《春秋通論》融合三傳,類舉事跡,以申明義理。《春秋比事目錄》則

只關注經文,將《春秋》之事分爲八十五個義類,如"王室伐救""王室會盟""王使至魯魯君臣如京師""魯亂政""魯郊"等,分別羅列事件,不加評析。每類事件設立一個標題,而未有題解,故曰"目錄",猶如科舉考試的備忘錄。方苞總結的《春秋》事類,涉及王室與諸侯國的内政外交,侵伐、攻占他國等事件尤多,關注君、臣、民之間的關係,而不論華夷之辨,對霸主事跡亦無特別提示。

程子曰,《春秋》不可每事必求異義,但是一字異,則義必異。方苞《春秋比事目錄》即本此而作。雖只是羅列事件,但啓發讀書人在同類事件的不同書寫中,探求特殊意義。學者固然宣稱不求"異義",但若關注《春秋》條文的不同書寫方式,則不免一字褒貶,落下穿鑿的毛病。

《春秋比事目錄》列《春秋》之事類,元趙汸《春秋屬辭》即已開此體例,而闡説猶詳,爲後世學者所稱讚。方苞未見此書,憑一己之力董理《春秋》史事,分列事類。即便體例早有,方苞著書的目的及關注的對象,與趙汸並非完全相同,故方苞著作不可棄置不顧。

17. 1745年陶正靖《春秋説》一卷,錢熙祚輯,道光年間錢氏守山閣刻指海本

每半葉9行,行21字。左右雙邊,黑口,單魚尾。版心題"春秋説",其下鐫"守山閣"。

陶正靖(1682—1745),字穉衷,一字柱中,號晚聞,江蘇常熟人。雍正八年(1730)進士,授編修,乾隆二年(1737)改御史,屢遷至太常卿。遇事敢言,因召對忤皇上之意,罷歸。古文奏疏雅健。另著《詩説》一卷、《晚聞先生集》十三卷。

《春秋説》辨析三傳與胡氏《春秋傳》,往往取《左傳》之義。隱公元年不書即位,《左氏》曰"攝",得其實,《公羊》曰:"諸大夫扳隱而立之。"不確。《穀梁》認爲惠公"勝其邪心,以與隱",尤非。隱公元年《春秋》"公子益師卒",取《左傳》之説,云胡氏《春秋傳》不曉《左傳》文理。隱公二年《春秋》"夫人子氏薨",顧炎武從《穀梁》,以"子氏"爲隱公妻,而作者以《左傳》"桓母"之説爲長。

在解釋"鄭伯克段于鄢"一事上,謂"《左氏》最善説經",在肯定《左傳》經義的同時,也肯定了《左傳》的文理。"克段,云'段不弟,故不言弟',數語典盡事理。《公》《穀》以下並覺辭煩。""又如交質,鄭武公、莊公云云,罪案凜然,無所復加;君子云云,乃推本言之。冠履失序,皆自不忠、不信始也。鄭伯怨王,是謂不忠;王貳於虢而曰'無之',是謂不信。朱子非之,似未得《左氏》文意。"《左傳》的解經語、"君子曰"皆爲倫理之淵藪,朱熹亦不能置喙。陶正靖《春秋説》從叙事、義理兩方面肯定《左傳》的價值,這在清代學者當中是非常罕見的。

18. 1745 年汪紱《春秋集傳》十六卷,卷首一卷,末一卷,《續修四庫全書》影印上海辭書出版社圖書館藏清光緒二十一年(1895)刻本

每半葉 10 行,行 22 字,小字雙行,同。四周雙邊,白口,單魚尾。牌記題"光緒乙未中秋開刻"。卷首有光緒二十一年乙未吳引孫《春秋集傳序》、汪紱乾隆十年(1745)乙丑《叙》。其後列分別列《序文》(《漢何休公羊傳序》《晉杜預注左氏傳序》《晉范甯注穀梁傳序》《程傳序》《胡傳序》等五序)、《春秋綱領》《春秋總論》《春秋列國編年總譜》《諸國興廢》《春秋災變總説》《列國分壤圖説》《春秋紀時總説》《春王正月考異》。卷末附哀公十四年至哀公十六年《左傳》經文,以孔子卒爲結束,用小字注釋。

汪紱(1692—1759),初名烜,字燦人,號雙池,安徽婺源(今屬江西)人。乾隆中以諸生終。家貧,初傭於江西景德鎮,事畫碗役,後館於閩中,從遊者甚衆。其學博綜儒經,以宋五子爲歸。於《四書》《易》《詩》《禮記》皆有撰述。

吳序作於光緒二十一年,謂唐宋以來經説林立,儒生互相攻伐,彼是而此非,求之於深,而失之於鑿。儒經不過使人"明日月倫常而已",不能爲經學立門户而曲爲之説。方今天下人以鈔襲附會爲事,反以讀書爲可笑。"急科名者忘事功,談經濟者務時尚",捨本而逐末,皆因經術不明,而不能正人心世道。晚清經學之門户森嚴,經學

衰弊固然如此,但這種狀況與乾隆朝初期汪紱作《春秋集傳》時的社會環境終究不盡相同。汪紱爲反對胡安國《春秋傳》的獨尊地位而融通三傳,故未有今古文門户之見。晚清,古文經學衰落,時人喜談經濟、世務,而不好讀書,故吴序希望晚清經學復興,視汪紱《春秋集傳》爲挽救世道人心的工具,這不足爲怪。

卷首列《春秋總論》《春秋列國編年總譜》《諸國興廢》《列國分壤圖説》《春秋紀時總説》等内容,對春秋歷史、地理作初淺的介紹,這與乾隆時期的科舉讀物大同小異。其中,《諸國興廢》依據宋林堯叟《括例始末》,述"分封所由始,及兼併所終",《列國分壤圖説》依據坊刻《東坡指掌圖》署爲考訂,用以知小大之國"判服不寧之故"。

乾隆朝初期,汪紱不滿於科舉考試獨尊胡安國《春秋傳》所造成的經學荒廢,云:"今功令一遵胡氏,治《春秋》者不敢少出己見。又場屋命題多所忌諱,迺記取冠冕數題,畧撮胡、《左》大旨,持以應試,雖經文且不曾遍讀,況胡傳乎?夫經降而從傳,傳降而爲時文,時文又降而爲勦襲,而尚詡然以經生自鳴也,不亦羞乎?"因爲信奉理學,汪氏並不反對胡安國《春秋傳》,只是認爲只通一傳,不能解《春秋》。欲解《春秋》一經,應博綜於傳注,以義理來折衷。但汪氏所謂博綜,不過在胡安國《春秋傳》之外,另加《春秋》三傳而已。

汪紱對《春秋》三傳及胡氏《春秋傳》皆有不滿。何休《公羊傳序》墨守《公羊》而作《左氏膏肓》,不無偏私之見;范甯《春秋穀梁傳序》有"仇讎可得而容"之語,"不切情實",可見汪氏本人不主"復讎"之説;杜預《春秋經傳集解序》稱"稱族,尊君命;舍族,尊夫人","此《左氏》之説,恐未可據"。汪氏認爲,時人喜用《左傳》作文章,此爲俗儒;程頤所謂"夏時冠周月",殊爲牽强;胡氏《春秋傳》好發議論,多"有爲之言",又多"過火"之語,往往辭不達意。

汪氏從叙事和義理兩方面認識《春秋》三傳和胡氏《春秋傳》的作用:《左傳》記事詳明,讀《春秋》不可或缺,但《左傳》的義理多悖謬於理;《公羊》《穀梁》的叙事無可取之處,《公羊》《穀梁》的義理可信者僅半。相較之下,胡氏《春秋傳》雖小有瑕疵,卻"大義炳朗,詞義昌明,遠駕漢唐諸儒之上"。此可見胡氏《春秋傳》義理上的影響根深蒂固。不支持《公羊》學說對霸主的態度,謂《春秋》並未予霸,只是迫不得已。霸主雖尊王攘夷,但也侵犯中原小國。此等議論,實承繼宋胡安國《春秋傳》。魯莊公不能為父復讎,是因為周王衰弱不替魯國伸張正義,自己亦無實力與齊國抗衡。此等思想,消解了胡安國《春秋傳》的復讎之義。

　　汪氏解經,有他通達的一面,即否定一字一句的褒貶法,解經避深文周納,云寧淺勿深,寧直勿曲,寧闕勿鑿,一言以蔽之,否定宋儒(包括胡氏《春秋傳》)的解經方法。汪紱認為,分析經義,不必如胡安國《春秋傳》那樣,逐字逐句,作一字褒貶。《春秋》是史書,史法謹嚴,經世大法自寓其中。天下之治亂,本於倫紀,倫紀乖而天下亂。春秋之亂,起自周天子,王自不為王,王臣亦不君其君;王不能和諸侯,而諸侯自相朋比。自天子始,君臣、父子、夫婦、兄弟、國人交失其道。汪氏《春秋集傳》出現在乾隆朝的意義,在於擺脫宋學"一字褒貶"的治學風氣,擺脫胡安國《春秋傳》的一尊地位,在一定程度上提振了《春秋》三傳的經解地位。

19. 1748年郘坦《春秋或問》六卷,清光緒二年(1876)淮南書局刻本

　　每半葉12行,行24字,小字雙行,同。左右雙邊,白口,單魚尾。牌記題"光緒二年孟秋淮南書局刊成",黃紙本。卷首有乾隆戊辰(十三年,1748)四月郘坦自序。

　　郘坦,字克寬,安徽五河縣人。乾隆十六年(1751)貢生。著《春秋集古傳注》二十六卷、《春秋或問》六卷,入《四庫全書》存目。

　　郘坦自序謂經學用以經世,應於《春秋》文字之間求經之義例。《左傳》詳於敘事,大義顯然可尋,但其論斷,於經意有合有不合。《春秋》始於隱公,《春秋或問》採用孔子之議,謂隱公當立,《春秋》伊始,便"扶而正之"。隱公當立,則桓公不當立。前人謂魯桓公當立,是"邪說"。桓公弒隱公而立,"凡有國者,以繼嗣不定,啓篡弒之禍",當以此為鑒。胡安國《春秋傳》謂《春秋》隱公元年以前周王猶能用賢,諸侯仍有天子誥命,來朝于王,自入隱公元年,則全無王者之

跡,此爲傳聞、"遊談"。至謂平王棄九族,不撫民之論,是"刻於平王而寬於幽厲也"。周王無可指摘之處,"貶天子"之説自然站不住腳跟。

莊公二年《春秋》"公子慶父帥師伐於餘丘",《左傳》不載其事,無所據以爲説,故闕疑。宋人採用《公羊》《穀梁》而申發的議論皆不可靠。定公十年,夾谷之會,先儒皆駁之,以爲附會,郜坦認爲《左傳》事實皆可信,《左傳》的義理卻不可信。隱公二年《春秋》"紀子伯、莒子盟于蔑","紀子伯"不明所指,但若從《左傳》作"子帛",則大夫序於國君之上,"故寧從闕文之説,而不從《左》以亂經例也"。宣公二年《春秋》"趙盾弑其君夷皋",《左傳》記載孔子曰"越竟乃免",郜坦引前人之説辯此絶非孔子之言。肯定胡安國《春秋傳》的褒貶,但刪其議論司馬昭弑高貴鄉公一段,認爲胡氏引史事以議論,是朱子所謂作對策。注經,完其本義即可,胡氏觸類旁通而無關經之本義,宜刪之。

桓公十三年,紀侯與魯、鄭聯合,敗齊、宋、衛、燕四國之師,胡安國《春秋傳》有"幸勝速禍"之説,亦有人附和此見,郜坦認爲此論"迂闊而不近於事情"。紀之卒滅,非此一戰之過。莊公四年《春秋》"紀侯大去其國",郜坦專論書法,而不理會《公羊》復讎之説。僖公二十四年《春秋》"天王出居于鄭",郜坦指出天王亦有責:一、不聽臣子之諫;二、用非其人;三、居尊不能制命。周王出國都,乃大亂之事,以此駁斥宋趙鵬飛"王不得已"之論。

公子糾與公子小白,《左傳》以小白爲兄,而程子以子糾爲兄,朱子在兩可之間,孰兄孰弟未明。《春秋或問》則依據《春秋》經文裁斷,公子糾稱"子糾",則糾爲兄,這樣的推斷未免草率。文獻不足,闕疑可矣。

20. 1751年應麟《春秋賸義》二卷,《四庫全書存目叢書》影印北京大學圖書館藏清乾隆十六年(1751)宜黄應氏刻屏山草堂稿本

每半葉9行,行20字。左右雙邊,黑口,單魚尾。卷首有應麟

《自序》。

應麟,字囿呈,江西宜黃人。康熙五十六年(1717)舉人,著有《易經粹言》三卷、《詩經旁參》二卷,皆入《四庫全書》存目。

自序謂《春秋》之義,《春秋》三傳、胡氏《春秋傳》以及前人經説雖多,但不能盡其義。應麟不取成説,而自發機杼。如論"戎伐凡伯于楚丘以歸",凡伯爲天子之大夫,楚丘爲衛地,衛國不知救,且不振兵旅,故有後來滅國之禍。魯桓公篡位,結婚姻於齊,自以爲得計,卻没料到被齊襄公殺之於齊。魯莊公時,魯與齊之間的乾時之戰,非爲復讎,而是爲公子糾爭位,仍是媚齊。紀侯委其國於紀季,紀季入齊請爲附庸,但不被允許,《春秋》書"紀侯大去其國",憫紀,而非褒紀,亦非褒齊復讎之義。這樣的解讀,不用《公羊》《穀梁》諸經説,形成一些零星的史論,與統治階層的意志息息相通。經學的人文精神被經生的識鑒所替代,這從一個側面見出清代《春秋》經學衰敗之一端。

清初春秋學一般都反對胡安國《春秋傳》"夏時冠周月"之説,但《春秋賸義》仍推闡孔子行夏之時、改周正朔之義,可謂陳陳相因,其識見可見一斑。

21. 1754年劉紹攽《春秋筆削微旨》二十六卷,《四庫全書存目叢書》影印東北師範大學圖書館藏清乾隆刻本

每半葉10行,行20字。四周雙邊,白口,單魚尾。卷首有乾隆十九年(1754)夏六月劉紹攽自序、《總論》。

劉紹攽(1707—1778),字繼貢,陝西三原人。四川什邡縣、南充縣知縣,雍正十三年(1735)以博學鴻詞薦。後歸里,主講蘭山書院。另著《周易詳説》十八卷、《春秋通論》四卷,皆入《四庫全書》存目。

劉氏謂《春秋》是孔子筆削的經書,並非直書其事的史書,亦非後世之本紀、列傳,首尾必備,但《春秋》褒貶自見。孔子因魯史而褒貶,以存是非之公,以嚴君臣之分。劉氏沿襲宋人説經之法,於姓氏、名字、爵號中説褒貶,又用《公羊》《穀梁》日月之例。從褒貶、義例上看,劉氏所主張,乃清初學者所普遍反對。

劉氏力排《左傳》，認爲《左傳》的叙事毫無意義。衰世本無王，會盟征伐不自王出，故不值得詳細記録。劉氏沿襲胡氏《春秋傳》說經之法，不講會盟征伐之由，而專論褒貶。劉氏解經，雖説不用《左傳》，實則不得不用。如成公十二年《春秋》："周公出奔晋。"劉氏陳述周公出奔之由，再下褒貶，此處便用《左傳》的叙事。劉氏用《左傳》而不自知，誠如四庫館臣所批評的那樣，"幸藉《傳》而知其事，又諱所自來"，斥《左傳》而實用《左傳》，表裏不一。謂《左傳》之史事不足據，經義不依據傳注而獲得，則必然助長臆斷穿鑿的學風。

22. 1754年 劉紹攽《春秋通論》六卷，《四庫全書存目叢書》影印清華大學圖書館藏清乾隆刻本

每半葉10行，行20字。四周雙邊，白口，單魚尾。卷首有乾隆十九年（1754）夏至後一日劉紹攽序。

劉紹攽（1707—1778）著，其《春秋筆削微旨》已著録。

劉氏稱《易》有繫辭，《詩》《書》有序，皆"通論"。劉氏《春秋通論》之名，即仿繫辭、詩序。但《春秋通論》擇取《春秋》條文，以説褒貶，與繫辭、詩序的體例頗爲不合。

《春秋通論》與前所著《春秋筆削微旨》參互發明。劉氏《春秋筆削微旨》排斥《左傳》的叙事，《春秋通論》卻間採《左傳》義理。如論"鄭伯克段于鄢"，"段不弟故不言弟，《左氏》之論篤矣"。《春秋通論》對胡安國"夏時冠周月"有駁正，謂《春秋》用周正，而其祭祀、兵戎，用夏正。多採用《公羊》《穀梁》義理，隱公三年《春秋》"尹氏卒"，用《公羊》譏世卿之義，否定《左傳》"君氏"之説。劉氏説經，用日月之例，書天、書人皆有意義，沿襲宋人説經之例，罕有新見。

23. 1754年楊方達《春秋義補注》十二卷，《四庫全書存目叢書》影印上海圖書館藏清乾隆復初堂刻本

卷首有雍正三年（1725）孟冬孫嘉淦《春秋義原叙》、乾隆丙子（二十一年，1756）上元日顧棟高《春秋義補注叙》、乾隆十九年甲戌七月朔楊方達《春秋義補注序》《梗概》（梗概即綱領之意）、《總論》。

楊方達,字符蒼,一字扶倉,江蘇武進人。雍正二年舉人,年七十九而卒。著《易學圖說會通》八卷《續聞》一卷、《尚書約旨》六卷、《尚書通典畧》二卷,皆入《四庫全書》存目,另著《周易輯說存正》十二卷附《易說通旨畧》一卷。

孫嘉淦《春秋義原叙》謂宋儒褒貶之義明,但《春秋》之事不明,故《春秋義》不用三傳,而專就《春秋》的文辭討論史事,以發覆《春秋》之義。《春秋義補注叙》亦認爲《春秋》不藉三傳而明。"《左氏》謂兼賵仲子,預凶事,爲非禮;尹氏卒,《公羊》以爲男子,《左氏》以爲婦人;又《公》《穀》多以日不日、月不月生義;《左氏》以舍族、書族生義,其去孔子筆削之旨愈遠。"託名顧棟高的《春秋義補注叙》大講三傳之弊,云"《春秋》不藉三傳而明",不獨肯定孫嘉淦《春秋義》的棄傳講經,也肯定楊方達的《春秋義補注》,云:"合河孫先生著《春秋義》一書,深明孟氏之旨,盡撥棄三傳,專用經文立言,簡而明,約而淨,爲二千餘年說《春秋》者獨闢障霧,其有功經學不淺。顧其間不無遺漏,且其義或有可商。武進楊君符蒼復爲《補注》,而後《春秋》之義大明。"褒揚棄傳講經之法,《春秋義補叙》似非顧棟高所作,託名顧棟高而已。顧氏雖不喜三傳義理,但不致棄傳講經,其《春秋大事表》實藉助三傳方得以成書。

楊方達《春秋義補注》補注的是孫嘉淦《春秋義》,稱孫嘉淦《春秋義》"文類《公》《穀》,而義出心裁,一洗凡例之陋、無事穿鑿,而自得聖人屬辭比事之旨,可以救四傳之偏,而發程朱所未發"。孫嘉淦曾不滿《春秋義》,生前即已自燬其板,而孫嘉淦因何燬板,似乎大有隱衷。楊方達私淑孫氏《春秋義》,所見《春秋義》,當爲全本,《春秋義補注》意在增汰刪補,用先儒之說補原書之未備。在每條經文之下錄孫氏之義,附以"謹案"叙述己意,欲使孫氏《春秋義》復現於世。欲正之,先褒之,對於孫嘉淦《春秋義》,楊方達虛詞委婉,沒有明言反對。

《春秋義補注》力圖將孫嘉淦的《春秋義》拉回"正軌"。桓公三年《春秋》"春正月",不言"王",孫嘉淦《春秋義》認爲這是"闕文",並指出桓公闕畧甚多,或闕王,或闕時,或闕月,此皆史書之闕文,無關大義,此係孫嘉淦不穿鑿褒貶的學風之體現,直接針對"桓無王"的經學命題而發。楊方達《春秋義補注》卻因襲、強化了宋儒"桓無王"的義理,認爲"桓無王"不是一個簡單的書法原則(桓公十八年,有十五年未書王,故曰桓無王),而是魯桓公眼中本無王,即使桓公每歲書王,亦不能掩蓋他眼中無王的本來面目。這樣的"補注",重回宋人經義,陳陳相因,猶如蛇足。

《春秋義補注》在某些方面完全改變了原作的思想。如對霸主的認識,孫嘉淦《春秋義》認爲霸主尊王,而楊方達《春秋義補注》云:"尊王黜霸,《春秋》之本旨也。今考桓文行事,名曰翼戴王室,而其實暗干王權。"(卷首《梗概》)後人艷羨其功,但爲世道人心計,不得以後世英雄之識論春秋霸主。《春秋義補注》刪削了《春秋義》關於霸主尊王的言論。《春秋義》稱天王聘諸侯,禮也,但《春秋義補注》就天子三聘魯桓公,數魯桓公之罪,歸之於桓公之"大惡"。通過這樣的刪削、議論,以貶低霸主、諸侯,強化天子的威權,樹立起嚴明的君臣倫理關係。這或許是楊氏制作《春秋義補注》的原因。

桓公五年《春秋》:"春正月,甲戌,己丑,陳侯鮑卒。"孫嘉淦《春秋義》認爲"甲戌"下闕文,並用《左傳》補"甲戌"下當有"陳佗殺世子免"的記載。啖助、趙匡認爲甲戌下有闕文,但不用《左傳》。楊方達《春秋義補注》不用《左傳》增益史事,最終"闕疑"。

楊方達謂解《春秋》者,有文人之言,有學者之言。文人之言權時勢以立論,學者之言宗理道以爲歸。楊方達首肯《春秋義》在權臣專政、臣子弑逆、閨門之變的議論中體現的君臣、夫婦之道,而改易了孫嘉淦的王霸觀念,意在削弱孫氏的"文人之言",欲使《春秋》之義更符合統治階級的思想,而以"學者之言"自居。正因爲清代讀書人自覺維護君權,亦使《春秋》義理的革新在清代尤爲困難。

24. 1755 年全祖望《經史問答》六卷之《三傳答蔣學鏞問》一卷,清經解本,上海書店,1988 年

分上中下 3 欄,每欄 33 行,行 24 字。四周單邊,白口,單魚尾。全祖望(1705—1755),字紹衣,一字謝山,浙江鄞縣(今寧波)

人。乾隆元年（1736）進士，因與李紱關係密切，受李光地排擠，散館時以知縣用，遂不復出。其學宗黃宗羲，補黃宗羲《宋元學案》，著《漢書地理志稽疑》六卷、《鮚埼亭集》三十八卷《外編》五十卷等。

《經史問答》的《左傳》部分對宋黃震、王應麟、清顧炎武、毛奇齡等人的徵引較多。《經史問答》肆力於《左傳》義理的批判，顧炎武等人從史的角度對《左傳》的史事、人物尚持通達之論，全祖望卻全都否定了。他認爲《春秋》書法不可廢，《左傳》義理不可信。《左傳》在評價某些事情上的倫理取向，開宋儒"迂誕之説"。唐柳宗元、吕温已譏《左傳》"成敗論人"，宋人朱熹亦持此論調，延至清全祖望，都是先將後世的君臣觀念横亘心中，以此評價古代的人物，顯然並不理解《左傳》的本義。

因爲作者有根深蒂固的君臣等級倫理觀念，所以在考訂某些史實時，根據後世倫理觀念定"真僞"。如："（蔣學鏞）問：據《史記》則夏氏（指夏徵舒）弑君自立，成公以太子奔晋，楚人迎而立之也，而不見於《左傳》，何也？答：是《史記》之誣也。"因爲《史記》所載《左傳》闕畧的史實不符合君臣之道，所以詆《史記》爲誣。像這樣以義理爲裁決，以致否定史事的做法，實際是宋人棄傳講經、否定《左傳》叙事之風的延續。宋人棄傳言經，否定的還只是《左傳》的史事，全祖望連《史記》的史實也一起否定，經學歪曲事實之弊可見一斑。而這種議論源遠流長，發展到後來，難免陷入《左傳》是僞書的泥淖。

25. 1758年牛運震《春秋傳》十二卷，《續修四庫全書》影印復旦大學圖書館藏清嘉慶二十三年（1818）刻空山堂全集本

每半葉9行，行22字。四周雙邊，白口，單魚尾。前有嘉慶六年（1801）七月朔日張燾《春秋傳序》。

牛運震（1706—1758），字階平，號空山，山東滋陽人。雍正十一年（1733）進士，官秦安、平番縣令，免歸。好金石，工文章。另著《空山堂文集》十二卷、《讀史糾謬》十五卷、《金石圖》二卷等。

《春秋》不貶天子，但譏世卿。《春秋》大復讎，惡齊侯，憫紀侯。牛運震撇開胡安國《春秋傳》，而用《春秋》之傳講《春秋》之義，多用

《公羊》《穀梁》之義理。這代表了清初《春秋》經學的新傾向,即棄胡傳,而廣輯其他傳注。牛氏關注的,尚僅及《公羊》《穀梁》,蒐輯未爲完備。《春秋》貶天子,是宋代《春秋》經學的特色,它體現的是宋代士大夫爲王者師的氣質,也呈現出宋代皇帝與士大夫共治天下的政治格局。清初學者不約而同一致反對《春秋》貶天子,則必有其原因,清代統治者的政治高壓是導致這種現象出現的必然因素。

26. 1758年乾隆《春秋直解》十五卷,《四庫全書》本

乾隆二十三年(1758)製。前有乾隆二十三年秋月乾隆《春秋直解序》。以十二公爲十二卷,莊公、僖公、襄公篇幅稍多,分上下卷,實十五卷。

此書是康熙《春秋傳説彙纂》的後續之作,《春秋傳説彙纂》彙輯衆説,《春秋直解》則陳《春秋》之義。冠名《直解》,即撤棄前人一字襃貶及義例説經之迂曲,對《春秋》之義作簡明扼要的會通。序稱《左傳》詳於事而失之巫,不得孔子筆削之意;《公羊》《穀梁》成書於後,發墨守而起廢疾,儼然入室操戈;胡安國《春秋傳》則附會臆斷往往不免。不滿於各家傳注,故直解《春秋》之義,這一點與宋代經學著作頗爲契合。

卷首有乾隆四十三年(1778)乾隆《書春秋元年春王正月事》,申明大一統及《春秋》"尊王"之義。有此綱領,各御用學者便從各方面推闡"尊王"之義。《春秋直解》論周王之所以稱"天王",是"繫王於天,明王者當欽若天道,欲循名以盡其實,又以見尊王即所以尊天,不尊王則獲罪於天也"。周王不合天道,王綱不正,所以貶周王。周王被晉侯召去會盟,《春秋》曰"天王狩于河陽",隱諱本事,書"狩",若王之巡,此爲尊者諱,也是尊王的表現。非王命的出使皆爲私交,隱公元年《春秋》"祭伯來",不言"王使",則祭伯私與魯結好,"結内近以偵國,挾外援以要君",《春秋》謹私交,杜朋黨之漸。春秋諸侯之會,"皆非王事而私會",與周禮不合。與戎狄會盟,非禮,且失策。認爲治有道,禦侮有方,不應與戎狄會盟。不僅春秋會盟非王命,諸侯征伐亦非王命。"征伐,天子之大權。自諸侯出,非禮也。私會盟

則結黨以要君,專侵伐則稱兵以叛上。"在出使、盟會、征伐等要義上,《春秋直解》完全繼承了宋胡安國《春秋傳》的闡釋,一切以"尊王"爲要,且對君臣關係給予更詳細的闡發,強化《春秋》的"尊王"之義。

《春秋直解》杜絕《公羊》經學日月例的穿鑿,很少在書與不書上附會褒貶,但某些義理仍繼承了《公羊》學說。如《公羊》譏世卿,《春秋直解》謂"大夫不世官,卿世則臣柄國,而公室卑矣"。又如復讎之説。齊滅紀,《公羊傳》褒齊襄公復九世之讎,《春秋直解》雖未在滅紀一事上發揮復讎之意,但肯定子爲父復讎、臣爲君復讎的正義性。如吳入郢,鞭楚平王屍,則事後楚子爲楚平王復讎,可恕。魯桓公爲齊所殺,魯莊公當爲父復讎。以長勺之戰的軍事實力,魯莊公應向齊襄公復讎,責備魯竟然没有復讎。《春秋直解》還褒獎與君共存亡的孔父嘉、荀息、仇牧等人,這些人都是爲君復讎的賢良之士。

胡安國《春秋傳》爲南宋王朝獻策,多有"尊王攘夷"之意,以南宋之軍事力量對抗北方強敵,心知其難,故胡安國謂中原對抗夷狄之道在於"理",在於"信義","循天理,惇信義,以自守其國家,荆楚雖大,何懼焉"。胡安國《春秋傳》予天子征伐之權,以此約束掌握軍事力量並"攘夷"的霸主。清代,《春秋直解》抛棄了宋儒以"信義"對待夷狄的態度,肯定霸主如齊桓公"尊王攘夷"的功績,並提出對抗強楚,中原小國在軍事上具有重要作用,慨嘆中原諸侯無此認識:"蔡、鄭,天下之中也。楚得蔡,則長驅宋陳鄭許之郊,得鄭,則界絶齊魯秦晉之路,故齊與楚爭蔡,晉與楚爭鄭也。"蔡、鄭、鄧三國結盟,無法抵抗強楚,"惡楚之馮陵也,傷周室之無政與諸侯之無謀也"。霸主最可貴之處,在於其軍事優勢,天下需要霸主以對抗強敵。褒揚霸主,異於《公羊》學説"實與而文不與"的態度,與宋人"尊王黜霸"的觀點亦相左。《春秋直解》對春秋華夷之格局的理解,與王夫之《春秋通論》頗有幾分相似。可以説,古代士大夫理想中的統一王權國家,與清王室對自身的期許是相等的。清王室無疑掌握了經典闡釋的話語權,以華夏正統自居,在經典注釋中標舉儒家大一統文化。

《春秋直解》站在王權的角度,規範君臣之關係。《春秋》書"趙盾弑其君",《左傳》稱"越竟乃免",《春秋直解》認爲《春秋》是孔子之"刑書",没有"釋弑者不罪,使不弑者受之"的道理。趙盾身爲正卿,不能服楚,又侵伐中原小國陳、鄭,致小國困頓,生民塗炭,理應罪之。魯國權臣季氏去除慶父有功,故褒獎他;至春秋末年,魯季氏竊國柄,不肯爲國盡力,則應貶之。"昭定以前,三家初竊國柄,猶協心以禦外侮,故鄰國侵伐及四鄙而止。至此則三家之勢已成,各不相下,莫肯爲國任患。敵至,徑薄國都,國非其國矣。"陸渾之戎,秦晉遷之於伊川,宣公三年《春秋》"楚子伐陸渾之戎",陸渾戎欲以窺周室,逆上之心昭然若揭,這是秦晉之罪。這完全是以帝王口吻批評諸侯臣子。

27. 1777 年戴震《經考》卷五,《戴震全集》第三册,清華大學出版社,1994 年

戴震(1723—1777),字東原,安徽休寧人。請益於同鄉江永。乾隆二十二年(1757),與惠棟交,因古訓治經取得學術上的基本認同。乾隆二十年入京,經錢大昕等人延譽,名動京師。乾隆二十一年,王安國延請他爲王念孫課經。乾隆二十七年舉人,乾隆三十九年以舉人入四庫館,推行古學,天下學風爲之一變。乾隆四十二年卒於館。戴震是乾嘉考據學的代表人物,精文字、音韻、訓詁,提出"求道於典章制度"的理論主張。生平最喜標榜己之著作《孟子字義疏證》,認爲爲學最終目的在於義理。

《經考》卷五不以訓詁考證爲長,而主闡説《春秋》義理。引用宋代程朱、元代黄澤、清初顧炎武等學者關於《春秋》是經書的言論頗多,欲改變當時春秋學領域純把《春秋》作史,不以義例説經的局面。在承認《春秋》《左傳》是史的同時,强調二者同時是經,所以必須有治經的方法,即義例治經。戴震認爲《春秋》經孔子删改,已不同於魯史,治《春秋》必先明史法、書法,然後融通其義理。《春秋》不是無例,而是以義爲例,隱而不彰。正因爲例隱而不彰,所以只有尋求《春秋》之例,方能消除三傳異説,通達聖人之意。

戴震特别關注元代大儒黄澤治《左傳》的方法,闡明《左傳》的叙

事在《春秋》經解中的優先地位,《左傳》的書法,"止是史官所守之法",則前人在《左傳》的書法上群言鼎沸,實際上無關《春秋》大義。戴震引何休、黃澤之說,實際已將《公羊》義例引入春秋學研究,與乾隆時期學者大多反對《公羊》義例的作法大異,也與清初以來學者反對義例治經的治學趨向大異。晚清,在與今文經學的論爭中,古文經學的義例之學方應激而起,形成共識。戴震早在乾隆年間提倡義例解經,實際是出於對經學義理的自覺追求。

28. 1781年焦袁熹《春秋闕如編》八卷,《四庫全書》本

焦袁熹,字廣期,金山(今上海)人。康熙三十五年(1696)舉人。《春秋闕如編》僅至成公八年而止,蓋未完之書,《四庫全書》收錄其未刊之稿本。憑舉人的身份,以一未完之稿本入《四庫全書》,當有不同尋常的理由。其書入《四庫全書》,故繫年於乾隆四十六年(1781)。

四庫館臣不喜《公羊傳》及《穀梁傳》"常事不書"之例及宋儒孫復"有貶無褒"之說。宋儒認爲,入春秋之後,天下無王,會盟皆無天子之命,故譏之。焦氏此書論會盟乃常事,不當以褒貶論之。戎與中原雜處,與戎會盟,亦衰世之常事,無所謂褒貶。天王求車,求貢賦而已,不應捨其下而責上,意即不應貶天子而疏責諸侯。焦袁熹這些觀點,雖未明言胡安國《春秋傳》,但處處針對胡安國《春秋傳》,在"尊王""華夷"等觀點上對胡安國《春秋傳》的義理體系做出調整。清代春秋學不能貶天子,春秋學無華夷之辨,亦由此可知。這樣的春秋學符合於上層統治者的意志,故四庫館臣推崇其說而不遺餘力。

29. 1781年徐廷垣《春秋管窺》十二卷,《四庫全書》本

卷首有徐廷垣《春秋管窺原序》。

徐廷垣,浙江秀水(今嘉興)人。官新昌縣縣丞。其書不見於朱彝尊《經義考》,蓋晚出,朱彝尊未及見。《春秋管窺》十二卷無別本可尋,入《四庫全書》之本有蠹蝕殘缺,世人對徐廷垣亦知之不多。

徐氏原序大肆攻伐宋儒"貶天子"之說。謂孔子只是魯國一大

夫,豈敢私意褒貶當世天子、諸侯、公卿,乃至其祖先。《四庫全書總目》認爲其持議最爲"正大",與焦袁熹之《春秋闕如編》"皆近代春秋家之卓然者",以此可知清代官方春秋學的取向。

徐廷垣沿襲宋儒的解經方法,據經斷傳之是非,且以義例治經。《春秋管窺原序》述注釋之例,即"以《左傳》之事實質經,以經之異同辨例。於《公羊》《穀梁》二傳,及漢晉宋諸儒論釋,其合於義例、先後無悖者,不復置議。如其曲說偏斷,理有窒碍,則據經文先後之例以駁正之"。徐廷垣"以經斷傳"的治經的方法諒不至於被四庫館臣接受,但《春秋管窺》對宋儒"貶天子"的態度,卻大抵符合上層統治者的趣味,因此受到重視和表彰。

30. 1781年葉酉《春秋究遺》十六卷,《四庫全書》本

卷首有《春秋究遺凡例》《春秋總說》《春秋比例》。

葉酉,字書山,號花南,安徽桐城人。乾隆四年(1739)進士,官至右春坊右庶子。後主講鍾山書院十餘年,卒年八十一。著有《詩經拾遺》《易經補義》《巢南詩抄》,其《春秋究遺》入《四庫全書》。

葉酉學經於方苞,其春秋學舉大綱而放小節。其書多宗方苞《春秋通論》而稍有悖離。認爲《春秋》是斷爛朝報,但不宜廢,而應在事之首尾不備處,求微言大義。《左傳》雖叙事首尾詳備,但褒貶需依《春秋》經文而定。《左傳》詳載鄭伯歸祊假田之事,鄭伯目無天王之罪,則必從經文兩書鄭伯見之。《春秋》有一字褒貶,但無黜陟。"褒貶與黜陟不同。黜陟爲人君馭臣之大柄,必天子諸侯有其權,乃得行其事;若褒貶,不過託諸空文,是是非非,無所避忌耳,所爲庶人之議也。"否定孔子爲素王,及孔子黜陟天子、諸侯、大夫的特權。

卷首《春秋比例》列舉《春秋》五十六例,標明變例、異文、特文、缺文等信息,多不蹈前人成說。《春秋》有例,除史例之外,還有全經通例。稱"《春秋》舉重",如臣犯弒逆之罪,則書此弒逆,而不書因弒逆之亂而大夫出奔。稱《春秋》筆法往往以少爲達。《春秋》有一定之例,但前人橫生異議,多爲三傳之例所誤。方苞的春秋學,破除了宋儒用例,尚未樹清儒之例,葉酉標舉《春秋》五十六例,試圖建立清

代《春秋》義例之體系,較方苞進了一步。

方苞《春秋通論》與葉酉《春秋究遺》,釋經體系全異於胡安國《春秋傳》。方苞、葉酉二人棄《左傳》杜注而刪《公羊》《穀梁》之遺說,顯示出宋學在春秋學領域內的新發展。胡氏春秋學"貶天子""夏時冠周月""天子親迎""桓無王""大復讎""貶戎狄""譏世卿"等說法,芟夷殆盡。全棄前人舊說之後,清人是否給世人呈現了不一般的《春秋》義理體系,則未必。宋人以理學說經,在漢代經學之外別立宋學一派,而清人有什麼理論建樹?從方苞、葉酉等人的實踐看,缺少了自主思想,經學也就停滯了。

31. 1781 年顧奎光《春秋隨筆》二卷,《四庫全書》本

顧奎光,字星五,江蘇無錫人。乾隆十年(1745)進士,官湖南省瀘溪縣知縣。

《春秋隨筆》不錄《春秋》經文,僅錄前人義理及自己發明的義理。反對義例治經,主張屬辭比事以治經。齊公子小白與公子糾是齊僖公之子還是襄公之子,《左傳》《史記》、杜注皆以子糾、小白爲僖公子,《穀梁》則以爲襄公子,啖助、趙匡、程子、胡安國《春秋傳》皆從之。作者依據《春秋》上下文,從《左傳》,認爲他們是僖公之子。小白,名前有齊,說明小白勢衆,而公子糾,名前有"子",則可立,但勢孤,其勢必不能得國。這是在一字一辭中穿鑿褒貶的宋學風氣,雖然作者也否定這種方法,一旦釋經,卻仍不能擺脫它的影響。

自殽之戰後,晉秦之間的戰爭紛然,而楚卻不斷北上。作者主張合秦以拒楚,不應怒秦以資楚。將楚當作强敵,聯合中原齊、晉、秦等國阻止楚國北上,此爲清代士人的共識。

32. 1782 年桂含章《春秋比事參義》十六卷,清光緒八年(1882)石棣桂正華刻本

每半葉 11 行,行 22 字,小字雙行,同。四周雙邊,白口,單魚尾。牌記題"光緒壬午年金陵開雕石棣務本堂桂氏藏版",壬午即 1882 年。卷首有薛時雨序、光緒六年何金壽序、癸未(光緒九年)馮煦序、

徐執珵《傳》。桂含章《春秋比事參義》由其五世孫桂實之籌劃出版，故其著作時間上推百年，即1782年。

桂含章，字鑒亭，自號坤三，安徽石埭人。歲貢生。雍乾間耆儒，隱居教授鄉里，主講長林書院。乾隆元年（1736）舉博學鴻詞科而不中，乾隆朝卒，卒年九十三。另著《四書益智錄》《春秋左傳類纂》。

"《春秋》比事"，即將《春秋》史事條舉件繫，按照一定門類排列，比較異同，而考論之。"比事"的體裁始於宋沈棐《春秋比事》，元趙汸《春秋金鎖匙》繼之，清代毛奇齡《春秋屬辭比事記》、方苞《春秋通論》皆爲此類著作。毛氏《春秋屬辭比事記》宗《左傳》而攻胡氏《春秋傳》，桂氏《春秋比事參義》，則於胡氏《春秋傳》多所發明。

《春秋》經文頂格，每一經文之下，低一格，擇取四傳之文，先《左傳》，次《公羊》，次《穀梁》，次胡氏《春秋傳》，次諸家之注釋；再低一格，申發己見。《春秋比事參義》比陳史事，諸如王室與諸侯内叛外伐、弒執納奔、立嫡、災異等事悉加羅列；比辨三傳之義，徵引高閌、家鉉翁、張洽、張溥、黄正憲、汪克寬、嚴啓隆等人議論。承繼胡安國春秋學的體系，而多加傳注以闡釋之。

《春秋比事參義》依從康熙六十年（1721）《春秋傳説彙纂》之例，對所引三傳之文因需要而加以刊削刪改；於胡安國《春秋傳》"尊内攘外"之議，十存八九。此書將盟會分爲衣裳之會與兵車之會，若與軍事謀劃有關，則謂兵車之會，如果無關軍事，則是禮尚往來，謂之衣裳之會。將楚作爲強大夷狄，爲春秋末年晋國失霸主地位，無人能抵擋楚國而痛心。

自乾隆五十七年冬（1793）科舉考試廢胡氏《春秋傳》以後，其學日益衰微，讀書人輕易詆毀。"經生以耳爲目見，人之以爲非也，而亦非之。或未覩其書一字，輒肆口詆毀，禁子弟不得觀。後生小子習聞其説，而又汩於榮利，非利科目之書不讀有日。"（何金壽序）至光緒年間，學者論斷"胡氏之學必盛"，尤其是其"尊王攘夷"之説。"世故既紛，於内諸夏外夷狄之義，瞢乎莫識，而猾夏之禍日烈。苟有深於《春秋》者，必且鋭然尊攘，章大一統之正。"（馮煦序）

《春秋比事參義》成書於乾隆年間，未廢胡氏《春秋傳》之前。光緒年間，外患頻仍之時，此書重回學者的視野。胡傳"尊王攘夷"之義竟久不爲人所知，良可感慨。光緒年間此書出版，將胡傳"攘夷"之義重新帶回讀書人的視野。

33. 1782 年 桂含章《春秋左傳類纂》六卷，光緒辛巳（七年，1881）敦厚堂刻本

每半葉 9 行，行 25 字。左右雙邊，白口，單魚尾。卷首有光緒八年壬午三月全椒薛時雨序。

桂含章著，其《春秋比事參義》已著錄。

《春秋左傳類纂》一書，大抵成書於乾隆朝，刺取《左傳》文辭，以類相屬，旁及《國語》《公羊》《穀梁》，字櫛句比，排列對偶，其義皆與胡安國《春秋傳》相應，以此爲科舉考試之助。學者做舉業文章，其源有自，江永著《四書典林》，杭世駿著《漢書蒙拾》，皆就書中史事、典故錘煉對偶文句。

卷首列《春秋大旨》《論春秋世變》《論齊桓》《論晉文》《列國名卿》。認爲晉文公非齊桓公之匹，晉文公聯合秦國與楚抗爭，使西秦強大；齊桓公會盟不召周王及大夫，晉文公會畿內諸侯，則召天子。在"尊王攘夷"這方面，晉文公不如齊桓公遠甚。此皆沿襲宋儒議論，一以胡氏《春秋傳》爲宗。

《春秋左傳類纂》分類而聚，設器物、武備、酒禍、弭盜等類別，卷末附《公羊》《穀梁》傳例以備觀覽。每一類別之下，詳分細目，如"器物"之下，列劍、鼎、鞶帶、鞶鑒，鎛磬、玉環、繁纓、大屈（以之享魯侯）、羽毛、刑鼎等類別，於此處顯示其蒐輯之功。

桂氏不僅講究爲文之法，還申發義理。如"武備"之中，作者認爲春秋時列國兵爭，各變舊制，始壞於齊之內政（《齊語》一），繼壞於晉之州兵（僖公十五年）；楚有二廣（宣公十二年）、晉有五軍（僖公三十一年）；魯人作丘甲（成公元年）、鄭人作丘賦（昭公四年），下逮戰國，尤不可問。桓公六年秋"大閱"，與莊公八年春"治兵"組成比對："忘戰必危，臨事而倉皇，《春秋》所以譏大閱。好戰必疲，無名而勞毒，《春秋》所以譏治兵。"這些義理皆從胡氏《春秋傳》相關章節中引

申,以比排對偶出之。桂氏關注戰爭與百姓、禮的關係。祭公諫耀德不觀兵(《周語》),晋文公教民二年方用之以出戰(僖公二十七年),楚平王息民五年而後用之以興師(昭公十四年)。這些義理,皆以胡安國《春秋傳》爲宗,而史事,除《左傳》之外,還利用了《國語》。

《春秋左傳類纂》中軍事的比重不可不謂大。卷二"武備"之後《附論戰》《附論兵法》《附春秋書戰》,詳細討論與戰爭有關的兵法、書法等内容。謂《左傳》兵法畧備,進退、休戰皆兵法之常,從中可以看出許多道理。稱"戰固在乎知懼,尤必藉乎擇人","驕兵必敗","往往主帥可託,而憤於偏裨之旁撓"。《春秋》書戰凡二十三,始於桓公十年伐郎,終於哀公十一年戰于艾陵。伐、侵、戰、圍、入、遷、滅、敗、取、襲、退、戍、以,十三個書法義例,褒貶各不相同。書救、書次之例,孔子首肯。戰爭最貴不戰而屈人之兵,而入、滅、圍、敗,孔子深惡之。《春秋》二十三戰,歸根到底都無所取。《公羊傳》解釋戰爭,有偏戰、詐戰之分,分别對待。《春秋左傳類纂》則大戰固譏,小戰亦譏,詐戰亦譏,偏戰亦譏。對待戰爭的方式,也完全與胡安國《春秋傳》合拍。

34. 1784 年許伯政《春秋深》二十二卷,《四庫全書存目補編》影印上海圖書館藏稿本

每半葉 8 行,行 24 字,小字雙行,同。無邊欄,無魚尾。清稿本。卷首有《春秋三傳得失辨》《春王正月建寅辨》。

許伯政(1700—1784),字惠棠,湖南巴陵(今岳陽)人。乾隆元年(1736)舉博學鴻詞,乾隆七年進士,授彭縣知縣,有惠政,官至山東道監察御史。著《全史日至源流》,入《四庫全書》,其《易深》《詩深》,入《四庫全書》存目。

《春秋深》謂《左傳》非左丘明作,而是孔子所作,孔子"因叙次史文所載事實爲傳。傳原與經别行,亦猶《詩》之序、《易》之十翼,皆與經别行者也"。認爲《左傳》異於《公羊》《穀梁》的地方,即在於它得聖人之傳;《左傳》的解經語、君子曰等,皆左氏所增設,不但辭氣浮誇,且與經之本旨矛盾。《左傳》採他國史書,而《公羊》《穀梁》"其

初立説亦必有所傳聞,然其得諸傳聞之實者不過什之一,其他億度以爲之説者,每多附會穿鑿"。《左傳》事實得之於國史,但其議論附會穿鑿,與《公羊》《穀梁》同。駁朱熹臘祭始於秦之説,又駁胡安國"夏時冠周月"之説,尚爲有據。排比曆日,錯誤地認爲《春秋》用夏正,而"不知周正夏正在月不在日"(《四庫全書總目》)。

《春秋深》録《春秋》經文,以《左傳》之文附録於下,"君子曰"用小字附於傳文之後,補綴經無傳有之文於後,最後以"辨義"申説《春秋》經義。定公十年《春秋》"晋趙鞅帥師圍衛",《左傳》責備衛涉佗無禮,而許伯政責備趙鞅不輔其君悔罪修德而逞強報怨。柯之盟,《公羊》記載曹沫劫盟,許氏認爲其文辭似《戰國策》,是後人僞造。宋萬弑君,《公羊》記載婦人侍於側,此亦附會穿鑿。如此肆意否定,流於臆斷。《春秋深》以楚爲南蠻,而齊晋作爲霸主,上尊王室,外攘蠻戎,有可取之處。

35. 1794 年法坤宏《春秋取義測》十二卷,《續修四庫全書》影印北京大學圖書館藏乾隆五十九年(1794)法氏迂齋刻本

每半葉 10 行,行 19 字。左右雙邊,白口,單魚尾。卷首有法坤宏《取義測題詞》。

法坤宏(1699—1785),字直方,一字鏡野,號迂齋,山東膠州人。乾隆六年(1741)舉人,七上公車不售,授大理寺評事。著有《迂齋學古編》。

法坤宏認爲《春秋》以書、不書見義,義例當廢。宋儒經説,純駁互出,得失疊見,是非叢集,當審傳注是非得失,取其純而去其駁,用其長而捨其偏。

法坤宏《春秋取義測》謂孔子無其位,欲行其事而無道,乃假魯史《春秋》以達義。《春秋取義測》即在孔子筆削之處明孔子之義。春秋時期,禮樂征伐自諸侯出,故諸侯盟會、征伐,皆貶。戎狄入侵,則責霸主。這些觀點本於春秋學"尊王"的宗旨,其義理實承自宋儒。

《春秋》稱"天王"或"王",皆無褒貶,此説較爲客觀。作者稱群

言殺亂,折諸三傳,其錯疑之處,則斷之於經。《春秋》記載的尹氏、武氏子等人史事簡畧,作者不取《公羊》"譏世卿"之説,但倡《公羊》復讎之説。春秋學發展到清代,宋儒的義理或廢或棄,學者擇取所需,而清代學者自身的義理體系,則難見蹤跡。

36. 1801年莊有可《春秋慎行義》二卷,《春秋刑法義》一卷,《春秋使師義》一卷,《續修四庫全書》影印浙江圖書館藏清鈔本

每半葉10行,行25字。無邊框。《春秋刑法義》卷首有嘉慶辛酉(六年,1801)臘月莊有可自序。

莊有可(1744—1822),字大久,江蘇武進人。諸生。

《春秋慎行義》按《春秋》所記天子、諸侯、大夫之居、出、入、來、奔、如、至等事件,依次排列,分析《春秋》書法之慎,並不闡説褒貶之義。告誡世人當謹慎行事,勿以身試"法"。

《春秋刑法義》謂周之刑法與禮樂相表裏。"王者之道不敢侮鰥寡;諸侯之法,無專殺大夫",而春秋亂世,執殺從欲,犯上行逆,《春秋》書弑二十四例,刑典已壞。《春秋》詳書弑殺,猶天行秋令,行必行之道,以使天下歸於正道。將執殺大夫與弑君分別論列,詳析《春秋》書法,認爲"弑本與殺相似,而義不可同者,則亂逆之别也"。逆,亂之極。

《春秋使師義》前有嘉慶辛酉仲秋既望越七日莊有可自序。稱"使"(出使諸侯)與"師"(出師征伐)皆爲"用"(經世之用),知其體方可致用。"使也者,玉帛之事,主於合好,賓禮也。師也者,兵戎之事,主於敵愾,軍禮也。""使"與"師"如陰和陽,相生相克,此亦世運之常。作者藉"使""師"的義理表達冀平安於憂患之時的願望。

莊氏謂"使者唯君,受使者爲臣","使臣以禮,君之道也。東西南北,惟命之從,臣之職也"。作者所謂"君",不僅僅指天子,亦指諸侯。又將君臣之義擴而至於父子、兄弟:"君使臣,父使子,正也,以至於兄弟之屬皆爲倫之推,而要之一統於如有使也。"以君臣之義帶動父子、兄弟之情,一切歸之於"禮"。

37. 1805 年郝懿行《春秋說畧》十二卷，清道光年間刻本

每半葉 12 行，行 24 字，小字雙行同。白口，四周雙邊，單魚尾。卷首有乾隆壬子（五十七年，1792）牟廷相《春秋說畧叙》、乾隆壬子郝懿行自序、嘉慶乙丑（十年，1805）八月望後一日附加說明，又有《春秋說畧例言》。

《春秋說畧》於乾隆五十七年初脫稿，六十年重加修訂，成第二稿，嘉慶十年重加校定，爲第三稿。據嘉慶十年乙丑八月望後一日自序，云嘉慶己未、庚申年間（1799—1800）紀昀曾見其稿，稱其能"剗盡千秋藤葛"，欲爲序以梓行，郝氏未允。此書爲第三稿，對前二稿作了大幅度删改。郝氏接受紀昀的提議，隱公三年"君氏卒"採用顧炎武的觀點。

郝懿行（1757—1825），字恂九、蘭臯，山東棲霞人。嘉慶四年進士，宦情雅淡，肆力於著述。著有《爾雅義疏》二十卷、《春秋說畧》十二卷、《春秋比》二卷、《易說》十二卷、《書說》二卷、《詩問》七卷、《晉宋書故》一卷、《禮記箋》四十九卷、《山海經箋疏》十八卷、《竹書紀年校正》十四卷、《荀子補注》二卷、《曬書堂集》十七卷等。卒後其妻王照圓輯其遺書，傳於世。

牟序稱傳可黜、例可蠲，郝氏自序稱《春秋》之傳中，"《左氏》以事，《公》《穀》以義，胡氏以文。說以事者博，說以義者約，說以文者繁，其蔽也博而駮，約而膠，文而蔽"。唯從其可從，就其善者。郝氏說經，破除宋儒的褒貶、義例，"不以日月說，不以名爵說，不以書王不書王、稱天不稱天說，凡所說者，質而已，非有文也"。

《春秋說畧例言》作於乾隆六十年，劈頭便稱"《春秋》不敢褒貶天王"。宋儒說《春秋》，樂道"不稱天，文乃是貶"，此不合君臣之義。《春秋》的宗旨是"明臣子之義，廣忠孝之心"，忠孝之人當不敢貶天王。說《春秋》者亦不能假藉聖人之口，妄議褒貶，以致流於深刻。讀《春秋》當依文求義，粗通大義而已。紀昀稱郝書"剗盡千秋藤葛"，強於其他百數十家《春秋》經說，大抵在《例言》開宗明義維護君臣之義，剝去了宋儒以"天道"批評"人君"的勇氣，褪去了評點史事時的激進。如果說宋儒議論激昂，清儒則默守成規，不敢越雷池一步。

郝氏謂《左傳》記事近古,絕非鑿空者比。《公羊》《穀梁》二經與《左傳》異者,不過人名地名之類,無關大義,故《春秋》經文當從《左傳》。《左傳》無褒貶,但褒貶可自見。郝氏説《春秋》,否定於字裏行間尋求一字褒貶,否定於無書處尋褒貶,否定日月義例,這是他破除宋儒風氣之處。但作者前後矛盾處不少,以致前後不能融通。郝氏認爲,"《春秋》……不待傳而明,如必待傳而明,則是《春秋》不足於經","待傳而明者十之一,不待傳而明者十之九",則仍如宋儒,棄傳講經,否定傳注在經解中的重要地位。又認爲"《春秋》,刑書也",仍用《春秋》確定君臣倫理,這是他承繼宋儒棄傳講經、好言深刻之處。

郝氏否定宋學又暗相襲用宋儒的作風,《清儒學案新編》評價,郝氏"蓋重史實者,故尊《左傳》,而微言大義,非其所長",而"紀曉嵐非讀書中人,難與談經",從學理上批評郝懿行與紀昀,前者義理不能融通,後者評價失允。實際上,除學理外,還有更重要的政治上的原因。郝懿行不貶天王,不以道統批評政統,這正是清代春秋學所樹立的新的"軌範",紀昀即在此表明態度。至於郝懿行如何闡釋《春秋》義理,紀昀是沒有顧及的。

郝氏説"鄭伯克段于鄢",段未稱弟,是因爲段本非弟,明顯拋棄了《左傳》的叙事。桓公二年《春秋》"滕子來朝",胡氏《春秋傳》謂魯桓公弑君自立,而滕侯朝魯桓公,故貶稱子;朱熹謂位尊則貢賦重,故小國降爵以避賦役,而郝氏認爲,滕侯自貶而天子因而黜之。類似議論雖不依附前人之見,但於經無益,徒增口舌。桓公六年《春秋》"秋八月壬午大閲",何休注:"比年簡徒謂之蒐,三年簡車謂之大閲,五年大簡車徒,謂之大蒐。"蓋有古禮的依據。郝氏直斥其非,而謂"蒐閲歲有之,何三年五年也?"不點明出處,妄下斷語。惟論《春秋》依事直書,記載名氏未有褒貶,較爲公允。

38. 1808年汪德鉞《春秋偶記》二卷,七經偶記本,清道光年間懷寧汪氏刻本

臧庸編次。每半葉10行,行21字。四周雙邊,白口,單魚尾。

汪德鉞（1748—1808），字崇義，安徽懷寧人。嘉慶元年（1796）進士，充會典館總纂，後被奪職，卒於京師。著《詩經文詞異考》《三國志補注》《女範》《家訓》《語錄》等書。

《春秋偶記》以孔孟義禮爲讀書指引。《論語》"天下有道章"，爲治《春秋》經之樞紐。孔子曰："天下有道，則禮樂征伐自天子出；天下無道，則禮樂征伐自諸侯出。自諸侯出，蓋十世希不失矣；自大夫出，五世希不失矣；陪臣執國命，三世希不失矣。天下有道，則政不在大夫。天下有道，則庶人不議。"《春秋》於會盟、聘葬必書，見禮樂之自諸侯、大夫出；侵伐、戰圍、攻取必書，見征伐自諸侯大夫出。此《春秋》之大綱。如《春秋》書聘，但只見王聘諸侯，而未見諸侯朝王，則禮樂下移，邦交離合俱見。

《春秋偶記》認爲《春秋》無華夷之分，楚與中國爭霸，爭鄭又爭宋；爭鄭，與西諸侯爭，爭宋，與東諸侯爭。將楚看作諸侯中的一個，而未以蠻夷視之。天下只有君臣，而沒有華夷。僖公二十一年《春秋》"執宋公以伐宋"，《公羊》謂不言楚子執之，不與夷狄執中國，《穀梁》以爲不言楚，不與楚專釋，胡安國《春秋傳》以爲分惡於諸侯，作者不認可以上三説。執宋公以伐宋，是楚人獨任，分惡於諸侯之説則站不住，《公羊》《穀梁》不與楚執楚釋，則隱楚之惡。《春秋》並未諱楚執徐子、執蔡世子，楚又誘殺蔡侯、戎蠻子，均備載於經。用全書通例來講《公羊》《穀梁》之説不可靠，看似公正，實際上消解了《公羊》《穀梁》在此處寄寓的華夷之辨。

鄭與魯結爲婚姻，邾滅鄭，故魯伐邾，是爲鄭復讎。作者提出的復讎説，一不是子爲父復讎，二不是種族復讎，三不是臣爲君復讎，魯爲姻親向邾復讎，不見於任何文獻記載，不合於《公羊》學説。但可以肯定，這種復讎無關血親復讎、種族復讎，不至於觸犯統治階層的意志。

39. 1817 年姚東升《讀左一隅初稿》四卷，國家圖書館出版社《〈左傳〉研究文獻輯刊》影印本，2012 年

清鈔本。每半葉 10 行，行 24 字，小字同。無邊框。卷首有楊炳

圖識語、嘉慶強圉赤奮若(丁丑,指嘉慶二十二年,1817)秋七月戊申姚東升《讀左一隅叙例》。

姚東升,字曉山,號曉珊,浙江秀水(今嘉興)人。庠生,官歸安縣教諭。

《春秋》議論紛紜,義理錯出,而"折衷者不免於偏",時人楊炳圖以陶淵明讀書"不求甚解"寬慰自己,不是不求解,乃不得甚解之謂。謂讀《左傳》不能強傳以合經,或強經以合傳,而應因傳而疑經,因經而疑傳。

姚氏認爲孔子爲後世立法以救天下,而《左傳》失君臣之禮,忘君父之讎,"于賢哲之行詆爲迂(如萇叔、伯姬之類),于權奸雄黠輒爲美(晉趙氏、范氏、齊陳氏之類)","以委心避害爲賢(如宋司馬來犇、宋子哀來犇之類),以直諫殞身爲非(如洩冶、孔達之類)",姚氏持《公羊》《穀梁》義理,排斥《左傳》義理。又否定《左傳》之叙事,指《左傳》"憑空起事,前後絶無關注(如以齊桓伐衛爲取賂,齊桓會鹹爲謀王室之類),訛訂成文,妄指當時行事(如城小穀爲管仲私邑,城緣陵爲遷杞之類)",以所謂《春秋》"經義"斷《左傳》之"非",不信事實而空説義理。

隱公四年《春秋》"衛人立晉",《左傳》稱本不當立,衆人擁護故立之,而《公羊》稱立之非也,《穀梁》稱不宜立,三傳皆指晉不當立,姚氏一併排斥,稱齊人立小白、晉人立重耳,皆以衆立。這顯然不符史實。離開三傳而講經,不過是無根之談,姚氏否定者多,建樹者少,亦即在此。隱公八年《左傳》記載,鄭伯欲"以泰山之祊易許田",祊,杜注:鄭伯"助祭泰山湯沐之邑";許,杜注:"魯國朝宿之邑",即魯朝覲天子時的住宿之地。春秋時天子不再祭天,故鄭國以泰山之祊易許。姚氏卻稱祊本魯地,春秋前爲鄭人所取,此時與魯渝平,故歸祊。姚氏不明祊與許對於兩個國家的意義,不顧歷史事實,憑空説經。

《春秋》本史書,孔子借《春秋》敷衍大義,唐宋以來,學者棄《春秋》史實,棄傳講經,空言説經,完全走向了反面,直到清代,仍有此風氣遺留,於姚氏《讀左一隅初稿》可見一斑。

40. 1820年朱亦棟《左傳札記》二卷，清光緒四年(1878)武林竹簡齋刻本

朱亦棟《十三經札記》之一種。每半葉9行，行21字。左右雙邊，白口，單魚尾。朱亦棟大抵生活在乾嘉時期，故此書繫年於1820年。

朱亦棟，初名芹，字獻公，號碧山，浙江上虞人。乾隆三十三年(1768)舉人，就平陽教諭，半載而去。師錢大昕，友邵晉涵。卒年八十四歲。研讀子史百家、稗官小說，著《十三經札記》二十二卷、《群書札記》十六卷。《群書札記》入《續修四庫全書》子部。

朱亦棟用金聖嘆《左傳釋》的斷句，謂"小人有母皆嘗小人之食"句，以"皆"字絶句，"爾有母遺繄我獨無"句，以"繄"字絶句。"紀侯大去其國"，不用三傳之義，反用黃氏《通說》："大者，紀侯之名，猶漢人褚大、欒大爾。"此皆不善抉擇。黃氏《通說》，不知其姓氏及著作全稱，大抵與《左傳釋》一樣，是評點類著作，流行於民間。《左傳札記》對《左傳》歷代注疏不甚重視，卻對時人評點類著作多有徵引，故可知其歸屬。

朱氏說《春秋》之義，主《左傳》，排斥《公羊》經學及宋代經說。《左傳札記》的編排傷於雜亂，時而錄《春秋》三傳異文，但並不全面，且無考證；時而錄其他文獻徵引《左傳》之句，亦無闡釋。搜羅甚多，但案而不斷。朱亦棟通聲音訓詁，釋"邿婁"爲"鄒"，"奚斯"爲"儀"，則足可覽取。

41. 1823年英和輯《春秋左傳讀本》三十卷，同治八年(1869)至九年張之萬刻本

每半葉9行，行17字，小字雙行，同。左右雙邊，黑口。前有道光三年(1823)英和等人撰序，云奉敕爲糾正坊間杜林合注本的舛誤而編，便於初學者，以簡明賅洽爲務。

自明崇禎年間起，杭州坊間始取晉杜預注與宋林堯叟注合刊，普通受眾所讀便是杜林合注本。杜注與林注，頗不相類。前者古奧，後者膚淺，徒以箋釋文句爲事。至清代，顧炎武、惠棟、沈彤、沈欽韓、劉

文淇等人針對杜注作了許多補正的工作,又大力蒐輯古注,明《春秋》的大義微言,使《左傳》注更加完備,但除洪亮吉《春秋左傳詁》以外,都未形成一個足本,也未有便於通行的《左傳》完本。與底層文化打交道較多的人,每作書則多糾正林注語言上的訓釋,可謂糾不勝糾,而由於學識的有限,其糾正亦有限。故《春秋左傳讀本》的出現自有其積極意義。

《春秋左傳讀本》將經文從《傳》中分離,將被經文割裂的傳文復綴於一處。用《經典釋文》釋音,與當時語音不合,則以《音韻闡微》正之。《讀本》倡揚用《左傳》索解《春秋》之義,大概由於此時《左傳》被懸爲功令之緣故。乾隆五十七年(1792)冬,紀昀奏廢胡氏《春秋傳》,改立《左傳》爲科舉考試的範本,在上位者便於道光年間推出此《春秋左傳讀本》。《春秋左傳讀本》三傳並用,兼採漢儒、杜預之說;何休、鄭玄、王肅、陸德明、孔穎達等學者,各有所採,唯獨對懷疑《左傳》義理的趙匡、啖助等人不復徵引。利用清高士奇、顧棟高、江永等人的成果,對杜注的地理之失多所糾正,《春秋左傳讀本》地理注釋爲劉文淇《春秋左氏傳舊注疏證》多所徵引。

42. 1824年吳楫《春秋本義》十二卷,《叢書集成續編》影印金陵書局本

每半葉11行,行24字,小字雙行,同。四周單邊,黑口,單魚尾。卷首有道光元年(1821)季冬十一日吳楫序,又有《例言》。卷尾有道光四年無名氏跋、蔣國榜跋。

吳楫,字川南,縣增生,江蘇江浦(今南京浦口)人。同治《續纂江寧府志》卷一四有傳。

吳楫稱《左傳》發明《春秋》微言大義,不能捨傳而明經。"《左氏》者,《春秋》之功臣也。""《左》史之中凡文義淺近、受人攻擊者,皆其用意極深,不可輕忽者也。""凡昔之背乎《左氏》而爲言者,非特疑誤後學,實聖經之蟊賊,賢傳之螟螣也。"(自序)又稱《左氏》絕非《公羊》《穀梁》可比,自宋胡安國《春秋傳》肆其胸臆,穿鑿支離以來,《春秋》本義爲其所掩蔽。吳楫《春秋本義》,試圖破除胡氏《春秋

傳》的影響，而以《左傳》獲解《春秋》本來之經義。

《春秋本義》錄《春秋》經文，其下以《左傳》的釋經語附之，再下案語，偶爾簡要概述《左傳》的史事。"紀子帛"，相信《左傳》及杜注的解釋，不加質疑。《左傳》講明當時禮義，《春秋》之褒貶寄寓於此，如天子賞賜、賜族、迎娶，皆有當時之禮。強調《左傳》的史實對解經的作用，信奉杜預"稱族尊君命，舍族尊夫人"之說（杜預《春秋經傳集解序》）。

《春秋本義》雖重《左傳》，但也用《公羊》《穀梁》說經，如將楚國視爲蠻夷，推行《公羊》"尊王攘夷""內諸夏而外夷狄"之說。認爲宋伯姬死於火，爲"過禮"，同時認爲，禮，"與其不及，不如過"，則仍是宋代理學的義理觀。

43. 1830年李式穀《春秋衷要》六卷，清道光十年（1830）南海葉夢龍風滿樓刻本

李式穀《五經衷要》之一種。每半葉12行，行25字，小字雙行，同。左右雙邊，黑口，雙魚尾。前有道光十年吳榮光《五經衷要序》。五經，指《詩》《書》《禮》《易》《春秋》，之所以作《五經衷要》，是因爲科舉考試有此五科。

李式穀，字海匏，浙江仁和（今杭州）人。貢生。

《春秋衷要》列《春秋》經文，以乾隆二十三年（1758）乾隆《春秋直解》的經義作爲折衷，故名曰"衷要"。先列《春秋直解》之義，稱"御纂文""御案文"，其後下按語，一般不出乾隆朝制官方經義的範圍，通過這種方式屏除異說。如僖公二十八年《春秋》"天王狩于河陽"，《春秋直解》以爲尊君；踐土之盟，《春秋直解》以爲獎王室，《春秋衷要》："會諸侯，榮王事也。"這種解釋變宋儒"貶天子"之說爲"獎王室"。

《春秋衷要》否定三傳之義，一般都未點明。如莊公三年秋《春秋》"紀季以酅入于齊"，《穀梁》認爲此處賢紀季，而《春秋衷要》認爲紀必然爲齊所滅，《春秋》憫之而已，並未賢紀季。莊公四年《春秋》"紀侯大去其國"，《公羊》賢齊復九世之讎，但《春秋衷要》刪去

此義。《春秋衷要》對官方經義亦步亦趨,在許可的範圍內加以引申而已。有時直言三傳皆未得《春秋》之義。如隱公五年《春秋》"初獻六羽",《左傳》杜注、《公羊》《穀梁》皆非;仲子非夫人,不得用諸侯禮。

《春秋衷要》時以乾隆朝的官方經義否定科舉考試中一直沿用的宋胡安國《春秋傳》之經義。如桓公元年《春秋》"公會鄭伯于垂",胡氏《春秋傳》以責鄭爲主,認爲鄭莊公是忌刻之人,與魯桓公弒隱公並無區別,鄭國爲了自身利益與魯桓公勾結。《春秋衷要》追隨《春秋直解》之義,認爲鄭國強大,魯桓公弒君而立,懼鄭國討伐而主動求會。責魯還是責鄭,無本質區別,《春秋衷要》不過是追隨官方經義,意欲在科舉考試中切中考官心意而已。

乾隆《春秋直解》尚以天子奉天之道,若天子行事不當,則責天子,《春秋衷要》則委曲婉轉,小心翼翼,不敢妄議天子。《春秋直解》以天子之尊怒諸侯之無王,《春秋衷要》則委曲婉轉,不敢公然指斥諸侯。由此觀之,《春秋衷要》仰承官方經義,維護天子權威,未敢妄議天子、諸侯。

44. 1830 年章謙存《春秋比辨》一卷,强恕齋經賸本,清鈔本

2 册,每半葉 9 行,行 20 字。左右雙邊,書口不一,單魚尾。卷端下鎸"强恕齋四賸之一鈔存稿"。

章謙存,初名天育,安徽銅陵人。嘉慶元年(1796)舉孝廉方正,任江蘇寶山縣訓導。著《强恕齋經賸》四種:《尚書周誥考辨》二卷、《鄭風考辨》一卷、《春秋比辨》一卷、《强恕齋雜著》一卷。又著《强恕齋文集》若干卷。《强恕齋經賸》有道光十年(1830)刻本,故繫年於 1830 年。

《春秋比辨》以婚迎喪葬爲核心,將《春秋》相關史事分門別類,排列史實,分別辨析,後加《總辨》。《春秋比辨》強調男女婚姻之正,謂婚姻當親迎,祭祀於祖廟,指出夫婦、妻妾關係處理不當,貽患無窮,正如《左傳》所説:"並后匹嫡,亂之本也。"

45. 1838年劉沅輯注《春秋恒解》八卷，光緒三十一年（1905）刻本

每半葉9行，行22字，小字雙行，同。左右雙邊，白口，單魚尾。豫誠堂藏板。卷首有光緒三十一年十月二十四日劉棋文序、《清史稿》本傳、咸豐二年（1852）劉沅《春秋恒解序》。據劉沅自序，此書成於道光十八年（1838）孟夏。

劉沅（1767—1855），字止唐，一字訥如，號清陽居士，世稱槐軒先生，四川雙流人。國子監典簿。著《槐軒全書》，於四書、五經及部分子書皆有著述。

劉氏謂左氏非丘明，若發明《春秋》之義，不能曲從傳說，必與之爭辯。《公羊》《穀梁》鑿空妄語者多，非子夏所傳。學者尊孟子之言，知《春秋》尊周攘夷而不知孔子之言，孔子視管仲爲仁，重霸主功業。《春秋恒解》不同於宋儒的地方，就在於肯定霸主功業，非齊桓創霸，周王室早不能安枕；宋襄欲霸而反結讎於楚子，又多行不義，不足以充五霸之數。

《春秋恒解》於《春秋》每年之上標周王紀年，每年之後附評點。《春秋》經文之下多錄《左傳》之文。冠王於春之上，示尊王之義。隱公二年魯會戎，《左傳》謂修惠公之好，此爲魯國懷柔政策之遺意，無關褒貶。用《左傳》"君氏卒"。莊公四年《春秋》"紀侯大去其國"，不用《公羊》"復讎"之義，且謂之大謬。僖公二十八年《春秋》"天王狩于河陽"，謂盛世天下一家，譏貶之義不足據。這些議論，脫離了以胡安國《春秋傳》爲代表的宋代經義的框架。但亦有一二用胡氏之說，如"天王使家父求車"，用胡安國義，王足以自給，求車爲利，不可，《春秋恒解》於此譏周王，亦譏諸侯不臣。

46. 1847年吳勤邦《春秋隨筆》一卷，秋芸館全集本，清同治八年（1869）烏程吳氏刻本

每半葉10行，行21字。左右雙邊，白口，單魚尾。封葉題"同治己巳重刊，本宅藏板"。己巳指同治八年。卷首有道光丁未（二十七年，1847）九月吳勤邦《春秋隨筆自跋》，稱己所著經學著作，原本漢

儒,不自立說,而阮元所刻《皇清經解》於諸經之說,闡發殆無遺義,故已所著經學著作不再刊行。唯《春秋隨筆》三十餘條,爲治經時偶得,自出己見,不與前人雷同,故付諸梓。

吳勤邦,字襄士,號鐵梅,浙江烏程(今湖州)人。嘉慶二十四年(1819)舉人,官四川內江知縣,著《秋芸館全集》。

吳勤邦《春秋隨筆》嚴華夷之辨。齊桓公伐山戎以保燕國,當是時,楚滅黃而不能救,狄滅溫而不能救,皆齊之過。楚又滅徐,而齊不發兵。秦晉皆欲救江,而江卒滅,由秦晉私鬥之故,秦晉私鬥則楚強大。王子帶召戎攻周王室,此不可恕之罪;管仲平王室之亂,卻赦免了王子帶。江、黃等中原小國,東連吳越,西辟百越,若整合中原小國,夾攻楚國,則可得勝。《春秋隨筆》獨將楚國置於華夏的對立面,中原小國的命運寄託於霸主,希望霸主懲私欲、黜賊人、聯合東夷,以抗強楚,保存華夏諸國。

《春秋隨筆》作於道光末年,借《春秋》指涉時事,折射出外敵入侵,痛失領地而不能救的苦楚,與清初春秋學的議論相仿佛。

47. 1871年 張應譽《篤志齋春秋解》二卷,清同治十年(1871)刻本

每半葉10行,行22字,小字雙行,同。左右雙邊,黑口,單魚尾。牌記題"同治十年春日南皮張氏開雕"。卷首有同治十年春錢振倫序。

張應譽,字伊知,直隸(今河北)南皮人。皓首窮經,究心於宋儒之學。該書著於道光年間,時漢學已步入衰落,談經者徒蒐逸文碎事,以矜奧博。作者不讚同這樣的治經方法。

《篤志齋春秋解》譏會戎於潛,譏不親迎,譏魯莊公與齊襄公狩獵,不主《公羊》復讎之說,而講爲人臣子者之禮。魯莊公與讎人一起田獵,又娶讎人之女,違背天理已甚。此皆胡安國《春秋傳》之舊義。宣公十七年《春秋》"公弟叔肸卒",公子牙爲其弟季友所誅,書卒,善季友。季友誅兄,以全君臣之義,隱惡於兄,以志深痛,既尊尊,又親親,尊親兩得。春秋末年,齊侯衛侯伐晉,哀中原無霸。亂世之中對中原霸主的期盼,或許與道光、同治時期的時勢相應。

48. 1872年陳世镕《求志居春秋説》四卷，求志居全集本，清同治間刻本

每半葉9行，行21字。左右雙邊，白口，單魚尾。有圈點。版心題"求志居春秋説"。

陳世镕（1787—1872），字大治，安徽懷寧人。道光十五年（1835）進士，官甘肅古浪知縣。閉户讀書，不與世事，著《求志居詩説》《求志居書説》《求志居禮説》《求志居詩文集》《求志居時文》等書。

認爲《左傳》是左丘明作，經義不純，史事記載亦不足據。左丘明不在七十子之列，亦未曾口授其徒，《左傳》與《春秋》不相附屬，《左傳》不過是一家之言。《左傳》"上自朝章國故，下至巷説街談，兼收博采，資其斧藻，時與聖經乖異，亦不悉與國史符同。蓋國史設有專官，執簡記，奉諱惡，不以示人，非外間所得輕見"，"紀載紛淆，傳聞歧互，不能無差"。《左傳》諸所言例率皆作史之例，左丘明亦多自定之例，時或自亂其例。《春秋》之義不能以《左傳》之例推求。如此明確否定《左傳》叙事與義例的，尚不多見。

陳世镕《春秋説》謂春秋會盟征伐，皆以取賄賂。清代春秋學不談霸主事功，齊桓晉文之事，雖五尺孩童羞稱之，但陳氏認爲，孔子作《春秋》，"其事則齊桓、晉文"，著霸主之罪，卻不没其功，故陳氏《春秋説》肯定霸主事業。霸主不分華夷，秦穆公、楚莊公亦爲霸主，謂"東周之不遽亡，亦賴二公支持之"。道光、咸豐以來，清朝外患内憂浮現，肯定霸主，是這個時期民間春秋學的共同祈向。經學的變化反映時勢的變化，民間經學能反映普通民衆的要求。儘管民間春秋學尊崇霸主，但直至晚清，官方春秋學仍然没有放棄它的立場，霸主之功業，因其有害於現實王權，一直是官方經學打壓的對象。

49. 1888年何志高《春秋大傳補説》四卷，清光緒十四年（1888）刻本

《西夏經義注釋》十三種之一。每半葉9行，行24字。四周雙邊，白口，單魚尾。卷首有《春秋序》、《春秋釋例》十三篇、《春秋説

義》十篇。孔子因魯史之舊,變史文,寓褒貶,辭微旨奧,非僅爲記事之書。論書法、義例,兼採三傳及宋儒之説,附以己意。

何志高,字西夏,世稱西夏先生。淡於功名,閉户著書爲事。著《西夏經義注釋》,收《易經本意》四卷、《釋書》一卷、《釋詩》一卷、《釋禮》一卷、《春秋大傳補説》四卷。

所謂"補説",即述《春秋》史事及微言,並不列《春秋》經文,不過按《春秋》年月編排而已。謂《春秋》稱名、稱爵,皆有義例,稱"天",示尊王;稱"天王",史之舊文,不稱"天",亦無不可。對霸主稍有肯定,而不全是否定。《春秋》霸統即前期齊桓稱霸,晋世繼之,諸侯有統,亂稍歇。春秋後期,霸主不能救諸侯,《春秋》譏之。認爲春秋時期的列國朝聘、會盟侵伐,都是當時邦交的正常形態,以此反對宋代春秋學凡事皆貶的傾向。從此可知,何志高《春秋大傳補説》所補正的是宋胡安國《春秋傳》爲代表的宋代春秋學的治經方法與義理體系。

50. 1899 年曹逢庚《春秋輯説彙解》一卷,洛陽曹氏叢書本,清光緒間刻本

曹曾矩輯。每半葉 10 行,行 22 字。四周單邊,白口,單魚尾。版心題"春秋輯説彙解"。前有光緒二十五年(1899)五月湘潭黄舒昺《洛陽曹氏叢書序》、光緒十九年冬月宛平邵松年《曹氏叢書序》、何金壽《洛陽曹氏春秋集説彙解序》(何序著録兩個版本,後一個版本脱落一行字)、謝益《春秋輯説彙解序》、王宗嶧《春秋輯説序》。

曹逢庚,字肅堂。五經皆有著述,遺佚甚多。時人稱其文質,其事核,集諸家之言而綜貫之。《曹氏叢書》收五種書:《春秋集解》一卷、《春秋輯説彙解》一卷、《淡和堂經説》一卷、《敬修齋經説》一卷、《曹氏齒録》一卷。洛陽曹氏,祖孫以學行著述傳。洛邑爲宋代理學家二程故里,故洛學盛。

《春秋》三傳、胡氏《春秋傳》各有得失,故《春秋輯説彙解》彙輯四傳,擇而用之。隱公元年《春秋》"祭伯來",以《左傳》爲正,《公羊》《穀梁》爲非。桓公七年《春秋》"穀伯綏來朝、鄧侯吾離來朝",

則以杜說爲是,何休、胡安國、朱子、程子之説皆非。莊公十四年《春秋》"單伯會伐宋",則以爲孔疏可取,《左傳》、杜注之説不確。

除了彙輯四傳之外,《春秋輯説彙解》推崇清代康熙朝的官方經學。如桓公三年《春秋》"齊侯衛侯胥命于蒲",稱"欽定《春秋》(指《春秋傳説彙纂》)於胥命之條,主《公》、《穀》、程、胡,而並存張氏(洽)之説,得經旨矣"。桓公十五年《春秋》"公會齊侯于艾",則"欽定《春秋》刪《左傳》,而録高(閌)、鄭(玉)、孫(覺)三家之説,得經之旨矣"。

《春秋輯説彙解》取《春秋》經文,而申論其微言大義,每一論後,咸有他人評點,如"考據詳明""得《春秋》謹嚴之旨""潔淨精微"。可見曹氏此書在民間廣爲流傳,還綴以此類評點。

51. 1899 年俞樾《達齋春秋論》一卷,《續修四庫全書》影印清光緒二十五年(1899)刻春在堂全書曲園襍纂本

每半葉 10 行,行 21 字。左右雙邊,白口,單魚尾。

俞樾(1821—1907),字蔭甫,號曲園,浙江德清人。道光三十年(1850)進士,以首句"花落春仍在"受知於曾國藩,擢爲第一。咸豐二年(1852)授編修,咸豐五年,任河南學政,咸豐七年,因有司告俞樾科舉考試出題割裂經義,廢河南學政。咸豐八年始,居蘇州、杭州等地,主講蘇州紫陽書院、杭州詁經精舍及其他書院。年三十八始治漢學,受王念孫、王引之父子的影響,仿《經義述聞》《讀書雜誌》,作《群經平議》《諸子平議》。著《春在堂全書》。

《達齋春秋論》就春秋史事和人物,擬多個議題,發抒己見,皆反前人成説。鄭伯克段,《春秋》三傳皆罪鄭伯,但俞樾認爲,對於人君,先討其門内之亂,然後可以治天下,所謂家齊而後國治,國治而後天下平,言下之意,共叔段之罪不可不論。

衛人立晉,衆人因其賢而立之,《左傳》杜注不問晉當立不當立,謂"善其得衆",《公羊》《穀梁》皆謂晉不當立,因爲"《春秋》之義,諸侯與正不與賢也"。俞氏認爲得衆亦不當立,應固守嫡長子繼承的古制。"自相推奉"來自於上古,"非可施於後世也"。"春秋時,上無

天子,下無方伯,自相推奉,爲大亂之道。""上古之時,未有君長,人各自以力爭食,爭而不已,必就賢且明者而聽命焉,於是遂奉之爲君。柳宗元所謂有里胥而後有縣大夫,有縣大夫而後有諸侯,有諸侯而後有方伯連帥,有方伯連帥而後有天子。自天子以至於里胥,皆衆立之者也。"俞氏不讚成將上古的制度施用於後世,"若以上古之義復施於後世,大亂之道也"。春秋時期,再不能如上古時期那樣自下而上推奉管理者,官員任命當自上而下:"既有縣大夫,則里胥必縣大夫所命矣。既有諸侯,則縣大夫必諸侯所命矣。既有天子,則方伯連帥以至諸侯,必天子所命矣。"天子命諸侯,諸侯不能自命,這實際是維護春秋禮制,表明"禮樂征伐自天子出"的意思。俞氏排斥西方的薦舉制度,認爲這種制度缺少君臣之義:"海外荒遠之國,君臣之分未明,或由衆人推擇,遂爲之長,歲食其奉而治其事,若傭焉者,榛榛狉狉,固難與語《春秋》之義也。"俞氏春秋學否定"衆則與之"的邏輯,維護天子的威權,執意在亂世中尋找命天下諸侯的天子,這顯示出俞樾的經世之意。

俞氏認爲《春秋》"與正不與賢",所以不讚同《公羊》"譏世卿"之説。俞氏認爲世卿是禮樂制度的一部分,不可廢棄:"古者諸侯世其國,則大夫、士皆世其家,朝有世臣,野有世農,肆有世工,市有世商,相與維繫而不可解。上者安其爲上,而下者安其爲下,民服事其上而無有覬覦,此所以長治而久安也。"而"譏世卿"之説産生於漢代,因爲先秦世卿大族被秦所滅,漢初學者大多舉薦於草莽,故"以古之世卿爲不便"。在《公羊》經學大熾的晚清,俞氏此論何其保守,自然與世不協,俞氏與弟子章太炎等人産生矛盾,就不難理解了。

俞氏襃揚舊式的忠臣死義。用《公羊》《穀梁》之義,肯定孔父、仇牧、荀息之忠,《左傳》杜注貶孔父、荀息,俞氏不從《左傳》。叔姬死,齊人降鄣。鄣邑爲紀國最後一個城邑,齊人降鄣,距齊滅紀已二十七年,俞氏謂"君死矣,國亡矣,而君夫人在人心,猶未盡去也。聖人又以勸後世亡國之臣,使知忠義之事之可爲也"。論宋襄公若能合諸侯之師以救隨,則成其霸業,楚莊之所以成霸業,在其伐陸渾之戎。認爲"戎夏不可襍居,宜申諭發遣,還其本域","古之王者,慎固封守,無務勤兵於遠也",這些觀點關涉疆守、華夷關係,都顯示出作者有限的世界觀。俞氏在晚清寄希望於霸主排斥夷狄於境外,於内仍沿用舊的社會秩序和社會道德。

章太炎稱俞氏說經,多右《公羊》《穀梁》,此說多有誤導之嫌。晚清今文經學倡言改革,俞樾如此説經,難與今文經學步調一致。俞氏不倡言舉薦賢才,反對西方傳入的政治思想。俞氏聲稱"君子非先王之法言不敢言,非先王之法服不敢服",仍然抱守中國的禮樂文化傳統,嚴格劃分華夷界線,尊王攘夷,在變革的社會中,保守之有餘,而革新之不足。

52. 1901年廖平《春秋圖表》二卷,《續修四庫全書》影印國家圖書館藏清光緒二十七年(1901)成都尊經書局刻本

每半葉10行,行21字。四周雙邊,白口,單魚尾。卷首有光緒二十七年陳鼎勳《春秋圖表叙》。

廖平(1852—1932),初名登廷,字旭陵,號四益,改字季平,改號四譯館,晚年改號六譯館,四川井研人。肄業於尊經書院,光緒五年(1879)舉人。從王闓運習今文經學,始從事《穀梁傳》的研究。首倡今文經學與古文經學的分别在於"禮"制的不同,爲晚清平息今古文之爭,奠定了理論基礎。廖平的經學凡六變,隨世俯仰,而入於玄虚。著《穀梁春秋經傳古義疏》《何氏公羊解詁十論》《今古學考》等書。

廖平曾作《王制》《春秋》兩圖表,刊於《四益館經學叢書》。曾著《穀梁春秋經傳古義疏》,修訂之後,附以《春秋圖表》,一起發行。《春秋圖表》集圖十,表二十四,考一。

陳序謂《春秋圖表》是廖平溝通中西的著作。"今天下西學熾矣,朝廷日思破除陳法,以求通知時事之士,士亦忞忞焉多以西學爲學矣。顧欲學西學,不先通中學,通中學不先通經,不先通圖表,則顛倒失次。""(《春秋圖表》)以經説經,引《春秋》大義,與群經互相發明。"西人製器先有圖表,"中學西學源流雖殊,其以圖表爲引入之初,取徑之捷",學者"將由經學通中學,由中學通西學"。陳序認爲器物圖表爲西方舶來品,以圖表爲載體,研究中國古代經典,是中學

通西學的表現。這未免偷換概念。《春秋圖表》使用的圖表,與西方器物圖表並無聯繫,而與中國古代輿圖一脈相承。《春秋》類著作中,常見的便有《春秋輿圖》《春秋指掌圖》,廖平繪製的圖表沒有根本脫離中國傳統的繪圖法,沒有引進西方繪圖方法,與西方技術無關。

廖平把《禹貢》記載的九州,理解爲全球的九州,在九宮格裏安排九州,按照每格三千里劃分。又以《禹貢》記載的"五服"爲基礎,在九州之外設十二州。《春秋圖表》體現了以中國爲中心的古地理概念,與當時的世界版圖很不相稱,故其説流於固妄。《春秋圖表》表達"尊王"觀念,利用《公羊》"用夏變夷説",將夷狄劃入中國版圖,且將中國之霸與夷狄之霸統歸於"大王"之下。廖平不再嚴華夷之防,顯示了他開放的思想。

53. 1908年胡嗣運《枕菲齋春秋問答》十六卷,民國四年(1915)活字刻本

每半葉10行,行19字。四周雙邊,白口,單魚尾。版心題"鵬南書屋",牌記題"民國四年六月排印"。卷首有1915年胡榮璆《追感痛言》。

胡嗣運(1835—1915),字鵬南,號雲門,安徽績溪人。光緒八年(1882)副貢,候選直隸州判。曾國藩駐軍祁門時,曾函招其入幕,婉辭謝絕。晚年掌教東山學堂,常與諸生討論答問。著有《書經問答》八卷、《詩經問答》十四卷、《春秋問答》十六卷。《枕菲齋春秋問答》另有光緒三十四年(1908)刻本,故繫年於1908年。

《春秋問答》採用師生問答的形式。謂春秋時有人以五色命名,如曹伯赤、蔡侯朱、公子黄、孫伯黶、鄭子晳名黑、齊子石名青、齊桓公名小白;又有人以黑子所在而命名,如周公黑肩、晉侯黑臀、衛子叔黑背、鄭公孫黑肱、楚亦有公子黑肱。從《春秋》稱名看牛耕文化,如司馬牛名犂,冉伯牛名耕,涉及當時的社會經濟生活,視角頗爲新穎。

春秋時國滅,後世子孫以國爲姓,如邯國子孫離開故邑後,改姓甘;郜爲紀國附庸,子孫去邑後,改姓章;邾子之後去邑爲朱;鄧侯之

後去邑爲豐。郇國子孫去邑後爲荀,而國仍存。春秋時亦有國家改名的,如荆改爲楚,温改爲蘇,厲改爲賴,郳(黎來)改爲小邾婁,此皆見於經,又有譚改爲鄩,先儒固有此説。

正胡安國"夏時冠周月"之説。《春秋》隱公元年"春王正月",《左傳》於"王"之下、"正"之上,注一"周"字,曰"春王周正月",《春秋》用周曆無疑。《詩·豳風·七月》所詠皆夏時之事,故參用夏正,而行文之妙,雖與周正錯叙,而自釐然不亂。用周正爲"尊王",用周正而兼用夏正,則於尊王之中而寄寓尊祖之意。按此論爲《七月》而發,不可援以説《春秋》。

54. 1910年劉師培《春秋左氏傳時月日古例考》一卷,江蘇古籍出版社影印劉申叔先生遺書本,1997年

每半葉13行,行24字,小字雙行,同。四周單邊,黑口,單魚尾。前有庚戌年(1910)十二月劉師培著《春秋左氏傳時月日古例考序目》。

劉師培(1884—1919),字申叔,江蘇儀徵人。劉氏四世傳經,精春秋左傳學。劉師培未上私塾,自幼跟隨從兄劉師蒼、劉師慎學習,頗識古文經學的治經家法。繼承家學對《左傳》研究中"禮""事""例"的三大研究課題,主張恢復春秋時代的禮制典章;考證《左傳》在先秦先漢之間的流傳,以明《左傳》之不僞;闡釋《左傳》的義例,替代杜預之義例。《左傳》"禮""事""例"的研究皆旨在與公羊學論爭。

所謂"古例",即漢儒劉歆、賈逵等人的釋例。劉師培於前序中説,《春秋》一經以時月日示例,爲《春秋》義例的關鍵、樞紐,《春秋》三傳各有解説,而以"《左傳》所詮尤爲近實"。但《左傳》明標日月之例的,僅"日食""大夫卒"二條,餘皆無日月例可言。杜預駁斥漢儒"溺于《公羊》《穀梁》之説,橫爲《左氏》造日月褒貶之例"(《春秋釋例·大夫卒例》),而劉師培斥此論調,説:"漢儒之説,或宗師訓,或據傳文,即與二傳偶符,亦非雷同剿説。"劉師培秉承漢學遺風,承漢儒劉歆、賈逵、許淑、潁容等人的思路,講論《左傳》的月日例。劉氏認爲《左傳》的月日例除二處明言之外,"餘皆隱含弗發",正待後

人發現。漢劉歆創通條例，賈、許諸君，執例詮經，於時、月、日書法，三致意焉。漢儒時月日之例，存僅百一，然詳施考覆，亦可由時月日之例，知君臣善惡。劉文淇尚認爲劉歆、賈逵等人雜引《公羊》之説爲自晦其學，與人以可攻，不爲劉、賈等人諱，劉師培卻認爲劉、賈等人的時月日之例亦本《左傳》所原有，可以説劉師培完全違背了家學。劉師培對漢儒雜引《公羊》之説不復加以區劃，而一意於時月日之例中尋求《春秋》褒貶之意，章太炎亦不予讚同。

《春秋左氏傳時月日古例考》務求家學中未完之義例之學，刺取杜預《春秋釋例》及漢唐注疏所徵引者，援類區分，得名例、地例、事例、禮例、災異例、會遇例、殺例、戰例、盟例等二十五例，目爲正例，又在正例子目下設附例。所立例，大多數就經文立例，完全根據《左傳》立例的不多，乃祖劉文淇以《左傳》釋《左傳》的想法，完全落空。劉師培只不過將漢儒舊説作爲《左傳》之例，而非《公羊》《穀梁》之例，但漢儒並不如劉師培所認爲的那樣，遵從《左傳》原文講《左傳》之例，實際上仍附會於《公羊》《穀梁》之例。漢儒在《公羊》《穀梁》的時月日例之外別創一種義例，變《公羊》《穀梁》的非常異議可怪之論爲平實合理而已。此論見戴君仁《春秋左氏傳時月日例辨正》一文。

55. 1912年劉師培《春秋左氏傳答問》一卷，同上

劉師培（1884—1919）著，其《春秋左氏傳時月日古例考》已著録。

《春秋左氏傳答問》前有民國元年（1912）劉師培自序，云講學於四川國學院，經生六十人，習《春秋左氏傳》者十一人。授課之餘，學生疑問相質，劉師培引漢儒舊説爲之解答。學生鄭幽纂爲一編，計二十七條。二十七條全爲微言大義的闡發，在義理體系上未能超出漢儒之外。

56. 1912年劉師培《春秋左氏傳古例詮微》一卷，同上

劉師培（1884—1919）著，其《春秋左氏傳時月日古例考》《春秋

左氏傳答問》已著錄。

《春秋左氏傳古例詮微》發表於 1912 年。闡明漢人心目中《春秋》《左傳》亦經亦史的身份,而劉師培更着意於《左傳》"經"的身份。《左傳》因孔子《春秋》而作,意在釋經,並解釋經有傳無、經無傳有之義例以及名例、地例、禮例、事例等義例,認爲《左傳》之例無不貫通。建構《左傳》的義例體系,是爲與今文經學抗爭,而衆多義例名目的設立,則模仿了今文經學。

57. 1913 年劉師培《春秋左氏傳傳例解畧》一卷,同上

劉師培(1884—1919)著,其《春秋左氏傳時月日古例考》《春秋左氏傳答問》《春秋左氏傳古例詮微》已著錄。

《春秋左氏傳傳例解畧》發表於 1913 年《四川國學雜誌》第 12 號。將《左傳》解經之語以及《五經異義》等書所引《左氏傳》古義例進行解說,文字過簡,無過多申發,有的僅錄傳文而已,疑未完。

58. 劉師培《春秋左氏傳傳注例畧》一卷,同上

劉師培(1884—1919)著,其《春秋左氏傳時月日古例考》《春秋左氏傳答問》《春秋左氏傳古例詮微》《春秋左氏傳傳例解畧》已著錄。

《春秋左氏傳傳注例畧》不明著作年代。着重闡述《左傳》的經書性質,而擺脱《左傳》的史書身份。杜預認爲《左傳》係據"赴告"之文直筆記錄,不以日月爲例,不以一字爲褒貶,即以史視《左傳》,爲劉師培所駁斥。但劉師培所論,證據並不充足。劉氏認爲孔子作《春秋》,經無傳有之處,可以明《春秋》筆削。劉師培又蒐輯《左傳》在漢代書籍中的徵引情況,簡明地展示了漢代左傳學的發展狀況。

59. 1916 年劉師培《春秋左氏傳例畧》一卷,同上

劉師培(1884—1919)著,其《春秋左氏傳時月日古例考》《春秋左氏傳答問》《春秋左氏傳古例詮微》《春秋左氏傳傳例解畧》《春秋左氏傳傳注例畧》已著錄。

《春秋左氏傳例畧》發表於 1916 年《中國學報》第 1—5 册。此與《春秋左氏傳傳注例畧》多有重複，《劉申叔遺書》整理者將其放在《春秋左氏傳傳注例畧》之後，並言成稿先後不可考。比《春秋左氏傳傳注例畧》多出《春秋》義例討論的内容，言《春秋》設例之難與求解之方，把《公羊》義例當作方策之一。討論《春秋》義例之後，申明《左傳》義例的犖犖大端。

學者一般認爲漢儒《左傳》經説，其實雜採《公羊》《穀梁》之説，劉師培否認這種認識，申明漢儒《左傳》經説優於《公羊》《穀梁》之説，並簡畧地鈎稽兩漢及三國左傳學的流傳狀況。劉師培對杜預的義理之失嚴加申斥，認爲"杜説之誤屬於訓詁典制者，其失小，屬於義例者，其失巨"。劉師培謹守乾嘉漢學的治學規範，以漢儒義例反對杜預的義例，就體系的完整性來看，《春秋左氏傳例畧》明顯優於《春秋左氏傳傳注例畧》。

60. 陳毓荃《讀春秋劄記》不分卷，一册，國家圖書館藏清鈔本

藍絲欄稿紙，每半葉 10 行，四周單邊，白口，雙魚尾。版心題"南學治經積分日程"。

陳毓荃，生卒年不詳。

《讀春秋劄記》似爲書院學生課業集，卷首印有皇帝特諭，及《南學治經史積分日程》，藍色墨印製。課業以考證居多，如徵引鄭玄注《論語》序及《鈎命訣》，論《春秋》之策二尺四寸，《孝經》一尺二寸。鄭玄《論語注》久佚。徵引《春秋徵緯讖》，係孫星衍所輯，疑篇名爲《春秋緯》，而非《春秋徵緯讖》。又録《公羊》徵引《春秋》緯説，未指明出處，僅爲鈔撮，可見其興趣所在。作者才學平平，鈔撮之外，考證之能力不足。《盟會地邑所屬國境考》雖是考證的題目，但只闡釋盟會義例，不見地理考證。

61. 王亮功《春秋經論摘義》四卷，雪華館叢編，民國五年（1916）定襄牛氏鉛印本

每半葉 10 行，行 25 字。四周雙邊，白口，單魚尾。

王亮功,山西定襄人。舉人。另著《讀易旁求》四卷、《讀史贅要》一卷、《樸齋省愆錄》八卷。

卷首引言謂:"將先儒議論有關大義者錄出,以爲讀《春秋》之法。""鄭伯克段于鄢",是譏鄭伯還是貶共叔段,歷來爭議甚多。《春秋》三傳皆譏鄭伯,當時宋國亦因鄭逐共叔段而合諸侯伐鄭,"譏鄭伯"大概是春秋時期的義理。在宋代,胡安國《春秋傳》則强調鄭伯與共叔段之間的君臣關係,尊君而抑臣,故貶共叔段志在篡逆。而清代學者則重新回歸親親之義,王亮功《春秋經論摘義》稱"鄭莊之志,在必克,而無親愛保全之義",駁斥顧棟高"稱鄭伯,舉爵爲無譏;段不言弟,爲削其屬籍"的觀點。顧棟高的論調尚承自宋儒,置君臣倫理於兄弟之情上,與大多數清代經說不同。清代經學扶持親親之義,甚至官方經學在敷陳君臣之義的同時,亦講親親之義。

《春秋經論摘義》嚴君臣之義,經生爭論趙盾未弑君,許太子止未弑父,楚公子比未弑靈公,皆妄說。《春秋》尊公室而抑私家,魯季氏、陽虎都是譏貶的對象。謂孔子在魯國爲政,抑强家而强家墮,"入春秋以來二百年中,魯國無此治效"。肯定孔子在定公十年夾谷之會上與齊國針鋒相對,迫使齊國歸還魯鄆、讙、龜陰之田。但孔子欲抑魯三家而不能,自己被迫離開魯國四處遊說,這一事實,說明他並未成功地"抑强家"。

謂《論語》爲《春秋》三傳的"斷制",意即《春秋》之義隱曲難見,而《論語》直言是非,故《春秋》之事當斷之以《論語》。學者需將《春秋》三傳與《論語》參互閱讀,尋求解釋。清人解《春秋》,除了以《孟子》"尊王"的思想作指導之外,還加上了《論語》。

62. 劉曾騄《左傳約解》二十二卷,祥符劉氏叢書本,國家圖書館藏光緒至民國間油印本

每半葉10行,行21字,無邊欄。

劉曾騄(1846—?),字驤臣,河南祥符人。光緒二年(1876)進士,山東鄆城知縣。著《夢園詩集》十六卷。

《左傳約解》以訓詁爲主,不列《春秋》條文,但以《左傳》語詞條

目,按照年代先後依次排列,並不分年。《約解》以簡便爲用,多用杜注孔疏,亦夾有林注,用語簡潔。解釋地理特詳,徵引顧祖禹、顧棟高、高士奇、沈欽韓等學者的地理考證。禮制考證,徵引前人成說爲多,不直接徵引禮書。語詞訓詁,引用《說文解字》及王引之、梁履繩、馬宗璉等人的考證成果,間或徵引萬斯大等學者的義理。莊公寤生,仍採用應劭"墮地能開目視""妨父母"之說,亦未採及《史記》,其訓詁未及精善。此書以油印本發行,應是學校課本。

63. 劉曾騄《春秋三傳約注》十八卷,祥符劉氏叢書本,國家圖書館藏光緒至民國間油印本

每半葉10行,行21字,小字同。

劉曾騄(1846—?)著,其《左傳約解》已著錄。

《春秋三傳約注》錄《春秋》經文,擇取《左傳》《公羊》《穀梁》之文,列於經文之下。如有需要,則附後人注疏於傳文之下,以小字行。《約注》無語詞訓詁,均論及微言大義。採輯《左傳》事實爲多,亦間及《公羊》《穀梁》。徵引所及,有唐宋以來直至清代的學者,如啖助、張洽、劉敞、傅遜、鍾文烝等人經說。

《春秋三傳約注》用《公羊》義,謂"春王正月",即"大一統"的意思。採用《穀梁》及前人注疏,說明隱公讓位給桓公是不正確的。宋宣公讓位給弟弟(賢者),是"知人矣",符合道義,這採用的是《左傳》義理。採用《公羊》《穀梁》義,以孔父爲忠。"紀子伯",不知其人爲何,"無聞焉",用《公羊》義。"盟于踐土",並非以臣召君(《左傳》),而是用俞皋之義,謀納王也。"天王狩于河陽"亦用俞皋義,謂晉侯率諸侯奉王狩于河陽,朝于王所,都是尊王的表現。《春秋三傳約注》所提俞皋,指元代學者俞皋,曾著《春秋集傳釋義大成》十二卷。《春秋三傳約注》顯現出晚清春秋學融通今古的趨勢,也可以看到讀書人贊成封建大一統的政治格局,希望統治者舉賢任能。此書與《左傳約解》均以油印本發行,應是學校課本。

二　糾補胡安國《春秋傳》或蒐輯《春秋》三傳以解經類

1. 1667 年湯啓祚《春秋不傳》十二卷，《四庫全書存目叢書》影印中國科學院圖書館藏清嘉慶二十四年(1819)刻本

每半葉 10 行，行 25 字。左右雙邊，白口，單魚尾。卷首有乾隆辛卯(三十六年，1771)六月既望王鳴盛序、康熙丁未(六年，1667)律中黃鐘之月(仲冬)王嚴序、康熙丙午(五年)夏五月張班序。

湯啓祚(1635—1710)，字迪宗，江蘇寶應人。諸生。

宋儒棄傳講經，宋胡安國《春秋傳》後出而科舉考試獨遵用之，《春秋》三傳幾廢不傳。所謂"不傳"，即指三傳。自清初起，學者彙纂《春秋》經義，往往兼取三傳。王嚴序指出博採三傳之難："《左氏》博矣，不務求聖人之指而求詳於瑣細繁稱雜說，豈有當乎？《公》《穀》簡直矣，不務求聖人之指而憑胸臆意見，其失也愈遠矣。……善乎歐陽永叔一言斷之也，曰經不待傳而通者十七八，因傳而惑者十五六，以此言之，則傳爲案，經爲斷，雖程子之言猶有所未盡，而況其他乎？"三傳皆有失，需要程子的治經方法作指導，以《春秋》考三傳之非，此即"傳爲案，經爲斷"。

《春秋不傳》採三傳說經。"春王正月"，用《公羊》"大一統"之義，駁斥胡安國《春秋傳》"夏時冠周月"之說。"公觀魚于棠"，用《左傳》義："非禮也"；"尹氏卒"，用《公羊》譏世卿之義，皆用以補胡安國《春秋傳》。

去《公羊》復讎之說和王霸之說，去名姓爵號之褒貶，在義理與治經方法上都與胡安國《春秋傳》劃清界線。《春秋不傳》仍然保留了部分日月之例。整體來講，《春秋不傳》以《春秋》三傳爲名，改革了胡氏《春秋傳》，去掉了胡氏《春秋傳》激於時事而起的思想（如復讎、王霸之説），其他思想大體上仍在胡氏《春秋傳》的框架之内。

2. 1668年王夫之《春秋家説》三卷，《續修四庫全書》影印華東師範大學圖書館藏清同治四年(1865)湘鄉曾氏金陵節署刻船山遺書本

每半葉10行，行22字。左右雙邊，白口，雙魚尾。卷首有著雍涒灘之歲（指康熙七年戊申，1668）王夫之所作《春秋家説叙》，稱其學説來源於其父，故稱《春秋家説》。在明清鼎革之際，王夫之始學《春秋》。其父王朝聘，明國子監生，"早受《春秋》於西陽楊氏，進業於安成劉氏"。《春秋家説》以魯十二公爲序，隱公九論、桓公十四論、莊公九論、閔公三論、僖公三十一論、文公十九論、宣公十四論、成公二十二論、襄公二十三論、昭公二十九論、定公十四論、哀公十六論，設多個議題，以春秋史事證成之，表達王氏對於天下國家、王霸、華夷之辨、夫婦之義的看法，決不同於胡安國《春秋傳》，而帶有思想啓蒙的意義。

王夫之(1619—1692)，字而農，號薑齋、夕堂，湖南衡陽縣人。崇禎十四年(1641)赴武昌應鄉試，以《春秋》第一中式。順治四年(1647)，衡州失陷，與父親隱居南嶽峰頂。順治五年，王夫之舉義兵於衡山，兵敗後追隨南明桂王，在南嶽、郴州、耒州、漣邵一帶隱居，常爲人講解《周易》《春秋》。著有《春秋家説》《春秋世説》《續春秋左氏傳博議》《春秋稗疏》《周易稗疏》《讀通鑒論》《薑齋詩話》《尚書稗疏》等書。其著作生前未出，子孫陸續爲之刊刻。同治四年，曾國藩重刻於金陵書局，並增加《讀通鑒論》等若干種，共五十九種，後又續刻數種。王夫之爲學廣博，涉獵《書》《易》《春秋》《詩》《禮》等經書，及《資治通鑒》等史書，善音韻、訓詁之學，考證地理、典章制度，開啓清代學者的治學方向，兼講宋儒義理之學，縱論天下，頗有宋學指點謀劃的氣度。在清初，其學未免有龐雜、去取不精之譏，但自有其卓絶之處。其議論雖有激烈詭譎之處，但不失偉岸的士大夫之氣。

順治三年丙戌(1646)，王夫之之父年七十七，告訴他"三傳之折

衷,得文定(胡安國)而明,河南之舉要,得文定而詳",胡安國《春秋傳》是了解南宋初年政治的重要參考資料。胡氏《春秋傳》"激於其所感,疑於當時之所險阻"。所謂"激",指胡氏《春秋傳》激於王安石新説,曰"天戒不足畏,人言不足恤",故核災異,指事應,祖劉向、劉歆的災異説,借災異向君王提出警誡。所謂"險阻",當指收復北方,對抗金國,胡氏《春秋傳》搖擺不定,對霸主的地位處理不當。王夫之父子二人大抵以爲南宋君臣、華夷關係的格局由胡安國《春秋傳》所奠定,故在清初,欲肅清胡安國《春秋傳》的荼毒,必先辨胡氏《春秋傳》之非。《春秋家説》爲"尊王攘夷"之説張目,出於維護華夏文化的原因,肯定霸主的地位和作用。

胡安國在其《春秋》經義中,出於"尊王"的考慮,貶斥霸主專伐,霸主壓制夷狄,則譏其不仁;外敵入侵,抵擋不力,則怪責霸主不力,總之,春秋霸主有義務,卻無權力、名分。同時,胡安國認爲將士在外抗敵有内僭之疑,認爲"兵權主散,不當偏屬于一人",視霸主爲"内患"。王夫之斥"内患"之説爲"邪説",這種論調正是陷南宋抗金名將岳飛於死地的罪魁禍首。胡氏如此見識,其言兵之陋可見一斑。善説《春秋》者,廢胡氏之言兵,未爲不知兵。欲説《春秋》經義,當屏除邪説,發揚正説,闡發胡氏《春秋傳》所未發明之晦。

王夫之主張華夷之辨,爲霸主正名。以文化區分華夷,楚、秦、吳處戎狄蠻夷之間,其文化與中原華夏文化不同。楚之勢力北上,是中原大患,秦處於戎俗,與中原愈行愈遠,至穆康之世,完全成爲"夷"。"吳之于中國也,毁衣冠,殊言語,異飲食,別好尚,義之所必懲者也。"中原能與"夷"相抗的便是霸主,即齊晋。胡氏《春秋傳》尊王賤霸,對霸主"授以義,而欲損其權;授以權,而欲分其利",百般刁難。王夫之認爲,王固然尊貴,但時勢需要霸主。昭定之世,中原無霸,楚國驕縱,無人抵擋。"無伯之功,中國滅于楚而不能問;無伯之力,睨諸侯之瓦解以去而若無知;無伯之心,趙武、韓起、魏舒之心,路人知之矣。"春秋之季,無人有心力挽狂瀾,無人行霸主之職,這是非常要命的。所以,對於君王來説,不如推戴霸主;對於諸侯來説,不如救亡圖存,以成霸業("王之不王,不如其協以戴伯;伯之不伯,不如其離以救亡。")。

胡氏《春秋傳》尊王,有君臣而無父子,如果女人捲入政治紛爭,亦受貶斥,如哀姜,因與魯慶父弑閔公,胡安國謂哀姜與弑魯侯,與魯有不共戴天之讎,故絕不爲親。王夫之反對這種觀點,認爲這是以人爵壓倒天倫,親不可絕。主其事者分明爲魯慶父,不可斷絕哀姜血緣之"親",魯人可以歸而養之。以其嫡妻身份,應入宗廟。這種議論被四庫館臣視爲牽於世俗之情,從常人立論。其實,清初春秋學領域普遍興起了血親人倫的扭轉,宋人因尊王而否棄父(母)子之義,爲維護君臣關係,輕視人倫親情,清初學者的春秋學著作中,大都對這種思想提出反撥。

雖然重視血緣親情,王夫之也充分認識到過度重視家族中母系成員的危害,他認爲家法往往由母妻之黨變之。天子化於母黨而天下淪,如周平王違背禮制,派人戍守母后的娘家申國而諸侯怨恨;諸侯化於母黨而國日衰,如魯莊公因母親文姜而忘記其父魯桓公死於齊,在魯與齊的對比關係中日益衰弱;士人化於母黨而家類圮,當時之世普遍如此。主張國有禮法,家有家法,守之以保其國家。

王夫之不贊成宋人"國君死社稷"之説。宋代將領李綱英勇抗金,云:"《春秋》之義,國君死社稷。"王夫之怨其不曉《春秋》之義,而以虛名鉗制人主,君國同亡,則大河南北永無收復之日。王氏認爲諸侯以社稷守,天子則以天下守。以天下守,故不死社稷。而士以道爲守,失其位,不失其道。王氏追隨南明王朝,有據江南而收復天下之心。王氏父子作爲載道之士人,亦不爲一姓之江山而死,身不死,則道不滅。

王氏對於霸主的態度亦與其"天下"觀念密切相關,霸主爲天下而戰。諸侯相攻而莫爲主,是王道裂;天下相攻而無人爲主,則是霸主的失職。春秋後期,晉主中國之盟,但不足以抗楚,天下之勢危急。晉稱霸,適以成其私,而非爲天下。如晉與秦戰,不是爲中國而爭,而是君臣相蠱,自成其私,捨天下華夷之防。春秋末年,晉擁戴楚爲霸主,諸侯追隨楚國攻打吳國,而晉滅中山、伐小國,至天下分裂,晉亦淪落爲夷狄。

王夫之切齒痛恨於春秋末年諸侯無霸,宋代春秋學不予霸主專伐,盛行"邪説",致家國不保。王夫之藉經學講時事,字裏行間,充斥了悼亡之感、悲憤之情。他深怨明代天子逞一己之忿而棄天下,提出國君當守天下而不死社稷,可謂振聾發聵。王夫之一面通過著作,改寫胡安國《春秋傳》的華夷之辨,一方面通過民間教學,以個人之力,樹立春秋學的義理,以期改變風俗教化。他雖隱居鄉里,仍體現出士大夫兼濟天下的情懷。

3. 王夫之《春秋世論》五卷,嶽麓書社船山全書本,2011年

卷尾附録《楊樹達省志藝文志初稿》《春秋世論編校後記》。

王夫之(1619—1692)著,其《春秋家説》已著録。

《春秋世論》不著年月,應晚於《春秋家説》。《春秋世論》將《春秋家説》的"中國"改稱爲"夏""中夏"。《春秋世論》縱論春秋世勢,討論天子及諸侯日漸衰微之際的内政外交。強調内政安定,方可外交強大,外部安寧,内政方無憂。魯國從桓公時起,外交混亂無序,國勢衰微。鄭厲公務去權臣祭仲,而國無寧日,鄭國從此受晉楚等大國所制,而喪其祖先基業。國家之禍,外攜者淺,内間者深。春秋時期,魯内僭於臣,外制於霸。周公之後,王室輔嗣,卻不勤王,魯國落得這樣的處境,令人感慨。

《春秋世論》嚴華夷之辨,闡述中原小國對爭霸的重要作用。宋鄭兩國對晉楚爭霸很重要。舉漢唐歷史,論宋鄭兩國雖無地形之險,但處天下中心,欲爭得天下,必爭宋鄭。齊桓先得宋,而天下飆附。晉與楚用兵百年,而所爭唯在鄭。齊晉之霸,終不能固守天下,是因爲宋鄭不足用。鄭則自動依附於楚,宋則自倡彌兵而弱天下之兵。宋鄭弱,則天下不能救。主張霸主的權力,爭討夷狄而保有天下。霸害王權,但天下無霸,則受制於夷狄。兩害相權取其輕,《春秋》予霸。中原諸小國如江、黄,處在楚國與中國交戰的前沿,齊桓公曾得江、黄而又棄之如遺。陳蔡等小國自絶於中夏,爲楚國附庸。中國與外夷戰,必須保住中原諸侯國。晉不能失陳蔡,更不能將其推至楚國,使其與楚國爲盟。中原衆多姬姓小國,在春秋時是諸侯爭伐的對

象,在王夫之看來,中原諸侯没有看到當時最大的外患是外夷。齊晉失了中原小國,便失了天下。

王夫之不贊同史傳對趙盾等人的評價。趙盾私交黨羽,外交上對秦無所建樹,趙氏後人又將率諸侯戰蠻夷的事拱手讓給楚國。春秋之季,晉國失其霸主地位,趙氏家族不能辭其咎。楚雖然離晉較遠,狄離晉更近,但在王夫之看來,狄於晉爲緩,楚之於晉爲急,楚對中原的危害遠大於狄,而晉謀狄而不謀楚,置急而謀緩,是爲失策。楚之所以急於狄,是因爲狄非我族類,而楚是"變夷",猶我同類,必誅之而正天下。春秋中後期晉國長期爲霸主,卻放任楚國步步北進,又無力阻止吴的興起,放棄中原諸多小國如魯衛不救,捨近(秦)交遠(吴),又促使秦與楚結盟,作爲霸主,失職最多,《春秋》責晉也最重。王氏必承認霸主有攘夷的責任,才會如此批評晉國。與其説王夫之縱論春秋時事,不如説王氏爲天下易主而痛定思痛,講的都是如何保有中原,如何不被外族侵入。

王夫之不崇古媚古,他認爲兵農合一的制度已不適合當今。古代出於弭兵的目的,以兵爲農,歲時講練,以爲一時之需。訓兵固不求其精,故戰鬥力弱,最終戰爭並未消彌。戰國時諸侯混戰,以農爲兵,使百姓狎於軍事,而田園荒蕪。農民棄耒執戈,平時很少操練,戰場上幾乎是送死。所以以農爲兵,則天下無可用之農,亦無可用之兵。清初某些儒生縱議以農爲兵,是"取生人之軀命,以姑試其謏聞",學者治經,當講求經世致用,不能空抱理論而殺人於無形。主張募兵制,"募之以其情,閲之以其技",招募的士兵的能力遠非釋耒操戈的農民可比。募兵制,才能使天下有兵可用,亦有農可用。

4. 1670年孫承澤《春秋程傳補》二十卷,《四庫全書存目叢書》影印故宫博物院圖書館藏清康熙刻本

每半葉9行,行19字,小字雙行,同。四周單邊,白口,單魚尾。卷首有康熙九年(1670)庚戌春閏二月孫承澤《春秋程傳補序》、宋崇寧二年(1103)四月乙亥《伊川程子春秋傳序》《伊川程子經説》。

孫承澤(1592—1676),字耳伯,號北海,又號退谷,祖籍山東益

都,後遷京畿。明崇禎四年(1631)進士,官至刑科給事中。清順治元年(1644)起用,任大理寺卿、兵部侍郎、吏部右侍郎等職。著有《春明夢餘錄》《天府廣記》《庚子銷夏記》《九州山水考》《五經翼》《硯山齋集》等四十餘種,多傳於世。

孫承澤以《春秋》爲窮理盡性之書,反對《春秋》是史的說法。指出門户之見與義例是說經之大害。自漢以來,學者多習《三傳》,互立門户,而《春秋》經義反而不明。"自類例之說盛舉,一事立一例,執例以求經,甚且屈經以就例,某褒某貶,拘拘於一字之間",《春秋》之義愈晦。北宋程頤即認爲《春秋》是窮理盡性之書,曾注《春秋》,至桓公九年擱筆。其門人續其著作,終未完編。孫承澤《春秋程傳補》廣集諸儒之說,補程頤未完之書,"其高簡者,重復申明,缺畧者,細爲繕補",故名爲《春秋程傳補》(孫氏自序)。

孫氏認爲,程頤著《春秋傳》二卷,雖得《春秋》之旨,但未免短小,胡安國本程頤,著《春秋傳》,於南宋偏安江南之時勢,別有懷抱,有其歷史功績,但胡氏偏離程傳,未盡得《春秋》之義。胡氏《春秋傳》"考事不盡憑三傳,而不盡離三傳;取義不盡拘類例,而不盡屏類例。隨事窮理,因理正性,當日之功罪見矣","胡氏當王氏罷《春秋》之後,宋室已微,感時觸事,別具深情,視程傳稍有煩詞矣"。

孫承澤認同程頤對《春秋》一書性質的認識。當周之末世,孔子作《春秋》,爲百王不易之大法,以《春秋》教化天下。自秦以下,其學不傳。後王用此《春秋》之義,可以致三代之治。窮理盡性,《春秋》一經較他經更爲重要,因爲《春秋》行事之是非較他書爲著。

《春秋程傳補》取《公羊》《穀梁》經文,不用《左傳》。先陳程說,若無程說,則陳己說,標以"補"字,後附他人經說,低一格以小字行。以陸淳、孫覺、胡安國、劉敞、陳傅良、汪克寬、李廉、王樵、邵寶等人經說爲主,間或指出學者經說的出處,徵引高氏、張氏等姓氏,不明所指。《春秋程傳補》附錄哀公十四年獲麟後所續載的二十五條,至哀公十六年孔子卒。

孫承澤讚同程頤之說,謂王者當上奉天時,下承王道,王道原出於天,故求端於天。《春秋》之所以始於隱公,是因爲幽、厲雖衰,雅未爲風,王道仍在;從平王時起,王道絶,《春秋》所以作。桓公四年周天子使宰渠伯糾來聘,"桓公弑君而立,天子不能治,天下莫能討,而王使其宰聘之,示加尊寵,天理滅矣,人道無矣"。天王當奉天,伐無道,否則陰陽失序,歲功不成。成公元年《春秋》"王師敗績于茅戎",天子敗績則王道失。禮樂征伐不出自天子,則王道絶。天下無王,則諸侯不守信義,數相盟誓,而禍亂相仍。《春秋程傳補》用程頤"《春秋》無王道"的思想,替代了胡安國《春秋傳》"《春秋》貶天子"之説,有意迎合了清代的政治環境。

孫氏認爲霸主興而世道降。僖公二年《春秋》"城楚丘",齊桓公在衛滅亡之後,助衛重建,但經不言齊桓公,這是《春秋》不予諸侯專封之義。僖公二十八年踐土之盟,晉有尊王之義;《春秋》記載"天王狩于河陽",晉侯召王,是其譎,晉侯率諸侯朝王,是其正,世人獨見其召王之非,而不見其朝王之心,是以譎而掩其正。霸主因專封專伐而貶之,因尊王、事王而褒之,扭轉了胡安國《春秋傳》貶霸主的義理,但宋代春秋學中霸主"攘夷"之職責喪失殆盡。孫氏不貶天子,而是在《春秋》之中重建周天子的威嚴,所以必找出霸主朝王的情節,著力加以推説。至於譏世卿、復讎之義,皆繼承了胡氏《春秋傳》。

孫氏推測紀子伯是"紀侯"之誤,《左傳》作"紀子帛",字裂繻,紀之大夫,純是附會,因爲《春秋》無置大夫於君之上的書法。隱公七年《春秋》"公伐邾",《左傳》:"公伐邾,爲宋討也。"孫氏認爲"擅甲兵,爲人而伐人,非義之甚也",這是否定了《左傳》的釋經語。又云《左傳》杜注不可信。僖公二十四年《春秋》"天王出居于鄭",未言返成周,故踐土之盟,周王仍在鄭地,則天王處鄭已久,並非如《左傳》杜注所説,晉侯召天王來盟會。此亦極力爲周天子挽回顏面,重建威嚴。

孫承澤《春秋程傳補》多言義理,連帶而及《春秋》曆法,採用劉敞《春秋權衡》的説法,認爲《左傳》雜取諸侯史策,有用夏正者,有用周正者,較爲接近實際,改正了胡安國"夏時冠周正"之説。

胡安國《春秋傳》的解經方法、義理體系等方面受程頤的影響頗深,胡氏《春秋傳》與程頤《春秋傳》並無本質的衝突,只不過在春秋學中加入了南宋時期的"尊王攘夷"觀點。孫承澤《春秋程傳補》實際是利用《春秋》程傳之名改造胡安國《春秋傳》,拋棄了南宋春秋學的"尊王攘夷"之説,放棄了《春秋》貶天子、貶霸主之説,代之以清代《春秋》經學特有的"尊王"之説。《春秋程傳補》名爲補程傳,實際已經脱離程頤、胡安國等人所代表的宋代經學,自樹新説。《四庫全書總目》稱《春秋程傳補》"自爲一書,特託名於程子",頗爲公允。

5. 1676 年俞汝言《春秋平義》十二卷,金兆蕃輯,民國十八年(1929)檇李叢書本

每半葉 12 行,行 22 字,小字雙行,同。左右雙邊,黑口,單魚尾。卷首有康熙十五年(1676)丙辰仲冬二十八日俞汝言自序、後有金兆蕃跋、金蓉鏡光緒三十一年(1905)乙巳十一月跋。

俞汝言(1614—1679),字右吉,自號漸川老農、漸川老民、漸川遺民,浙江秀水(今嘉興)人。明諸生。清初參與抗清鬥爭,失敗後爲遺民。與寧都魏禧友善,縱論古今治亂興衰。著《宰相列卿年表》《漸川集》等書,《春秋平義》十二卷、《春秋四傳糾正》一卷入《四庫全書》。

俞汝言《春秋平義》成書於康熙十五年丙辰,《四庫全書》已著録,而稿本在秣陵圖書館,屈伯剛録爲副本,始有鈔本。稿本有删去者,鈔本仍並存之,屈伯剛對勘以朱筆,校至僖公二十二年,即由金蓉鏡取以刊刻。書出之後,金兆蕃向陶俊人借來稿本,續校終卷,入民國《檇李叢書》。稿本、鈔本有文字之異,知俞汝言數易其稿而成。稿本上有删削,而鈔本仍保留删削内容,所以鈔本内容多於稿本。

《春秋平義》附金兆蕃校勘 32 條,均爲稿本、鈔本原有,而光緒年間刻本已删。稿本中的地理訓釋,鈔本所引程傳、胡氏《春秋傳》、宋人張洽及明高攀龍《春秋孔義》之經説,在光緒刻本中均遭删削。鈔本的義理闡釋被删削得尤其多。如莊公八年《春秋》"師還",鈔本引張洽之説,謂魯師駐紮於郎,可謂無名;治兵,可謂黷武;圍郕而郕降齊,可謂無功;歷三時而師還,可謂害民,此爲評論諸侯武事,被删。莊公十年《春秋》"齊師滅譚,譚子奔莒",徵引《孔義》(明高攀龍《春

秋孔義》）："書奔，責不死位也。"評論諸侯，終被刪去。

俞汝言自序云傳經之失不在淺，而在於深，《春秋》爲甚。傳《春秋》之失，一則以《春秋》爲天子事，再則以《春秋》爲聖人之刑書。爲天子事，故諸侯、大夫之事皆貶；爲刑書，則在日月用例之上穿鑿。作者標榜《春秋平義》取宋人平宜之語，不取刻深之論。謂王即便不稱天王，亦不可貶。可以貶魯不貢賦，不可譏天王求車、求賂。天王崩，貶天下諸侯不會葬，而不可稱霸主尊王。《春秋》"天王狩于河陽"，爲維護天子的尊嚴，不採用三傳（周天子被晉召來會盟），而單純從字面上理解，"天王狩于河陽"即天王巡狩于河陽。俞汝言採擇傳注的重要標準是"尊王"，將不加限制的王權放到極大，這也許是俞氏言論備受帝王及四庫館臣稱讚的原因。四庫館臣將俞汝言與焦袁熹、張自超等人相提並論，恐怕是因爲此三人的著作樹立起清代春秋學"尊王"的基本原則。

俞汝言《春秋平義》以《左傳》經文爲本，附錄《春秋》異文。綜採孫覺《春秋尊王發微》、程頤《春秋傳》、劉敞《春秋權衡》、蘇轍《春秋直解》、趙鵬飛《春秋經筌》、高攀龍《春秋孔義》、黃震《黃氏日鈔》，邵寶《簡端錄》、鄧元錫《經繹》、張溥《傳斷》、羅喻義《野編》等書，針對胡氏《春秋傳》的獨尊地位而發，棄宋人動輒訾議三傳的習慣。

俞汝言的《春秋》經學褒揚宋儒的家國民族觀念，獎掖霸主攘夷之功。俞汝言不同意將春秋五霸設爲齊桓、晉文、宋襄、秦穆、楚莊的傳統説法。此五霸，有中原之霸齊桓、晉文，南服之霸楚莊王，西戎之霸秦穆公，還有未成之霸宋襄公。所謂春秋五霸，當指中原之霸，即尊王攘夷的諸侯。五霸，齊得其一，即齊桓公，晉得其四，文公、襄公、悼公、昭公。霸始於北杏之盟，終於平丘之會。齊國的霸業未有繼承者，而晉自文公起，襄公、靈公、成公、景公、厲公、悼公、平公、昭公，世主夏盟，其中强盛者，如文、襄、悼、昭，皆爲中原霸主。而楚莊王、秦穆公是中原爭霸的勁敵，即蠻夷。

《春秋平義》崇尚霸主事業，謂有霸乃有王，無霸亦無王。"蓋周魯兩桓、兩莊之間，天下無王久矣，爲無伯也。至于僖王元年諸侯會于北杏,明年齊請師于周,經書'單伯會伐宋',而天下始知有周,故有伯而後有王。"俞汝言改變了宋儒對霸主的偏見,寄希望霸主守住中原,這在清初確是有爲而發。

《春秋平義》指出《春秋》之事,莫大於攘夷狄。河陽逐狄,彭衙卻秦;河陽狩而不伐,義之大也。彭衙戰而不會,勇之大也。中國諸侯,宋爲大國,宋親而中國諸侯定。中國得鄭可以拒楚,楚得鄭可以窺中國,鄭爲齊楚必爭之地。譴責齊桓公伐蔡以敗中國,晉棄陳蔡,不復諸侯之盟主。陳蔡方亂,晉伐鮮虞,惟狄之求,晉則成爲狄。秦從楚,則絶意於中國。吳越代興,中華失勢,是孔子《春秋》所傷之事。金蓉鏡《春秋平義》跋稱俞汝言有難言之隱,難平之情,大概指其"攘夷"之論,"攘夷"之說在乾隆朝大抵是被壓制的。四庫館臣推崇俞汝言《春秋平義》的"尊王"說,不論其"攘夷"說,而晚清"攘夷"之說又重新抬頭了。

在晚清今文經學盛行之際,金蓉鏡否定《公羊》義例、義理,故搬出俞汝言,並倡議讀《左傳》以求《春秋》之義。金蓉鏡跋云:"讀《春秋平義》《四傳糾正》二書,能見難見之隱,平難平之情,以此判世事,若白黑之不可掩。……《公》《穀》得之師説傳聞,過求聖人褒貶之意,繁爲之例,有時而誤。胡氏則從千載後追求,宜不得其真。故讀書貴宗經,經所不具,考之於傳,知其先經後經之事,而經愈明,故惟《左氏》爲備,他可勿論。《公羊》日月爲例,最不足信。……俞先生會萃群言,以平心觀之,不待繁言而顯,此朱子讀書法也。"清初俞汝言不用義例治經的方法,亦爲晚清古文經學所褒揚。

6. 1678 年張爾岐《春秋傳議》六卷,《四庫全書存目叢書》影印天津圖書館藏稿本

每葉 20 行,行 19 字。此爲未完之作,至哀公十二年《春秋》"冬十有二月螽"而止。稿本闕奪較多,好事者曾刊刻之。

張爾岐(1612—1678),字稷若,號蒿庵,山東濟陽人。明諸生,一生未仕,篤守程朱之説。著《儀禮鄭注句讀》十七卷、《老子説畧》二卷,入《四庫全書》,《周易説畧》四卷、《蒿菴閒話》二卷、《蒿菴集》

三卷,入《四庫全書》存目。

經文以胡安國《春秋傳》爲本,評判三傳,擇需而用。否定今文學説,《春秋》非爲後王立法,亦未將天子之權與魯。隱公三年《春秋》"宋公和卒",《左傳》與《穀梁》謂畧外以自尊其君,接近大意,且近人情,而何休注《公羊傳》:"《春秋》王魯,貶外。言卒,所以褒内。"挑戰天子的威權,最爲狂誕,胡氏《春秋傳》則流於穿鑿。隱公十年《春秋》"宋人、蔡人、衞人伐戴,鄭伯伐取之",《左傳》謂取三國之師,《公羊》《穀梁》謂取戴(載),《左傳》説近是。莊公元年《春秋》"築王姬之館于外"《公羊》之義甚疏,何注以齊魯之讎爲解,與本傳無關;胡氏《春秋傳》之解,似正當,但需以《左傳》驗之,方敢信。隱公二年《春秋》"夫人子氏薨",夫人子氏,三傳之説不同,則闕疑。

《春秋傳議》以史學的方法研究《春秋》,將《左傳》作爲權衡《春秋》之義的基礎,排斥《公羊》《穀梁》,否定《公羊》《穀梁》之議論(如復讎説、王魯説),實則解構了宋胡安國《春秋傳》某一部分的經解體系。張爾岐《春秋傳議》四卷,意在折衷三傳,以正胡傳之非。《四庫全書總目》稱《春秋傳議》"發明胡傳之意居多",大意指張爾岐對胡傳頗多矯正,在今人看來,反對胡傳之意居多,和"發明"卻無關係。

7. 1679 年俞汝言《春秋四傳糾正》一卷,民國十八年(1929)檇李叢書本

每半葉 12 行,行 22 字,小字雙行,同。左右雙邊,黑口,單魚尾。

俞汝言(1614—1679)著,其《春秋平義》已著錄。

康熙丙辰十五年(1676)《春秋平義》成書後,俞汝言又著成此書。歸納《春秋》"四傳"之失有六類:一曰尊聖而忘其僭,二曰執理而近於迂,三曰尚異而鄰於鑿,四曰臆測而近於誣,五曰稱美而失實情,六曰摘瑕而傷鐫刻。歸結起來就是,否定《春秋》經學中孔子"素王"的身份,否定三傳門户,以及褒貶失據、穿鑿義理的做法。

孔子雖是聖人,但不能僭越身份更改正朔。黜陟諸侯是天子之事,不容《春秋》褒貶諸侯。宋儒假託聖人之筆削對《春秋》人事施以褒貶,以期樹立"道統",以與"政統"抗衡。而俞氏貶抑儒生對孔子

《春秋》義理的闡釋,崇顯封建帝王的權威。《公羊傳》《穀梁傳》均認爲立嫡以長不以賢,胡安國《春秋傳》亦採用此說,俞氏則認爲君子貴在成人之美,賢者當立,不賢之人不當立。

俞汝言某些言論,頗失水準。"春王正月",被理解爲"王周",以"皇漢""皇宋"相比附,被四庫館臣稱爲"橫生曲說";俞氏又不明《春秋》日食,對僧一行、衛朴的日食推算橫加指責。即便如此,四庫館臣仍稱"六類之中,大抵皆立義正大,持論簡明,篇帙無幾,而言皆治《春秋》之藥石"。四庫館臣不吝讚美,其主要原因亦在於其"尊王"思想適應時需,其"尊王"之說無疑爲統治者所肯定。據《清實錄》,乾隆曾公開表揚俞汝言,乾隆二十三年《春秋直解》亦直接徵引俞氏"傳經之失,不在淺,而在於深"的言論。乾隆對俞氏擁立賢者、而非嫡長子的觀點,想必也是非常稱賞的,因爲乾隆帝本人即非嫡長子。

俞氏不允許對天子、諸侯施加褒貶,苛刻至極,乾隆御製《春秋直解》甚至比俞氏寬容。《春秋直解》在一定程度上讚賞霸主,亦因天道批評不守王道的周王,還假借孔子以褒貶《春秋》君臣。這些褒貶損抑,不是君臣倫理高於一切的臣子所能提出。

俞汝言認爲,《公羊》復讎之說是錯誤的。齊襄公荒淫,《詩經·載驅》之詩譏之。又殘虐無常,侵陵紀國,始遷三邑,後卒滅之,殄絕同姓而不惜,美其名曰"復讎"。齊紀之間的矛盾是語言上的衝突,不足以爲讎,更何況有九世之遠。齊侯不過藉此爲兼併之端,而《公羊》學說信而賢之,曰爲齊襄公諱。若齊襄公賢,則衛宣公、陳靈公皆賢。

俞氏認爲,《左傳》錯用瑣事解釋爭鬥、戰爭,孔父美豔之妻導致孔父之喪、蔡姬蕩舟導致蔡國被伐等,皆不可信。齊桓、晉文之霸業,謀劃周全。蔡附楚,曹衛與楚結爲婚姻,故齊召陵之師,先侵蔡;城濮之戰,晉先事曹衛,而《左傳》曰懲蔡女蕩舟之釁,治曹衛二國無禮之忿,"何其淺視桓文"。俞氏認爲,《左傳》錯誤地肯定霸主。如果霸主逞強凌弱,無論尊王與否,都應該否定。楚莊入陳,名爲討賊,而實利其土田,反納亂人孔寧、儀行父於楚,討亂不當如是。《左傳》謂楚子有禮,而不知禮何在。俞汝言從史事中分析事由,反對《左傳》對歷史的解釋,同時,又用自己的價值觀取代了春秋歷史人物的歷史觀。

8. 1687年應撝謙《春秋集解》十二卷附《較補春秋集解緒餘》一卷,《四庫全書存目叢書》影印北京圖書館藏清鈔本

每半葉8行,行21字,小字雙行,同。卷首有應撝謙《春秋集解序》《春秋總論》,廢宋儒貶天子之説,尊王爲上。去《春秋》義例、鑿深之論,只以人之常情推斷即可,否定胡安國"夏時冠周正"之説。

應撝謙(1619—1687),字嗣寅,浙江錢塘(今杭州)人。諸生,康熙十八年(1679)舉博學鴻詞,不赴。於儒學經説,皆實踐而力行之。著《古樂書》二卷,入《四庫全書》,又著《周易應氏集解》十三卷、《春秋集解》十二卷、《禮樂彙編》七十卷、《性理大中》二十八卷、《教養全書》四十一卷,皆入《四庫全書》存目,另有《應潛齋先生集》十卷。

《春秋集解》節録各家傳注,已説冠以"撝謙"。應撝謙的學生凌嘉邵作《較補春秋集解緒餘》,各家經説之後,緊接以"嘉邵按"表明己見,或直陳己見,不標姓氏。凌嘉邵徵引諸家中有"應子",當指應撝謙。

《春秋集解》卷首列徵引書目,涉及《春秋》三傳、胡氏《春秋傳》及漢宋以來47家注疏,其中漢儒僅董仲舒、賈逵、劉向、何休等4人。實際上,此書徵引所及,不到47家。有數位學者位列名單,但不見徵引,亦有一二被徵引著作未列入名單之内。

應氏《春秋集解》採用朱子之説,認爲《春秋》是史書,讓人看了自知警戒,孔子未加褒貶予奪。應氏以史事解經,見世事之變遷,褒貶寄託其中,而其解經,大抵以宋儒爲主,申明夷狄之辨。《左傳》記載楚伐鄭,未講原因,但綜觀前事,可知楚爲"報怨復讎",故胡氏《春秋傳》的闡釋是正確的。沙鹿崩、梁山崩二事,實指天下之治亂,中國之離合。災異俱發生在晉,是因爲周王室東遷以後,王室倚賴霸主才能生存。齊既衰,獨有晉,但晉國君庸臣貪,坐失霸業。晉國削弱,足以讓中國憂。《春秋集解》用宋儒災異説,而不用漢儒災異説。

9. 1693年張沐《春秋疏畧》五十卷,《四庫全書存目叢書》影印中國科學院圖書館藏清康熙間刻本

每半葉 10 行,行 20 字,小字雙行,同。四周雙邊,白口,單魚尾。卷首有康熙乙亥(三十四年,1695)暑月王渭《春秋疏畧序》、康熙三十二年夏張沐自序。

張沐(1630—1712),字仲誠,河南上蔡人,學者稱上蔡先生。順治十五年(1658)進士,官四川資縣知縣。著《周易疏畧》四卷、《書經疏畧》六卷、《詩經疏畧》八卷、《禮記疏畧》四十七卷、《溯流史學鈔》二十卷、《圖書秘典一隅解》一卷,皆入《四庫全書》存目。

王序謂胡安國《春秋傳》未必得作經之意,《左傳》是獲取經義的最佳途徑,且《左傳》本身的義理合乎聖賢之道。"事之本末不明,而讀者亦何由以定是非功罪之實?"《左傳》堅守"禮"的標準,"禮與非禮,爲死生存亡之準","雖其間不無一二不經之事,要亦衰世末俗之所有,多見而識,何足爲嫌?"如此肯定《左傳》的義理,在春秋左傳學史上頗爲少見。反對將《左傳》只當作文章來看,"文章之士,摘其一二,未窺其大旨,而加以浮誇之名,過矣"。

最令人驚異的,是孔子作《左傳》說。張沐認爲《左傳》的作者並非《論語》中與孔子同時、比孔子年齡稍長的左丘明,而是孔子本人。孔子周遊列國,遍交列國之君臣上下,盡覽古今載籍、佚文漏章,盡聞野史父老口說,故成此書。此誠石破天驚之論。孔子具有多種渠道搜集各國資料,但據此不足以推斷孔子作《左傳》。

張沐從《左傳》看春秋社會的衆生相,這倒是比較客觀可行的做法。《左傳》"凡政治得失,風俗美惡,人類賢邪之故,心術誠僞之態,細及婦人女子之隱情,以及鬼神妖夢之奇,卜筮之法",皆爲記錄,此中有文武之道,賢者識其大,不賢者識其小。

《春秋疏畧》一般利用《左傳》事實,以達《春秋》之義。桓公二年《春秋》"滕子來朝",張氏謂"列國相朝,禮也"。隱公二年《春秋》"公及戎盟于唐",張氏謂"君子無往不以禮讓行之,何獨簡於戎乎?"認爲《左傳》所載列國相朝皆爲"禮",至於"禮"出自何處,則無考證。

《春秋疏畧》肯定《左傳》的義理,同時,試圖拋棄《公羊》《穀梁》

的固定成說。如《公羊》《穀梁》譴責天子聘諸侯爲非禮；諸侯不朝天子，違禮尤甚。張沐說："禮當聘而聘，在周自爲正。魯史書之，所以使魯君臣比事而省之。衆有罪以自懲而改焉，果無罪以自勸而進焉。此作史之義也。"周天子所作一切，皆爲合理。張沐將周天子的所作所爲看作正當，不批判周天子，這與清初春秋學"尊王"的狀況又是相符合的。《春秋疏畧》一邊肯定天子所作所爲合理，一邊讓魯國君臣自省，其話語體系是偏向天子的。

《春秋疏畧》雖維護《左傳》的義理，但是在某些地方，亦因"尊王"而否定《左傳》的敘事，如否定夾谷之會。定公十年，齊侯與魯侯在夾谷相會，《左傳》《穀梁》皆記其事，作者認爲皆不足信。《左傳》記載齊侯使萊兵以威逼孔子，孔子命魯士兵對戰萊兵，迫使齊侯叫退萊兵並在事後退還魯汶陽田。《穀梁》記載孔子命司馬行法，斬優施，卻萊夷，索汶陽田。《春秋疏畧》："（孔子）從容辭氣，化暴爲仁，亦何至疾聲厲色，以兵力爲威，以敢殺爲能，以求索爲功哉？"這顯然將利用武力、據理力爭視爲"暴"，自覺逢迎統治者的需求，否定夾谷之會挾兵之事。

10. 1700年吳陳琰《春秋三傳異同考》一卷，《四庫全書存目叢書》影印清華大學圖書館藏康熙三十九年（1700）刻昭代叢書本

此書入《四庫全書》存目，題吳陳琰《春秋三傳同異考》。每半葉9行，行20字。四周單邊，白口，無魚尾。版心題"昭代叢書"。卷首有新安張潮《春秋三傳異同考題辭》，卷尾有張潮《跋》。

吳陳琰，字寶崖，一字芋町，浙江錢塘（今杭州）人。官山東茌平知縣。

《春秋三傳異同考》僅收錄一篇長文，九葉紙的篇幅，總述三傳之異同，篇尾錄王頊菴點評："攷據詳核，非精於經學者不能道隻字。其條分縷析，逐段章法變幻，自是曠世逸才。"吳氏於《春秋》義理未偏袒一家，認爲三傳不可盡信，又不可不並存於世。《春秋》三家親見或傳聞，皆不可知，但三傳多異辭，合於經者爲得，不合者爲失。宋

朱熹曾刻《春秋》於臨漳，用《左傳》經文，曰《公羊》《穀梁》與《左傳》經文異者，多人名地名之異，是語音、字畫之訛，無關大義，故經文宜從《左傳》。但作者認爲《春秋》三傳異文，仍有《左傳》失而《公羊》《穀梁》是者，有一字殊而大義俱乖的，不能一概而論。朱熹所論，是《春秋》三傳異文，而吳陳琰列舉的，除了《春秋》三傳異文之外，還有三傳釋經之異。

吳陳琰指出三家僅以褒貶爲説，皆不明《春秋》懲惡勸善之義。其論三傳之得與失："如論刺公子買以説於晉，論日蝕不書朔者，官失之，此類則《左氏》爲得。如論三國從王伐鄭爲正，論如齊觀社爲觀齊女，此類則《公羊》爲得。如論築館于外，爲變之正，論陳牲不殺，以明天子之禁，此類則《穀梁》爲得。""以葽宏爲違天，以兵諫爲愛君，以納幣爲用禮，以歸祊爲易許田，以歸賵爲豫凶事"，此爲《左傳》之失。"以王正月爲王魯，以成周爲新周，以廢君爲行權，以圍戚爲伯討，以妾母稱夫人爲合正"，此爲《公羊》之失。"以不諱敗績爲惡內，以不納子糾爲內惡，以獲麟爲成文所致，以拒父爲尊祖而得禮，以戎伐凡伯于楚丘爲衛"，此爲《穀梁》之失。吳氏大抵維護君臣夫婦的尊卑秩序，崇奉《春秋》"尊王"的宗旨，三傳得失的標準即在於此。

漢代馬融曾著《三傳異同説》，《舊唐書》載李鉉《春秋二傳異同》十一卷、《玉海》載李鉉《三傳異同例》十三卷、馮伉《三傳異同》三卷，今皆不存。趙匡嘗考三傳之舛謬，得二百六十條，陸淳《春秋纂例》列舉三傳經文舛謬，凡二百四十一條，多言未知孰是。三傳異同，事關《春秋》大義，清初學者注目於此，尚未能展開深入的研究。

11. 1718 年冉覲祖《春秋詳説》五十六卷，《四庫全書存目叢書》影印復旦大學圖書館藏清光緒七年（1881）大梁書局刻五經詳説本

每半葉 10 行，行 21 字，小字雙行，同。四周雙邊，白口，單魚尾。卷首有冉覲祖《春秋詳説序》《左傳序》《公羊疏問答》《穀梁傳序》《春秋程傳序》《春秋胡氏傳序》《春秋傳綱領》。

冉覲祖(1636—1718),字永光,號蟬菴,河南中牟人。康熙二年(1663)舉人,主講河南嵩陽書院。康熙三十年(1691)進士,官檢討。著《四書玩注詳説》,五經各有著書。

冉覲祖自序稱《春秋》是史中之經,亦是經中之史。《春秋》三傳雖互有得失,迭爲盛衰,但都淵源有自,皆不可廢。朱熹尚不能在胡氏《春秋傳》之後爲《春秋》作傳,胡氏《春秋傳》流傳已久,不可替代,亦不可廢。胡氏《春秋傳》貶霸主,冉覲祖根據《論語》孔子嘉許管仲助齊桓公九合諸侯爲"仁",稱霸主亦"可嘉"。不滿胡安國《春秋傳》以"理"責霸主,冉覲祖則從春秋時期的世勢來論霸主的功勞。

《春秋詳説》在《春秋》條文之下,錄三傳注疏及胡氏《春秋傳》,其後徵引宋儒觀點,下按語於其後。當《左傳》的經文與《公羊》《穀梁》有異,取《公羊》《穀梁》,不用《左傳》。作者列《春秋》三傳及胡氏《春秋傳》、程傳之義,並附綴大量宋儒經説,最後附以己見。當胡氏《春秋傳》與程傳矛盾,一般遵程傳。如隱公二年《春秋》"紀履緰來逆女",程傳不譏大夫親迎,而胡氏《春秋傳》取《公羊》《穀梁》之説,譏國君不親迎。作者認爲諸侯迎於館,不當越國,故程子之説爲當。

《春秋詳説》徵引衆多前人舊説,偶爾提出自己的觀點。"春王正月"之"王"非如《公羊》、胡氏《春秋傳》所謂文王,而是理想中的王。《春秋》以理想中的王,褒貶史事,以正萬事。這樣,宋學義理中褒貶史事的特權是孔子,現在轉換成爲理想中的"王"。莊公四年,紀侯大去其國,不讚成公羊學復讎的觀點。

作者有時不辨三傳之異,亦不講明胡氏《春秋傳》與三傳的關係、胡氏《春秋傳》與程傳之間的區別,富於鈔撮而寡於裁斷,流於枝蔓、蕪雜。如夏時、周正之説,摘引大量舊説,各家説法不一,卻全無評判,故經義晦澀,主旨不明。

12. 1721年李集鳳《春秋輯傳辨疑》七十二卷,《四庫全書存目叢書》影印北京大學圖書館藏清鈔本

每半葉10行,行22字,小字雙行,同。無邊欄。《四庫全書》存

目著錄此書無卷數,《四庫全書存目叢書》收錄此書分爲七十二卷。

李集鳳,字翻升,山海衛(今河北秦皇島)人。順治十二年(1655)貢士,官河南洛陽縣丞。卒於康熙年間。

《春秋集傳辨疑》所載經文從胡氏《春秋傳》,附三傳經文異同於其下,集各家傳注釋經。《春秋》三傳盡錄之,除此之外,還收錄頗多注家。隱公元年引彭山季氏語(明代學者季本的觀點),謂春秋時期強暴侵凌,無所忌憚,臣子弑君父,邪說文奸,而人不以爲非,人心之公泯滅殆盡,此《春秋》所以作。其他姓氏,如渝關李氏、仁山金氏、臨川吳氏、盧陵李氏、孔氏,大抵明代注家,不具人名,亦不具書名,不合學術規範。徵引長篇累牘,不易見作者觀點。

《春秋集傳辨疑》嚴華夷之辨。魯與東夷吳結盟,以伐諸夏國家齊,則魯令中國失望。《春秋》不予齊桓公征伐之權,但不掩沒其救患之美。楚滅陳蔡而棄疾復其國,《春秋》既不予楚擅權專討陳蔡,亦不予楚悔過而復國。楚做壞事又自悔過,都不是關注的重點。

《春秋集傳辨疑》不主張伐戎。莊公二十六年《春秋》:"公至自伐戎",謂魯以戰事疲敝百姓。《左傳》叙齊桓使管仲平戎,其説"妄誕"。《左傳》稱讚管仲,而《春秋輯傳辨疑》批評管仲不能死王事。這些論調與宋胡安國《春秋傳》一脈相承。《春秋集傳辨疑》多援引胡氏《春秋傳》,稱胡安國爲"胡子",頗爲不類。

13. 1723年姜兆錫《春秋胡傳參義》十二卷,首一卷,《四庫全書存目叢書》影印中國科學院圖書館藏清雍正乾隆間刻九經補注本

每半葉10行,行25字。四周單邊,白口,單魚尾。卷首錄胡安國《春秋傳》原序、《彙輯先哲論經大綱十四則》《彙錄諸傳評論十三則》《遵錄朱子語類六則》。據《中國叢書綜錄》,姜兆錫《九經補注》刊刻於雍正、乾隆間,其中《春秋胡傳參義》十二卷刊於雍正元年(1723)。

姜兆錫(1666—1745),字上均,江蘇丹陽人。康熙二十九年(1690)進士,乾隆初充三禮館纂修官。另著《周易本義述蘊》四卷、

《周易蘊義圖考》二卷、《書經參義》六卷、《詩蘊》四卷、《周禮輯義》十二卷、《禮記章義》十卷、《大戴禮删翼》四卷、《儀禮經傳內編》二十三卷《外編》五卷、《春秋參義》十二卷、《春秋胡傳參義》十二卷、《公穀彙義》十二卷、《爾雅補注》六卷、《家語正義》十卷、《孔叢子正義》五卷、《孝經本義》一卷,均入《四庫全書》存目。

胡氏《春秋傳》以程頤《春秋傳》爲綱,《春秋胡傳參義》試圖用朱子的春秋學義理來補苴胡安國《春秋傳》。朱子否定"夏時冠周月"之説,朱子亦反對一字褒貶的解經方法、反對義例解經(包括日月義例),而這都是胡安國《春秋傳》的基本立足點。姜兆錫不取胡安國的治經方法,與清初的學術風氣相應。

《春秋胡傳參義》並未完全擺脱胡安國《春秋傳》的影響。相反,《春秋胡傳參義》仍然沿襲胡氏《春秋傳》的基本義理,如貶諸侯會盟、朝聘。相較胡氏《春秋傳》,《春秋胡傳參義》增加了會盟及朝聘的統計數字。其他事例皆以類繁,在首例出現時統計數據。畧與胡安國《春秋傳》不同的是,對齊桓、晉文之事有褒有貶,對霸主的功過有明晰的表述。

14. 1723 年張尚瑗《三傳折諸》四十四卷,《四庫全書》本

卷首有雍正元年(1723)重九日張尚瑗《折諸原序》、康熙壬辰(五十一年,1712)孟冬作者自序,卷首《先正評説》,輯錄劉歆以來《左傳》諸家説,又附五嶽、五霸、四凶、春秋各國地形、春秋列國論等內容。

張尚瑗(1656—1731),字宏蘧,號損持,江蘇吳江人。康熙二十七年(1688)進士,官江西興國知縣。爲人灑脱,喜遊山水。早年曾從朱鶴齡遊,仿朱氏《讀左日鈔》集讀書札記以成書,作《讀三傳隨筆》,排纂出版即命名《三傳折諸》。其中,《左傳折諸》三十卷,《公羊折諸》《穀梁折諸》各七卷。

張尚瑗謂自幼讀三傳、《國語》《戰國策》,一讀胡安國《春秋傳》、林堯叟《杜林合注》,便不合於心,於是著此書以辯難。

張尚瑗認爲《春秋》之道寓於史。清初,胡安國《春秋傳》立於學

官,讀書人群趨若鶩,但强爲之説而不解史事。讀古書,可以知興廢之替,有裨於世。稱朱鶴齡在《讀左日鈔序》自陳解經方法,足可仿效:"欲成一家之學,必以經證傳,以傳證經,更復出入群書,展轉相證。"(今《四庫全書》本《讀左日鈔》無朱鶴齡序)張尚瑗奉此爲準則,經學研究必以傳注爲依據。

15. 1736年朱軾《春秋鈔》十卷首一卷,《四庫全書存目叢書》影印中國科學院圖書館藏清康熙乾隆間刻朱文端公藏書本

每半葉8行,行20字。四周雙邊,白口,單魚尾。卷首有《總論》。

朱軾(1665—1736),字若瞻,號可亭,江西高安人。康熙三十三年(1694)進士,歷仕康熙、雍正、乾隆三朝,官至太子太傅、文華殿大學士,爲乾隆帝師。謚文端。

朱軾不讚同以官爵、名字説褒貶;不將《春秋》看作史,認爲《春秋》無史官定例。《春秋》經意,應當據事考義,於史官舊法加以繼承革新,或與之爵謚以重其罪,或責備賢者而嚴其辭。朱氏主張將《春秋》三傳等書"撮其記録事實者,列於逐條之下,以補《春秋》之目,然後另講書法,以求其義"。首肯三傳各有優長,肯定胡氏《春秋傳》的義理與義例,對其缺點亦抱寬容的態度。相較杜林合注《左傳》、何(休)范(甯)注《公羊》《穀梁》,胡氏《春秋傳》多有勝出:"胡傳於天理人欲之介,辨之最精,言之最篤,而梳櫛義例,直截痛快,有《春秋》謹嚴之意焉。然有時用意太過,取義太深,又或旁見側出,而於本經,反多遺漏。蓋文定輔成君德,挽回人心之苦衷,勤勤懇懇,言之不足而長言之,非若杜林、何甯之釋經,但取尋章摘句已也。""胡氏《春秋傳》於征伐、會盟、聘問,無大關係者,多不釋其故,故三傳亦時有闕畧。……至會盟聘問,無非趨勢附利,朝思暮怨,機械變詐,不可端倪。"朱軾自稱《春秋鈔》"恪守胡傳",胡氏《春秋傳》未盡意之處,則加以説明。

《春秋鈔》擇取《春秋》條文,申己意於其下,間或徵引宋儒經説。雖然以胡氏《春秋傳》的義理爲宗,但是在某些義理上仍偏離了胡氏《春秋傳》。隱公七年《春秋》"戎伐凡伯于楚丘以歸",斥戎狄無視

天子之威權,公然攻伐天子之大夫,則將戎狄等同於諸侯,而非將戎狄視爲與中原諸夏相對立的少數民族。朱氏在《春秋》經文中,以違背歷史真實的方式,樹立起周天子的威嚴。

桓公十三年,魯聯合紀、鄭兩國,打敗了齊、宋、衛、燕。《春秋鈔》謂紀以弱勝強,恰好爲它自己埋下禍根,自此以後齊侯之怒不可解,則莊公四年齊滅紀,實際是紀自滅而已。以弱者的姿態謀求生存,廢黜戰爭,宣稱戰爭與人結讎構怨,快意於一時而貽患無窮。這種觀點脫離了胡氏《春秋傳》的義理體系,置之於清代的政治高壓之下,似另有深意。

16. 1768年閻循觀《春秋一得》一卷,乾隆三十八年(1773)樹滋堂刻西澗草堂全集本

每半葉10行,行22字。左右雙邊,白口,單魚尾。後有跋,不撰姓氏,不具年月。

閻循觀(1724—1768),字懷庭,號伊蒿,山東昌樂人。乾隆七年(1742)舉人,乾隆三十一年(1766)進士,官吏部考功司額外主事,以疾歸。前後講學於麓臺書院二十五年。另著《尚書讀記》《毛詩讀記》《困勉齋私記》《西澗草堂詩集》等。

閻循觀信任《左傳》是史,左氏曾見舊史,其言可據。採用《左傳》義,隱公元年《春秋》不書"即位",是因爲隱公攝政。"君氏"爲隱公之母聲子。認爲《公羊》《穀梁》多穿鑿襃貶,《春秋》經義因之而晦。《穀梁》稱"桓無王",閻氏認爲《春秋》書"春正月",不書"王",無微言大義。王不書"天",只是文字傳寫上的脫漏,而非貶黜天子之意。隱公十年《春秋》不書"正月",《穀梁》認爲隱不自正,故無"正",閻氏不以爲然,"如此說經,安得不晦?"桓公六年《春秋》"蔡人殺陳佗",只是一件史事,鄰國討賊而已,《公羊》《穀梁》皆不得其義。桓公八年《春秋》"祭公來,遂逆王后于紀",以《公羊》說爲是。成公三年《春秋》"新宮災,三日哭",以《公羊》《穀梁》說爲是。

襄公二十三年,陳殺其大夫慶虎及慶寅,《穀梁傳》、胡安國《春秋傳》均罪責陳侯,閻氏稱大夫罪大惡極,不罪大夫而反責其君,歪

曲了君臣之義。沒有了宋代不殺士大夫之傳統,春秋學亦不再責君殺大夫。文公四年晉侯伐秦,閻氏指責晉不顧婚姻,不念德施,不恤盟誓,惟利是視,惟怨是尋,比之於"虎狼"。秦晉兩國之間,責晉而不責秦,這樣的觀點繼胡安國《春秋傳》而變本加厲。閻循觀在麓臺書院講授春秋學,對參加科舉考試的考生來說,是一個權威人物。清代書院教育於此可見一斑。

17. 1773 年龔元玠《春秋客難》二十四卷,道光二十六年(1846)刻本

龔元玠《十三經客難》之一種。每半葉 9 行,行 24 字。左右雙邊,白口,單魚尾。縣學文昌祠考棚公局藏版。卷首有乾隆癸巳(三十八年,1773)五月癸丑龔元玠《春秋客難序》,有圈點。道光年間,《昭代叢書》收錄《春秋客難》,僅存一卷,刪節嚴重,僅存曆法、田賦、田稅、三軍、邱(丘)甲等禮制內容,不能見原書全貌。

龔元玠(1716—?),字鳴玉、璩山,號畏齋,江西南昌人。乾隆十九年(1754)進士,撫州府教授。著《十三經客難》《畏齋文集》等著作。

龔元玠自序稱周王室東遷之後,魯《春秋》便多違舊章。謂定公元年孔子適周,周天子遂命孔子修纂典籍,於是,敬王四年以前周《春秋》即分載於魯《春秋》中。孔子修《春秋》由民間行為一變而為周天子任命的官方行為,這樣的說法毫無證據。龔氏遵從康熙《春秋傳說彙纂》、乾隆《春秋直解》,以"尊王"為宗旨。

《春秋客難》以"客難"形式發問,提出對先儒《春秋》經義的質疑,作者答疑解惑,表達自己的經學主張。釋事則據《左傳》,釋義則據《公羊》《穀梁》,以至漢唐宋元明諸家。先儒之駁《左傳》者,一一辨明而存之,所遺漏者,亦盡力補足。

僖公九年葵丘之會,宋孫復認為宰周公主會,不讚成齊桓公以諸侯致天子三公。作者據《左傳》反對孫氏之論,《左傳》載王使宰孔賜諸侯胙,而非宰孔主會。客難襄王不祭祀祖先,卻使冢宰捨其職而致胙霸主,《春秋》應譏之而未譏之。作者認為當時王子帶覬覦王室,

齊桓公尋洮之盟,以尊王室,王嘉之勤王,視齊爲兄弟之國,故遣使致胙。而祭祀實未嘗廢,襄王不親主祭,"使宗伯攝祭祀"而已。作者認爲,《春秋》對天子及齊桓公俱無貶辭。這針對宋以來《春秋》經學貶天子、斥春秋霸主的態度,作者有意救正周天子的形象,以迎合清代統治者的説經取向。

宣公十五年魯初稅畝,《左傳》杜注以爲公田之外十取其一,朱熹遵之。《穀梁》以爲去公田而履畝,十取其一,胡氏《春秋傳》遵之,二者無本質區别。客難《春秋》注家皆以"稅畝"爲譏。作者認爲"稅畝"即無田不徵稅,無論占地廣狹皆徵稅,這樣的稅法,"與鄉遂之用貢無異",故不應當譏稅畝。作者已不讚同譏"初稅畝"的觀點,他承認土地私有,思想具有一定的開放性。

18. 1781年趙佑《讀春秋存稿》四卷,乾隆年間刻本

每半葉9行,行20字。左右雙邊,白口,單魚尾。卷首有乾隆四十六年(1781)辛丑八月朔日趙佑《讀春秋存稿自叙》。

趙佑(1727—1800),字啓人,號鹿泉,浙江仁和(今杭州)人。乾隆十七年(1752)進士,歷充主考官,督江西、安徽、福建、順天學政。著《尚書質疑》二卷、《尚書異讀考》六卷、《四書温故録》十卷、《陸氏草木鳥獸蟲魚疏校正》二卷、《清獻堂集》十卷等。趙佑平日讀《春秋》三傳,隨時涉筆,曾著《三傳注疏舉正》六卷,已佚。未收入《舉正》者,編成《讀春秋存稿》四卷,其内容皆雜録,未排次序。

世俗皆謂《春秋》一經,最爲難讀。趙佑讀《春秋》之法,以孟子"《春秋》天子之事"爲宗旨,不求與古人之意勉强牽合,而是加入自己的理解。《春秋》既是天子之事,則《公羊》《穀梁》所謂"隱無正""桓無王",與"王不稱天"之説,皆當廢。《左傳》所謂"弑君稱君,君無道"之説,亦當廢。何休"黜周王魯"之説,胡安國"孔子改制行權"之説,更應廢。讀經若堅持自己讀書的宗旨,那麼《春秋》亦非如想象的那樣難讀。顯然這是根據自己的需要讀經,而非探討經書的本來面目。

趙佑於《春秋》三傳,先讀《左傳》而後《公羊》《穀梁》,三傳都應

讀注疏,但要知取捨。讀《左傳》之法,必讀杜注孔疏,杜注有功於《左傳》,孔疏亦有功杜氏,但杜注、孔疏皆於《春秋》之義有所不備,宋以來救正杜注、孔疏的著作甚多。范甯是善讀《穀梁》之人,何休則不善讀《公羊》。《公羊》《穀梁》釋《春秋》,不及《左傳》,而何休、范甯亦不及杜預,徐彥、楊士勛又遠遜孔穎達,故注疏宜與不宜,當有抉擇。

《讀春秋存稿》篇首設題,就某一專題發表議論。認爲杜注勝於何休之穿鑿,但有時亦遜於何休。先儒譏杜注棄經任傳,實際上杜注有時經傳一併違失。趙佑時而點出《左傳》文章之法,"楚事于晉人語中叙,晉事于楚人語中叙,古文互換法,讀者所當知"。趙佑的語辭訓詁不精。不解杜注及杜注"盡東其畝"的意思,理解爲晉令齊但耕作東方,而廢其西境之田爲平壤,以便於車馬馳驅。因不知春秋田制,故有此謬解。

《讀春秋存稿》維護君臣大義,削去了孔子褒貶天下的權力。宣公二年《春秋》"趙盾弑其君夷皋",趙盾之罪不可赦。除此之外,趙盾還有兩失,一則未能輔佐晉靈公成人,二則能治國但不能事君。陽處父評價趙盾"能",即指趙盾是能臣,也是奸雄。《讀春秋存稿》免去了爲尊君而强加於爲人子者的罪名。許太子未嘗藥而其父許悼公亡,《公羊》《穀梁》皆譏其未嘗藥,趙佑認爲食可嘗,而藥不可嘗。趙佑不完全讚成《公羊》復讎之說。齊襄公殺魯桓公,故譏魯桓公之子魯莊公與齊結爲婚姻。魯莊公與齊有讎,情有可察,但齊襄公滅紀,不能稱爲復讎。

19. 1795年趙佑《春秋雜案》十卷,乾隆年間刻本

每半葉9行,行20字。左右雙邊,白口,單魚尾。卷首有趙佑《春秋雜案叙目》。此書承續《讀春秋存稿》,因前篇未完,故續成此編。《春秋雜案》中,《左傳雜案》五卷,《公羊雜案》三卷,《穀梁雜案》二卷,共計十卷。

趙佑(1727—1800)著,其《讀春秋存稿》四卷已著錄。

語辭訓詁仍然鄙陋。如釋"賵"爲"贈",全憑私臆。謂《公羊》

之例不得《春秋》之旨,例多而義曲,徒覺煩碎。對於秦之三良,《左傳》《公羊》深責秦穆公,《春秋雜案》謂秦穆公好賢之主,以秦之三良爲殉,不可信。將《左傳》叙事連同《公羊》義例,一併丟棄了。

趙佑評議清代學者張尚瑗的《三傳折諸》,"好摭漢魏以下史事,與傳文相證佐,不免貪多務得、支離曼衍之失","其精切者,卷首列《郊禘考》《五嶽考》",此與《四庫全書總目》的論斷尚保持一致,趙氏又謂"《地名同名》《名諡同考》《名姓世表》諸篇,不盡該洽",則與《四庫全書總目》"引據典核,可資考証"的評價完全悖離。張尚瑗《三傳折諸》與趙佑《讀春秋存稿》《春秋雜案》二書之立意,頗有些相似。趙佑對待同時代學者及其著作,其評價之苛刻,可見一斑。

20. 1799年毛士《春秋三子傳》六卷,清同治十二年(1873)深澤王氏刻本

《毛士春秋三種》之一。每半葉10行,行20字,小字雙行,同。四周雙邊,白口,單魚尾。牌記題"同治壬申九月深澤王氏校刊"。壬申,指同治十一年。卷首有同治十二年正月李鴻章序、同治十二年二月黃彭年跋、方宗誠《毛先生傳》、同治十一年秋九月王肇晉序。卷首另附《傳前答問》一卷。

毛士(1728—1799),字若人,一字夢蝶,直隸靜海(今天津)人。乾隆時縣學生。絶意進取,設教於正定、無極之間,專研《春秋》一經。著《春秋諸家解》十二卷、《春秋三傳駁語》十卷及《春秋三子傳》六卷。李鴻章與清河道陳鼒、棗强知縣方宗誠集貲刊刻其著作。

毛士取《公羊》《穀梁》二傳之説,删而存之,二傳有未安,則補以己説,託之於其父泰初子,以示尊崇之義,謂之《春秋三子傳》。又取《左傳》及漢唐宋以來諸儒《春秋》之説,參以己説,謂之《春秋諸家解》,以補《春秋三子傳》。又取三傳之可疑,斷以己意,謂之《春秋三傳駁語》,以明去取之意。謂《春秋》經文有實有脱,有詳有畧,經文之外有不可書、不必書、不足書者,經文之中,時、月、日、爵、字、氏、

名、人,不盡以褒貶説。平日取《論語》《孟子》與《春秋》,合而評之,又取《通鑒綱目》書法,與《春秋》比而治之,求《春秋》筆削微義。

方宗誠謂毛氏解經,"以全經之本文爲主,不泥傳説以解經。於《公》《穀》以下數十家,……合於經義者録之,不合於經之本義者,置弗録","無所依傍,獨通貫全經,深求聖人之心,語雖若創,而義理皆本於孔孟、程朱之旨趣,又皆有根據,不爲臆説"。毛氏用各家傳注解説經義,仍以己之義理對各家傳注作裁斷,故仍是宋學好爲褒貶的風氣。

《春秋》三子,即公羊子、穀梁子、泰初子。泰初子,指其父親。《春秋三子傳》列《公羊》《穀梁》、泰初子之説,又附毛士之注。多用今文經學之義,否定《左傳》叙事。"趙盾弑其君",録《公羊》《穀梁》之説,虛造出趙盾私下唆使趙穿弑君的故事,二人的對話有來有去,將趙盾殺靈公的原因和盤託出;又將趙盾在董狐面前的辯解説得有眉有眼,趙盾最終"色怍而退"。趙盾的一言一行均自陳其罪,言之鑿鑿,如在目前,這似乎是受八股文"代言體"的影響。不信《左傳》的文獻記載,卻向壁虛構,有將《春秋》小説化的傾向。

《傳前答問》講《春秋》爵、字、氏、名、人之例,以例治經的宗旨。謂《春秋》稱名一概用《周禮》,這是以偏概全。謂《春秋》譏厚斂、譏變法、謹天變,而王安石厚斂財,變舊制,謂天變不足畏,故王安石廢《春秋》。胡安國重振宋代春秋學,云《春秋》誅亂臣、討賊子,尤嚴於亂賊之黨,這是胡氏《春秋傳》的最大功績。不滿於胡安國《春秋傳》大半按"左氏曰"(當爲君子曰、仲尼曰)敷衍。紹興二年(1132),胡安國爲《左傳》點句正音,謂"《左氏》煩碎,不若潛心聖經",胡氏雖然嘴上不稱許《左傳》,但胡氏《春秋傳》,"十有八九是説《左》,於《春秋》無涉也"。胡安國説經,離不開《左傳》叙事是事實,但何以見得胡氏所講,十有八九是《左傳》之義?

毛士對學者用《左傳》解經,頗多詆毀。啖助稱《左傳》叙事詳備,頗具本末,因以求意,經文可通。毛士認爲"這便是病於《左氏》事跡,心下掃除不淨,未免拖泥帶水"。陳傅良"奉《左氏》書如律令,一部《左氏》事跡,他都用來解經,隨意牽扯其説"。毛士實際上誇大了《左傳》對啖助、陳傅良等學者解經的作用。毛士解經,必剔除《左傳》事跡。又謂《公羊》《穀梁》說《春秋》,失處亦多。

《春秋三子傳》稱"衰世用兵,多乘人之喪以爲利","公子遂如齊納幣,從(縱)君意也。從君者,蠱君者也。蠱其君,斯蠱國也","欲敗國,先敗君。敗君之術,長君之惡"。按毛氏不爲朝臣,但他以忠臣自任,不放縱君王的貪欲,其春秋學多議君臣倫理。

毛士《春秋三子傳》作於乾隆朝,它的意義在不專執於胡安國《春秋傳》。同治年間,李鴻章、方宗誠等人刊刻毛士《春秋三子傳》,表彰其學,則可看到胡氏《春秋傳》被廢之後,清代科舉考試棄《春秋》三傳的義理和義例、憑己意說經的風氣。

21. 1799年毛士《春秋諸家解》十二卷《總論》一卷,清同治十二年(1873)深澤王氏刻本

每半葉10行,行20字。小字雙行,同。四周雙邊,白口,單魚尾。牌記題"同治壬申九月深澤王氏校刊"。卷首有《總論》。

毛士(1728—1799)著,其《春秋三子傳》已著錄。

《總論》採時人之議。論《春秋》起名之由、《春秋》傳刻久遠,必有字句訛漏之處。論三傳得失,皆以啖助、朱子爲主。論治經法,惟孟子知之,三傳之外,啖助、陸淳可以兼治。"朱子刻《春秋》於臨漳,止用《左氏》經文。竊謂人名地名之殊,或因語音字畫之訛,此類一從《左氏》可也。其他有斷之於義,確然見《左氏》爲失,《公》《穀》爲得者,恐不容以偏徇。"《左傳》採集當時文字,兼及子産、晏子及諸國卿佐家傳,並卜書、雜占書、縱橫家、小説、諷諫等雜在其中。朱子謂《左傳》是後來人作,見陳氏有齊,所以言"八世之後,莫之與京";因見三家分晋,所以言"公侯子孫,必復其始"。這些觀點爲毛士所採納。

毛士並不懂《春秋》曆法。襄公二十八年《春秋》"春無冰",竟以爲書時,得氣侯之正,不知《春秋》用周曆。周曆之春,即夏曆之冬,冬無冰,意味着反常。桓公十四年《春秋》"無冰",毛士採用前人之義,曰:"政事舒緩所致。"又採用劉向之議,認爲無冰是周衰的象

徵,此亦不從季節反常立論。

《春秋諸家解》貶會盟,刺黷武,春秋霸主塗炭生靈。紀侯大去其國,不云復讎,但云悲。踐土之盟,王室愈卑。這些並未脫離胡安國《春秋傳》的義理體系。胡安國《春秋傳》在乾隆五十七年十二月(1793)被廢,科舉功令用《左傳》,但《左傳》的義理不敷使用,毛士《春秋諸家解》對某些讀書人來說,可以當作胡傳的替代品。

22. 1799年楊丕復《春秋經傳合編》三十卷《辨疑》二卷,清光緒間刻本

《楊愚齋先生全集》四種之一。每半葉8行,行22字,小字雙行,同。四周雙邊,白口,單魚尾。卷首有嘉慶四年(1799)己未立秋前二日楊丕復序、《春秋經傳合編弁言》《春秋經傳合編雜說》。《弁言》《雜說》收錄程子、朱子《左傳》之說。

楊丕復(？—1829),字愚齋,湖南武陵(今常德)人。通六經、諸子,其學不惑於俗。嘉慶十二年舉人,官石門縣學訓導。生平著述甚富,考據以正史爲斷。另著有《輿地沿革表》四十卷、《四書朱義纂要》四十卷、《删定儀禮經傳通解》四十卷。

楊丕復稱漢魏之後,三傳並立,學者謹守師承,而不知《春秋》爲何。何休、范甯、杜預之注,每屈經就傳,故三傳作而《春秋》散。但三傳之中,《左傳》記載詳備,本不該廢,而獨抱遺經,憑虛臆揣,未必盡得《春秋》之義。《公》《穀》二傳不詳於事,可觀者少,《左氏》於事爲詳,但傳之體例與經不合,讀者每病其難讀。

《春秋經傳合編》以經文爲綱,以《左傳》爲目,隨經分附,據傳以求經。用《左傳》經文,標二傳異文於下。錄《左傳》傳文,不錄《公羊》《穀梁》。若有先儒經義可供採用,則仿朱熹《讀通鑒綱目》之例,以"書法"爲名,附錄於後。疑義未盡,則作《辨疑》二卷,附於全書之末。

《春秋經傳合編》對《左傳》原文按照自己的需要時有省減,如鄭伯克段,"段不弟,故曰克"一句棄之不錄,表示作者責鄭莊公養成共叔段之惡、不責共叔段的態度。宣公四年,鄭公子歸生弑其君夷,删

《左傳》"凡弑君稱君"句。隱公十一年鄭伯入許,刪《左傳》稱讚鄭伯之語。

分析《左傳》書法,所謂"書法",即微言大義,一般採宋元以來議論,徵引及吕大圭、張洽、李廉、家鉉翁、程端學、卓爾康、嚴啓隆等學者。生在乾嘉時期,卻徵引不及乾嘉學者的成果,其治學取向於此可見。

23. 1809年趙良霈《讀春秋》二卷,《叢書集成新編》據涇川叢書排印本

每葉15行,行40字,小字雙行,同。卷首有自序,卷尾有嘉慶十四年(1809)趙紹祖跋。

趙良霈(1744—1817),字肅征,號肖嚴,安徽涇縣人。據跋,趙良霈公車九上而後捷於禮闈,不久便辭歸鄉里,鍵户著書。

趙氏認爲没有"君氏"的稱呼,故不用《左傳》經文"君氏卒",而用《公羊》《穀梁》的經文——"尹氏卒"。春秋之時,天下無道,作者不主諸侯、大夫會盟、征伐,"天王"稱"天"有深義,戰争不地亦有深義,這都是宋學遺留。桓公二年《春秋》"宋督弑其君與夷及其大夫孔父",用《公羊》義,表彰孔父之忠,不支持杜注貶孔父。莊公四年《春秋》"紀侯大去其國",參用《穀梁》義,謂"憫其無失國之道,而特迫于强大之陵",加入了自己的褒貶:"名紀侯,以責其不死社稷"。謂諸侯不親迎,逆女使卿,這是禮制,不贊成《公羊》譏不親迎之説。《讀春秋》在《春秋》三傳中擇優而從,以尊王爲宗旨,棄宋儒的復讎、攘夷之説。

《讀春秋》間或考訂古代典章制度,如"戎"的種類,魯的田賦等,以示不空言説經。此書追尋微言大義,又兼考證,漢宋兼採,但新義不多。

24. 1840年朱奇齡《春秋測微》九卷,《四庫全書存目叢書》影印北京圖書館藏清道光鈔本

每半葉9行,行24字。此爲刊刻前的清稿,文字有增删修訂的

痕跡。卷首有道光庚子(二十年,1840)田浚序、《春秋測微跋》。

朱奇齡(1637—?),字與三,號拙齋、介堂,浙江海寧人。康熙中貢生,一生潦倒。另著《拙齋集》五卷。

田序稱朱奇齡《春秋測微》分十三卷,跋稱十二卷;刊刻之時調整爲九卷。跋稱此書大旨:"宗《左氏》而兼采《公》《穀》及諸儒之説。雖頗右胡傳,然駁議者一百數十餘事,且指其失,曰迂曰鑿,曰此胡氏之《春秋》,非聖人之《春秋》。"除了糾補胡安國《春秋傳》的義理,《春秋測微》還注釋人名地名。

《春秋測微》一般首錄《左傳》的叙事,進而敷衍義理。晉殺其大夫里克,陳列事實之後,列里克之罪。晉逐群公子,里克當以死爭之,爭之則世子或可以不死,而己身亦可以自保。朱奇齡藉《春秋》立人臣之道,此與胡氏《春秋傳》專爲統治者進言頗不相同。《左傳》釋經語,《春秋測微》亦直接引用。如僖公十五年《春秋》"齊師曹師伐厲",引《左傳》:"伐厲以救徐也。"同年,"宋人伐曹",引《左傳》:"討舊怨也。"

《春秋測微》多宗胡氏《春秋傳》,對胡氏《春秋傳》的一字褒貶説有所糾正。《春秋》"天王使宰渠伯糾來聘",駁貶而書名之説;"公敗齊師于長勺"駁詐戰曰敗之説;"晉殺其大夫陽處父",駁君與臣同殺則稱國之説;"吳子使札來聘",駁去公子責其讓國之説;"齊人來歸鄆、讙、龜陰田",駁聖人自序其功之説。否定胡安國《春秋傳》"夏時冠周月"之説,認爲孔子是匹夫,無僭越議禮的特權。諸侯世襲其國,不至於在《春秋》中被黜陟。否定《左傳》趙盾"越竟乃免"的評論,痛斥趙盾弑君,甚於司馬昭。清代讀書人維護天子、諸侯的威權,以此替換宋以來春秋學貶天子、譏諸侯的觀點。

25. 1841 年林春溥《春秋經傳比事》二十二卷,《續修四庫全書》影印上海圖書館藏咸豐元年(1851)竹柏山房刻本

每半葉 12 行,行 22 字。左右雙邊,黑口,雙魚尾。卷首有道光二十一年(1841)九月林春溥《春秋經傳比事序》。

林春溥(1775—1862),字立源,號竹柏山房,福建閩縣(今閩侯)

人。嘉慶七年(1802)進士。著《古史紀年》《戰國紀年》《開卷偶得》等書。

清代坊間《左傳》難見全本，作者最初有意刪節《左傳》，但後來認識到《左傳》不可刪節。《春秋經傳比事》全錄《春秋》與《左傳》，參以《公羊》《穀梁》《國語》《史記》所載史事，比而觀之，以見經意。

《春秋》原與三傳分行，杜預注《左傳》，方始分經之年，與傳相附。林氏《春秋經傳比事》則析傳以附經，在《春秋》條文之下，逐條列舉《左傳》之文。經無傳有之文，則以圈別之。傳文若不確定月日，則附綴在該年之後。錄《左傳》傳文無遺，而《公羊》《穀梁》之文，則以小字雙行擇要錄於經文之下，或附錄在《左傳》文字當中。《國語》《史記》與《左傳》敘事有關的，亦以小字雙行錄於《左傳》之後。這樣的體裁，能清晰地看到春秋史事。

26. 1845 年凌揚藻《春秋叩聞鈔》十二卷，清道光間刻海雅堂全集本

多處破損修補。每半葉 10 行，行 19 字，小字雙行，29 字。四周單邊，白口，單魚尾。

凌揚藻(1760—1845)，字譽釗，號藥洲，廣東番禺(今廣州)人。郡增生。著《海雅堂全集》七十六卷。

《春秋叩聞鈔》用"尹氏卒"，採用《公羊》《穀梁》經文，而不用《左傳》經文。謂周禮，復五世之讎而已，未有復九世之讎的說法，反對《公羊》的復讎之說。《春秋叩聞鈔》以會盟、征伐為主要闡釋對象，以闡發《春秋》書法及微言大義，不及華夷之辨。荊即楚，本一木二名，稱名無關褒貶。

《春秋叩聞鈔》多用毛奇齡《春秋毛氏傳》議論，強調君臣之義。僖公五年《春秋》"晉侯殺其世子申生"，用胡氏《春秋傳》，並用萬充宗之議補足之。宋華督之亂，謂仇牧、荀息皆不能以死事君。桓公五年《春秋》"蔡人、衛人、陳人從王伐鄭"，《春秋》書法雖"尊王"，但周王率衆伐鄭，這是率天下以不禮，以此質疑"尊王"說。

《春秋叩聞鈔》謂《左傳》事不可全信，時用《史記》補充史料。

趙盾事又見於《史記》，但《史記》亦不可全信。莊姬譖趙同、趙括於晉侯，晉侯殺同、括，又何必殺趙武，且併趙家田？故《史記》莊姬譖於晉侯這一情節不可信。獨屠岸賈治靈公之獄，追究趙盾之責，與《左傳》合。作者推測，當是莊姬譖討趙同、趙括，並治靈公之弒，追論趙盾，欲滅其家。不信文獻記載，憑一己之意"合理"地想象，視史傳有如小說，或許受了民間歷史演義小說的影響。

27. 1857 年朱駿聲《春秋平議》一卷，《續修四庫全書》影印上海圖書館藏清光緒十六年(1890)李盛鐸刻木犀軒叢書本

每半葉 11 行，行 21 字。左右雙邊，黑口，雙魚尾。卷首有光緒十六年孟冬李盛鐸《春秋平議序》。

朱駿聲(1788—1858)，字豐芑，晚號石隱山人，江蘇元和(今蘇州)人。錢大昕主紫陽書院，朱駿聲年十五，受業於門下。嘉慶二十三年(1818)舉人，七上春官而不售，道光間選授黟縣訓導。咸豐元年(1851)，因獻《說文通訓定聲》等書，加國子監博士銜，升揚州府教授。著《左傳旁通》《春秋左傳識小錄》《春秋平議》《春秋三家異文覈》《春秋亂賊考》《儀禮經注一隅》《夏小正補傳》《小爾雅約注》《說文通訓定聲》《說雅》《傳經室文集》等著作。

李序稱曾見朱駿聲未刊稿《春秋平議》《春秋三家異文覈》《春秋亂賊考》。江都焦氏廷琥所著《三傳經文辨異》，考訂三家異同，比朱駿聲《春秋三家異文覈》更詳。至於《春秋亂賊考》，顧棟高《春秋大事表》發明其例，朱氏此書義旨相同。《春秋平議》一書，"能持《左》《公》《穀》之平，正杜、何、范之失，實讀《春秋》者不可少之書也"。左丘明、何休、范甯說經，何嘗與朱駿聲相同。清人不認同前人經說，必加以改造以適合己需罷了。

《春秋平議》依次評議《左傳》《公羊》《穀梁》義理。《左傳》"不書"之例，朱氏一概稱之爲"闕文"。《左傳》只是史書，沒有筆削微旨，《左傳》凡例不可信。鄭伯克段於鄢，《左傳》譏鄭伯失教，朱氏則認爲共叔段叛逆在先，鄭莊公無可奈何而已。抱守君臣之義，經學思想保守。

朱駿聲《春秋平議》否定一字褒貶、義例説經，完全反對乾嘉之後興起的今文經學。"春王正月"，《公羊傳》釋爲文王，朱氏認爲是周王。《公羊傳》認爲美惡不嫌同辭，中國可變爲夷狄，夷狄亦可進於中國，朱氏不認可這些義理。昭公二十三年《春秋》："吴敗頓、胡、沈、蔡、陳、許之師于雞父。"《公羊傳》："中國亦新夷狄也。"朱氏認爲，既已淪爲夷狄，則昭公以後《春秋》可以不修。此實不理解《公羊傳》所説中國和夷狄最重要的區别是種族差異，而是文化差異。

襄公三十年《春秋》"葬蔡景公"，《公羊傳》稱"君子辭也"，徐彦疏稱"君子爲中國諱"，朱氏不認可此義。莊公十年《春秋》"荆敗蔡師于莘"，《穀梁傳》："何爲謂之荆？狄之也。"朱氏認爲荆、楚等名號中没有褒貶。楚本號荆，魯僖公以後始書楚。定公二年《春秋》"雉門及兩觀災"，"兩觀"等字詞中没有褒貶，《穀梁》學説"瑣屑可笑"。《公羊》《穀梁》二家專以經中語助之詞（虚詞）釋經之意，是爲詞費。去除《公羊》《穀梁》一字褒貶之説，則《春秋》之義歸於平實。

28. 1860 年方宗誠《春秋傳正誼》四卷，清光緒四年（1878）刻本

《柏堂遺書》八種之一。每半葉 11 行，行 21 字，小字雙行，同。左右雙邊，黑口，單魚尾。牌記題"光緒四年八月開雕"。卷首有咸豐十年（1860）正月方宗誠《春秋傳正誼叙》。

方宗誠（1818—1888），字存之，號柏堂，安徽桐城人。官棗强知縣，論學宗程朱，建正誼講舍、敬義書院。有《柏堂經説》《柏堂師友言行記》《柏堂集》《志學録》等著作。

《春秋傳正誼叙》主以義理權衡《左傳》的叙事。方宗誠謂史可以補經之未備，讀史而不斷之於經，則熟於後世之機變功利，而昧於義理，以害其心術之微。讀經不可徒溺於章句訓詁而無用於世。

《春秋》天王不稱"天"，蓋前已稱天王，名分已定。《春秋》無貶天子之義，孔子未敢議天子，這是清代春秋學的基本論調。莊公七年《春秋》"秋大水，無麥、苗"，《左傳》曰"不害嘉穀"，全失《春秋》記災異以警告人君、悲憫民窮之旨，宋劉敞已論之。這是用宋儒災異説解

釋《春秋》災異。齊人殺姜氏,《左傳》以爲已甚,此非知大義之言,這是用後世的理學評判《左傳》的價值觀。《左傳》載敬仲卜筮之言,謂田氏終將代齊,作者認爲這是後世假託之言,未必實有其事。此爲確論。《左傳》託言於鬼神,論國之興亡在於德,神依附有德之人,方氏譏之,認爲宜直接告訴虢公,不能假以鬼神。這是脫離時代,強人所難。《左傳》記載華督見孔父妻,蔡姬蕩舟等瑣碎小事,用以解釋宋華督弒其君,以及齊侵蔡等史事的起因,掩蓋了事實真正的起因。這確是事實,但將此視爲《左傳》的杜撰,則未免太過。晉悼公復修霸業,定朝聘之數,使諸侯大夫聽命,《左傳》善之,然悼公不命諸侯朝王,但命諸侯朝晉,則終非義理之正。方氏眼裏,《左傳》亦非一無是處,其論魯"躋僖公"之非,合於禮。

方氏認爲孔子認同"尊王攘夷"的道理,凡當國家變亂之際而顧惜身家,追求私利,未有不傾覆其身家的。士蔿不能遏君之殘忍,而反助之焰,此所謂賊臣。楚鬪穀於菟自毀其家,以紓國難,此可爲處變之法。這樣的議論與公羊學相通。《公羊》新喪三年之内不圖婚的觀點,勝於《左傳》。孟明等將帥戰爭不力以致秦師大潰,則斷不可復用,以壞國法,《左傳》記載秦穆公不廢孟明,不可爲法。方宗誠《春秋傳正誼》按照自己需要擇取三傳,實用《春秋》闡釋自己的義理,而非客觀的《春秋》研究。

29. 1883 年方宗誠《春秋集義》十二卷,清光緒四年(1878)刻本

每半葉 11 行,行 21 字,小字雙行,同。左右雙邊,黑口,單魚尾。卷首有光緒九年秋九月方宗誠《春秋集義序》。

方宗誠(1818—1888)著,其《春秋傳正誼》已著錄。

方氏自序稱史但據事直書,或微其文,或括其詞,前後通觀而是非自見。孔子執天子南面之權及"王魯"之"臆説"皆不可信。《春秋》以道名分,名分即義之所在。三綱五常之大者即所謂義。《春秋》三傳各有失,方苞、毛士等人棄傳講經,就《春秋》本文立言,"頗合謹嚴之旨",然未爲平易。《左傳》詳於叙事,故可推見《春秋》筆削

之義,然而因其詳,反没《春秋》之義。《春秋集義》集《左傳》以下數十家之説以説《春秋》之大義。

《春秋》經文用《公羊》《穀梁》之文,標注"《左傳》作某"於下。方氏對《春秋》三傳,必知其原由,方作評價。莊公三十年《春秋》"齊人伐山戎",《左傳》曰:"謀山戎也。"方氏認爲此説可信,並推測齊伐山戎,先除後顧之患,最終是爲了攘楚。但齊桓没有奉王命,終究有罪。"晉侯殺其世子申生",採用《公羊》《穀梁》之義,申之以各家之説,謂晉侯殺申生,絶父子之親,亦得罪於天子。僖公十七年《春秋》"齊侯小白卒",則以《論語》《孟子》有關管仲、霸主的言論,定齊桓創霸之功罪。《論語》稱管仲之仁,《孟子》則稱霸主是"三王之罪人",《論語》褒霸主而《孟子》貶霸主,齊桓之霸業可嘉,但對他的讚揚需要慎之又慎。這表露出方氏終不敢公開讚許霸主的心態。

方氏用《左傳》的史事,但不用其褒貶及書法。桓公三年《春秋》"公會杞侯于郕",《左傳》曰:"謀齊難也。"方氏從前後事實推測,認爲此説可信。僖公四年《春秋》載曹人侵陳,方氏亦據《左傳》推衍其中史實。閔公元年《春秋》"齊仲孫來",《左傳》認爲此處書法是褒仲孫。方氏認爲此但書其事而已,無所謂褒貶。桓公六年《春秋》"春正月寔來",《左傳》謂淳于公春正月來朝,書曰"寔來",是"不復其國"的意思。這種觀點,方氏不予採納。

方宗誠雖不敢明言方苞棄傳講經之誤,但方宗誠確實並非"以《春秋》解《春秋》",多採《春秋》三傳及前儒之説解經,這是他超越桐城派經學之處。方宗誠在三傳之中,没有偏倚,擇取所需而已。

30. 1900 年朱景昭《讀春秋劄記》一卷,民國癸酉(1933)無夢軒遺書本

每半葉 8 行,行 24 字。四周雙邊,白口,單魚尾。牌記題"民國癸酉夏初版"。共 35 葉,有闕叶。《無夢軒遺書》卷首有光緒庚子(二十六年,1900)十二月張汝梅《無夢軒集序》、光緒二十七年八月袁世凱《無夢軒遺書序》、民國壬申(1932)冬日何振岱序,附錄《清史稿·文苑傳》之《朱景昭傳》。

朱默存(1823—1878)，字景昭，以字行，安徽合肥人。諸生。朱氏生平服膺方苞，入晚清張汝梅、袁甲三、劉銘傳幕中，納參軍謀二十餘年，文件多出其手。著《無夢軒遺書》十卷。

張序稱朱景昭有實學，尚節義，品行峻潔，非尋常讀書人專事章句可比。袁甲三父子久從朱景昭問學，學問文章之源流本末，俱來自朱景昭。何序謂朱氏說經、論文皆不襲前人，其古文具桐城軌範，家書全卷尤其語語深摯，讀之使人涕下。立身行事，在尋常倫紀、日用行習之間，教人以內行爲先，讀書爲要。兵者，危事，世無終古用兵之理，而倫紀行習，乃民生日用之常。

《讀春秋劄記》採用《左傳》經文，申說《公羊》《穀梁》之義理。但紀子帛、君氏卒，皆用《公羊》經文，以紀子伯、尹氏爲義。認爲《公羊》之說，於說經之義爲長。讚成《公羊》立嫡以長不以賢的觀點。讓，雖然爲美德，但多啓爭端。如宋宣公、宋穆公讓賢，但二人之子不賢，故宋十年十一戰；吳王諸樊、夷昧讓位，而引發僚、光之爭。與其讓賢，不如立制度，方能太平。維護君臣倫理，尊霸主，擁王權，卻夷狄。以晚清時的民族國家觀念反觀春秋時期的華夷之辨，謂中原小國未盡與中原通好，如陳蔡服楚，魯與吳通婚姻，蔡與魯"棄華即戎，殆不可解"。春秋時期並未有完整意義上的民族國家，以後之民族觀反觀春秋時期諸侯之關係，殊不可解，自在情理之中。

《左傳》的義理不可信。趙盾弑君，《左傳》誤會董狐之意，虛造孔子之言。"君臣之義無所逃於天地之間"，沒有"越竟乃免"的僥幸。晚清讀書人抱持這樣嚴苛的君臣倫理，春秋時期的君臣之義便很難發覆，《左傳》自然不能受到公正待遇。《讀春秋劄記》糾正胡氏《春秋傳》"行夏時"之學說，時或指出胡氏《春秋傳》與《左傳》的內在關聯。

31. 1908年萬斛泉《春秋四傳詁經》十五卷，清光緒間刻萬青軒全書本

每半葉10行，行22字，小字雙行，同。左右雙邊，白口，單魚尾。牌記題"光緒戊申七月刊成"。卷首有光緒戊申(三十四年，1908)夏

六月六日黃嗣東序、光緒戊申春佘宗裕序、萬斛泉序。

萬斛泉(1808—1904)，字齊玉，號清軒，江西興國人。先後主講湖北漢陽崇正書院、上海龍門書院，光緒六年(1880)主講湖北疊山書院。加國子監博士銜、五品卿銜。另著《尉山堂稿》。據佘序，光緒三十二年，湖北疊山書院用《春秋四傳詁經》課士，並謀劃出版。

黃序稱《左傳》熟於事而理未明，《公羊》《穀梁》亦有違礙君臣義理之處，"《公羊》以祭仲廢君爲行權，《穀梁》以衛輒拒父爲尊祖"，此爲"無君無父之甚"。胡安國《春秋傳》爲"經筵進講，多指復讎立說，激於忠憤，矯枉過正者往往有之"。南宋《春秋傳》激於時變而生的議論，如"復讎"之說，不見於此《春秋四傳詁經》。自英法聯軍進京、八國聯軍亂華以來，家國多故，而書院教育仍在宣揚君父倫理，視"復讎"說爲"矯枉過正"。

《春秋四傳詁經》一以康熙"欽定"《春秋傳說彙纂》爲準。所謂"四傳"，指《春秋》三傳及胡安國《春秋傳》。四傳凡不合於《彙纂》的，則删削之，若有所取而《彙纂》未錄的，則補錄之。存《左傳》有關於經文的段落，若《公羊》《穀梁》大同小異，則存《公羊》而去《穀梁》，加以注明。前儒經說對三傳及胡安國《春秋傳》有批評的，採而錄之。《春秋》地理悉遵《彙纂》，地名有改動的，則改爲今名。四傳及《春秋》地理有可疑的，則發以己見。

《春秋》傳注中，首列《左傳》史事，擇取《穀梁》《公羊》、胡氏《春秋傳》之義理。隱公元年《春秋》"鄭伯克段于鄢"，議論分別爲《左傳》《穀梁》、胡氏《春秋傳》，不錄《公羊》。莊公四年《春秋》"紀侯大去其國"，錄《左傳》《穀梁》特詳，删減了《公羊》復讎之語："去者何？滅也。孰滅之，齊滅之。"僖公二十八年《春秋》"公朝于王所"，錄《穀梁》、胡氏《春秋傳》。隱公三年《春秋》"尹氏卒"，不用《左傳》"君氏卒"，錄《公羊》、胡氏《春秋傳》，取其"譏世卿"之義。僖公二十四年《春秋》"天王出居于鄭"，錄《左氏》《公羊》、胡氏《春秋傳》，又以小字錄宋趙鵬飛論三傳之非的觀點。

《春秋四傳詁經》是康熙《春秋傳說彙纂》的簡省版，時至晚清，書院仍對霸業、復讎之說諱莫如深，加於讀書人身上的枷鎖不可不謂沉重。晚清的書院教育因襲難改，落後於時代，難以催生新的思想。

32. 朱兆熊《春秋新義》十三卷，清刻本

每半葉9行，行20字。四周單邊，白口，單魚尾。卷首有朱兆熊自序。

朱兆熊，字公望，浙江海寧人。乾隆五十九年（1794）舉人，龍游縣訓導。

朱氏病宋儒説經之空廓，胡安國空言説經，其《春秋傳》矢口議論天子方伯，愚不可及。而《左傳》備採列國之史，又親承大義於夫子，其書與經爲表裏，《公羊》《穀梁》二傳不能逮其十之一。

《春秋新義》用《左傳》經文，若認爲《左傳》的經文有誤，則錄《公羊》《穀梁》之文，旁注《左傳》作某。若三傳經文有異，用《公羊》《穀梁》二傳經文，因二傳義理長於《左傳》。若無關大義，則仍錄《左傳》之經文，而旁注《公羊》《穀梁》作某。至於人名地名之異同，概從《左傳》而不旁注。徵引前儒訓詁，簡括其文，注於經文之下，以別於己説。

春秋後期，晉爲爭鄭而通吳。作者認爲楚國僭王，其罪遠在鄭國之上，故晉不應費心爭鄭，而應考慮如何對付楚國，聯合吳國共同伐楚。假如晉率北方諸侯之師，同時吳沿江漢而上，吳與晉水陸並進以成夾攻之勢，楚雖强卻不能當兩大敵，則晉悼公霸業可成。

朱氏讚同春秋車戰，戰於平原，不至於殺傷百姓。此議罔顧士卒的死傷，以車戰之法爲善，未免拒斥時代進步。春秋車戰被後來徒兵作戰代替，這是歷史的必然趨勢。以死人數量多寡來判斷戰爭的善惡，則對於戰爭没有深刻的思考。

33. 不著撰人《春秋三傳事實廣證》不分卷，《四庫全書存目叢書》影印上海圖書館藏清鈔本

每半葉10行，行20字。左右雙邊，白口，雙魚尾。

《春秋三傳事實廣證》鈔撮三傳史事，以"廣證"附其後。所謂"廣證"，即蒐輯《史記》《列女傳》等子史別集對相同事件的記載；時

而採集訓詁,或訓語詞,或釋人物。訓詁不精,如採應劭《風俗通義》,謂嬰兒墮地能開目視爲"寤生"。《春秋三傳事實廣證》意在補《春秋》三傳叙事,但没有考辨,蒐輯史料亦只有常見典籍,對《春秋》之研究助益不多。

三 《春秋》史學類

1. 1666 年許之獬《春秋或辯》一卷，《叢書集成新編》據藝海珠塵本排印

每葉 15 行，行 40 字，小字雙行，同。卷尾有康熙丙午（五年，1666）夏蔣深《叙》。稱許之獬詩宗盛唐，古文似歐曾，而於辯證之學尤精。所謂"辯證"之學，當指考證學。

許之獬，字直菴，號蓮峰，江蘇長洲（今蘇州）人。康熙中拔貢生，官貴州餘慶縣學教諭。著有《太樸園詩文集》。

《春秋或辯》收錄《答客問商周改時改月》一篇，以主客問答形式討論《春秋》曆法。夏商周三代曆法不同，指斥胡安國"夏時冠周月"之非。周以建寅爲歲首，但《春秋》未改時，亦未改月，即夏曆的時月在周仍然沿用，並用《詩經》《左傳》等文獻證成之。如僖公二十一年《左傳》記載："夏，大旱，公欲焚巫尫。"明唐順之理解爲周曆的二三月，本不該大旱，故《左傳》的記載不可解。許之獬用夏曆解釋，則是五六月大旱，"焚巫"之事變得可解。唐順之的錯誤在於以爲《左傳》用周曆，許之獬也認爲《左傳》用周曆，但他的理解是，周不改時亦不改月，亦即周人不改夏曆，周曆與夏曆没什麽兩樣。其實，《左傳》的史料來源於各諸侯國，某些諸侯國便用夏曆，並非用周曆。雖然周用周曆，但民間仍然沿襲夏曆，春秋時期，周曆與夏曆同時使用。

許之獬用以證明周未改時亦未改月的例證，皆取自《論語》《詩經》《左傳》等典籍中仍用夏曆的例子。他没有對春秋曆日作系統的考察，所以看不到《春秋》用周曆，且改時亦改月。如襄公二十八年《春秋》"春無冰"，指周曆的春天無冰，即夏曆寒冬時節無冰，這是反常現象，故《春秋》記之。

《春秋》用周曆，而《左傳》所採各諸侯國史記，有的使用夏曆，許氏未將二者分別開來，將《左傳》的夏曆記載視爲周曆，作爲周曆未改時改月的證據，這種認識是有局限的。但他用夏曆看待《左傳》的某些記載，倒是多了一份合理。

2. 1673年馬驌《繹史》一百六十卷，《四庫全書》本

馬驌(1621—1673)，字宛斯，又字驄御，山東鄒平人。順治十六年(1659)進士，官淮安府推官，終官靈璧縣知縣。自幼有左癖，通上古三代的歷史，人稱"馬三代"，其學識爲顧炎武所推崇。

此書採《左傳》敘事，又遠推遠古、三代、延及戰國、秦代，成一百六十篇，計一百六十卷。其中太古十卷，三代二十卷，春秋七十卷，戰國五十卷，《別錄》十卷。卷首有《世系圖》《年表》，不入卷數。此書大體仿袁樞《通鑒紀事本末》之例，以事件爲目，將相關文獻記載按時間先後排比，取諸經傳子史，甚至不可完全信據的僞書，故各種異說並陳，並未前後融通。事跡的徵引博採古籍，排比先後，各注明出處，其相類之事，則隨文附注，或有異同訛舛，以及依託附會，則於該條目下疏通辨證，與朱彝尊《日下舊聞》義例相同。就全書來說，偶見具體文獻資料的梳理考辨，尚無融通經傳子史的考證。

《繹史》未可遽定爲紀事本末體著作，除以事件爲中心立目之外，《繹史》部分內容以人物爲中心(如遠古帝王)，採輯事件；以典章制度爲中心(如周禮之制)，編排人事，另有學術名流、諸子百家、經籍注疏、文物器形等篇目，《別錄》十卷中有《天官書》《律呂通考》《月令》《洪範五行傳》《地理志》《詩譜》《食貨志》《考工記》《名物訓詁》《古今人表》等內容，包羅萬象，盡蒐輯之能事。《繹史》所關注的三代人物、典章制度、天文地理、學術流變等內容，涉及清代考據學的重要研究領域，粗具輯佚、辨僞、考證等形式，顯現出新的治學風尚。

《四庫全書總目》讚賞此書在編纂體例上的獨創，云其爲史家六例所未備。《繹史》於經傳子史，靡不畢載。天地開闢，遠古三皇五帝至商周各王，以迄春秋戰國各諸侯國的世系，一一排列，製作圖譜，資料豐富完備，欲以觀朝代興廢理亂之跡，名法儒墨等各家學術的縱

横分合之勢,是研究遠古傳說、先秦歷史、諸子學術不可缺少的工具書。是書採輯之博,連及讖緯,有別擇不精之嫌,但正因如此,《繹史》包羅萬象,元氣淋漓。

　　《繹史》廣輯圖籍,遍及五經注疏、緯書圖讖、古史佚聞、諸子雜文、金石碑刻,但不蒐輯常見的《四書》,近人僞託的古籍則只備署目。對先秦古籍的真僞不做具體考證,某些有爭議的著作仍取其大半,讖諱之書則取經傳注疏中採用過的。馬氏稱當時所習見的金石文獻,不過《考古圖》《博古圖》諸銘文、《石鼓詩》《詛楚文》《岣嶁》《堯母》《叔孫敖》《季札》等碑文而已,所以他希望有人能給他提供更多的資料。另外,傳說中師曠的《禽經》、甯戚的《相牛》、朱仲的《相貝》之流,亦曾在他的求書單之中(馬驌《原書徵言》),《繹史》最終收納了這些書的內容。

　　王士禎《分甘餘話》記載,康熙四十四年(1705),南巡至蘇州時,垂問馬驌所著《繹史》,命大學士張玉書物色原版。康熙四十五年四月,令人送白金二百兩至鄒平縣,購版進入內府,自此後人們罕見其書。

3. 1673年馬驌《左傳事緯》十二卷,齊魯書社,1992年

　　馬驌(1621—1673)著,其《繹史》已著錄。

　　取《左傳》事件,分爲一百零八篇,每篇勾連事件始末,文中評點逐錄篇尾,每篇後加以史論。大抵以事件終止的時間爲序編排篇目先後。卷首附馬驌作左丘明《小傳》,謂左丘明是楚左史倚相之後,爲魯太史,受經於孔子,著《左傳》以傳《春秋》。又標榜劉歆古文經學,劉氏創通大義,左傳學賴以光大。

　　《左傳事緯》變《左傳》的編年體爲紀事本末體,便於讀者一覽事件。作者以史看待《左傳》,基本脫離以胡氏《春秋傳》爲代表的宋人經義。周衰後有霸主。霸主之職,在於"翼戴天子","役王之命"。以此來看,春秋之世,只有齊桓公、晉文公可稱上霸主,而無"五霸"之説。秦穆公以子車氏爲殉,宋襄公"不度德量力,慕虛名而得實禍",楚莊王恃強而窺周鼎,此三者皆無內安其國、翼戴天子之功。

馬氏特別褒舉齊桓公霸業，尊天子而示天下以信義，國内有賢臣管仲，未犯周天子之威權，且未以私情廢誅罰（如哀姜淫亂）。晋文公垂暮之年主政，起於危難，當時之世，楚國已較齊桓時期更爲强盛，中國諸侯聽命於楚，城濮一戰，晋侯率諸侯獲得對楚國的勝利，楚人不敢北上，其功厥大。只是武力强盛，號令諸侯，不得稱爲"霸主"，只有内安民而外尊王，方可稱爲"霸主"，肯定霸主在維護王權與保護諸夏方面的積極意義。馬氏不用《公羊》經學對霸主"實與而文不與"的經學觀點，不在文字上穿鑿褒貶，曲爲之説。

鄭莊公處心積慮，必置共叔段於死地，馬驌認爲鄭莊公"人道絶矣"。這種觀點糾正了自宋以來經學不斷加强君臣之義而壓抑父子兄弟之間的親情倫理的偏頗，回歸到人倫之常。但馬氏堅持君臣倫理。羽父弑君，而未見討，馬氏認爲"亂臣賊子，莫此爲甚"。趙盾未出山而復，不討弑君之賊，《左傳》記："孔子曰：'越竟乃免。'"馬氏認爲此必不是孔子之言。馬驌認爲《左傳》之條例文辭，勝於《公羊》《穀梁》之穿鑿，但在具體評論事件時，又往往用"君臣大義"批評《左傳》未得《春秋》之義。鄭莊公飛揚跋扈，入許時"陰收其利，而又以爲名"，《左傳》卻稱之不絶，頗爲不當。

《左傳事緯》的議論大體上平和，不標新立異。因爲作者秉持中立的立場，對事件做客觀的史實分析，見解迥異於經學家。如討論周鄭繻葛之戰，不像經學家專門指責鄭莊無禮，馬氏認爲兩國交戰，其深層原因在於"君而不君，臣而不臣"，周王室亦負有責任，咎由自取。亂世之中無正常的君臣關係，這基本上揭示了歷史的真實。這種觀點的深層意義在於，馬氏將周看作普通諸侯國，不再是高高在上的宗主國，擁有周天子的特權。周室東遷之後，已淪爲一個諸侯國，這也是《左傳》所揭示的基本事實。馬驌大抵依據《左傳》事實，輔以《毛詩》小序所陳述的春秋歷史，評述各國史事，不再張揚華夷之辨、復讎、譏世卿、貶霸主等《公羊》學説。

《四庫全書》本《左傳事緯》另附録《前集》八卷。《前集》包括《晋杜預春秋左傳序》《晋杜預春秋長曆論》《晋杜預後序》《孔穎達春秋正義序》《左丘明小傳》《左氏辨例》《左傳圖説》《覽左隨筆》《春秋名氏譜》《左傳事釋》等内容。内容頗雜,體例不一,前半部分是經學義理,後半部分是輯佚考證,後半部分與《繹史》的《別錄》體例類似。大概因《前集》八卷與《左傳事緯》史論的體例不合,故齊魯書社刊《左傳事緯》没有收錄《前集》八卷。

《叢書集成初編》收錄《左傳事緯》二卷,著録著者爲馬驌。此書將《左傳》的内容按類蒐輯,有三方面内容,一爲古代天文、地理及典章制度,如天文、諸侯(封建、興廢、建都、國號)、姓氏、謚法、王公妃、盟誓、兵陣、刑名等;二爲《左傳》所引典籍及所引各類不同文體,如引書(《易》《書》《詩》),歌、謳、誦、謠、箴、銘、繇詞、雜詞、諺、策命、盟辭、禱辭、誓辭等;三爲《左傳》的語詞,以動物、植物爲類輯,其中有諸如"勇力者""善射人""美婦人"等分類,類目下僅一個詞條,實爲無稽。名爲《左傳事緯》,實際是李調元《春秋左傳會要》。李氏《春秋左傳會要》原本四卷,被合爲上下二卷,誤名馬驌《左傳事緯》二卷。

4. 1704 年高士奇《左傳紀事本末》五十三卷,中華書局,1979 年

高士奇(1645—1704),字澹人,號瓶廬,又號江村。浙江紹興人,後入錢塘籍。以諸生入太學,康熙十九年(1680)賜同博學鴻詞科,後充日講起居注官、《大清一統志》副總裁。康熙二十四年,轉侍讀學士,二十六年,遷詹事府少詹事,四十二年,遷禮部侍郎,未赴。因貪黷、攬事招權等事遭彈劾,復因文章學問舉薦,值南書房。癖好《左傳》,康熙二十三年首次南巡,每與高士奇等侍臣探論古今興廢之跡,讀《尚書》《左傳》等文章。

此書仿宋人袁樞《通鑒紀事本末》,按國繫事,以宋、鄭、衛三國之事爲樞紐,舉王室及魯、齊、晉、楚、吴、越、秦、陳、蔡、曹、許等諸侯國内政外交之事,分門別類,按史事先後排比。用先秦經史子籍中所載事跡爲補充,有異同,則並存其説,如《左傳》記"君氏卒",《公羊》記"尹氏卒",高氏認爲"得於所傳者蓋如是",並不作去取;有踳駁,則爲之辨正,如哀公三年周人殺萇弘,高氏取《韓非子》《説苑》等書

所載萇弘事辨析,認爲係後人僞託。高士奇於每卷之末尾附以議論,實即史評。

高士奇的史評堅持以《春秋》的義理爲權衡,以《公羊》《穀梁》説經,尊奉"尊王崇霸"的原則。如周王聘魯頗爲殷勤,來聘者七,賜命者三,歸賑者一,賵喪者四,但魯爲周公後代,終春秋之世,僅僖公兩次赴周王述職,君臣之禮廢。高士奇堅持《穀梁》義,認爲周王聘魯非天子之正道,應如《禮記·王制》所説,周王要掌握天下予奪廢置之權,不朝者則貶爵削地。高士奇肯定事功,陳蔡助桓王伐鄭而兵敗於繻葛,當是陳蔡兩國觀望無鬥志,而胡安國《春秋傳》不論事功,卻嘉善諸侯從王。高士奇主張王權,"權者,天下之大柄也,偏據則必爭,爭則交傷而兩敗,凶于而家,害于而國"。天下之臣子不臣,是因爲諸侯之間爭權奪利,周王不能操權自斷,而一旦仰仗霸主,則王霸交替,諸侯勢必不對周王行赴告之禮。天下之亂,王室必負其責。

歷來經學謾罵文姜荒淫無禮,高氏獨認爲桓公不能正婚姻。衛南子雖淫,但非公子贖所得殺。高士奇稱讚子產鑄刑書,立謗政,批評季札讓國,致吴紛亂不止,盛讚孔子是大勇之人,夾谷之會上卻夷兵,拒兵車,魯赫然一變其積弱之舊。主張親親,張揚武力,此皆與傳統經學批評不同。謂楚國和吳國皆出於中國,楚昭王和惠王有知人之明,君臣勠力同心,故能滅陳蔡,斥境至於泗上,復興楚國。秦穆公因舉賢才,故益國十二,開地千里,遂霸西戎,天子使召公賀以金鼓。而中原霸主晉文公在結束十九年流亡生涯之後,尋讎報怨,兵端不息,矜威恃力,又對秦恩將讎報,其霸業不足稱讚。齊桓尊王,但晚年暮氣益衰,所託非人,身死家鬨,户有尸蟲,只取辱焉。這樣的評價無疑消泯了華夷之辨,而以君臣之禮與德作評判標準,爲當今統治者提供借鑒。總體上説,《左傳紀事本末》的史評應符合當時統治者的趣味。

5. 1712年曹基《左氏條貫》十八卷,《續修四庫全書》影印湖北省圖書館藏清康熙五十一年(1712)致和堂刻本

每半葉9行,行21字。四周單邊,白口,單魚尾。卷首有康熙壬

辰(五十一年,1712)中秋曹基自序、其學生張兼典序、《備考》《例言》《纂要》。

曹基(1642—?),字德培,號玉坡老人,江蘇長洲(今蘇州)人。張序稱曹基七十餘,負氣節,遠世俗,爲文以經史爲本,自成一格,不拾人牙慧。

曹基自序稱《左傳》義理親聞於孔子,《公羊》《穀梁》亦傳自子夏,各有所長,後人不能憑私臆輕爲軒輊。《左傳》叙事爲佳,但叙事後先隔絶,每苦閱覽,而《公羊》《穀梁》亦有可採,每因事附《公羊》《穀梁》之説。

《左氏條貫》前設《備考》,具春秋各國姓氏及其爵封,《例言》云《左傳》詳於禮,深得孔子立教之旨,《左傳》叙事極有章法,於起承轉捩處用語精警,是史家及諸子著作的源頭,"三史之鼻祖,而諸子百家之星宿海也"。《纂要》列周王、魯公世次,及魯三桓、晉八卿(江永曾考證晉只存六卿,而非八卿)、鄭七穆、春秋五始、齊桓衣裳之會九、晉悼五會、晉悼三駕等常用術語,留意諸侯公卿及霸主會盟征伐。

此書仿《國語》分國紀事,將《左傳》之事聯貫首尾,仍編年之舊,並蒐輯《公羊》《穀梁》可取之義,附録於後。若小國,即其事之相聯屬,附録於某一國之後。明孫範(字匡儀)編《左傳分國紀事本末》,分類太多,難於搜求,《左氏條貫》仍用編年之體,勝過《左傳分國紀事本末》。曹氏自云其書"備家塾誦習",張序稱"便誦課學",大抵其書用作家塾教育。《左氏條貫》梳理《左傳》的叙事,列舉閱讀《左傳》所需基本知識,間及《左傳》的章法,考訂不多,經義亦不多,誠爲幼童啓蒙讀物。《左氏條貫》首尾完備,強於俗本《左傳》斷章截句。

6. 1736 年顧宗瑋《春秋左傳事類年表》不分卷,《四庫全書存目叢書》影印上海圖書館藏稿本

每半葉 10 行,行 22 字。無邊欄、無魚尾。卷首有《春秋左傳事類年表凡例》。

顧宗瑋,字廷敬,江蘇吳江人。《四庫全書總目》稱只存一卷,當不爲此本。據《春秋左傳事類年表凡例》,顧宗瑋另著《三傳異同》

《春秋通例》《春秋稽疑參同》《春秋提要發明》《春秋圖譜》《春秋箋釋》《春秋餘論》。乾隆元年(1736)《江南通志·藝文志》收錄《春秋左傳事類年表》,故繫此書於1736年。

《凡例》稱史書當載經世之大事,《左傳》編年是古《春秋》之遺,而紀事是古《尚書》之遺。"紀事則年隨事斷,每事各爲篇目,每篇自具端委;編年則以事繫日,或一日而備數十事,或一事而經數十年。故錄編年者恆患事類之難貫,述紀事者,每病年月之不詳。"而"事類年表",則避免了紀事和編年的不足。三傳之中,首推《左傳》。"(《公羊》《穀梁》)傳會經義,或文而不核,或約而不該,惟丘明親見夫子而受經,且身爲國史,躬覽載籍,故其傳特詳。不第於所書者,咸指陳事實,即所不書者,亦連類並紀。而故書、故不書,無不據例發義,曲而暢之,則説《春秋》者,斷以《左氏》爲實錄矣。"不僅在紀事上,也在義理上肯定了《左傳》。

《春秋左傳事類年表》分爲周、魯、列國、災異、郊祀、朝聘、會盟、征伐、城築、土田等十個種類。周、魯在上,以示尊周宗魯之義,災異用以觀天戒,郊祀、朝聘皆國之大事,會盟不信而征伐起,因爭地而城築、土田之事起。《春秋左傳事類年表》將《春秋》經文填入表內,經無傳有,則概括史事,簡要書寫於表格之中。書名爲《春秋左傳事類年表》,實際上將《春秋》事類作了一下梳理,《左傳》不過是補充史事。《事類年表》的意義,也就在於屬辭比事,方便讀者披尋《春秋》之義。雖然《左傳》之文不能全錄,但作者有意將《左傳》作爲解經之助,與棄傳講經者,自不可同日而語。

7. 1743年姜兆錫《春秋事義慎考》十四卷,《四庫全書存目叢書》影印南京圖書館藏清乾隆刻本

每半葉10行,行25字,小字雙行,同。四周單邊,白口,單魚尾。版心題"寅清樓"。卷首有姜兆錫《春秋事義慎考目錄序》、乾隆八年(1743)庚申(當爲癸亥)夏四月姜兆錫撰《凡例》。分上中下三考,凡十二卷,《考前》《考後》各一卷,共十四卷。

姜兆錫(1666—1745)著,其《春秋胡傳參義》已著錄。

所謂考,即考《春秋》之事與文;用以考《春秋》之事與文的,是義理。不考則義不明,考之不慎,義似明猶晦。前代注疏於義互有明晦,即便胡氏《春秋傳》,亦有晦而不明之處。考之不慎有三:從己而不考傳;從傳而不考經;從經之一二條,而不考全經。拋棄宋儒棄傳講經的方法,綜合整部經書,屬辭比事,並結合《春秋》之傳,以求經義。

就經之始末、王侯世系、邦國霸業等加以考證,又將《春秋》各類事件分門別類排列,以推求《春秋》之義。《考前·王侯邦國考》有《蘇氏邦國圖說考辨》。《蘇氏邦國圖》當指《東坡指掌春秋圖》,相傳爲蘇東坡所作。按其圖,邦國見於經者,八十七國,見於傳者,三十七國。姜兆錫云:"春秋之世,見于經傳者,總一百二十四國,蠻夷戎狄不在其間。"考《邦國圖》中一百二十四國,不盡正確。六、蓼爲兩國,舒、蓼爲一國,但《邦國圖》將前者混而爲一,將後者一分爲二。又不明傳所載"鄭瞞"與"狄"實爲一國。"邾""鄣"疑均爲邑,但《邦國圖》中,一個爲邑,一個爲國。《邦國圖》不將夷狄蠻夷視爲國家,姜氏認爲蠻服不同於"外夷振藩之服",仍處九州之內,理應也是國家。況且戎、蠻、胡、狄、鮮虞、陸渾、於餘丘等國,見於圖中,山戎、北戎、雒戎、茅戎之屬,卻遺落於《邦國圖》之外,則有分類標準不定之嫌。將夷狄視爲華夏之一部分,是清代春秋學的新變。

8. 1748年顧棟高《春秋大事表》全三冊,吴樹平、李解民點校,中華書局,1993年

前有吴樹平《顧棟高和他的春秋大事表》一文,對瞭解顧氏生平及其學術成就大有裨益。《春秋大事表》目錄之下,列《方苞書》《蔣汾功叙》《楊椿序》《楊繩武序》《葉希閔叙》《春秋綱領》《凡例二十條》《讀春秋偶筆》等文。

顧棟高(1679—1759),字震滄,江蘇無錫人。康熙六十年(1721)進士。自幼至老,醉心於《左傳》,常怡然自樂,不問他事,自號"左畬"。雍正元年(1723)因奏對越次,罷職歸家,始潛心於《春秋》。研讀歷代諸儒春秋學著作,積十數年之功,自雍正十二年始著

《春秋大事表》，乾隆十三年（1748）始成完帙。乾隆二十二年，乾隆首次南巡，顧棟高被召見，賜"傳經耆碩"四字。乾隆三十年，爲表彰顧棟高在經學上的成就，乾隆帝命修《清史·儒林傳》。《儒林傳》因顧棟高發其端，所以列之爲《儒林傳》之首。

《春秋大事表》共五十表，一百三十餘篇，按内容的不同做類聚區分，包括時令、朔閏、列國疆域、爵姓及存滅、都邑、山川、險要、官制、姓氏、卿大夫世系、刑賞、田賦軍旅、吉凶賓軍嘉五禮、王跡、魯政、晉中軍、楚令尹、宋執政、鄭執政、列國爭盟、列國交兵、城築、四裔、天文、五行、三傳異同、闕文、齊紀鄭許宋曹吞滅、兵謀、《左傳》引《詩》《書》《易》三經表、《左傳》杜預注正譌、人物、列女、輿圖等内容，涵括天文、地理、歷史、義理等方面的内容，從多方面對《春秋》和《左傳》作集成式的研究，其中地理、氏族、官制等考證因其精博被戴震、錢大昕等人稱讚。其所涉内容之繁，研究之細，出宋人《春秋分記》之上。

《春秋大事表》指出各國用曆各不相同，經用周正，晉用夏正，又指出先秦經典用曆各不相同。"周正，只王者之發號施令、史官之編年紀事，不得不用之。至撫時道景，則恒從夏正（指《詩經》）。""飲食日用于夏時爲宜也。"對《詩經》用曆的觀點與毛奇齡《春秋毛氏傳》相同，但較毛氏更進一步，顧氏指出其他經典的用曆，如《尚書》《易經》《周禮》《禮記》《孟子》等書的曆日，與《春秋》曆日相通，足以破胡安國、蔡沈等人夏時冠周月、改月不改時之說；又正杜注閏月之失。

《春秋大事表》按清代行政區域逐一記録春秋時期的古地名及其相關歷史。《春秋列國疆域表》《春秋列國地形犬牙相錯表》《春秋列國都邑表》《春秋列國山川表》《春秋列國險要表》等數表，每表後附以案、論作地理考證，對杜注多所駁正。又在地理數表之後，作《春秋列國地形口號》，用整齊押韻的語言，其案、論皆在史事的牽合中，講述《春秋》地理，可見其對《左傳》地理的詳熟。在《春秋吳楚交兵表·春秋蔡侯以吳師入郢論》說出了《左傳》地理研究的重要性："夫讀《春秋》者，不知《春秋》之地里，則不得當日之事勢；不得當日之事勢,則無以見聖人之書法。"重視《春秋》地理,是爲知曉史事,最終目標是爲明義理。

《春秋大事表》因其注重歷史,對某些史事的評價,頗具客觀性而避免了經學的穿鑿。如《春秋列國疆域表·晋疆域論》從地理形勢分析晋國的強盛,指出晋國強盛之後周王室不復稱王的事實,並云:"及勢既強大,乃復勤王以求諸侯,周室之不亡,復于晋重有賴焉。"脱離了自宋以來《春秋》經學貶霸主之微旨。顧棟高斥經學家以一字一義作爲褒貶予奪的依據,在《春秋晋楚爭盟表》之《春秋楚人秦人巴人滅庸論》提出:"夫讀《春秋》者,貴合數十年之事以徐考其時勢,不當就一句内執文法以求褒貶。宜合天下而統觀大勢,不當就一國内拘《傳》事以斷其是非。"此即"審時度勢"以定是非,多將研究對象置於特定的歷史時期、縱横交錯的諸國關係中作全盤的考察,如此,才能得其真實。顧氏在分析春秋諸國盟會與交兵時,往往多用此法。僖公四年齊伐蔡,《左傳》解釋"蔡姬蕩舟"是其起因,顧氏《春秋齊楚爭盟表》中説:"齊桓之圖楚已經二十年,即遇梁丘至此亦已五年矣。會檉、盟貫、會陽穀,用全力以圖之,豈亦爲蔡姬之故乎!"可謂簡而易明,得事理之正。又在《春秋時楚始終以蔡爲門户論》中説:"乃後儒以一字爲褒貶者,則曰侵蔡爲蔡姬故,書曰'遂',是聖人貶之也。蔡用吴破楚,能報數世之怨,書曰'以',是聖人褒之也。皆不考實事,懸空臆斷,殊不知齊桓以天下之故而伐楚,積謀二十餘年,豈爲一姬。"對經學褒貶的批駁殊爲有力。

顧棟高的地理考證除了文獻考證之外,還親自到實地考察。《附録》輯《春秋大事表竟漫爲長歌繫其末》詩:"十年熟覽春秋史,萬里山河在眼底。遠近迂直俱能詳,征伐屯戍堪指擬。魚臺親到觀魚處,茌平舊説會盟址。商丘重問宋遺宫,臨淮吴楚戰爭壘。諏咨訪問無遺失,案之圖書良一軌。乃知前日漫説經,指點東西竟誰是。"他親身察訪過魯公觀魚之處——魚臺,訪察襄公二十五年諸侯重丘之會的所在地——茌平,又到商丘訪問宋宫,南到吴楚戰爭發生地點,訪問百姓,得到第一手資料,糾正了此前文獻記載中的闕畧和錯失。

顧棟高首肯關羽、岳飛等人熟習《左傳》,或諷誦上口,或稱《左傳》兵法，爲漢、宋中興之臣。論《左傳》兵謀的變遷，春秋以前爲湯武之仁義，春秋中葉爲桓文之節制，春秋之季則吳越用兵出奇無方，"大抵世愈降則戰愈力，而謀亦益奇"（卷四六《左傳兵謀表》）。謂霸業可止息國與國之間的混戰，天下不可一日無兵（卷四七《宋鄭交兵表》）。這與宋人以儒家禮義評判霸主及其戰爭謀畧，苛責將士，已完全不同。

顧棟高《讀春秋偶筆》認爲《春秋》是紀實之書，一方面按照史官書法原則記載事件，一方面如實記載了世事變遷。如稱吳楚僭稱王，《春秋》但書爲"子"，即按照春秋時候的爵位紀事。楚的稱謂有三變，始稱爲"荆人""楚人"，最後稱爲"楚子"，顯現出楚國之勢漸盛，交通於中國，而始冠以中國之爵位，並非"嘉其慕義而進之"。顧棟高淡化了中原諸侯和楚的華夷之辨，於此處批駁《公羊》的夷進於夏之說。

顧氏於《公羊》《穀梁》之義多所指斥，認爲"《公羊》復讎之說全無義理"，於"莒人滅鄫"云："《左傳》前後傳莒人滅鄫之始末，情事瞭然，各有來歷。若《公》《穀》之說，不知何據。"指出了《左傳》在叙事完整的意義上高出《公羊》《穀梁》之處。顧氏雖不讚同杜注的義理，仍讚賞杜預作《春秋長曆》以正《春秋》之失閏，又作《土地名》以考列國之地理，認爲杜預"其學誠絕出古今"（卷四八）。顧氏亦不完全讚同理學家對《詩》的解釋。《巧言》《蹇裳》《野有蔓草》《有女同車》與《蘀兮》等詩，朱熹斥之爲淫奔，意有不妥，顧氏申毛傳、鄭玄之說而駁朱子之說。

《春秋大事表》顯示出顧氏史學研究的超卓，他反對從一字褒貶、義例等處尋求《春秋》大義，但認爲《春秋》無例而有義，其史學研究仍處在經學的檐屋之下，未能擺脫經學的牢籠。顧氏對《春秋》三傳異同的辨析，多於義理之間辨高下，對唐趙匡以下宋明人傳說多所徵引，對康熙《春秋傳說彙纂》亦多有引用，其義理基本不脫離宋學義理。

《春秋大事表》維護君權，亦維護理學對婦女的束縛。對《左傳》所載蘧伯玉（襄公十四年衛孫林父、甯殖逐衛獻公，蘧伯玉出境避難;二十六年衛獻公返衛,蘧伯玉又選擇出境,有失臣之道,故不可信)、衛夷姜之事表示"不可信"(衛宣公在桓公初年即與夷姜私通,不可信)。《列女表》仍然持理學斥懷嬴、息媯等人失節,而褒獎因等待傅母而被火燒死的宋共姬,認爲鄭雍糾妻和齊盧蒲癸妻幫助父親滅掉夫婿,是"人倫、天理滅盡"。《春秋亂賊表》宣揚君臣、夫婦之義,維護現實君權、夫權,這是有清一代士人難以跨越的鴻溝。

顧棟高《春秋大事表》,係有爲而作。他對漢儒的門户深惡痛絶,對宋儒説經多有反駁,依賴《左傳》的史實(如《左傳》叙吴楚之事,只是客觀實録,而無宋儒所謂華夷之辨和褒貶),同時,顧棟高又承繼宋儒經説,保守程朱理學的君臣夫婦的倫理,時而因義理而否定《左傳》的叙事。《春秋大事表》最爲獨特的是,以史之觀點對待《左傳》,揭示春秋世事和人事之變遷,頗具識見;考證天下範圍内族群之劃分與地域;舉凡戰争的陣法、地理、天文,均詳細考證,務實而不務虚,爲有清一代考證學的奠基之作。

9. 1758 年江永《王朝列國興廢説》一卷,清經解本,上海書店,1988 年

每葉分上中下 3 欄,每欄 33 行,行 24 字。四周單邊,白口,單魚尾。前有乾隆二十三年(1758)仲夏自序。

江永(1681—1762),字慎修,安徽婺源(今屬江西)人。清諸生。博通古今,精心於十三經注疏,朝夕諷誦,尤以三《禮》爲長。乾隆元年(1736),設三禮館,總裁方苞延請江永修禮,服其博學。戴震受學於江永,世稱江戴。著《周禮疑義舉要》七卷、《禮記訓義擇言》八卷、《深衣考誤》一卷、《禮書綱目》八十五卷、《律吕闡微》十卷、《春秋地理考實》四卷、《鄉黨圖考》十卷、《讀書隨筆》十二卷、《古韻標準》四卷、《四書典林》四卷、《音學辨微》一卷、《推步法解》五卷,遺書二十餘種,藏於家,未刊。

《王朝列國興廢説》概述春秋各國王朝的興替、地理的沿革,涉及周、魯、蔡、曹、衛、滕、晋、鄭、吴、燕、齊、秦、楚、宋、杞、陳、薛、邾、莒、小邾、許等國。概述春秋諸侯國的興廢實際是從史料鈎沉索隱,

尤以地理考證爲詳,而不見闡説、議論,於"王朝列國興廢説"之名不符。《王朝列國興廢説》本爲民間流傳的科舉讀物,江永以學者之力從事王朝列國的考證,篇名仍舊名。

宋林堯叟注《左傳》,淺顯易懂,自明代末年流行於民間,其卷首附《王朝列國興廢説》。俗間有利於科舉考試的本子及評點本均附此《王朝列國興廢説》,但一般止於收録,並無考證(如汪紱《春秋集傳》)。獨江永特意作考證,體現出江永作爲乾嘉學者的學術旨趣。閻若璩《四書釋地》對科舉考試必讀書《四書》的地理作詳細考證,是同樣的旨趣。

10. 1795 年石韞玉《春秋論》一卷,獨學廬全稿本,乾隆六十年(1795)長沙官舍刻本

每半葉 10 行,行 18 字,小字雙行,同。左右雙邊,黑口,單魚尾。

石韞玉(1756—1837),字執如,號琢堂,晚號獨學老人,江蘇吴縣(今蘇州)人。乾隆五十五年(1790)一甲一名進士,官至四川知府、山東按察使,因案革職,在史館效力十二年。著《獨學廬初稿》《讀左卮言》《讀論質疑》《漢書刊誤》《花間九奏》等書。

石氏認爲《春秋》無例,以例言《春秋》則支離穿鑿。又説孔子修《春秋》"傳其事而已",此乃不僅否認了《春秋》書法,也否認了微言大義,純粹把《春秋》當作史了。宋朱熹因爲《春秋》義理不能融通,不從經學角度讀《春秋》,乃不得已認"《春秋》是史",石氏較之,是何等的斬截痛快。《春秋》既專門叙事,《左傳》自然不據《春秋》而作,而是一部獨立的著作,而《左傳》所論"書法",不過是魯史之例。這種識見刺透了經學的迂曲,直指事物的本質,在經學尤盛的清代實屬可貴。

11. 1804 年錢大昕《潛研堂集》卷七《答問四》,上海古籍出版社,1989 年

錢大昕(1728—1804),字曉徵,又字及之,號辛楣,又號竹汀,江蘇嘉定(今屬上海)人。乾隆十六年(1751)以詩詞薦徵舉人,乾隆十

九年進士，官至侍講學士、詹事府詹事，乾隆四十年以憂歸。歸田三十餘年，主講鍾山、婁東、紫陽等書院。反對宋儒空講義理，精研經史考證。著《元史藝文志》四卷、《十駕齋養新録》二十卷《餘録》三卷，《潛研堂集》七十卷、《廿二史考異》一百卷等。此卷《答問》係晚年講學於書院，答弟子《春秋左傳》問而成。

　　錢大昕堅持史家立場，於《春秋》一經，尊重史實，不務褒貶。春秋時，周天子失勢，周淪落爲普通諸侯國，不必以"尊王"之理念評判史事。對《左傳》宣公四年"凡弑君稱君，君無道也；稱臣，臣之罪也"句表示讚同，顯示出難得的史學卓識。辨別史事，考證《左氏春秋》東漢立於學官，但並非陸德陽明《經典釋文》所說《左傳》立於和帝之時（"和帝元興十一年，鄭興父子奏上《左氏》，乃立於學官。"）。"攷之《漢史》，鄭衆以章帝建初八年卒，興之卒在衆前，不及和帝之世。且元興改元止於一年，初無十一年，則《釋文》之誤審矣。"又考訂元興以後《左傳》未立於學官。《春秋左傳正義》"和帝元興十一年，鄭興父子及歆創通大義奏上"，"至章帝時，賈逵上《春秋大義》四十條"。章帝、和帝的世系顛倒錯亂，《春秋左傳正義》不可據從。但錢氏並未完全否定《春秋左傳正義》，認爲《正義》"傳寫錯亂，非《正義》之本文也"。《左傳》在漢平帝曾立於學官，光武初，以尚書令韓歆之請，立左傳學，後復廢。

　　《答問》涉及《春秋》名字的問題二則，如"古人名克字子儀""鄭公孫輒字子耳"，錢氏都從音聲通假上給予回答。涉及《左傳》與《史記》的異同，以《左傳》爲是，以《史記》不從《左傳》爲非。其他關於《左傳》文字、地理的訓詁亦精審。

12. 1903年錢保塘《春秋疑年録》一卷，《叢書集成續編》影印清風室叢刊本

　　每半葉11行，行23字，小字雙行，同。四周雙邊，黑口，雙魚尾。卷首有光緒二十九年（1903）九月錢保塘《春秋疑年録序》。

　　錢保塘（1833—1897），字鐵江，浙江海寧人。著《清風室叢刊》二十一種。

錢氏認爲"左氏及見當時各國之史,所記詳贍,不似秦漢閒人,載籍遺佚,時有譌誤","後來諸史書年有誤,於事或不得其真"(《序》)。《春秋疑年錄》利用《左傳》及其他可信據的史料,考證春秋人物的生卒年及其生平,並辨正載籍遺佚、訛誤。共得春秋人物二百七十二人,其中有生卒年確鑿可考的,有只可約推的,均依時間先後,依次排列。

　　《春秋疑年錄》收錄春秋時期天子、諸侯、大夫、士等人物,據現有資料最大限度地考證其生平,並關聯相關的人和事,辨析文獻典籍的參差真偽。據《史記年表》,鄭武公十七年生大叔段,在春秋前三十二年,隱公十一年,鄭莊公稱"鰥其口于四方",則段年四十三。這是考證春秋人物的生平。《春秋疑年錄》將《史記》《左傳》作爲基本材料,以此來判斷其他文獻記載的誤舛。

　　桓公二年《左傳》記載晉穆侯之夫人姜氏以條之役生太子,名之曰仇。聯繫《史記十二諸侯年表》《晉世家》,則條之役在穆侯七年,當周宣王二十三年。條之役後二十四年,晉文侯殺殤叔自立,立三十五年卒,年六十,當周平王二十五年。而《竹書紀年》記條之役在宣王三十八年,果如其說,則晉文侯仇殺殤叔之時,不過十歲,故《竹書紀年》有誤。魯成公的母親穆姜,於宣公八年至自齊,《公羊傳》成公十五年稱宣公死時成公幼,則成公即位僅十歲左右;在位十八年,卒年當三十餘歲。但《春秋左傳正義》襄公二十一年謂成公即位初即已三十餘歲,故《春秋左傳正義》誤。《公羊傳》昭公十年,何注以爲是昭公娶吳孟子之年,但據《左傳》,孟子卒於哀公十二年,年近七十,則娶吳孟子當在襄公年間,故何注無據。

　　《史記》有的記載不見於《左傳》,不可信據。據《史記》,堵敖被其弟所弒,這條史事不見於《左傳》。堵敖是息夫人所生。《左傳》記載,魯莊公十年,楚以蔡侯獻舞歸;後楚子因蔡侯之言滅息,以息嬀歸;魯莊公十四年,楚又因息嬀之言而入蔡。《左傳》未記載楚滅息的時間,若推測,楚滅息最早在莊公十一年,息嬀生堵敖最早也在莊公十一年。《史記》云楚文王十三年卒,子杜敖(堵敖)立;杜敖立五年,欲殺其弟熊惲,惲奔隨,與隨人逆襲,弒堵敖,代之而立,是爲成王。按楚文王十三年,當魯莊公十七年,那么,堵敖在莊公十七年立,五年後被弒,即莊公二十二年卒,此時距堵敖所生之年僅十一年,堵敖最多年十二歲。若堵敖被弒是弟惲所爲,則惲年僅十歲左右。故《史記》記載的楚成王惲弒兄自立,不能自圓其說。作者猜測,弒君之人當爲楚令尹子元等人,嫁禍於楚成王,赴魯國告之曰楚成王弒兄。《左傳》不記載成王弒兄,是因爲《左傳》不相信這樣的事。根據人物生平破《史記》記載之誤,頗有信服力。

四　蒐輯考證《春秋左傳》古注古疏

1. 朱鶴齡《左氏春秋集説》十二卷,王樵《凡例》二卷,《續修四庫全書》影印道光己酉(1849)强恕堂本

朱彝尊《經義考》稱"未見"其書。每半葉10行,行26字。四周單邊,白口,單魚尾。卷首有朱鶴齡《左氏春秋集説序》、《左氏春秋集説附記》十二則。自序之前,有明唐順之《讀春秋》;《左氏春秋集説附記》後,附明王樵《春秋凡例》二卷。朱鶴齡《左氏春秋集説》十二卷,成書早於《讀左日鈔》。

朱鶴齡(1605—1683),字長孺,江蘇吴江人。明諸生,甲申之後歸隱。自號愚庵,與顧炎武友善。嗜古博學,除春秋學著作外,尚有《毛詩通義》十二卷、《尚書埤傳》十七卷、《愚庵小集》十五卷。

明唐順之讀《春秋》,沿襲宋代學風,謂《春秋》尊王,"禮樂、征伐、會盟、朝聘、生殺之權,一出於天子,而無有一人之敢衡行,無有一人之敢作好惡,作威福,是王道也"。無論華夷勢力如何消長,春秋終究無義戰;無論結盟雙方的主體訴求如何,春秋終究無義盟;諸侯無論以何種理由誅殺大夫,均爲不義;臣子弑君父,始於竊君會盟刑殺之權。春秋時天子之權旁落於諸侯,文、宣以後,諸侯之權又旁落於大夫。故春秋之世,王道不行,《春秋》盡貶而無襃。唐氏讀《春秋》,有貶無襃,朱鶴齡並不讚同,認爲若無襃盡貶,則《春秋》爲"司空城旦之書"(自序)。卷首朱氏《左氏春秋集説附記》十二則概述前代經説,亦不及唐順之。由此看,朱鶴齡斷不會稱賞唐順之讀《春秋》之法,在朱鶴齡《左氏春秋集説》前加唐順之《讀春秋》的"讀法",不是朱鶴齡所爲,當爲刊刻者所加。

《春秋凡例》二卷,係明代學者王樵所作,此亦爲刊刻者所加。

朱鶴齡雖對王樵有過褒獎，但王樵歸納的某些義例，已然爲清代學者所廢棄。《凡例》舉即位、告月視朔、郊禘雩社、昏姻、崩薨卒葬、朝聘如、會盟、兵事、盟會侵伐、公行書至、蒐狩、稅賦、興作、改革、災異、弑殺執放、奔叛逃歸入納、姓氏名字爵命、日月、闕文闕疑等條目，闡述《春秋》書法、凡例，謂書法可循，但又説同一類事例並不能併入同一書法，前後矛盾。王樵所定的《春秋》日月、名字、稱人等義例，朱鶴齡《左氏春秋集説》並無輯録。朱鶴齡雖肯定王樵的春秋學，但是未徵引及王樵的《春秋》義例。清初學者普遍反對義例治經，朱鶴齡亦不例外。

　　朱鶴齡認爲自三傳以來，治《春秋》者各有凡例，凡例多而不當。朱氏認爲"例"只不過借用史家之説，且史家之例亦無一定，將矛頭直指"正例""變例"之説。"自隱桓至定哀二百四十二年間，載筆者既非一人，則或詳或畧，不免異辭，所見所聞，難于一概，自史法言之，尚無一成之例，而乃欲執後人之例以按經，又欲屈聖人之經以從例，其可乎哉？"朱氏認爲《春秋》之義不求之於例，當求之於孔子作《春秋》之志。孔子曰："吾志在《春秋》。"朱鶴齡認爲，孔子之"志"，即"尊天子，内中國，討亂臣賊子，尊王賤霸"，用這樣的總體思想去把握《春秋》時事，可以得善惡褒貶，《春秋》之義，即在善惡之中進退予奪。

　　卷首《左氏春秋集説附記》十二則，對三傳及前代傳注有簡要評介。認爲《公羊》《穀梁》之説多迂謬不可取，《左傳》杜注頗詳，然亦有疏誤，故加以辨正，其有悖義理者，則直削之。服膺唐啖助、趙匡、陸淳之説，多所稱引。肯定胡安國"復讎"之説有功於世教，但胡安國《春秋傳》除解説經義之外，還加入時事，與時文啓策相似，當時家有其書，故十取之一二。明代刊行的《五經大全》所收宋代傳注，去取未必得當，故擇而用之。又有宋儒發先儒所未發，但《五經大全》未載，則亟爲採入。元趙汸、明王樵等人爲《春秋》之學開出生面。依此看，《左氏春秋集説》的重點在於打破胡安國《春秋傳》和《五經大全》的一統局面，引進自三傳以來各家傳注，以挽救科舉考試長期影響之下讀書人經學閲讀的狹隘與碎破化趨勢。

此書用《左傳》經文,參以《公羊》《穀梁》。直錄或概述《左傳》事跡於諸家注疏之前,對《左傳》的議論有所駁正。明洪武年間與胡氏《春秋傳》並頒學宮、後又被廢的張洽《春秋集注》十一卷,因其罕見,徵引尤多。刪汰了明末以來與杜注合刊的林堯叟注,只存少數幾則。廣輯傳注,取杜注、孔疏及《公羊》《穀梁》、啖趙等數十家之論,聚而觀之,參互權衡,傳注的取捨以程朱之學爲宗。"以傳考經之事實,以經別傳之真僞",此爲宋程頤治經之原則,爲朱鶴齡所樂於採用。

朱氏否定宋儒的一字褒貶說,朱氏最爲感興趣的是宋儒對春秋諸國形勢的討論。蔡爲周室宗盟之長,近楚而常受楚禍,而齊桓不能救之於楚;蔡與楚修盟,中國之力不足至蔡。宋爲諸侯之大國,宋親而中國諸侯定矣。鄭爲諸侯要害,鄭不服,諸侯之心不統一。楚滅中原小國,齊、晉兩國意識上懈怠,精力上虧損,不能挽救中國受制於夷狄的命運。楚國入侵中國,霸主有不可推卸的責任。這些議論出現在清代初年,與王夫之的春秋論頗有幾分相似。其實,朱氏是頗爲崇尚霸業的,只不過礙於某種原因,不能在自序中自敘這一段心曲。昭公六年《春秋》"宋華合比出奔衛"一事,引用宋家鉉翁的議論,言閹寺禍人家國,必外廷與之合,而其譖乃售,以此影射明代末年閹黨執政。相較乾嘉時期《春秋》經學,清初《春秋》經學更顯得元氣淋漓,血氣方剛。

2. 1681年朱鶴齡《讀左日鈔》十二卷補卷二,《四庫全書》本

朱鶴齡(1605—1683)著,其《左氏春秋集說》已著錄。

卷首有康熙辛酉(二十年,1681)朱鶴齡《讀左日鈔凡例》。補卷採用庚申年(1680)收到顧炎武寄來的"《左傳》補注數十則",即顧氏《左傳杜解補正》的部分内容。書名"日鈔",仿黄震《黄氏日鈔》,多取前人成說的意思。《讀左日鈔》前人之說占十之七,己意占十之三。

朱鶴齡《讀左日鈔凡例》云《左傳》先經以始事,後經以終義,純以史事解經,特別看重傳有經無的"不書"之例,於此中求《春秋》筆削。《左傳》解經之得失、杜注孔疏之失,已見於《左氏春秋集說》者,不再重複。發掘杜注,連篇引用孔疏,晷林堯叟注,稱杜注、孔疏是研

究《左傳》最基本的材料,唐啖助、趙匡,宋劉敞、葉夢得、元趙汸、明陸粲、王樵、邵寶等人的論說都有採集。《四庫全書總目》以爲孔疏"久列學官,斷無讀注而不見疏者,乃連篇采掇,殊屬贅疣",實對清初八股文橫行而《十三經》注疏偏廢的情況認識不足。

與《左氏春秋集說》不同的是,除唐宋以來諸家傳注之外,《讀左日鈔》還採輯杜注、孔疏之前的注疏,如鄭注、賈逵注、服虔注、王肅注、劉炫注,對杜注多所糾正。《讀左日鈔》對《左傳》的兵法頗爲注目,採唐李靖《兵法春秋》、《嘉祐集》所稱"范蠡"的兵法;戰國孫武、宋張預等人的兵法理論。《讀左日鈔凡例》稱顧炎武《左傳杜解補正》之前,海虞陳氏曾輯《左傳兵法》。蓋清初《左傳》兵法盛行,朱氏輯兵法書,當爲經世之風的影響。

《讀左日鈔》聲稱《左傳》論人論事時有悖謬,採用唐啖助、趙匡以來諸家說,辯論《左傳》之失。告誡世人勿沉迷於《左傳》文辭之博麗,而忽畧了《左傳》義理的踳駁。如隱公十一年鄭伐許,未得天子之命,《左傳》卻稱"鄭莊公於是乎有禮";文公元年,魯國新喪,魯穆伯出使齊國。廢喪而聘,雖在春秋時常見,但違反古禮,《左傳》卻稱"穆伯如齊,始聘焉,禮也"。《讀左日鈔》亦有採用《左傳》義理者。隱公五年《左傳》記載,樂舞,"天子用八,諸侯用六,大夫四,士二",而《公羊》和《穀梁》均認爲"天子八,諸公六,諸侯四"。通過辨證,在古代禮制上,信《左傳》說,不用《公羊》《穀梁》說。

《讀左日鈔》涉及少量文字訓詁。隱公元年《左傳》記載"莊公寤生",引《史記》解爲"生之難"。顧炎武《左傳杜解補正》尚未徵引及《史記》,而引《風俗通義》釋"寤生"爲"兒墮地能開目視者爲寤生"。朱氏徵引之廣博,見解之獨到於此可見。《春秋》"天王狩于河陽",解"狩"爲"巡狩",否定《左傳》"狩獵"說。此未重視《左傳》史事,一廂情愿地相信天子按禮制規定巡狩。《補卷》涉及的訓詁比重更大。杜預以孔父爲名,嘉爲字,顧炎武認爲孔父爲字,嘉爲名。朱氏引證《孔子家語》、鄭玄《士喪禮》注、劉敞等人的說法,證成顧炎武之說。

《四庫全書總目》稱,"庚申之秋,炎武自華陰寄《左傳》注數十,蓋是時《杜解補正》尚未成也",這個推論有待考證。古代書籍流通不便,常耳聞不能目見,成書之後仍可摘錄,郵寄好友。據張穆《清顧亭林先生炎武年譜》,康熙十九年庚申(1680),顧炎武作《朱處士鶴齡寄〈尚書埤傳〉》詩一首,朱鶴齡於此年收到顧炎武所寄《左傳》注數十條。顧炎武所錄數十條,不可能是顧炎武一時所做,而應取自早成之書。顧炎武寄《左傳》注時,朱氏之書已刊刻過半,故將顧氏之作列入《讀左日鈔》補卷之中。除輯錄顧炎武的札記之外,《補卷》還收錄了《春秋》三傳與三《禮》等相關資料,以解釋經義。

《讀左日鈔》不贊同《左傳》某些義理,對《公羊》《穀梁》義理亦少所首肯。如不贊同《公羊傳》的譏世卿說。天子、諸侯可世襲,唯獨大夫不可世襲,於理不通。認爲《公羊傳》的譏世卿說興起於漢初,學者反感霍氏、王氏世專漢權,這樣的推斷還算通情達理,但認爲劉向等人向人主推銷《公羊》學說,最終導致權臣王莽篡漢,後世學者於是認同了譏世卿說,此則爲虛妄。《公羊傳》作爲官方學說,譏世卿當爲加強中央集權。《讀左日鈔》亦不贊同《公羊傳》的嫡長子繼承制。《左傳》隱公三年,宋宣公將君位傳給弟弟而非嫡長子,朱氏贊同《左傳》"君子曰"評價"宋宣公可謂知人矣",宋國之亂因後繼者而起,並不起因於宋宣公;而《公羊傳》認爲宋國之亂自宣公始。朱氏否定"嫡長子繼承制",但在比較齊桓公和晉文公霸業之時,指出齊桓不抗晉文的主要原因之一即在於"立子不以長",似乎又認同"嫡長子繼承制"是諸侯王室安定、國家實力長久的保證。誠如《四庫全書總目》所詬病的那樣,"一事而臧否頓殊"。朱氏對《春秋》三傳,取捨並不堅定,時而爲傳所牽,以致觀點前後不一致。

朱氏徵引三傳尋求義理,徵引漢儒宋儒,不持門户之見,顯示出清初本有的學術風氣。朱氏不蹈宋人學風,堅持以《左傳》解經,但如何平衡三傳,融貫《春秋》經義,仍然是一個重大課題,等待後人賡續。

3. 1745年郈坦《春秋集古傳注》二十六卷,首一卷,《四庫全書存目叢書》影印山東師範大學圖書館藏清光緒刻本

每半葉12行,行24字。左右雙邊,白口,單魚尾。卷首有咸豐

九年(1859)祁寯藻《克寬先生春秋集古傳注序》、同治二年(1863)吳棠《春秋集古傳注序》、同治七年丁晏序、同治十一年薛時雨序、乾隆乙丑(十年,1745)郜坦《春秋序》《春秋集古傳注序》、郜坦《春秋左氏傳議》《春秋公羊穀梁二傳義》、《凡例》《春秋通例彙纂》。

郜坦著,其《春秋或問》已著錄。

卷首《春秋通例彙纂》十五篇,申明《春秋》不以日月爲例,朝聘、會盟、征伐、蒐狩等,皆有古禮,但春秋時已廢。卷末有《或問》六卷,辨《春秋》三傳經義之取捨及宋儒經義之從違,皆有理據。如取《左傳》,以單伯爲王臣,而不取宋儒以之爲魯臣之説;"齊人取讙及闡",取《左傳》事實,杜各家雜説,絶《公羊》《穀梁》義理。以公子小白與公子糾皆爲庶子,糾爲兄而小白爲弟,反對程頤以小白爲兄糾爲弟的觀點。

丁晏序宣揚君臣之義,而《左傳》、杜注、胡安國等都破壞了此義,郜坦《春秋集古傳注》則不曲洵杜注、胡氏《春秋傳》。丁宴認爲,《春秋》"誅奸諛於既死,以正君臣大義"。"自《左氏》有弑君君無道之説,當時六卿分晋,三家僭魯,造爲曲論,而《左氏》述之,已失聖人之旨。唐劉知幾《史通》云:'賢君見逆(抑),而賊臣是黨,求諸舊例,理有獨違。'元趙汸亦云:'君雖不君,臣不可以不臣。''君父天也,豈臣子較得失之地乎?'其義正矣。"杜預和胡安國二人品節不保,故説《春秋》亦無君臣之義。"説《春秋》者,一壞于杜預,再壞于胡安國,當世盛行,而經旨日晦。鄭君射王中肩,而杜以爲鄭志在苟免,王討之非。以孔父、仇牧之忠,而杜皆深文周内……。胡傳貶洩冶之死節,斥季札之名,賢河陽之狩,而以爲全其忠,楚麇之卒而以爲畧其弑。竊謂杜既習見典午之篡弑,胡又薦舉奸相之議和,二君心術若此,宜其解經之頗也。"丁晏不滿於杜注、胡安國的君臣倫理,故而攻排及於著作者本身,這與丁晏《左傳杜解集正》的宗旨、立意是一致的,而非爲郜坦著作而發。

《春秋集古傳注》集漢至明共五十家傳注。對杜預、孔穎達、啖助、趙匡、陸淳、孫復、劉敞、孫覺、程子、許翰、胡安國、高閌、陳傅良、張洽、趙鵬飛、家鉉翁、吳澄等十七家之説,多加採擇。《春秋集古傳注》用《左傳》經文，但改"紀子帛"爲"紀子伯"，改"君氏卒"爲"尹氏卒"，改"渝平"爲"輸平"。莊公二年《春秋》"伐於餘丘"，《左傳》不載其事，無所據以爲説，故闕疑。僖公二年《春秋》"城楚丘"，郜坦《春秋集古傳注》與其《春秋或問》互歧，一主劉敞之説，一主孫復之説，不免前後牴牾。

郜坦認爲《左傳》所本是官方史策，不能因其辭"浮誇"而並疑其事，而《公羊》《穀梁》之史事，取民間私乘而潤色之，不可信據。至於《左傳》，需要正其義理："其所謂禮也，乃列國之所謂禮也，非聖人之所謂禮也；其所謂'君子曰'，乃其臆度之辭，非聖人之本論也。其發凡以言例，合者十有二三，不合者十有七八也。今讀其傳，不可輕信其例，要必參觀經意，不可輕疑其事，要必融貫合經，其事有不見於經者，聖人之所刪也，參考之，而經意愈決矣。"至於杜預注《左傳》，"以爲或先經以始事，或後經以終義，或依經以辯理，或錯經以合異，躬覽載籍，必廣記而備言之，誠知言也"。孔疏詳解杜注，以繁博取勝。不讚成因"臘禮"始於秦即認爲《左傳》是秦人著作，先秦時晉與秦同處西北，臘祭很有可能源自晉。

郜坦認爲胡安國《春秋傳》僅就"君臣倫理"之一端發抒《春秋》經世之意，而《春秋》經世之意，所賅甚廣。大至君臣之義，小至草木鳥獸，皆關經世之意。如"有年"（豐收），即講天生物以養民的道理，《春秋》書之，以爲人君不德召災之戒。胡氏《春秋傳》紛繁雜引，亦非經傳之體。胡氏所揣摩議論的對象，已非孔子之《春秋》。

《春秋集古傳注》據《左傳》事實解經，排斥《公羊》《穀梁》，經義沿襲宋儒，但並不枉信盲從。該書反映了乾隆初期《春秋》經學的新趨向，即融合各家傳注，整理宋儒經説，使《春秋》義理建立在事實的基礎上，更加平易可信。《春秋集古傳注》淡化了宋代春秋學的華夷之辨及復讎之説，這些學説，爲清初春秋學所深諱。

4. 1787年嚴蔚《春秋內傳古注輯存》三卷，《續修四庫全書》影印南京圖書館藏清乾隆五十二年（1787）嚴氏二酉齋本

每半葉10行，行20字，小字雙行，同。左右雙邊，白口，單魚尾。

卷首有乾隆五十二年丁未錢大昕序、王鳴盛《叙》、盧文弨《序》，俱以提倡古學相號召。

嚴蔚，字豹人，東吳人。嚴蔚是王鳴盛的學生，其藏書室名"二酉齋"。

錢序言《左傳》本多古字古音，但今本《左傳》的古字古音反不若《公羊》《穀梁》；杜注引前人傳説不注出處，有宗伯攘善之嫌；魏晋以來，經注越來越多，經義反而晦暗不明。《左傳》是古學，但後世不知，亦不知漢注解經的好處："漢之經師，其訓詁皆有家法，以其去聖人未遠"，"夫窮經者必通訓詁，訓詁明而後知義理之趣。後儒不知訓詁，欲以鄉壁虛造之説求義理所在，是以支離失其宗"。錢大昕認爲以漢注解經，是脱離宋學空虛的最好辦法。

《左傳》杜注舉漢劉向、賈逵、許淑、潁容諸家，以見異同，獨遺服虔注不提。王鳴盛《叙》認爲《左傳》之學以服虔注最高，而杜預"攘竊"其義，形同"狙詐"。六朝時杜注行於南方，而河洛一帶服注盛行。至唐孔穎達，襲劉炫而用杜注，服注遂亡。唐人九經，有四經不用漢注，此四經即《穀梁》《周易》《尚書》《左傳》。《春秋内傳古注輯存》爲《左傳》輯錄漢注，以保存漢儒家法，前人未有此類著作。王序稱"學莫善於有本，而功莫大於存古"。

盧文弨稱嚴蔚"灼見杜氏之弊，有違禮傷教者，有肆意妄説者，慨然思漢人之舊，於是凡唐人《正義》及《史》《漢》《三國》舊注與夫唐宋人類書所引，綜而輯之"，以扶植微學，以廣異誼。所謂"微學"，即"古學"。盧氏慨嘆："今天下好古之士多於前時，嚴子此一編出，吾知善學者必能因此以定所宗，而復推類以盡其餘。""前時"，當指乾隆三十八年（1773）他爲惠棟《九經古義》作序之時，讀書人多不通古義，"學者安於記誦辭章之習，……與之言古訓，駭然以爲迂晦而難通"（盧文弨《九經古義序》）。時隔十四年，當他在乾隆五十二年爲嚴蔚《春秋内傳古注輯存》作序時，古學已形成風氣。

嚴蔚是一位藏書家，名不見經傳，他的著作有三大學者爲之作序，寓意乾嘉大儒表彰古注蒐輯，有意歆動新的學風。此書以《經典釋文》及群書《正義》爲本，參以它書，採輯漢代古注，如漢儒服虔、賈逵、劉歆、鄭興鄭衆父子等各家注,旁取《史記》《太平御覽》等書,以成此著。

《春秋內傳古注輯存》從《例言》起,便多篆書字體,甚至用篆體字改寫經傳原文,頗難辨識。如"春"寫作"𣏌","有"寫作"𠂇"。不僅在訓詁上復古,而且在字形上復古。清代古學復興以來,家家《說文》,人人馬(融)、鄭(玄),人們於著書中顯露出對古體字的偏愛。但實際上此書所用篆體字筆畫趨於雷同,頗顯匠氣,並不算是古文字。從傳播的角度來說,採用通行字體,反而更有助於古學的傳播。

《春秋內傳古注輯存》輯漢人經說,不分今古文"家法"。如隱公元年《春秋》"春王正月",用賈逵《左氏長義》義:"名不正則言不順,言不順則事不成。今隱公人臣,而虛稱以王。周天子見在上,而黜公侯,是非臣名而言順也。"反對《公羊》黜周王魯之說。僖公三年《春秋》"春王正月不雨""夏四月不雨",賈逵取《穀梁》爲說:"歷時而言,僖有憂民之志,故每時一書。文無憂民之志,是以歷時總書。"漢人本不分今古,嚴蔚蒐輯漢儒之說,自然亦不分今古。《春秋內傳古注輯存》蒐輯之廣博,尚不及後來著作。蒐輯之外,尚無考辨。

5. 1805 年袁鈞輯《春秋傳服氏注》十二卷,《續修四庫全書》據上海辭書出版社圖書館藏清光緒十四年(1888)浙江書局刻鄭氏佚書本影印本

《鄭氏佚書》十五種之一。每半葉 10 行,行 21 字。左右雙邊,黑口,單魚尾。

袁鈞(1751—1805),字秉國,一字陶軒,號西廬,浙江鄞縣(今寧波)人。拔貢生,嘉慶初舉孝廉方正,後主稽山書院。工詩古文辭,精鄭氏學,輯《鄭氏佚書》《四明文徵》《四明近體樂府》等書。

服虔《左氏傳解誼》,《隋書·經籍志》載二十一卷,《舊唐書》載三十卷,俱不存。《世說新語》載,鄭玄注《左傳》尚未成,與服虔相遇,服氏與他人討論《春秋》傳注良久,多與己意相同,於是將己所注悉與服氏。由是言之,存服即存鄭。袁均曾因"古學識拔"被孫星衍賞識,袁均輯《鄭氏佚書》《春秋傳服氏注》,當受孫星衍影響。

袁均輯《春秋傳服氏注》於漢唐注疏中輯服氏注,注明出處而已,無引申發明。袁氏於《春秋左傳正義》、《史記》三家注中輯佚猶多,亦蒐輯宋代類書《太平御覽》等文獻。

6. 1807 年 洪亮吉《春秋左傳詁》二十卷,中華書局,1987 年

卷首有嘉慶十二年(1807)洪亮吉自序,卷尾有嘉慶十八年呂培跋、道光八年(1828)呂朝忠後記、光緒四年(1878)曾孫洪用懃後記。

洪亮吉(1746—1809),初名禮吉,字君直,號稚存,一號北江,江蘇武進人。乾隆五十五年(1790)進士,授編修,嘉慶元年,入值南書房。嘉慶四年,因極陳政弊,貶戍伊犁,百天後被赦,主講洋川書院。與汪中、邵晉涵、王念孫、章學誠、莊述祖、孫星衍等學者交善。詩文有奇氣,工駢文,著《卷施閣集》《更生齋集》《北江詩話》等著作。

自序稱杜預所處的晉代,精通輿地之學的人有裴秀、京相璠、司馬彪;訓詁之學,仍存漢陳元、鄭衆、賈逵、馬融、延篤、服虔、彭汪、許淑、穎容諸家之學,但杜注訓詁、地理皆疏,望文生義、不臻古訓者居十之五六。洪氏慨嘆漢儒家法,至孫炎、薛夏、韋昭、唐固之後,已不爲人所知。此書主輯賈許鄭服等漢儒舊注,以補杜注訓詁之失,以班固、應劭、京相璠、司馬彪等人之説,正杜注地理之失。

《春秋左傳詁》用杜預合經於傳之前之例,分別經傳,經四卷,傳十六卷。除漢儒舊注外,該書廣採杜注以前各家傳注及經史子集的注疏,對杜注孔疏皆有疏正。其訓詁,多引賈逵、鄭衆、王充、許慎、王逸、鄭玄、應劭、高誘、韋昭等人之説,其小學著作,涉及《爾雅》《方言》《説文解字》《通俗文》《小爾雅》《玉篇》《廣雅》《經典釋文》等書籍,其地理訓釋,利用《漢書·地理志》《水經注》《括地志》《元和郡縣志》《元豐九域志》《太平寰宇記》等史地專著,地理訓釋甚至利用輿圖,如《唐十二分野圖》。除蒐輯漢魏古注之外,還訂正文字,取唐石經、宋本及時人校勘成果。洪亮吉還利用了宋淳化本,徵引清陳樹華《春秋內傳考證》等書的校勘成果。《春秋左傳詁》廣搜群籍,正文字,逕改字形。如參照唐石經、宋本、《國語》《説文解字》,逕改"子頺"爲"子穨",並指出《經典釋文》及別本作"子頹"爲錯。又如用唐

石經與宋本,改僖公三年"未絶之也"爲"爲之絶也"。

《春秋左傳詁》是清儒恢復漢儒春秋左傳學的代表作,也是清代左傳學著作中唯一首尾完整的新疏。作者用漢魏古注訓釋人名,如用賈逵注,認爲共叔段的"共"是謚號,《左傳》不乏逃亡而後稱謚的例子;而非如杜注所謂出逃到共,所以稱共叔段。杜注採用古注而未出注,《春秋左傳詁》一一標注,爲瞭解杜注與漢魏古注的關係提供了方便。通過漢魏古注,使人們一目瞭然地看到《左傳》中某些"解經語"實與漢魏古訓相合,以此駁斥《左傳》解經語爲後人所加的妄談。如隱公九年《左傳》解釋《春秋》"大雨震電":"大雨霖以震,書,始也。""凡雨,自三日以往爲霖。"此一條凡例即依據鄭玄《禮記》注:"雨三日以上曰霖。"又有《爾雅》佐證《左傳》:"久雨曰淫,淫雨曰霖。"

遇到《左傳》和《史記》記載不符,《春秋左傳詁》取《左傳》而不信《史記》。如《左傳》記載秦穆夫人是太子申生的姐姐,大戎狐姬生重耳,小戎子生夷吾,而《史記》記載秦穆夫人是重耳的妹妹,夷吾母是重耳母親的女弟。洪亮吉支持杜注,認爲大戎與小戎分屬不同部落,重耳母與夷吾母不是親姐妹的關係,《史記》的理解是錯誤的。在沒有其他佐證材料的情況之下,洪亮吉認爲《左傳》的可信度優於《史記》。但如果《左傳》難通時,仍以《史記》爲準。如莊公三十二年《左傳》"(莊公)講于梁氏,女公子觀之",洪亮吉不明女公子何所指,認爲"女公子"句疑有脱文,且《左傳》僅此一處有此稱呼;杜預釋女公子爲子般妹,"亦屬臆解"。而《史記》將女公子改換成梁氏女,則近於"情理",因爲子般喜歡梁氏女,圉人自墙外與梁氏女戲,於是子般怒,鞭犖。

除點明杜注的出處,還利用漢魏古注,闡明《左傳》先師之説。桓公八年《春秋》"祭公來,遂逆王后于紀",《春秋左傳詁》引《五經異義》所保留的《左傳》經説,稱"王者至尊,無敵體之義,故不親迎,使上卿迎之"。這與公羊學的"天子親迎"説截然不同。

除了語詞訓詁之外,《春秋左傳詁》還論及微言大義。僖公二年《春秋》"江人黄人盟于貫",引賈逵説,以爲江黄稱"人"爲貶。桓公六年《春秋》"子同生",《公羊傳》認爲"同"不是魯桓公之子,而是齊侯之子。而《穀梁傳》的解釋是:"疑,故志之。"洪亮吉採用《穀梁傳》,認爲它"最得經旨"。因"同"是否桓公之子,當時有疑問,《春秋》特書"子同生",明確魯莊公是魯桓公之子。洪亮吉進一步指出,《詩·齊風·猗嗟》可以爲證。此詩稱"展我甥兮",即說明魯莊公是齊侯的外甥、魯桓公之子。

洪亮吉對材料的抉擇仍可商榷。僖公五年《左傳》"執虞公及其大夫井伯",《史記·晉世家》《世說新語》《春秋左傳正義》均謂井伯即百里奚,《漢書·古今人表》列井伯與百里奚爲兩人,洪亮吉《春秋左傳詁》採信《漢書》,而不用《史記》《正義》《世說新語》。

洪亮吉蒐輯古注,不論東漢西漢;不僅蒐輯漢代經師的古注,還勉力搜討漢魏一切經史子籍,決非止於"復漢儒說經之舊"。洪亮吉一一指出杜注的出處,客觀上論證了杜注的可靠性,杜注絕非向壁虛造的宋儒經說可比。此書"非以非杜氏,實以匡杜氏,且大有功於杜氏"(呂培跋)。在某些古注的選擇上,洪亮吉的按斷不免主觀,但洪著全方面的材料蒐輯爲學界提供了方便,功不可沒。

7. 1820年劉文淇《左傳舊疏考正》八卷,清經解續編本,上海書店,1988年

每葉分上中下3欄,每欄33行,行24字,小字雙行,同。四周單邊,白口,單魚尾。卷首有嘉慶二十五年(1820)庚辰劉文淇自序。

劉文淇(1789—1854),字孟瞻,江蘇儀徵人。嘉慶二十四年優貢生,官候選訓導。少時從舅父凌曙讀書,聰穎異常,年弱冠即名冠江淮間。與寶應劉寶楠相善,皆善經史考證,時有"二劉"之目。道光八年(1828),與劉寶楠、梅植之、包慎言、柳興恩、陳立同赴省試,相約各治一經,爲之疏證,劉文淇得《左傳》。劉文淇費四十年之工,編成《左氏長編》,據此《長編》,僅撰成《春秋左氏傳舊注疏證》一卷而卒,其後代續纂至襄公五年。劉文淇另著《青溪舊屋文集》《揚州水道記》《楚漢諸侯疆域志》等書。

《左傳舊疏考正》先於《春秋左氏傳舊注疏證》而作,是研究《左

傳》舊疏不可或缺的著作。自唐《春秋左傳正義》被奉爲官方經學，唐以前舊疏全廢。《隋書·經籍志》記載，隋代大儒劉炫著《春秋左氏傳述義》四十卷，以攻杜注之失。孔穎達在《左傳》杜注基礎上作疏，申杜難劉，劉炫規杜之説盡存於孔疏。孔疏舉其一百五十餘條，極力爲杜注申辯。疏不破注，孔疏挺杜，故責難劉炫之規杜。至於劉炫攻漢儒賈、服之説，孔疏則存而不論，不加批駁。

劉文淇《左傳舊疏考正》揭示孔疏多處鈔襲隋劉炫《春秋左氏傳述義》，但隱去其名。劉文淇通觀《左傳》之疏前後，將其與孔穎達《詩》《書》《易》各疏比較，發現《左傳》疏與其他經疏或趨同或矛盾，以此推斷劉炫《春秋左氏傳述義》的内容。文公十三年《左傳》"其處者爲劉氏"，孔疏云："疑此句或非本旨。蓋以爲漢室初興，捐棄古學，《左氏》不顯於世，先儒無以自申。劉氏從秦從魏，其源本出劉累，插注此辭，將以求媚於世。"孔疏未指明此説出自何人，但觀襄公二十四年《左傳》疏："炫於處秦爲劉，謂非邱明之筆。"可知前説即出自劉炫。襄公二十九年《左傳》"爲之歌《頌》"孔疏，與《詩經·關雎序》孔疏的相關段落，雷同頗多，兩相對照，《詩》疏僅删去《左傳》疏"劉炫又曰"四字。《左傳》疏只云"劉炫又曰"，而無"劉炫曰"，據此可知孔疏"劉炫又曰"以前的文字，亦鈔自劉炫。劉文淇發現，不僅僅《左傳》疏鈔劉炫著作，孔穎達其他經疏也鈔襲了劉炫的著作。

劉文淇《左傳舊疏考正》通過辨別《春秋左傳正義》的體例，發現孔疏大段鈔襲劉炫的證據。劉炫一般先引六朝舊疏，其次加以辯駁，最後申以己意，孔疏往往對六朝舊疏不加出處，而在後文隨意加"劉炫難曰""劉炫云"等等，似乎只徵引了劉炫之語，殊不知六朝舊疏亦鈔自劉炫。劉炫之書名曰"述義"，則當先載六朝舊疏，錄其姓名，再議其得失。而唐永徽諸臣將六朝舊疏姓氏削去，襲爲己語，這樣就造成唐人疏在前，隋劉炫説在後，隋代學者劉炫反駁唐人觀點的現象。從著書體例上看，斷無先陳己意，而引劉炫之語來否定自己觀點的。

劉文淇通過考察史傳，指出現今所見孔疏並非孔疏原本，鈔襲舊疏亦非孔穎達本意。據《隋書·經籍志》及《孝經》疏，劉炫之書名爲《春秋左氏傳述義》，"述議者，述其義，疏議之"，所以劉炫著作内徵引隋以前舊疏，必當錄其姓名，而或引申其說，或駁正其非。而孔疏本名《義贊》，後改"贊"爲"正義"，但是仍有删改未盡者，今本仍存"今贊"云云，孔穎達特以此申說己義，皆附於舊疏之後，而別爲一說，故孔疏原本當保留了隋以前舊疏姓氏。據《唐會要》，貞觀十二年，孔穎達撰《五經義疏》，十六年詳定其失，十九年孔氏卒。永徽三年，趙公無忌等人受詔刊正，四年，即頒於天下，以爲定式。時間倉促，而盡删舊疏姓氏，據前人注疏爲己有，因此造成唐人之說在前，劉炫之語在後的情況。

另外，劉文淇《左傳舊疏考正序》指出孔疏所引"經傳定本"，非世俗所謂顏師古奉敕刊正頒行之定本，而是齊、隋以前的定本，《左傳舊疏考正序》列舉十證以證明之。《左傳舊疏考正》認爲唐志所載劉炫《規過》三卷爲後人據孔疏而作，因爲《隋書·經籍志》著錄劉炫《春秋左氏傳述義》四十卷，未云《規過》。劉炫身爲隋代大儒，他的著作當不至於被當代人遺漏。就此推測，《規過》爲後人所輯，其內容係劉炫《春秋左氏傳述義》的一部分。

《左傳舊疏考正》被譽爲"讀唐人義疏者不可不知"之作（李慈銘《越縵堂日記》辛集第二集），它對瞭解孔疏的形成以及唐代經學的製作，糾正由來已久的誤解，有很大的啓示作用。黃承吉述說劉文淇"非故發唐人之覆，訖以蘄舊疏之真也。舊疏明則傳注明，而經亦明。綴殘理缺之爲，不在自擅別論，蓋較諸陸傅、二顧、兩惠諸家補正杜書，尤爲能得其要。且此緒一出，則使他端悉可類推，爰以訂六代流風"（黃承吉《夢陔堂文集》卷五《春秋左氏傳舊疏考正序》）。前代學者只重視杜注，尚未注意到劉炫注，正是在考證劉炫注這一點上，劉文淇的成就高於明陸粲、傅遜，清顧炎武、顧棟高、惠士奇、惠棟等學者。

8. 1846年沈豫《春秋左傳服注存》二卷續一卷補遺一卷，清光緒十六年(1890)劉晚榮藏修堂叢書本

每半葉9行，行20字，小字雙行，同。左右雙邊，黑口，單魚尾。版心題"春秋左傳服注"。卷首有道光二十六年(1846)丙午瞿溶

《叙》和《凡例》。

沈豫(1781—1851),字小勇,號補堂先生,浙江蕭山人。客居齊魯燕趙,晚遊吳。長於經史之學,著《左氏服杜異同輯說》《左官異禮畧》《周官識小》《讀史雜記》等書,凡一百一十四種,入《蛾術堂集》。

學者言服注,多本余蕭客《古經解鈎沈》,沈豫《春秋左傳服注存》前兩卷體例悉本余蕭客《古經解鈎沈》,徵引《儀禮》《禮記》《史記》《文選》《詩經》《通典》《北史》《隋書》《資治通鑒》諸家注,後兩卷《春秋左傳服注續》《春秋左傳服注補遺》,則全由自己輯佚。沈豫從孔穎達《五經正義》《注補後漢書》《太平御覽》《宋史》、姚培謙《春秋左傳杜注》、時人校注的宋本五經疏等書中輯佚。

《春秋左傳服注存》首述服氏源流,相當於簡述服注的傳播和接受史。翻檢《兩漢書》《南史》《北史》《隋書》等史籍,可見服氏說在魏晉時期的傳承,《隋書·經籍志》亦著錄服注類著作。採及孔疏,及清代學者洪亮吉、臧琳、馬宗璉等人的說法,意主服氏義高於杜注。漢永平中,學《左氏》者,擢高第為講郎,其後賈逵、服虔並為訓解,至魏遂行於世。晉時杜預又為《春秋經傳集解》,服虔注、杜預注俱立國學,而後河洛惟傳服義,江南行杜注。至隋,杜氏盛行,服義寖微。漢儒注解,服氏為精,北方服注流行,與徐遵明有絕大關係。據《魏書》,徐遵明係華陰人,詣山東求學,得《服氏春秋》,係晉永嘉舊本。讀經數載,撰作《春秋義章》三十卷。後教授門徒,執疏敷講,浸以成俗。江南儒生只知服膺杜氏,不曉服注精微,梁崔靈恩著《左氏條義》以明杜注之失。

《左傳》服注對《左傳》所記載的春秋史事,多以"禮"應之,頗有發明。如桓公二年《左傳》"士有隸子弟",《儀禮》疏引服虔注,說明士卑,自以其子弟為僕隸;祿不足以及其宗,故隸其子弟。桓公六年《左傳》,子同生,"接以大牢",《御覽》百四十六引服注:"接者,子初生,接見於父。"用以說明"接"為禮之一種。桓公九年《左傳》:"曹大子來朝。賓之以上卿,禮也。"《御覽》百四十六引服注:"曹伯有故,使其太子攝而朝。"服注又引《曲禮》補充說明太子攝政之禮。《曲禮》:"諸侯之嫡子攝其君,未嘗誓於天子,則以皮帛繼子男,諸侯之上卿之禮也。上卿出入三積,食三牢,一享一食,宴之也。"

除了蒐輯服氏注《左傳》,服氏注《春秋》,亦在蒐輯之列。桓公十七年《春秋》"夏五月",朱熹校宋本《禮記》疏六十一引服注:"若登臺而不視朔,則書時不書月;若視朔而不登臺,則書月不書時;若雖無事視朔,登臺則空書時月。"漢儒解經,亦講求日月之例,服氏將時月記載的不同解釋爲史官書法的不同。

咸豐三年(1853),宗稷辰爲沈豫作《傳》,謂"迄三十年來,科舉文率虛衍,士鮮窮經",而沈豫抱持乾嘉古訓治經之法,在古越地延續了乾嘉漢學傳統。

9. 1866年李貽德《春秋左氏傳賈服注輯述》二十卷,《續修四庫全書》影印浙江圖書館藏清同治五年(1866)朱蘭刻本

每半葉10行,行25字,小字雙行,同。左右雙邊,白口,單魚尾。牌記題"同治丙寅仲冬代州馮志沂署"。卷首有同治五年丙寅冬至日餘姚朱蘭序、同治四年乙丑寶應劉恭冕序,附平湖徐士芬著《李次白孝廉傳》、嘉興錢儀吉著《李次白墓誌銘》。

李貽德(1783—1832),字天彝,一字次白,號杏村先生,浙江嘉興人。嘉慶二十三年(1818)舉於鄉,對策爲浙士冠,座師爲王引之。六上春官不售,卒歿京師。曾館於金陵,受孫星衍賞識,孫氏晚年所著書,李貽德爲之卒業者居多。孫星衍使人輯漢魏經説,爲《十三經佚注》,令同志分任之,李貽德撰成《賈服注輯述》《周禮賸義》。《賈服注輯述》經朱蘭請劉恭冕校勘、整理,在金陵書局出版,一同出版的還有《攬青閣詩鈔》二卷(朱序)。李貽德另著《周禮賸義》《詩攷異》《詩經名物攷》《十七史攷異》,俱佚。

劉恭冕序稱李貽德所著《賈服注輯述》"援引甚博,字比句櫛,於義有未安者,亦加以駁難。雖使冲遠復生,終未敢專樹征南之幟,而盡棄舊義也"。徐士芬稱李貽德誦習經史,有經濟才,"於天下山川阨塞、士馬芻糧以逮、治河興屯諸利弊,羅列若指諸掌";李貽德於史學,"自漢以迄五代,靡不縷析條貫,實事求是,著有《攷異》若干卷,視錢宮詹《攷異》一書,尤加詳焉"。雖不無溢美之辭,但可見李氏爲

學旨趣在經史之學,於物無所不逮,一一考證,巨細無遺。

《賈服注輯述》輯賈逵、服虔舊注,一一標明出處,而疏通證明之。從中可畧見賈逵、服虔等漢代學者說《左傳》,援引《公羊》《穀梁》之義,李貽德述賈服注,亦間用《公羊》《穀梁》證成之。漢代古文經師本不分今古文門户,清代學者擁護賈服注,亦不分今古文之門户。

《賈服注輯述》時或正賈、服注之失,而從杜注。如《左傳》"旝動而鼓"之"旝",不取賈逵"發石"義,而取杜注釋"旝"爲"旌"。賈服注採用陰陽五行說,李貽德並不反對,如莊公二十八年《春秋》"大無麥禾",服注:"陰陽不和,土氣不養,故禾麥不成也。"李貽德引《春秋繁露》:"《易·說卦》:立天之道曰陰與陽。"明其出處。李氏雖首肯陰陽理論,但反對讖緯說經,哀公十四年《春秋》"西狩獲麟",認爲《公羊》學說荒誕不經、假以媚漢,而讚成服虔說。

《賈服注輯述》時或指出杜注之誤。如僖公十四年《春秋》"沙鹿崩",杜注認爲沙鹿是土山名,在平陽元城縣東。杜注的觀點來自《漢書·元后傳》。《漢書》記載沙鹿崩、晉史卜,謂沙鹿崩後六百四十五年,聖女興。沙鹿其地在元城(今河北大名)郭東,而漢元帝后王氏即出生於此。李貽德指出晉史之言不見於《左傳》,故此條記載與"其處者爲劉氏"一樣,不過出於僞造,係西漢人附會,爲元后王氏攝政張本,而班固據之以推世系,失之於誣。杜注取以爲注,則可謂無識。李貽德點出杜注的出處,足以明杜注之失。

凡賈服舊注,必證其出處,有時不免曲爲之說。隱公十一年《左傳》"潁考叔挾輈以走",服虔注:"考叔挾車轅箠馬而走。"《賈服注輯述》先輯各家,釋"輈"爲"轅",並解釋車轅的部位及形狀。接着徵引《釋名·釋車》《國語·吳語》,論"轅"被"挾"在腋下(《釋名·釋車》:"車轅,援也,車之大援也。"賈氏以爲"爲車之援,故可以挾",此不過是強爲之說),最後說明爲何"箠馬而走"。雖然層次清晰,但誠如孔疏所說,車轅挾在腋下,何以復駕車而走?服虔說不可信,李貽德仍爲服注多方解說,甚至曲爲附會。又桓公六年《春秋》"大閱",賈注:"簡車馬於廟。"李貽德證明授兵之時,車馬咸在廟,以此與潁考叔"挾輈篲馬而走"相呼應。車馬俱在,穎考叔亦不可能挾轅的同時又駕轅而走。

桓公二年《左傳》"錫鸞和鈴",服注:"鸞在鑣外,和在衡。"李貽德先引各家傳注釋鸞、和。接著指出"鸞和所在,傳注各異",陳說各家之異後,必疏通證明服注是正確的。鸞、和的位置,如果考察出土文物,便能確知。孫機《中國古輿服論叢》對此有詳細的考證。李貽德所處時代尚不具備考證的條件。

《賈服注輯述》的考證亦有仍待深入之處。桓公五年《春秋》"州公如曹",服注:"春秋前以黜陟之法,進爵爲公。"李貽德引《世本》明州國姜姓,又舉《白虎通義·考黜》,述古代的進爵禮及其意義,引鄭玄《禮記·王制》注,論周代的爵位與商代爵位的分別。李貽德不能確指州國所在地,對州公之名亦無所知,只是據文獻記載,論州因德或因功,進爵爲公,至於何時進爵爲公,仍有待進一步探究。《左傳》記載的方國之小者,很多不見諸文獻記載,當求之於新材料的出現,這也是專門學問,不能苛責清代學者。如不能確指,不妨闕疑,以待來者。

五　補苴《春秋左傳》杜注

1. 1682 年顧炎武《左傳杜解補正》三卷，清經解本，上海書店，1988 年

每葉上中下 3 欄，每欄 33 行，行 24 字。四周單邊，白口，單魚尾。卷首有顧炎武小序。

顧炎武（1613—1682），原名絳，字寧人，號亭林，江蘇崑山人。明末諸生，康熙間舉博學鴻詞，堅辭不赴。性耿介，入清後遊大江南北，廣交南北學人，晚年定居於西嶽華山。於清初倡"博學於文，行己有恥"，以對抗宋明空虛學風。晚年篤經史之學，精於考證，為清代樸學之祖。著《音學五書》《天下郡國利病書》《日知錄》等書。

顧炎武謂明邵寶《左觿》、陸粲《左傳附注》、傅遜《左傳辨誤》等書，對杜注有所補正，自己的著作多有採用。《左傳杜解補正》多文字訓詁、典章制度的補正，對杜注的義理闡發間有辨正。

此書尚未成書，便以條目的形式在友朋間流傳，深受器重，是清人補苴《左傳》杜注之類著作的重要基礎。元明以來，胡安國《春秋傳》被懸為科舉功令，遂令天下只知有胡氏《春秋傳》，而不知有《春秋》一經，遑論《左傳》杜注。顧炎武不參加科舉考試，他關注的對象也從胡氏《春秋傳》轉移至杜注。杜注是保留最早，也是最完整的《左傳》之注，自有它不可替代的學術價值。《左傳杜解補正》補苴杜注，實是對杜注的禮敬。

顧氏以淵博的學識，廣引群籍，證杜注地理、小學之誤，亦以證杜注義理之迂，皆言之有據。如引《漢書·外戚傳》上官桀故事，謂車蓋可在風大時拆卸下來，以說明"投蓋于稷門"即投車蓋於城門之意，以此解決"投蓋"一詞的爭端。又引司馬遷、成濟的史事說明《左傳》"立桓公而討躥氏,有死者"的"死者",只是個不足記名的身份低下的卑微者,杜注於有名無名中申發微言大義,其穿鑿不攻自破。《左傳杜解補正》的訓詁,大多簡明扼要,通達直切,直中肯綮。所引之書,大抵漢魏之前的經史子集,以史籍的徵引爲特色,不避子部、集部著作,亦用唐宋人舊說。

顧氏並非如後來的乾嘉漢學,專尚東漢各家舊注,而廢其他注疏。顧氏凡所引證,都證明出處,不同於杜注,也不同於明代學術,在形式上爲清代考據學確立了範式。著作先引傳文、杜注,空一格言"補曰",提出自己的觀點,形式頗爲整齊。但後二卷間有省署杜注原文,或將其穿插於補正之中,存在爲例不純的現象。但瑕不掩瑜,這不影響著作的整體呈現效果。

《左傳杜解補正》借用《詩經》解釋《左傳》。莊公二十二年《左傳》"山嶽則配天",杜注:"得大嶽之權,則有配天之大功。"顧炎武引《詩經》"崧高維嶽,駿極于天",認爲"山嶽則配天",意即天之高大,惟山嶽足以配之。杜注將"山嶽"當作姜姓始祖"大嶽",頗嫌牽強,顧炎武則以"山嶽"爲高山,"山嶽"與"天"關聯。《左傳杜解補正》重視《詩》,也重視詩序,逕將詩序當作史實。如《小雅·常棣》,《左傳》記載是召穆公所作,而詩序認爲是周公作,顧氏認爲二者各有所傳,不必苟同。

隱公元年《左傳》"莊公寤生"句,是一個難解的公案。杜注理解爲姜氏寤寐而生莊公,更多注家引應劭《風俗通義》"兒墮地能開目視者爲寤生","寤生"即出生時睜着眼睛。《史記·鄭世家》記載寤生因爲難產而致姜氏厭惡,"寤生"當爲"難產"之意,顧炎武《左傳杜解補正》只徵引《風俗通義》而未及《史記》,這實在是一個遺憾的事。襄公二十一年《左傳》"得罪於王之守臣"句,用《禮記·玉藻》"諸侯之於天子曰某土之守臣某",解釋"守臣"即晉侯,糾正杜注釋爲"范宣子"之失,簡而精當。

顧炎武在《春秋》經學中宣揚"尊尊"之義,甚至以"尊尊"壓制"親親"。文公二年《左傳》"君子曰"引《魯頌》"春秋匪解,享祀不忒。皇皇后帝,皇祖后稷"說明尊卑之別,后稷雖親,但要先稱上帝;

又從《邶風》"問我諸姑,遂及伯姊",説明姊雖親,但要先問姑。顧炎武肯定《左傳》"君子曰"的説法,並補充説明"禮不敢以其所親加之於尊"。顧氏不滿《左傳》的解經語,如文公二年《左傳》:"襄仲如齊納幣,禮也。"顧氏認爲春秋時應守喪三年,當時魯僖公之喪未及二十五月,魯國喪事未除,即娶妻納女,這是有違禮制的。隱公元年杜注:"諸侯已上既葬,則縗麻除,無哭位,諒闇終喪,"顧氏譏之爲"短喪説"。其實,所謂"三年之喪"禮,出於《禮記》,實際上春秋時期並未真正實行過,後代學者將它作爲一種春秋時期通行的禮指斥杜注,有失公平。

《左傳》記申繻論起名,答曰"不以國","以國則廢名"。杜注申其義,"國君之子不自以本國爲名","國不可易,故廢名"。杜注反對以本國名字起名,顧炎武則舉魯定公名宋,魯哀公名蔣爲例,魯君起名爲宋、蔣,都是國名,以此駁斥杜注。杜注謂國不可易名,顧炎武則舉秦莊襄王名"楚","楚"改名爲"荆"一例駁斥杜注。顧炎武舉取他國國名之例,以及戰國時事,駁斥杜注,於理牽强。

2. 1718 年惠棟《春秋左傳補注》六卷,清經解本,上海書店,1988 年

每葉上中下 3 欄,每欄 33 行,行 24 字。四周單邊,白口,單魚尾。卷首有惠棟康熙五十七年(1718)戊戌冬日自序。

惠棟(1697—1758),字定宇,自號松崖,江蘇吴縣(今蘇州)人。諸生。惠氏四世傳經,獨抱遺經,遠承絶學。祖惠周惕,父惠士奇,世稱老、少紅豆先生。惠士奇因修城毁家,惠棟授徒自給,不事舉業。惠棟少承家學,遍誦群經,於漢唐説經諸家熟洽淹貫,於諸經諸史、諸子百家、稗官野史及七經讖緯,無不肆業。耿耿自信,不爲窮達所移。著《九經古義》二十卷,《周易本義辨證》六卷,《易漢學》八卷,《古文尚書考異》二卷,《明堂大道録》八卷,《後漢書補注》二十四卷等。上海圖書館藏惠棟《春秋左傳補注》原手稿本,分爲四卷,刊行時釐爲六卷。

惠棟以顧炎武《左傳杜解補正》雖取開成石經,校《左傳》文字同

異，但義有未盡，於是發明賈逵、服虔之學，作《春秋左傳補注》。自序稱曾祖樸菴先生（惠有聲，字律和，號樸菴，明諸生）通《左氏春秋》，曾補杜氏之未備，作《補註》一卷，轉相授於惠棟。惠棟幼習《春秋左傳》，少聞庭訓，謂《春秋左傳》杜注多違誤，北周樂遜《春秋序義》、劉炫《春秋規過》，都有意彌補杜注過失，但其書不存，惠棟於是"刺取經傳，附以先世遺聞"，著《春秋左傳補注》共六卷，以補杜注之失。引曾祖之説，則曰"樸菴子惠子曰""子惠子曰"。《春秋左傳補注》所補多爲漢儒舊説，《荀子》《管子》《尉繚子》《世本》等先秦子書、史書亦在徵引之内，皆用以補杜注之失。

惠棟《春秋左傳補注》以漢唐舊注解經，確立了"古訓治經"的方法。惠棟"古訓治經"的方法來源於家學。惠棟早年聞之於父曰："宋人不好古而好臆説，故其解經皆燕相之説書也。"（惠棟《九曜齋筆記》）惠氏堅持用古訓治經是爲了掌握最古的資料，以接近經傳的歷史真實。惠氏四世傳經，積累了足夠的資料。據盧文弨《抱經堂文集·王伯厚輯古文春秋左傳序》記載，惠氏祖傳宋王應麟所輯舊注，王應麟"於諸書中蒐輯補綴賈服外，若鄭康成、馬季長、王子雍之説，咸録焉"，輯佚的目的是正杜氏之失，但未成書。"王氏此書，定宇祖父以來，即相傳有鈔本，而外人罕得見。"惠棟有古輯佚本在手，則如近水樓臺，較同時代人更早地走向古訓治經之途。惠氏的學問都從漢唐注疏中而來，這直接啓發了惠氏的忘年交錢大昕、同僚王鳴盛等人，故而有乾嘉漢學古訓治經之盛。

惠氏《春秋左傳補注》爲《九經古義》之一種，先行刊發。用唐開成石經校文字之失，以漢儒舊説補杜注之失，亦補顧炎武《左傳杜解補注》若干條，皆言之成理。桓公二年《春秋》："宋督弑其君與夷及其大夫孔父。"杜注認爲孔父是其名，有譏貶之意："名者，内不能治其閨門，外取怨於民，身死而禍及其君。"惠氏首先指出古人稱名字，字在先而名在後，孔父嘉，孔父是字（按孔父嘉的後代以其字爲氏，即孔氏。惠氏此説有理），而嘉是名，杜注"稱名以貶"之説不成立。惠氏又引《説文解字》："孔，從乙子。乙，請子之候鳥也。乙至而得子，嘉美之也。古人名嘉字子孔。""孔"和"嘉"均無貶義，春秋時期

"名嘉字子孔"的,除宋有孔父嘉之外,還有鄭國子孔,亦名嘉。惠氏未在義理上齗齗爭辯,但以古注,輔以古人稱名之通例,糾正杜注之失,言簡而意賅,可爲定論。一般來講,惠氏《春秋左傳補注》釋義"精確"、有條理,此爲戴震爲首的乾嘉學者所推崇,影響深遠。

惠氏《春秋左傳補注》反駁宋以來的"臘爲秦祭"之説。惠氏引《太平御覽》、應劭《風俗通義》、蔡邕《月令》等書籍,説明臘祭是三代祭名,朱熹認爲秦始有臘祭,這是"考之不審"。惠氏解決了人們因爲臘祭懷疑《左傳》之真僞的懸案。

惠氏《春秋左傳補注》對子書《管子》《尉繚子》等書的徵引,是一件非常冒險的事情,當時人未必把它當作真書,姚際恒作《古今僞書考》列多種子書爲僞書,《尉繚子》《鶡冠子》等書赫然在列。而惠棟因爲對古注的偏好,使他有不同於一般的舉動。四庫館臣認爲徵引先秦子書爲不當,是"牽引旁文……未免爲例不純"(《四庫全書總目·九經古義》)。雖然對所引先秦子書不曾詳加考訂,但是在儘可能地接近經典的原義上,惠棟的思路是對的。後人將乾嘉學術分爲吴派和皖派,吴派求古,皖派求是,求古便有泥古之弊,但惠棟並不泥古,並非以漢注爲牢籠而固步自封。

縱覽《春秋左傳補注》,偶有輯採舊注,不作裁斷的狀況。如"旝動而鼓"之"旝"的解釋,歷來爭議不下。賈逵注作"發石"解,《三國志》有依賈逵注如法炮製發石車之事例,而《詩經》中,"旝"作名詞"旃"解,這幾個義項不相協,而作者羅列各説,不分次序,不作裁斷,顯現出未經整理的雜亂。但這並非如後人對惠氏的批評,一味泥古而"寡於裁斷"。"旝"從"㫃",依據《説文》體例,"㫃"部18個字中,前後均爲名詞,中間夾一個動詞則爲生硬,故《詩經》的注釋更準確。惠氏自云"前修不掩""有失必規",這説明他的主觀意識中對漢注不存偏重之心。惠棟所倡導的古訓治經的方法,流傳至末流,則專意泥古,這爲人所詬病,但將"泥古"的弊端歸之於古訓治經的創始者惠棟,有失偏頗。

《左傳》:"贈死不及尸,弔生不及哀,預凶事,非禮也。"惠氏採用其先祖之議,認爲《左傳》此説來自《荀子》,《荀子》講的是戰國時禮,而杜注採用來論春秋時禮。在《左傳》與《荀子》成書的先後上,惠氏云《左傳》沿襲《荀子》,這個論點值得商榷。杜注曰:"諸侯已上,既葬則縗麻除,無哭位,諒闇終喪。"被學者冠以"短喪"説,而受到攻伐。惠氏亦因此攻擊杜注"誕之甚,妄之甚"。

3. 1744年姚培謙《春秋左傳杜注》三十卷,首一卷,《續修四庫全書》影印復旦大學圖書館藏清乾隆十一年(1746)陸氏小鬱林刻本

每半葉9行,行19字。左右雙邊,白口,單魚尾。卷首有《春秋左傳杜氏序》、乾隆十一年黃叔琳序、乾隆九年姚培謙自識《凡例》八則。卷首又附《春秋王朝興廢説》《春秋王朝列國紀年》,依康熙《春秋傳説彙纂》,列國止載二十國,虞、虢、紀早亡,不録。

姚培謙(1693—1766),字平山,江蘇華亭(今上海松江)人。諸生,好交遊。雍正中保舉人材,以居喪不赴。另著《松桂讀書堂集》八卷。

俗本《春秋左傳》杜林合注,於杜注每有刊落。黃序稱林注非杜注之匹,杜注不全則一家之學無由得其始終,首肯杜注對經傳問題能"涣然而冰釋,怡然而理順",稱"學者有志《春秋》一經,當不能舍此而津逮矣"。黃序又稱杜預《春秋經傳集解序》示人以讀書之法,姚培謙也認爲它是讀《春秋左傳》的"要領"。姚著已成,吳門陸闇亭太守歸田,喜是書賅核,故爲之刊刻。可見乾隆初年越來越多的學者認識到《左傳》及杜注的重要性。黃序稱姚培謙"據經以讀傳,因傳以玫經",姚氏自稱以程朱之説斷決各家經説(《凡例》),則姚培謙仍採用宋儒的研究方法。

古本《左傳》三十卷,姚培謙《春秋左傳杜注》三十卷據以爲本,附《春秋》經文於《左傳》。杜注釋地理,有古名,則轉換成今名。又附陸德明《經典釋文》,補其未備。首列杜注,其他傳注隨其後,用圈號相隔。《春秋左傳杜注》於杜注一字無遺,兼及孔疏,寧詳勿畧,旁及唐宋元明以逮清代諸家説。凡與杜氏立説有異且有裨於解經者,必存其説,以待後人採擇,所謂"謹録先儒成説,以寓折衷"(《凡

例》),有己見則加按語。如保留林堯叟引《史記》,注"寤生"爲"生之難",以正杜注之失。又用《公羊》説解"賵"字:"車馬曰賵,貨財曰賻,衣被曰襚。"偶爾長篇累牘引胡安國《春秋傳》,以明褒貶。號稱採諸家説,實際是集中於啖助、趙匡、胡氏《春秋傳》等常見傳説,偶爾採及他家傳説。《左傳》杜注和《公羊》《穀梁》説不同時,則只取杜注。如莊公四年《春秋》"紀侯大去其國",用《左傳》義,棄《公羊》學的"復讎"説,亦不取《穀梁》"賢紀侯"之説。

《春秋左傳杜注》以《左傳》和杜注爲本,不僅修訂杜注,對《左傳》亦有批評。隱公元年《左傳》:"贈死不及尸,弔生不及哀,豫凶事,非禮也。"引顧炎武之説,云杜注"短喪"説誤,亦指出《左傳》之失:"以夫人禮賵人之妾,亂倫之甚也。"又引胡安國、沈堯中的説法,皆不以《左傳》所説爲然。隱公二年《左傳》:"冬,紀子帛、莒子盟于密,魯故也。"引啖助之説,以《左傳》之説爲附會。宣公二年《左傳》:"惜也,越竟乃免。"引趙匡之説,論趙盾弑君之罪不可免。以後世的君臣倫理評判《左傳》史事,壓制了《左傳》自身的義理。頗爲開明的是,仍保留了宣公四年《左傳》的凡例:"凡弑君稱君,君無道也;稱臣,臣之罪也。"

4. 1768 年齊召南《春秋左傳注疏考證》二卷,清經解本,上海書店,1988 年

每葉上中下 3 欄,每欄 33 行,行 24 字。四周單邊,白口,單魚尾。

齊召南(1703—1768),字次風,號瓊臺,晚號息園,浙江天台人。乾隆元年(1736)舉博學鴻詞科,官至禮部侍郎,曾主講敷文書院十一年。乾隆三十二年,受族人案株連,被革職。著《水道提綱》《歷代帝王年表》《寶綸堂文鈔》等。

《春秋左傳注疏考證》棄一字褒貶之説,採漢人賈逵、服虔的舊注,又用宋儒劉敞等人的義理。認爲《左傳》的事實可靠,對杜注地理之失多有補正。多用《史記》補充史事,以明義理。

襄公二十七年《春秋》"豹及諸侯之大夫盟于宋",豹不書族,《左

傳》以"違命"貶之,《穀梁》則認爲稱"豹",則其爲臣子也恭。一褒一貶,全在名字上穿鑿,皆過當。賈逵、服虔稱"豹執義尊國",方爲正解。昭公元年《左傳》"宣汾洮"之洮水,杜預《春秋釋例》闕,作者依據《水經注》、司馬彪注,指出係涑水兼洮水之名。昭公十五年《左傳》"叔弓涖事",按《公羊》《穀梁》,則叔弓卒於家,按《左傳》則叔弓卒於祭所。《左傳》叙述更爲合理,故"凡叙事以《左氏》爲質"。

5. 1768年姜炳璋《讀左補義》五十卷,《續修四庫全書》影印中國科學院圖書館藏清乾隆三十八年(1773)三多堂刻本

此書爲進呈乾隆、採入《四庫全書》之本。每半葉11行,行23字。左右雙邊,白口,單魚尾。有評點符號。卷首有乾隆三十三年(1768)自序、錢惟城序、張嗣益序、乾隆二十九年彭啓豐序、乾隆三十八年毛昇《刻讀左補義例言》《綱領》。毛昇《讀左補義例言》謂是書起於乾隆二十一年,是姜氏在蘭江書院、石泉縣等地教授諸生、子弟所作,由弟子、長子(姜埭)手録,乾隆二十九年方得清本。乾隆三十三年姜氏歸象山,復經姜氏本人刪減、門人易稿,至乾隆三十七年方告竣,乾隆三十八年由門人資助刊刻。

姜炳璋(1707—1787),字石貞,號白巖,浙江象山人。乾隆十九年(1754)進士,官石泉、江浦縣知縣,多善政。另著《詩序補義》二十四卷,入《四庫全書》。

《公羊》《穀梁》均以義例解經,《左傳》杜注亦謂《左傳》有正例、變例、非例之別。姜氏反對義例解經,認爲《左傳》無例。《左傳》本史書,不爲釋經而作,所謂《左傳》之例,只是史書之舊例,此識見甚高。其自序云:"史官之例有五:有舊典禮經,至《春秋》而猶有存者,例也,即義也;有東遷後列國相沿之例,則名存而實亡也;有魯史自相傳受之例,則得失參半也;有霸國更定之例,則勢利爲進退也;有魯君臣私意自定之例,則詳畧無定理矣。"史書之例並非一成不變,歷代史書編寫,其體例有沿革變化;史書之例沒有一個完整的系統,難於周全。此不失爲一家之説。認爲《左傳》之義例瑕瑜各不相掩,不得錯將《左傳》之義例視爲聖人之微言大義。乾隆朝大學士錢惟城於

序中言："吾所取於《左氏》者,謂能備其事而可循,是以求聖人筆削之跡也,非即以《左氏》之是非爲聖人之筆削也。"姜序和錢序都認爲《左傳》闡發的義理不盡合聖人的微言大義,但其史事可嘉。張序、彭序亦以《讀左補義》爲"以史傳經"之作。

此書集前人傳說一百餘種,尤重《左傳》杜注,除了杜注所言義例一概删去、杜注地理訓釋代之以《皇輿表》地名之外,其他内容採之入書者十之六七。姜氏稱"杜解精確處,一字一珠,任後人更張百變,細按終不可易"。又用孔疏補杜注所未明,疏所未備,則採之於漢唐以後諸家傳注,或署下己見。被徵引的著作存於《通志堂經解》和《經義考》,除此之外,尚引用宋洪邁《容齋隨筆》、明王震《左翼》、董守諭《左傳簡秀》、清林雲銘《古文析義》、萬斯大《學春秋隨筆》《學禮質疑》、何焯《讀書記》、朱軾《春秋鈔》、方苞《春秋直解》《春秋通論》《左傳義法舉要》《春秋比事目錄》、徐乾學《讀禮通考》、姜兆錫《春秋胡傳參義》、全祖望《經史問答》、齊周南《春秋傳質疑》,以及佚名《讀左管見》(殘卷)等十餘種。所收錄的著作既有清代名臣的,也有普通人的。除了在《左傳》每段敘事結尾施以評點之外,還在簡端收錄他人評點。

此書用於書院、家塾,姜氏門人毛昇(字寅谷)特意加入評點以投時好。此書參稽各家時文選家,兼採馮李驊(《左繡》)、周聘侯二家之長,同學的父親汪思溥《左評》也在搜羅之列。此書成書時間跨度十餘年,無論經義,還是評點,不管是朝臣之作,或是鄉賢之作,皆盡力搜羅,得此一書,頗能窺見乾隆朝中葉《左傳》經學研究與《左傳》評點學的基本面目。姜氏《讀左補義》本意是作經義,以此對時人只論文而不論經義做一個反撥,最終卻以評點綴其端以取悦於世俗,結果與初衷背道而馳。

《綱領》列史家五例。一,西周舊典。即位書與不書,都是史官舊法。立世子、結婚姻、諸侯稱名、土功、災異等事類,皆有史官舊法。春秋之世,周桓王率四國伐鄭,雖不勝,但仍行"天討"之責。諸侯雖未朝王於京師,但不可謂諸侯不朝王。霸主征討,雖未請命於天子,亦未能制强楚,但中原有霸主,周王室猶有聲響。天子、諸侯、霸主之行事,猶遵行西周舊典。這是回應宋儒貶天子、討霸主、譏諸侯不朝之說。二,東遷後列國相沿之例。如諸侯自相朝、諸侯征伐、臣弒君("凡弒君稱君,君無道也;稱臣,臣之罪也"係東遷後史官之例)、大夫姓氏、霸主執諸侯(違背西周舊禮)、天子之喪葬,史官均有例。三,魯史官自相傳授之例。如魯史三不書(不告廟不書、非君舉不書、隱諱不書)、弒君雖諱實不諱、祭祀不合禮則書、魯史僭用天子之郊禘之禮、魯史因諸侯勢力大小而定詳畧、世子繼位稱名。四,春秋霸國更定之例。尊周攘楚,不無小補,但變周之舊章,去周之典籍,每一令行,史官從霸主國來告之文,因以爲成例。五,魯君臣私定之例。史官載筆受命於君相,不獨魯如此。魯自强臣專國,史官有承其命而書者,有畏之而不敢書者,無君而託爲尊君。姜氏所定史家五例看到了《春秋》不再以天子、諸侯爲中心,而魯僭越舊禮,霸主逐漸取代天子,大夫日益走進歷史舞臺的中央,這些新興事務均需一定的史官書法記錄,都不是西周舊禮,這種看法頗具啓發意義。

《綱領》還列舉了《左傳》的十二個特點,曰躬承聖教、親見策書、尊王重霸、寢兵息民、羽翼六經(可補六經史實)、表裏《論語》(與《論語》一樣,俱見孔子之心法)、屬辭比事、文緩旨遠、善善從長惡惡從短故其辭多恕、言有不驗事有未詳故其説非誣、小疵而大醇、闡幽而微顯。雖不完全贊同《左傳》之義理,但充分肯定了《左傳》對探求《春秋》之義的重要作用。

《讀左補義》中姜氏的經義闡釋與毛昇等人所錄評點鑿枘不合。姜氏的闡釋體系中,霸主功過相當,但書中所錄評點卻與此不一致,唯稱賞齊桓公爲五霸之長,矢心王室,光明磊落,無分外之求,卻一意排詆晉文公及其隨從子犯等人,詮釋"齊桓正而不譎,晉文譎而不正"之義,與宋儒議論一脈相承。尤其評論重耳流亡在外十九年,多有不堪。首先放棄機會,没有在里克殺奚齊、卓子之後,便入晉主政;娶懷嬴則有亂倫之譏;得國之後,釋寺人披之隙,則忘其讎;迎季隗而忘齊姜;放火燒山,介之推因之而死,均顯示文公忘舊日恩情。子犯與齊姜謀劃,趁重耳醉,遣其離齊,此爲陰謀,不屬正當;野人與塊,稱之爲"天賜",此則以利誘公子。此等議論,反反復復,少可而多否,正是宋學風氣。姜炳璋自序稱《春秋》"但記其事以明王法,未聞顯斥當時之君相而誅之",但毛昇等人對晉文公的評點,明顯與姜氏之旨意背道而馳。《四庫全書總目》稱"傳後必附以說,簡端又冠以評,或論事,或論文,如坊選古文之例,殊非註經之體也"。體裁上的不倫不類應歸咎於毛昇等人。毛昇以評點爲事,其評點早就偏離姜氏之經義。不過,由毛昇收錄的評點倒也可以看出清代普通讀書人理想的君王形象:謹守封建君臣、夫婦倫理,武力高強,有讎必報。

姜炳璋《讀左補義》於華夷之辨未多置辭,但毛昇收錄的評點張揚華夷之辨:"一部《春秋》,不越尊周室、攘荆楚兩言,以其僭王猾夏而已。"駁斥毛奇齡"聖人未嘗攘楚"之議。對於戎狄,主張全力出擊。戎狄連兵以伐周天子,入王城,而晉惠公和戎於王,又和戎於晉,評點者不明晉惠公爲何畏於戎而周旋如此。又評魯莊公娶齊女:"襄,魯讎也,殺其父,而爲之子者,不能枕戈復讎,反娶讎人之女,以爲宗廟社稷主,有人心者必不肯爲。"不明古人行事原因,實因沒有史學的研究方法,而用經學褒貶替代歷史的考察。

6. 1781 年李惇《左傳通釋》十二卷,存卷一至卷四,卷一一,《續修四庫全書》影印復旦大學圖書館藏清道光九年(1829)李培紫刻本

每半葉 10 行,行 21 字。左右雙邊,白口,單魚尾。此書缺卷五至卷一二,存《釋國》《釋世系》《釋世族》《釋雜人》《補長算》等五卷,闕《邑地》《山水關隘》《天文災異》《卜筮》《官制兵制》《書數古音》《附錄 凡例典禮》等七卷。後有乾隆四十六年(1781)李惇重訂《左傳通釋》的序文,及道光九年五月四日《左傳通釋》開雕李培紫跋文。

李惇(1734—1784),字成裕,一字孝臣,江蘇高郵人。乾隆四十五年進士,深於《詩》及《春秋》三傳。晚學曆算,與劉台拱、汪中、王念孫友善,力倡古學。著《卜筮論》《尚書古文說》《明堂考辨》《考工車制考》《歷代官制考》《左傳通釋》《杜氏長曆補》《說文引書字異考》《渾天圖說》《群經識小》,藏於家。平生喜讀《春秋》,曾作《春秋

解義》,被汪中持去,後不知所終。

此書考釋國之封地、始祖、家族簡史,雜人(世族不可考之人,包括婦人)僅提及書中出現的年月,皆無新奇之處。李培紫時或加以綴補。如莒子狂,採用王念孫的考證,"狂"實爲"迁",而俗本作"狂",或作"廷",皆非。

該書訂補杜預《春秋長曆》,指出"杜氏原書倘至今尚在,雖有不同,蓋亦罕矣,不應錯謬若是之甚"。顧棟高《朔閏表》《長曆拾遺表》"明爲補完杜氏之書,而復多不用其說,師心改訂,不免兩無所據。又深信趙東山所引《長曆》,仍加辨正,不知《長曆》惟載在《正義》者可信,此外本無足憑"(李惇後序)。相較顧氏著作,李惇《左傳通釋》對杜預《春秋長曆》更多保存、表彰之功。

7. 1782年阮芝生《左傳杜注拾遺》一卷,清光緒十三年(1887)南清河王氏小方壺齋叢書鉛印本,國家圖書館藏善本

每半葉13行,行27字。四周雙邊,白口,單魚尾。

阮芝生(1734—1782?),字秀儲,號紫坪,一字謝階,江蘇山陽(今淮安)人。阮學浩之子,阮葵生之弟。乾隆二十二年(1757)進士,從齊召南遊,精研經世之學。官德清知縣,扶危濟固,治堤防水患,有政績。與兄葵生友愛,時有"眉山兄弟"之稱。晚歸淮安勺湖草堂講授。著有《毛朱詩說》《聽潮集》《春秋傳說從長》等。

該書訓詁多採陸粲、邵寶、顧炎武等人的注釋,對杜注時加補充。杜注稱"荊,楚本號,後改爲楚",阮氏認爲國號受之先代,不可改。阮氏此說無據。杜注"無庸"解爲"無用",阮氏亦疑之,可見阮氏對杜注的偏見。又疑襄公九年《左傳》"晉人不得志於鄭,以諸侯復伐之"至"子展曰不可"六十三字爲錯簡,原因有六,皆不得要領。兩國之間,"旋盟旋伐,情理所無","凡傳所謂不得志者,謂攻之不克,招之不從,以無功旋師也"等等,從所謂的"情理""凡例"講《左傳》叙事的不真實,實際上自撰情理凡例,而不以客觀叙事爲先。這與宋儒的義理先行,以義理否定《左傳》叙事沒有什麼兩樣。石碏"大義滅親",阮氏不讚同,云"明小義,則兼子愛之",不因君臣之義抹煞父子

之親。這與清初學者反對宋明以來理學對家庭血緣親情的壓抑、漠視一脈相承。

8. 1793年梁履繩《左通補釋》三十二卷,《續修四庫全書》影印復旦大學圖書館藏清道光九年(1829)汪氏振綺堂刻光緒元年(1875)補修本

每半葉11行,行23字,小字雙行,同。左右雙邊,黑口,單魚尾。牌記題"道光九年己丑秋七月錢唐汪氏振綺堂雕版光緒元年三月補槧會稽後學趙之謙題記"。卷首有梁履繩小序,卷尾有道光六年冬十月望日歙縣朱文翰跋。

梁履繩(1748—1793),字處素,號央庵,浙江錢塘(今杭州)人,梁玉繩之弟。乾隆五十三年(1788)舉人,精《左傳》。

《左通補釋》不言義理,蒐輯古注,就《左傳》人名、氏族、地理、禮制等內容,通檢相關資料,並注以出處,以補杜注之未備。引三《禮》注疏、《太平御覽》等補《左傳》禮制,引杜預《春秋世族譜》、鄭樵《通志·氏族畧》、羅泌《路史》、陸德明《經典釋文》、孔廣栻《世族譜補》、高士奇《春秋左傳姓名同異考》《春秋地名考畧》、王符《潛夫論·志氏姓》等補杜注人名之失,引顧棟高《春秋大事表》、康熙《日講春秋解義》、酈道元《水經注》、程公說《春秋分記》、顧祖禹《讀史方輿紀要》等,補杜注地理之失。所檢書籍,有些頗爲罕見,如宋程公說《春秋分記》。跋稱著書以類書最易,又以類書爲最難。此書確實分門別類,但比之於類書,未爲確當。

《左通補釋》引用《考古圖》所載晉姜鼎銘之"維王九月",《博古圖》載周仲偁父鼎銘之"維王五月",證明《春秋》於每月必書"王",此爲周公舊典。指出《左傳》"官有世功,則有官族",同樣出自周公舊典,有《尚書》《論語》《詩》《孟子》等典籍記載爲證,此與《公羊》學說的"譏世卿"說不同。引賈逵舊注,闡明楚號稱"荊"的兩個原因,一則因爲秦始皇之父名楚,楚因處荊州故諱荊,一則可能楚本號荊,指出《公羊》《穀梁》賤楚,故以荊言楚。此外《書傳》稱楚亦或稱州,或稱國,從時便而已,皆無關褒貶。且《詩·商頌·殷武》《詩·魯

頌・閟宮》荆楚、荆舒連用,可見荆之稱名已久,稱楚稱荆,稱名不定罷了。徵引可謂詳細委曲,但秦始皇避父諱,不管是真是假,都與《左傳》無關係。引王士禎《池北偶談》,謂"王叛王孫蘇",天子背大夫,亦曰"叛",猶如男子娶妻曰嫁,妻死曰寡一樣,都是古人用字之常例,沒有褒貶。

梁履繩《左通補釋》對惠棟《春秋左傳補注》多有補充。惠棟著《春秋左傳補注》引《戰國策》《漢書》《儀禮》《淮南子》《管子》等各家注,釋"均服振振"的"均服"爲"袀服",古戎服,上下皆黑,又名黑服。袀,古文亦作袗,玄黑之意,亦可爲祭服。惠氏舉《管子》爲例,說明"袀"在先秦古書中作"均"。梁履繩《左通補釋》進一步補充例證,說明古書中"袀"作"均",《文選》李善注方改"均"爲"袀"。衣一色者皆可謂之袀服,冠禮、祭祀、齋戒皆用袀服。《廣雅》以"均服"專指戎服是錯誤的。梁履繩的資料搜集至爲廣博,其語詞訓詁不可不謂細而密。

文公十三年《左傳》"其處者爲劉氏",杜注:"士會,堯後劉累之胤,別族復累之姓。"此即"漢爲堯後"的觀念,當來自漢儒。《左通補釋》採信惠棟《春秋左傳補注》"漢爲堯後"說,並補充說明。惠棟的父親士奇認爲《左傳》的"劉氏"本應爲"留氏","處者爲留,謂留於秦者,遂以爲氏。漢人改爲劉,以合卯金刀之說"。惠棟引《新唐書・宰相世系表》:"會適秦,歸晉,有子留於秦,自爲劉氏。生明,明生遠,遠生陽,十世孫戰國時獲於魏,遂爲魏大夫。秦滅魏,徙大梁,生清,徙居沛。生仁,號豐公,生煓,字執嘉,生四子,伯仲邦交。邦,漢高祖也。"《左通補釋》引《春秋左傳正義》,指出漢室初興,捐棄古學,《左氏》不顯於世,漢儒無以自申,"劉氏從秦徙魏,其源本出劉累,插注此辭,將以求媚於世"。杜注釋"其處者爲劉氏",論劉氏起源,不過是沿襲了漢儒的說法。惠氏父子、梁履繩等人發現了"漢爲堯後"是漢人所炮製,均未提及"漢爲堯後"是劉向、劉歆父子所加。

《左通補釋》訓釋《春秋》禮制,不避《公羊》。採用孔廣森《春秋公羊經傳通義》,論初稅畝不合於古禮。宣公十六年《春秋》"成周宣樹火",列舉《公羊》《穀梁》之説,與《左傳》異,卻無定論。合三傳以講經,固然不錯,但辨別考證,殊非易事。

9. 1794年馬宗璉《春秋左傳補注》三卷,《續修四庫全書》影印國家圖書館藏清刻本

每半葉11行,行21字,小字雙行,同。左右雙邊,黑口,單魚尾。卷首有乾隆五十九年(1794)五月十一日自序。

馬宗璉(1750？—1802),字器之,安徽桐城人。嘉慶六年(1801)進士。少從其舅姚鼐學古文辭,後從邵晉涵、任大椿、王念孫等人遊,學爲經史考證之學。阮元任浙江學政時,馬宗璉爲之訂《經籍纂詁》凡例。另著《毛鄭詩詁訓考證》《周禮鄭注疏證》《穀梁傳疏證》《説文字義廣注》《戰國策地里攷》《南海鬱林合浦蒼梧四郡沿革攷》《嶺南詩鈔》《崇鄭堂詩》等書。

乾隆五十九年,馬宗璉自序云服膺惠棟二十餘載,此書補惠棟《春秋左傳補注》之遺漏,正杜注之失。若二十而始學漢學,則馬氏生於四十餘年之前,即1750年左右。序稱賈逵、服虔等人注《左傳》,"精確不可移易";杜注於漢魏舊注未能擇善而從,且其地理,"不能揆度遠近,妄爲影附"。惠棟"遵四代之家學,廣搜賈、服、京君之注,援引秦漢子書爲證,繼先儒之絕學,爲《左氏》之功臣"。馬氏《春秋左傳補注》學惠氏,除漢注之外,還廣輯先秦子書舊注、唐宋類書,引證頗爲廣博。如引《太平御覽》:"齊詩:衛宣公之子壽閔其兄汲之且見害,作憂思之詩,《黍離》之詩是也。"保留了古注。

該書在地理上尚有補闕,如"哀元年《傳》敗越于夫椒",認爲夫椒隸屬於太湖,是古吳越共有之地,釋惠棟"疑越地不至於此"的疑竇。於職官、姓氏亦極力搜討,如"張老爲候奄",引《淮南·兵畧訓》明"候"的職權,又引王符"河東解縣有張城"之説,猜測張老或以邑爲氏,聊可備一説。

該書搜羅宏富,如《左傳》"其御羊斟",引《史記·宋微子世家》《淮南子》《戰國策》《方言》等文獻,解"斟"爲"汁",可謂竭盡全力。但"羊斟"爲御者之名,釋"斟"爲"汁",對了解"羊斟"這個名字無特

殊意義,馬氏致力於此,似有用力過度之嫌。又如"公嗾夫獒焉",先引各家説,後斷以己意,云:"是獒有猛意。"此語平庸,前所徵引固已盡獒的形貌、大小,王念孫特又總結出"凡物之高大者謂之敖"的通則,可止於此,再加論説,則屬蛇足。又如"莊公寤生",馬宗璉本引《説文》,釋"寤"爲"晤",謂莊公逆產,但馬氏最終放棄了這個注釋。藉《衆經音義》引《倉頡篇》,釋爲"覺而有言曰寤"。蒐輯古注是一事,以古注補前人之失又是一事。果於裁斷,方能不留遺憾。

10. 1810 年張聰咸《左傳杜注辨證》六卷,《聚學軒叢書》第二集,江蘇廣陵古籍刻印社,1982 年

每半葉 11 行,行 21 字,小字雙行,同。左右雙邊,黑口,雙魚尾。卷首有嘉慶十五年(1810)段玉裁序、嘉慶十四年張氏自序。卷尾附《段若膺明府書》及嘉慶十九年胡培翬跋。

張聰咸(1783—1814),字阮林,號傅嚴,安徽桐城人。少穎悟,作詩文常稱賞於同里,被鄉先輩姚鼐目爲"異才"。嘉慶十五年舉人,受阮元、王引之、胡承珙等人賞識,與同邑劉開、吳孫斑、姚瑩、方東樹爲友。通《左傳》《漢書》及音韻學。有《左傳杜注辨證》六卷、《經史質疑録》二卷、《傅嚴詩集》四卷。此書原名《左傳刊杜》,據段玉裁意見改爲今名。

段玉裁序認爲杜注集漢儒諸説,芟繁務簡,欲明而反晦。後人只知《左傳》杜注,而不復知有賈逵、服虔。隋劉炫《規杜》,衛冀隆《難杜》,皆發明其義,然皆不存。清顧炎武、惠棟對杜注皆有補正,顧氏尋繹經文,裁以己意,而惠棟廣摭賈服舊注,又博採京相璠《土地名》、兩漢志,及酈道元《水經注》,婺原江永之説,證杜注星曆之訛及其車法之謬,極見精確。近時程晉芳《左傳翼疏》三十卷,凡異於杜氏者,悉詳録之,雖精密,但未審度是非,持以公論。《左傳》杜注仍有待進一步釐正。段氏認爲《左傳》本古文,不可強解,其中古義,不可曲附。段氏提倡以歷史研究的方法復《左傳》之舊,其訓詁、意義、微言大義皆與當時歷史情境有關,不能隨意穿鑿。

張聰咸自序認爲漢季《左傳》之學,行於魏,亂於晉,而衰於隋,

絶於唐。"自杜氏《集解》出而晉宋以下服、杜遂并立國學,此《北史》所以稱河洛《左傳》則服子愼,江左《左傳》則杜元凱也。然《隋志》猶謂其先通《左氏》者,唯傳服義,及於隋,而杜氏盛行,服無師說。然杜既行,而劉炫、衛冀、陸周、樂遜輩即有《規難》《發違》諸作,至於唐作《正義》,復專成杜氏一家之學,而其時如權德輿及宋之鼂公武又議其錯傳分經矣。"張聰咸指出杜注之失,大端有四:一則曰不識星曆,《長曆》非曆。二曰短喪;三曰釋軍制則車法、徒法不分;四曰釋田賦則丘賦、甸賦莫辨。

杜注以簡潔見長,不注出處,《左傳杜注辨證》則博引群經諸子,注明出處。如莊公十八年《春秋》"秋有蜮"杜注:"短狐也。蓋以含沙射人爲災。"張氏找出杜預所據《周禮·夏官·蟈氏》疏,完全徵引,則知其形狀,如何爲災。羅列《洪範五行傳》《漢書·五行志》、陸璣《毛詩義疏》,明其出於江淮;又引劉向之說,以之爲災異,影射齊姜淫惑;但張氏支持劉歆的看法,認爲此物即蛤,有《呂氏春秋》高誘注爲證。據《毛詩》《尚書》考訂漢水入江以後仍稱爲漢,正杜預"漢水之名不逾江夏"之誤,在這一點上,"《辨證》之功曰最鉅"(段序)。

《左傳杜注辨證》引杜注之前的古注古書,明杜注訓詁之失。如僖公十五年《左傳》"亂氣狡憤",杜注釋"憤"爲"債",動也。《辨證》引《禮記·樂記》鄭玄所見本爲"賁",釋"賁"爲"憤",憤,怒氣充實也。《辨證》以鄭說爲是。又如僖公二十三年《左傳》"薄而觀之",杜注:"薄,迫也。"《辨證》引《晉語》及《淮南子》高誘注,明此事爲"設薄以觀之",則"薄而觀之"的"薄",應該是"帷薄"之義。

《左傳杜注辨證》力排杜注,有時亦以正爲誤。如僖公十一年《左傳》"七輿大夫",杜注:"侯伯七命,副車七乘。"杜注出自《周禮》,《周禮·典命》:"侯伯七命,其國家、宮室、車旗、衣服、禮儀皆以七爲節。"孔疏引《周禮·大行人》"侯伯七命,貳車七乘",引申曰:"貳即副也。每車一大夫主之,謂之七輿大夫。"但張氏認爲杜注"進退無據",很明顯,張氏不以孔疏所引《周禮》爲確。張氏贊成服虔注:"上軍之輿帥七人屬申生者。"又引《淮南子·兵訓畧》高誘注:"輿,衆也。候領輿衆在軍之後者。"所謂"七輿大夫",即"輿帥",統領戰車後衆兵士的官職。按輿帥是官職,七輿大夫也是官職,不可混同,也不必混同。官職"七輿大夫",數字標示身份,而"輿帥"與"七"没有必然聯繫,與"七輿大夫"之"七"巧合而已,服注不若杜注簡單明了。

當傳注意見不統一時,則本着有疑闕疑的態度,不强作解釋。如公子慶父,杜注謂慶父是魯桓公的同母兄弟,而另有觀點認爲慶父是桓公的庶兄,雙方都没有特别證據,故闕疑。《左傳杜注辨證》有時指出杜注與賈服同義;杜注時與賈服亦有相通之處,但《辨證》只詳細闡説賈服之説,有意忽視杜注與賈服注之間的聯繫,亦可視爲門户之見。

嘉慶年間,乾嘉漢學學風影響至巨。此書凡山川、地理、禮制、曆日、名物、世系,無不細究,徵引博,考訂密,不可不謂苦心孤詣。然密是其所長,亦是其所短。全卷引證密而難以卒讀,考訂精細而一窺大要難。

11. 1815年邵瑛《劉炫規杜持平》六卷,光緒十四年(1888)刻南菁書院叢書本

每半葉9行,行25字。左右雙邊,白口,單魚尾。卷首有嘉慶二十年(1815)邵瑛自序。

邵瑛(1739—1815),字瑤圃,浙江餘姚人。乾隆四十九年(1784)進士。

自杜注之後,崔靈恩著《左傳條議》以難杜,張冲著《春秋義畧》,異於杜注者七十餘事,衛冀隆精服氏學,難杜六十三事,至隋劉炫,《隋書·經籍志》記其撰《春秋左氏傳述義》四十卷,專攻杜注,其書不傳,僅存於孔疏中。隋劉炫注因其攻杜而爲孔疏所駁。乾隆間,紀昀編《四庫全書》,曾欲平息劉炫與杜注的爭端,但未成願,其學生邵瑛繼之。《劉炫規杜持平》即爲平息劉炫與杜注之間的爭端而作。

邵瑛《劉炫規杜持平》始於嘉慶十九年,閲十五月而成。見於孔疏中的劉炫與杜注的爭端,共179例,大多數爲文字訓詁釋義不同,劉炫一般以杜注爲非。隱公十一年《左傳》"及大逵弗及",杜注:"逵

道,方九軌也。"劉炫《規過》以"逵"爲"九道交出國,國皆有逵道"。邵氏指出二者出處,杜注本《考工記》"經塗九軌"之説,但《考工記》實無"經塗九軌曰逵"之文。劉炫之義出自《爾雅・釋宮》:"九達謂之逵也。"又有多種典籍可以爲證。《説文解字》:"逵本作馗,从九从首。馗,九達道也。"《爾雅・釋名》:"九達曰逵。"《詩經・兔罝》"施于中逵"毛傳:"逵,九達之道。"杜注不用《爾雅》而用《考工記》,誤。哀公十七年《左傳》"衡流而方羊裔",杜注釋"横流方羊"爲"不能自安",劉炫以爲卜繇之辭。邵氏首先據上下文指出斷句的錯誤,當以"方羊"絶句;接着舉《廣雅・釋訓》、《楚辭》王逸注,皆以"徜徉"釋"方羊",指出杜注實有出處,不容否認。最後指出"徜徉"和"方羊"古音通假。

劉炫與杜預在小學上的爭端,邵氏因其學識,並不能完全持平。如哀公十四年《左傳》"逄澤有介麋焉",杜注:"介,大也。"孔疏:"劉炫以爲一麋,規杜氏。"邵氏引《方言》、《爾雅》郭注、《國語》韋注等古注,其中意義參差,多可商榷,邵氏僅止點明劉炫釋義的出處,並未辨别是非。文公十七年《左傳》"鹿死不擇音",杜注謂"音"爲"蔭"之假借,孔疏對此提出訂正,引服説以"音"爲"音聲",而邵氏援引典籍支援杜氏。顧炎武等學者已辨正杜注之非,而邵氏没有參考前代學者的著作。

12. 1818 年焦循《春秋左傳補疏》五卷,上海古籍出版社,2014 年

卷首有嘉慶二十二年丁丑冬十二月除夕(1818)自序。

焦循(1763—1820),字理堂、里堂,江蘇江都人。嘉慶六年(1801)舉人。阮元在山東、浙江、揚州時,入阮元幕。焦循常怪學者自立一"考據"名目,以時代言,則唐必勝宋,漢必勝唐;以先儒言,則賈孔必勝程朱,許鄭必勝賈孔。凡許鄭一言一字皆奉爲圭璧,而不敢稍加疑辭,其學問必不能自立。謂學者治經著書,分爲五派,一曰通核,二曰據守,三曰校讎,四曰摭拾,五曰叢綴。最稱讚者通核,最反對者據守。焦氏學兼漢宋,考證義理兼備。另著《雕菰樓文集》《焦

氏易學三種》等書。

焦循久疑於《左傳》的義理，讀杜預注及《春秋釋例》，疑惑滋甚。於是考察杜預的祖氏及生平，謂杜預忘父讎而爲司馬氏諱，其人品不足道。杜注的乖謬出於杜預私心回護司馬氏，大乖孟子所說"《春秋》成而亂臣賊子懼"的義理。而《左傳》之乖謬，在於爲田氏篡齊、韓趙魏分晋僞飾，與杜預爲司馬氏僞飾如出一轍。故《左傳》必不是孔子所稱讚之丘明所作，而是六國時一個趨利避害之人所撰。焦循依據杜注以考察杜預的人品，有一定的合理性，但用以評判《左傳》及杜注的標準，是焦循的義理觀。焦循用自己的義理否定《左傳》、杜注的義理，則在否定中，體現出他的內心思想體系，他所申訴的，並非經書本身的義理，而是焦氏自己的義理。

焦循《春秋左傳補疏》對《左傳》所界定的君臣之義非常不滿。宣公四年《左傳》："凡弑君稱君，君無道也；稱臣，臣之罪也。"焦氏認爲不合君臣大義。春秋之世，弑父弑君之"暴行"比比皆是，而亂臣賊子及其儕類，"將不利於君，必飾君之惡，張己之功，造作語言，誣惑衆庶"，《左傳》"弑君稱君，君無道"之語爲王莽篡漢張本，又被杜預用來爲司馬氏辯護。

杜預貶責忠臣，則是爲司馬氏獻媚。桓公二年《春秋》："宋督弑其君與夷（宋殤公）及其大夫孔父。"杜注貶孔父嘉"內不能正其閨門，外取怨於民，身死而禍及其君"，杜預《春秋釋例》更進一步指出《春秋》無善孔父嘉之文。焦循則採用《公羊傳》《穀梁傳》之義，褒孔父嘉，稱讚"孔父閑（捍禦）也""義形於色"。《春秋》記載臣蒙君弑，一共有三人，孔父嘉遇宋殤公之弑，宋仇牧遇宋閔公之弑，晋荀息遇奚齊、卓子之弑，三臣皆死，而杜預皆不稱善，杜注因此不獲後世學者認同。焦循進而追尋杜說的心理淵源，抹黑三臣之死，向弑君者獻媚。焦循將《左傳》中的歷史人物與杜預當時的人一一比附：司馬氏假手成濟弑君（高貴鄉公），則等同於弑君之人華督、宋萬；司馬氏篡魏，當時名士何晏、王凌、李豐、張緝等人，無辜受牽連，這些人類似仇牧、孔父嘉。何晏等人擁護魏王室，對司馬氏早有提防之心，人雖死，其人之忠可留於史册。焦循詳述何晏等人的忠，以比附孔父之忠。

杜預不善孔父嘉,即抹煞孔父嘉之忠。

　　焦循與杜注最大的矛盾在於對"忠"的理解。曹魏政權雖也是篡位而來,但曹芳既已稱帝,則爲帝矣,司馬氏不得以不當立爲口實,行不忠之事。焦循所宣揚的"忠",是不問當立不當立,臣子絕對服從於君權。這顯示出君權至高無上的封建帝國之中士人的普遍心理狀態。焦循自覺維護,並極力闡發的"忠",與《左傳》《孟子》等典籍所揭示的原始儒學相去甚遠。《左傳》中晏嬰不認爲爲君而死即爲忠,臣子爲社稷而死,方爲忠。臣子之"忠",不以"死"爲標準,不作無謂的犧牲。《孟子》曰:"君之視臣如手足,則臣視君如腹心。君之視臣如土芥,則臣視君如寇讎。"臣之"忠",以君視臣的態度爲條件。《左傳》《孟子》所說的人臣之"忠",絕非焦循所能明白。焦循脫離具體史事,單就孔父嘉之死而立論,臣爲君死則爲忠;單就臣逐君一事而論(如祭仲逐鄭厲公),臣逐君即爲不忠、大逆不道,君臣倫理高過一切,這與原始儒學相去何其遠。

　　焦循作《春秋左傳補疏》,所謂補,即補前人所未及盡的義理上的乖謬。採《公羊》《穀梁》說,及唐啖助、趙匡、宋劉敞、家鉉翁,清萬斯大、毛奇齡、全祖望諸家說,啓用大量篇幅,闡述義理,正杜注之失。《春秋左傳補疏》於名物訓詁,不採清代漢學諸家說,特色稍遜,但於《左傳》文法,亦有發明,較爲新異。閔公元年《左傳》"猶有令名,與其及也",焦循:"此到裝文法,'與其及也,不如逃之,無使罪至,猶有令名',到裝使肖其口吻。《左氏》屬文之法也。《集解》引王肅曰:'雖去猶可有令名,何與其坐而及禍也?'加'何'字,未達。"又如襄公三十年《左傳》"譆譆出出",杜注:"譆譆,熱也。出出,戒伯姬。"焦循以"嘻嘻""咄咄"釋"譆譆出出","嘻嘻出出"是號咷之聲,與《左傳》上文中的"叫"相應,確能發人所未發。

13. 1821年沈欽韓《春秋左氏傳補注》十二卷,上海古籍出版社,2014年

　　卷首有道光元年(1821)辛巳季夏自序、卷尾有咸豐己未(九年,1859)秋月潘錫爵之跋,並附錄《續四庫提要》。

沈欽韓(1775—1831)，字文起，號小宛，江蘇吳縣(今蘇州)人。嘉慶十二年(1807)舉人，官安徽寧國縣訓導，淹通經史，詩文華贍。另有《春秋左氏傳地名補注》《幼學堂文稿》等著作。

此書一反學者詰難《左傳》義理的常態，回護《左傳》而不遺餘力，將矛頭直指杜注孔疏，指二者不得《左傳》之義理。宋以後疑經棄傳，《左傳》義理遂埋没不彰。備受前人訛病的《左傳》"君子曰"，沈氏認爲那不是《左傳》作者的觀點，而是時人的議論。

沈氏最着意於《左傳》的"禮"，《補注》參用其他歷史文獻考察春秋時期的禮儀制度，欲發明《左傳》典章制度之要及懲惡勸善之旨。如僖公二十二年《左傳》"見被髮而祭於埜(野)者"，舉《三國志·蜀書》《史記·封禪書》《漢書·武帝紀》等經史注疏，補充説明"祭於埜者"，即《周禮·大祝》所謂"衍祭"，是戎夷野祀，非存聖賢、追往昔之道。閔公元年《左傳》："簡書，同惡相恤之謂也。"沈氏據此明古代急傳"簡書"之制。"簡書"是禮制之小者，《補注》在此處亦悉爲鉤沉，可見其考證之精密。

《春秋左氏傳補注》十分之六七的篇幅爲語詞訓詁，包括少量的地理訓釋。沈氏訓詁大多徵引繁多，但繁而不亂，在徵引的安排和文氣的暢通上，做到了和諧統一，顯示出考證之學形式上的進步。桓公五年《左傳》"旝動而鼓"，循賈逵、許慎義，將"旝"解釋爲"發石"，引《後漢書·袁紹傳》《晉書·卞壼傳》《唐書·李密傳》等文獻證戰爭中使用發石車的典故，以駁杜注"旝"爲"旃"的注釋，可備一説。

沈氏對杜注孔疏多所批駁。沈氏《補注》常不憚費詞墨，申明杜注義理之失。沈氏認爲，《春秋》"不書"爲史之闕文，否定杜注"書"與"不書"之例；以君臣之義講"衛殺其大夫元咺及公子瑕"(僖公三十年《春秋》)，貶斥杜預因事立論而顯現出的對人物不同的評價等等。由於對義理的重視，使沈氏《春秋左氏傳補注》與焦循《春秋左傳補疏》相類，不同的是，焦循憤恨於《左傳》義理之"陋"，而沈欽韓則維護春秋左傳學，對《公羊》《穀梁》之説，亦擇需而用。

僖公十八年《春秋》"邢人、狄人伐衛"，《左傳》無義例，《穀梁傳》認爲稱"狄人"，是"善狄救齊，又能伐衛"，所以從蠻夷進於

"人"。沈欽韓認爲稱"人"沒有任何褒貶,而《穀梁傳》竟以"褒狄爲務","最不通《春秋》"。僖公二十一年《春秋》"執宋公以伐宋",闕畧主語,杜注認爲宋"爲諸侯所疾",故諸侯執宋公;而《公羊傳》認爲楚執宋公,不稱楚,是"不與楚子之執宋"。沈欽韓讚同《公羊傳》的意思,認爲宋雖寡德,但它是"中夏之上公",楚雖强大,但它是"荆山之蠻夷",二者身份不可丢。杜注沒有考慮宋公被執這件事上的華夷之分,而在沈欽韓所處的清代,宋長久以來是中原腹地,宋公被執這件事容易激起華夷身份的敏感,故沈欽韓讚同《公羊傳》的解釋。沈欽韓重華夷之分,但否定今文經學的夷狄進於中國之説。

14. 1834年林昌彝《左傳杜注勘誤》一卷,同治十一年(1872)刊本

牌記題"壬申孟夏刊於羊城",壬申指同治十一年。每半葉9行,行20字。四周雙邊,白口,單魚尾。卷首有道光甲午(十四年,1834)孟春林昌彝《左傳杜注勘誤序》。

林昌彝(1803—1876),字惠常,號薌谿,福建侯官(今福州)人。道光二十四年進士。著《三禮通釋》《射鷹樓詩話》等書。

序稱杜預及其子孫因傳《左傳》致顯貴,南方遂無人習服虔《春秋》,但在梁代,習杜的人皆引賈、服難杜預。《北史·儒林上》云:"晉世,杜預注《左氏》,預玄孫坦、坦弟驥,於宋朝並爲青州刺史,傳其家業,故齊地多習之。"《陳書·王元規傳》云:"自梁代諸儒相傳爲左氏學者,皆以賈逵、服虔之義難駁杜預,凡一百八十條。元規引證通析,無復疑滯。"王元規著《春秋發題辭》及《義記》十一卷,糾正杜注。梁崔靈恩申服難杜,著《左氏條義》。時有虞僧誕作《申杜難服》,以駁靈恩。崔靈恩、虞僧誕、王元規等人著作已不可考,杜注有疏漏,也是正常現象。需要説明的是,杜注流行於南方,一二學者爲之補正不足爲怪,但據此在杜注和服注之間定優劣高下,則大可不必。當時服虔流行於河北,亦有學者議其短長。如魏郡姚文安作難服虔解七十七條,名曰《駁妄》,李崇祖則申明服氏,名曰《釋謬》。

林昌彝《左傳杜注勘誤》利用古文獻勘正杜注語詞訓詁之"疏

謬",如用《爾雅》《史記》等文獻證"寤生"即"難産"。"歃如忘",杜注:"志不在於歃血。"服注:"如,而也,臨歃而忘其盟載之辭。"《説文解字》引《左傳》作"歃而忘",林氏以此證明"如"當作"而",服注有文獻支持,是正確的。林氏在《左傳》中找到内證,謂八人爲列,"六佾"當指六八四十八人,糾正杜注以六人爲列之誤。"縮酒",杜注釋爲"束茅而灌之",於祭禮過於疏畧。林氏據《説文》《毛詩》《周禮》,釋"縮"爲"茜",意即束茅加于祼圭而灌鬯酒。酒,則以茅沛之而去其糟。林昌彝糾正杜注釋義之誤,注重文獻資料,即便漢注,亦要找出文獻支持方可用,而非一味盲從漢注、排斥杜注,故其立論堅實可信。

杜預釋隱公五年《春秋》"螟",只指出"蟲食苗心者爲災"之義,林氏用漢儒董仲舒、劉向等人的陰陽災異説,認爲這是魯侯"貪利之應",而杜注言不及此。林氏又採納漢劉歆的陰陽五行論,以莊公七年《左傳》"恒星不見,夜明也",是"中國微""夷狄夜明"之象,杜預只講云晦而星不得見。杜預釋災異,只把它看作自然災害和反常現象,而未有政治、社會的關聯,林氏則認爲自然災害影射政治。晚清學者重新拾起漢儒災異學説以作政治諷諫,與乾嘉學者已大不相同。

林氏釋經,不避《公羊》《穀梁》。如用《公羊》及《穀梁》疏引賈逵、鄭玄之義,於"隕石""六鷁退飛"等事件中講論霸業,可以看出漢儒講經不分今古,而林氏講經亦雜糅《公羊》《穀梁》,《左傳》之文不足,則以《公羊》《穀梁》之義補之。文公十六年《春秋》"毀泉臺",則直接採用《公羊》"書毀爲譏"之義。

15. 1847年陳熙晋《春秋規過考信》九卷,《叢書集成續編》影印廣雅書局刊本

每半葉11行,行24字。四周單邊,黑口,單魚尾。卷首有朱一新《陳西橋先生傳稿》、道光三十年(1850)四月廿四日宋翔鳳《春秋規過考信叙》、道光二十七年蔡聘珍撰序、道光二十七年自序。

陳熙晋(1791—1851),原名津,字析木,號西橋,浙江義烏人。優貢生,官至湖北宜昌府知府。藏書數萬卷,訂疑糾謬,務窮竟原委,

去取精審。今存《春秋左氏傳述義拾遺》八卷、《古文孝經述義疏證》五卷、《帝王世紀》二卷、《貴州風土記》三十二卷、《黔中水道記》四卷、《文集》若干。

宋翔鳳之序認爲西京博士皆謂《左傳》不傳《春秋》，但今本《左傳》有書或不書，及所謂五十凡，皆發明經義，故爲《左傳》原本所無，乃後來劉歆所加。《左傳》《國語》集百二十國寶書而成，記事記言盡得其實，但於筆削之理，卻未及之。蔡序稱《春秋規過考信》精於考據，凡天文、輿地、禮樂、星紀，無不旁搜互證，綱常名教之防，褒貶損益，不加怠慢。

自南朝杜注流行之時起，便有學者難杜，而隋代劉炫規杜最爲有力。陳氏《春秋規過考信自叙》謂劉炫規杜主要集中於以下三個方面，一則杜預銳於立言，疏於稽古，擁武庫而有餘，擅穎門而不足，對於春秋時期的禮制與語詞訓詁不甚精通。二則星曆、地理、世系、名物、句讀，師心自用，習非成是。三則以"短喪"爲代表的義理觀，爲害甚大。劉炫規杜之作久佚，陳熙晉《春秋規過考信》從《春秋左傳正義》中蒐輯一百七十三事，並刺取經史百家及近儒著述，與劉炫之説臚列，以考劉炫之説是否妥當。劉炫規杜，確實有杜非而劉是的，也有杜注本無錯，而劉炫誤規之；還有杜劉二説皆不可靠的，則徵引諸家言論，斷以己意。經過考證發現，劉炫規杜，大體可信，不合理的説法，十不及二。

《隋書·經籍志》載劉炫《春秋左氏傳述義》四十卷，劉炫本傳復有《春秋攻昧》十卷，未及《規過》。孔穎達《春秋左傳正義序》稱劉炫習杜而攻杜，疑《規過》當在《述義》中，非別爲一書。考《舊唐書·經籍志》載《春秋述義》三十七卷，較《隋志》少三卷，卻多《規過》三卷，孔疏的猜測不無道理。陳熙晉即摘録《春秋左傳正義》中有"規曰"字樣的段落，一一考證其來源出處，判斷其是非，成《春秋規過考信》三卷。陳氏《春秋規過考信》名爲三卷，每卷之内又分上中下三卷，實九卷。

《春秋規過考信》先引經文與杜注，後附"規曰""炫以爲"，再以首字低一行録孔疏及各家之説，最後以"申曰"表達自己的觀點。桓公十一年《春秋》"宋人執鄭祭仲",杜注認爲"仲"爲名,不稱祭仲"行人",是因爲祭仲任人脅迫,故罪之。劉炫認爲祭仲本非行人,祭仲是字,鄭人嘉之。陳熙晉《春秋規過考信》爲劉炫辯解,"宋人執鄭祭仲"與"齊人執鄭詹"的書法一樣,祭仲本非行人,故經不稱行人。《公羊》以"仲"爲字,左氏先師亦以爲字,祭仲稱字,則鄭人嘉之而非貶之。杜注説祭仲是行人,未有證據,衆多學者亦不予採信。陳熙晉《春秋規過考信》繼續援引漢代學者何休、宋代學者葉夢得、家鉉翁、清代學者方苞、惠棟、惲敬等人的説法,在稱名和稱字上討論。《公羊》褒祭仲,劉炫稱"祭仲稱字,鄭人嘉之"此説來源於《公羊》學説,但宋代學者則對祭仲的人品多有非議,到了清代,學者如方苞等人認爲稱名稱字稱爵無所謂褒貶,惠棟則以春秋時人名字的通例考證"仲"是字。陳熙晉稱祭仲廢君立君,而《公羊》稱其賢,以張其"行權"之義,不可以爲據。他進一步補足惠棟的解釋,"仲"是字,"足"是其名。祭仲稱字,是因爲鄭國以此來告,故魯史書之於《春秋》。揆之當時情勢,祭仲逐公子忽(鄭昭公),而立公子突(鄭厲公),則公子突必感戴其德,嘉而稱字,告於魯史。"宋人執祭仲",不是貶祭仲,而是褒祭仲。褒祭仲,不是《春秋》本義,而是迫於鄭國赴告,魯史不得不稱其字。《春秋規過考信》規杜注之失,而對劉炫之説適當修正。對於《春秋》義例的考辨,委曲詳細,頗能體現陳熙晉的治學特點。

桓公六年《左傳》"嘉栗旨酒",杜注以"栗"爲"謹敬"之義,《春秋規杜考信》指出杜説出於何休《公羊解詁》,劉炫釋之爲"穟貌"。《春秋規過考信》取《大雅‧生民》鄭箋、《左傳》服虔注,輔以《説文》,闡述"栗"爲"穟貌"的原由。雖然在結論上仍有商榷之處,但其廣輯舊注以求一字之訓解,顯示出清代學者的謹嚴學風。桓公十五年《春秋》"許叔入于許",杜注指出隱公十一年鄭大夫奉許叔居許東偏,今乃入居位,故稱字以嘉之;許叔雖入許,但他本未去國,故此稱"入",並非"國逆"例(一國之人迎接之例)。劉炫則以爲是國逆例。《春秋規過考信》引宋代學者陳亮、元代學者趙汸、清代學者莊存與之言,論此爲國逆之正。而許叔入國,爲興滅繼絶,故稱許叔入國。

許叔入于許,不同於莊公九年齊小白入于齊、昭公元年莒去疾自齊入于莒、哀公六年齊陽生入于齊,此三者皆篡位而入國,故不稱公子。《春秋規過考信》稱引《左傳》成公十八年的書法:"凡去國,國逆而立之曰入,復其位曰復歸,諸侯納之曰歸,以惡曰復入。"從《春秋》一書之通例上求義例,採信《左傳》的書法及古注疏,辨别杜預和劉炫之紛争。不管是語詞訓釋,還是義理闡發,皆引據詳實,言之有據。

劉炫與杜注在釋詞、義例上均存在差別。經過清代學者考證,劉炫規杜,大體可信。劉炫的注解本身具有的某些公羊學思想,陳熙晋將其剔除,而杜注的某些評判,亦非無據,陳氏並非一味排斥。《春秋規過考信》通諸經訓詁以通一經;據《左傳》事實,考《春秋》一經的義例而辨别杜預義例的真偽;不僅考證語詞,亦辨析義例,體現出《公羊》經學興起之後,左傳學研究的新趨向。

16. 1848 年陳熙晋《春秋左氏傳述義拾遺》八卷卷首一卷卷末一卷,《叢書集成續編》影印廣雅書局刊本

每半葉 11 行,行 24 字。四周單邊,黑口,單魚尾。牌記題"光緒十七年正月廣雅書局校刻",版心題"春秋述義拾遺"。卷首有朱一新《陳西橋先生傳稿》、道光二十八年(1848)陳熙晋《春秋左氏傳述義拾遺叙》,卷末附《河間劉氏書目考》、《隋書·儒林傳》劉炫本傳、龔紹仁跋。

陳熙晋(1791—1851)著,其《春秋規過考信》已著錄。

《隋書·經籍志》載劉炫著《春秋左氏傳述義》四十卷,此書已佚。劉炫《春秋左氏傳述義》題名為"述義",即述杜氏一家之義。劉炫曾著《春秋規過考信》以規杜,又著《春秋左氏傳述義》以宗杜。隋代儒生未嘗廢杜。據《隋書·經籍志》,劉炫著《春秋左傳杜預序集解》一卷,沈文阿撰《春秋左氏經傳義畧》二十五卷,王元規《續沈文阿春秋左氏傳義畧》十卷,皆主杜注。沈文阿的義例研究尚可,但其經傳極疏;而另一學者蘇寬則全不顧本文,以旁攻賈服爲能事。劉炫於隋代學者之中最爲翹楚。

孔疏録劉炫規杜一百七十三事,無一不以劉炫爲非,陳熙晋已著

《春秋規過考信》，討論劉炫規杜是否正確。孔疏錄劉炫規杜之外，另收錄、保留了劉炫說經一百四十三事，異於杜注者有三十事，而孔疏駁正劉炫甚少。陳熙晉即從孔疏中輯錄此一百四十三事，命名爲《春秋左氏傳述義拾遺》，辨析劉炫之得失。廣雅書局刊刻此書，據版心定名爲《春秋述義拾遺》，誤。陳熙晉此書題名《春秋左氏傳述義拾遺》，有陳熙晉《春秋左氏傳述義拾遺叙》爲證。

在陳熙晉看來，漢代注家，未有人超過鄭玄，隋代疏家，未有人超過劉炫。鄭玄集兩漢之大成，劉炫則集六朝之大成。劉炫解經，雖異於杜注，但無損於其宗杜，就像鄭箋《毛詩》，異於《毛詩》，但不害其宗毛。《隋書》本傳記載，劉炫稱"《周禮》《禮記》《毛詩》《尚書》《公羊》《左傳》《孝經》《論語》，孔、鄭、王、何、服、杜等注，凡十三家，雖義有精粗，並堪講授"。劉炫爲十三家注作疏，凡一百四十餘卷。唐修《五經正義》，《尚書》《毛詩》《春秋》皆據劉炫本。《隋書》載劉炫與劉焯同學，當時有"二劉"之目。劉焯本傳提及劉焯《五經述議》與劉炫著作並行於世，不詳卷數，《隋書·經籍志》未載此書。陳熙晉由此推測，劉焯的《五經述議》已在劉炫的書中。孔穎達《春秋左傳正義序》但稱劉炫，未及劉焯，雖則如此，孔穎達序《毛詩正義》《尚書正義》並言二劉，則孔疏並沒有將《春秋左傳》《詩》《書》中的觀點歸屬於劉炫一個人。陳熙晉如此論證，劉焯的觀點存於劉炫的著作中，過於武斷。

《春秋左氏傳述義拾遺》錄《左傳》、杜注之文於前，後附以劉炫之說，最後援引諸家之說，申以己說。陳熙晉參稽經籍，援據群言，案其事理，論劉炫之得失。陳熙晉想要表明的是，劉炫雖然規杜，但同時又是申杜的。隱公三年《左傳》："驕奢淫泆，所自邪也，四者之來，寵禄過也。"杜注謂州吁緣寵禄而得禍，意即寵禄最終導致驕奢淫佚之禍，而服虔云驕、奢、淫、佚之禍從邪啓端。杜注以驕奢淫佚爲果，服注以之爲因。劉炫認爲驕、奢、淫、佚是因爲爲惡不已，顯然是以驕奢淫佚爲果，與杜預觀點一致。劉炫申杜難服，陳熙晉認爲頗得《左傳》本義。

據《隋書》本傳，劉炫深於《公羊》與《左傳》，但劉炫於《春秋》開篇即難《公羊》,謂《春秋》"不事文王,仍奉周正"。於"春王正月"一條,劉炫徵引前人之説,斥何休"黜周王魯"之説爲非。故劉炫説經,接近於古文家。

陳熙晉《春秋左氏傳述義拾遺》將孔疏中"劉炫云"前面的段落視爲孔疏。如此簡單機械地將"劉炫云"前面部分視爲孔疏,很成問題。劉文淇嘉慶二十五年(1820)即著成《左傳舊疏考證》,指出孔疏中"劉炫云"之前的段落本是劉炫舊疏本有組成部分,一般指六朝舊疏而非孔疏,劉炫列出來,表示反對。孔疏的編者加"劉炫云"以示劉炫的觀點與前疏區別,卻造成六朝舊疏是孔疏編者意見的錯誤印象。從情理上判斷,便可知其誤:孔疏不會自陳己見之後,再引"劉炫云"駁斥自己的觀點。劉文淇《左傳舊疏考正》早於陳熙晉《春秋左氏傳述義拾遺》近三十年,劉書在道光九年(1829)收錄於《清經解》以刊行,亦早於陳著近二十年,但陳熙晉未及徵引。此可見清代的學術交流及書籍流通,未如後人想象的便利。

17. 1856年丁晏《左傳杜解集正》八卷,《續修四庫全書》影印民國張氏刻適園叢書本

每半葉11行,行23字。左右雙邊,黑口,雙魚尾。版心題"適園叢書"。卷首有咸豐六年(1856)丁晏《左傳杜解集正自序》。

丁晏(1794—1875),字儉卿,號柘唐,江蘇山陽(今淮安)人。道光元年(1821)舉人,官至内閣中書。通易學、春秋左傳學,見賞於阮元、王引之,與儀徵劉文淇交善。晚年主講麗正書院。嘗謂學者讀書當從漢儒,以正故訓,故訓定而後義理顯;從宋儒以析義理,義理明而後故訓確。王引之稱其能紹繼鄉人閻若璩之學。所著書,有訓詁,亦有義理。丁晏倡通儒之學,學者不僅要精通漢學考證,宋學義理亦不能廢。講求經世之學,於鄉里利病,夙經考究,凡振恤災荒、築城濬渠諸役,多有成效。

丁晏推崇鄭玄,自序稱:"鄭君經傳洽孰,六藝之宗,匪獨其學重也,粹然純儒,品行卓絶千古,雖宋之理學名臣無以過之。"鄭玄遍注羣經,據《世説新語》,"鄭君治《春秋傳》,未成,遇服子慎,盡以己所

注與之,遂成《解誼》"。故服虔注《左傳》,爲漢人所重。丁晏指責杜預"備述賈劉許穎(潁)之說,獨遺服氏不言。孔冲遠謂服劣,與諸儒棄而不論,此曲説阿杜也。今服注僅存者,與杜注頗有相同,杜攘爲己說,蠹生於木而還食其木,遺棄不言,如郭象注《莊》之竊向,鄙夫之所爲也"(丁晏自序)。杜注用服注但不稱引服注,與清代學術規範頗爲不合,爲丁晏所痛恨。

杜預在《春秋經傳集解序》中提及劉賈許潁等漢儒舊注,獨遺服注,而杜注中攘用服注的例子尤其多,丁晏《左傳杜解集正》一一列舉,作爲杜預竊取的罪證;又舉杜預多違賈服而用王肅之義,以推衍杜氏"短喪"之說,此爲杜預"心術不正"。杜注不標引服注,蓋以當時服注流行,他人耳熟能詳,杜預引前人舊說注釋,皆不注出處,非獨服虔注不注出處。不注出處,不合清人學術規範,但與杜預的人格無關。杜預所採諸說,包括王肅的《孔子家語》,也在情理當中,王說在西晉有直攻鄭注的聲勢,也是很常見的注釋,擇而用之,與被引用者及引用者的品格均無關係。

清代以來,顧炎武、惠士奇、惠棟、沈彤、江永、洪亮吉、顧棟高等人對杜注多所補正,但丁晏認爲前人均未在義理上批判杜注,"未能抉其隱微,窮其情僞",他大讚焦循、沈欽韓等人批駁杜注。"焦氏《補疏》始斥杜氏爲司馬懿之私人,故其注《左》,貶死節之忠臣,張亂賊之凶燄,悖禮傷義,忍於短喪,師非怙惡,邪說肆行,實爲世道人心之害。其論可謂不朽矣。近儒沈欽韓《補注》,備言杜氏私衷,爲司馬昭飾說,發奸摘伏,駁斥無遺……尤足箴杜癖之膏肓也。"丁晏聲明自己作《左傳杜解集正》,是爲"扶翼正學,昌明世教",倡漢宋合一之學,即糾杜預之失,正世道人心。

丁晏《左傳杜解集正》不滿於《左傳》的君臣倫理,杜預爲《左傳》作注,則曲護《左傳》,以滿足他曲附司馬氏之心。對於春秋時期的弑君之罪,《左傳杜解集正》認爲"君雖不君,臣不可以不臣",弑君之罪歸責於臣子,決不能反而指責君道德不端,"君父天也,豈臣子較得失之地乎?"強化臣子對君王的絕對服從和犧牲。但《左傳》的義理並不爲後世君臣而設,如宣公四年《左傳》"凡弑君稱君,君無道也"一語,即不能爲尊君觀念主導一切的經生所接受。他們大肆攻擊,並引火至杜預。《左傳》義理未盡愜意處,皆因杜預之人品。杜預曲附權貴,故置君臣大義於不顧。《左傳杜解集正》對杜預的人身攻伐已深入骨髓,《左傳》的經學義理愈益依附於君臣倫理。焦循、沈欽韓、丁晏等人相繼在嘉慶、道光、咸豐年間大倡君臣之義,似乎是同聲訴求,也算是對紛亂時局的一種回應。

卷一《總論》簡明勾勒了唐以前杜注學史,輯唐以來學者指責杜注之說,全錄清代焦循《春秋左傳補疏序》、沈欽韓《春秋左氏傳補注序》《又與周保緒書》《又答董琴南書》。丁晏攻排杜注,對《左傳》卻寬容得多。"《左氏》紀實,其議論時有乖謬,皆述當世之說,或稱君子之言,或紀時人之語,於《左氏》無與也。"(《又與周保緒書》)這與焦循"《左傳》非丘明所作",邪說"爲劉歆輩以意附益"之說有異。

《左傳杜解集正》的訓詁先引近儒之說,再斷以己意。對乾嘉學者如顧炎武、惠棟、顧棟高、江永、洪亮吉、焦循、沈欽韓等人的春秋左傳學著作無不徵引,尤其是焦循、沈欽韓的著作徵引尤多,對《左傳》地理、天文、禮制、職官等多有考究,對杜注的駁斥則一而貫之。僖公二十三年《左傳》:"奉匜沃盥,既而揮之。"杜注:"揮,湔也。"孔疏:"以濕手揮之,使水湔污其衣。"根據杜注孔疏,重耳揮灑出水,帶有一絲輕浮,未把懷嬴放在眼裏。丁晏解"揮"爲"灑水",引《晉語》韋昭注爲證,但認爲灑水之人不是重耳,而是懷嬴。顯然丁晏的詞語訓詁與杜注相同,但在動作的主體上存在分歧,最終丁氏在夫婦倫理上大動干戈,將矛頭直指杜注。

丁晏對杜注的攻伐淹没了他對訓詁考證的關注。除此之外,在著述體例上,《左傳杜解集正》欲攻伐杜注,卻不引杜注,而引近人諸說;近人經說多爲杜注而發,丁晏卻不錄杜注,故攻伐杜注,徒見聲勢之壯,而不知所攻爲何。這種著書體式,亦使著作可讀性減弱。

除漢學考證之外,《左傳杜解集正》亦申發義理,其義理來自宋儒。僖公二十一年,《春秋》記載"執宋公以伐宋",之所以省署主語"楚",即不與楚子執宋公。"楚雖强大,荆山之蠻夷,宋襄雖無德,中夏之上公。"與大多數乾嘉時期春秋學著作不一樣,丁晏《左傳杜解集正》仍然保留宋儒稱人以貶的義例。僖公二十七年《春秋》:"楚人、陳侯、蔡侯、鄭伯、許男圍宋。"杜注釋"楚人"爲"微者",丁晏認爲從《左傳》看,參與者有楚子,故《春秋》稱"人"以貶楚子。此次戰役,陳侯、蔡侯、鄭伯、許男等四國之君,從夷狄圍中國,對他們也是譏貶,貶中原四君與貶楚子的義例又不一樣。故所謂例,隨義生例,不免穿鑿。

18. 1882 年劉文淇、劉毓崧、劉壽曾《春秋左氏傳舊注疏證》不分卷,科學出版社,1959 年

此書未完,僅至襄公五年。劉文淇(1789—1854),字孟瞻,江蘇儀徵人,嘉慶二十四年(1819)優貢生。劉毓崧(1818—1867),劉文淇之長子,字伯山,一字松崖,道光二十年(1840)舉優貢生。傳左傳學,旁通經史諸子百家,精於校勘。劉壽曾(1838—1882),字恭甫,劉毓崧之長子。同治三年(1864)、光緒二年(1876)兩中副榜,校書於金陵書局。治經有家法,續纂《春秋左氏傳舊注疏證》至襄公五年而卒,年四十五。

傳統觀點認爲劉氏家族三代都參與了舊注疏證的工作,據《清史稿·藝文志》,劉文淇只撰得一卷。劉毓崧所做工作不詳,主體部分爲劉壽曾所作。劉師培的父親劉貴曾是劉毓崧的第二子,曾從成蓉鏡學三統曆法,亦參與了《舊注疏證》的編纂。《舊注疏證》仍存"貴曾云",置於"壽曾案"之前,此當係劉壽曾作《舊注疏證》時,收錄了其弟劉貴曾所作疏證,且置之於己之上。

《春秋左氏傳舊注疏證》是乾嘉漢學的代表作,主以漢魏舊注補苴杜注。首列賈逵、服虔、許淑、穎容之說,甚至採用王肅等人的舊注,疏通證明,對漢魏舊說斟酌去取,補正杜注訓詁語辭、典章制度之失。桓公二年《左傳》"大路越席",杜注以"大路"爲"玉路",祀天車。《史記集解》《後漢書·輿服志》收錄的服虔注與杜注不同:"大路,木路。""祀天之車,結括草以爲席。"《舊注疏證》徵引《禮記·明堂位》"大路殷路也"注:"大路,木路也。"《禮記》疏:"大路,殷家祭天車。"《禮記·郊特牲》注:"素車,殷路也。"明確大路是木路,是殷

代祭天之車,孔子云"乘殷之路",即此車。殷路與越席(疏席),同爲儉僕之物,祭天尚質,故用以祭天。"大路越席",臧哀伯所述乃殷禮,故服虔注是正確的。杜預用周天子祭天之玉路釋此"大路",謂玉路之美,施以越席,以此示質,這樣的解釋是錯誤的。《舊注疏證》用服注糾正杜注之失,皆廣泛徵引,窮盡材料,故言之有據,不可輕易推翻。

隱公十一年《左傳》記載穎考叔"挾輈以走"服注:"考叔挾車轅,箠馬而走。"杜注:"輈,車轅也。"孔疏駁斥服注云:"廟內授車,未有馬駕,故手挾以走。……古者兵車一轅,服馬夾之,若馬已在轅,不可復挾。且箠馬而走,非捷步所及,子都豈復乘車逐之?"《舊注疏證》則謂孔疏前後矛盾:"既謂馬已在轅,授車時未有馬駕,則無疑於馬已在轅矣。"並猜測當時情境:"爭車事出倉卒,或轅未駕而挾之,或轅已駕脫而挾之,挾轅而兼箠馬,正見其欲速。"《舊注疏證》解釋"箠馬"兼"駕車"的可行性,爲服注辯解。杜注、服注未有訓詁上的重大差異,《舊注疏證》在瑣碎細節上斷斷爭辯,顯露出門戶之見,此不可爲劉氏諱。

宣公二年《左傳》記載趙盾引《詩》"我之懷矣,自詒伊慼",杜注標明是"逸詩",而王肅則認爲出自《邶風·雄雉》。劉文淇《舊注疏證》引惠棟之說,認爲王肅大概見三家詩,故稱此詩出自《邶風》,《邶風·雄雉》三家詩的文字與今傳毛詩有異,但可能與趙盾引詩相合。今傳毛詩《邶風·雄雉》"慼"作"阻",毛傳以"阻"爲"難","難"指軍旅,不合趙盾引詩之義。《雄雉》鄭箋則以"阻"爲"患難",正暗合"慼"之意,而偏離毛傳之義。故鄭玄用毛傳之文,卻用三家詩之義。趙盾引詩,非指軍旅,可知其義與三家詩之義合。從一句引詩牽出先秦、漢晉學術之犖犖大端,如此疏證,不可不謂精細,但"難指軍旅"一說終不知其出處。《舊注疏證》用古注詳細說明杜注之闕失,令人目接不暇。

《舊注疏證》"注例"謂讀《春秋》當以"周禮"來解,與公羊學研究"殷禮"異趣,"禮"是實現微言大義的方式。桓公四年《春秋》:"春正月,公狩于郎。"杜注:"周之春,夏之冬也。"這個注釋沒有錯,

《舊注疏證》引《周禮·大司馬》,進一步闡明春秋時期狩獵之禮"中冬教大閱,遂以狩田",可知周人冬狩,從夏時。故《左傳》稱:"四年春正月,公狩于郎。書,時,禮也。"杜注此處膚引《公羊》之說,云:"郎非狩地,故唯時合禮。"《公羊》以"郎"遠,故譏之。《春秋左傳正義》提出批評:"《公羊》說諸侯游戲不得過郊,故有遠近之言,《左氏》無此義。要言遠者,亦是譏其失常地也。"《舊注疏證》讚同孔疏,認爲《左傳》只討論時間是否合禮,杜注卻受《公羊》的影響討論狩獵的地點,誤。

《舊注疏證》將《左傳》與《史記》等史籍相對照,指出歧誤,並解釋致誤之由。《左傳》《史記》在記載趙夙與趙衰的關係上,頗不相同。宣公二年《左傳》"趙穿攻靈公於桃園",《春秋左傳正義》引《世本》"趙夙爲衰祖,穿爲夙之曾孫",趙夙是趙衰之祖。但《史記·趙世家》索隱引《世本》:"公明生共孟及趙夙,夙生成季衰,衰生宣孟盾。"則趙夙是趙衰之父。唐人兩引《世本》,卻互相矛盾,且與《左傳》僖公二十三年杜注"衰,趙夙弟"不合。劉壽曾引《國語·晉語》韋昭注:"穿,晉大夫,趙夙之孫,趙盾從父昆弟武子穿也。"《左傳》宣公二年杜注:"穿,趙盾之從父昆弟子。"蓋用韋注。《國語》韋昭注與《左傳》杜注相同,趙盾與趙穿之父是從父昆弟,則趙穿之祖趙夙與趙盾之父趙衰爲兄弟。杜預所見《世本》,蓋未誤。《舊注疏證》對唐人所引《世本》持否定態度,糾正了《史記》三家注及《春秋左傳正義》引《世本》的錯誤。

《舊注疏證》堅持《左傳》是史,僅疏解語詞訓詁,不直言褒貶大義,凡發議論,必求言之有據。爲迎擊今文經學,劉文淇擬研究《左傳》的"義例"體系,其宗旨是以《左傳》之例釋《左傳》自身,以此代替杜預的義例體系(《春秋左氏傳舊注疏證》注例),但這只是構想。劉毓崧著《春秋左氏傳大義》,劉壽曾著《春秋五十凡例表》,將義例之學付諸實踐,但草稿不存。劉師培在1909年以後,將主要精力放在家學的義例之學上,發表一系列文章,利用漢儒義例之說建立起《左傳》的義例體系,儀徵劉氏《春秋左傳》的義例之學才最終浮出水面。

儀徵劉氏得乾嘉漢學之傳承,在道、咸、同、光年間推行古學,祖孫相繼,力圖恢復乾嘉時期古學之全盛局面,其心甚偉。《舊注疏證》在訓詁、典制的疏解上,廣輯漢魏舊注及清代前賢著述,力求最大程度地接近《左傳》文本、義理的原貌,功莫大焉。《舊注疏證》一定程度上代表了乾嘉漢學在春秋左傳學領域的最高成就。

19. 1907 年廖平《春秋左傳杜氏集解辨正》二卷,《續修四庫全書》影印清光緒三十三年(1907)四益館鉛印本

每半葉 12 行,行 32 字。四周雙邊,白口,單魚尾。牌記題"丁未孟夏四益館述",丁未,即光緒三十三年。卷首有廖平自序。

廖平(1852—1932)著,其《春秋圖表》已著錄。

廖平清楚地看到,漢代《左傳》經師雜引《公羊》《穀梁》的事實:"東漢治《左氏》者,……本傳義例所無,皆引二傳相補。如《釋例》中所引許、賈諸條可證。杜氏後起,乃力反二傳,譏漢師爲膚引。"(《自序》)廖平謂杜注的五十凡與新例、變例,令人無所適從:"以五十凡爲周公舊例,不言凡,爲孔子新例。例之有無,以本傳明文爲斷。凡五十凡及新例之外,皆以爲傳例。有從赴告,魯事前後相反,不能指爲赴告,則云史非一人,各有文質。一國三公,何所適從!又即所云新舊例言之,……所統偶有凡字,以爲周公,偶無凡字,以爲孔子。何所見而云然?"看出了杜預的義例隨意處置,不成體系,難於周全的弊病。

《春秋左傳杜氏集解辨正》對杜注的禮制失誤作出辨正,又對杜預《春秋釋例》的義例做出修正。廖平的經學自成體系,古文經學家劉師培對廖氏的經學見解不盡滿意,但亦不免稱嘆於廖氏的經學自成體系。廖氏從經學體系的角度看到了杜預義例的不足,跳出了今古文學的圈子,保持了客觀中立的立場,非常難得。

20. 朱景昭《左傳杜注摘謬》一卷,民國二十二年(1933)初刻無夢軒遺書本

每半葉 8 行,行 24 字。四周雙邊,白口,單魚尾。

朱景昭(1823—1878)著,其《讀春秋劄記》已著録。

《左傳杜注摘謬》從倫理的角度論禮制、日食,不事考證。杜注的短喪説有虧禮教,杜注不關注日食月食等天象上的吉凶,杜預寬恕弑君之罪人,杜預不主張復讎説,魯莊公與齊襄公狩獵,杜預捨讎而論禮。此皆無新意。唯嚴君臣之義,謂杜預不重弑君之罪,其立説悖理傷教。

朱氏特別肯定了春秋末年劉文公合諸侯抗楚爲"忠"。定公四年《左傳》:"劉文公合諸侯于召陵。"杜注云:"晉人假王命以討楚。"劉子與此會。《左傳》本無秉王命、假王威一説,而杜氏臆説,則咎不在傳,而在杜氏。"劉卷(文公)再定王室,遷都修城,用萇宏之賢,因蔡侯之怨,合十八國之諸侯,以討楚之納王子朝而凌小國,自東遷以來,未有盛於此者也。"春秋之季,"(周)不可復振,晉亦失諸侯,吴越迭侵,終爲戰國古今大變,信乎其難挽哉。劉文公之志與力,後世忠之盛者"。天子失勢,無力回天,但人臣之忠、奮力抗敵,卻無可爭議。

朱景昭《無夢軒詩自序》稱,太平天國運動之後,士大夫或感傷過往,叙戰争、時事,往往突破倫常,大膽鼓吹新説。朱景昭有感傷之意,但反對新説。他認爲新説有悖教化,而在《左傳杜注摘謬》裏特別强調人臣之忠。

21. 劉鍾英《春秋左傳辨譌》一卷,《〈左傳〉研究文獻輯刊》第九册,國家圖書館出版社,2012年

鈔本,無邊欄。每半葉8—10行,行18—23字。卷首有甲寅年(1914)菊月《春秋左傳辨譌弁言》。

劉鍾英(1843—1918),字芷衫,直隸(今河北)大城人。同治十二年(1873)拔貢。另著《全唐詩補遺》《芷衫詩話》《青照草堂賦鈔》《增批輯注東萊博議》等書。

劉鍾英謂阮元《石經校勘記》"經傳校正數十字,自以爲盡善盡美,蓋據《左傳》校《左傳》,未嘗合經史子集所引者,旁搜而徧考之也"。蓋指阮元在嘉慶初年校勘乾隆石經之事。劉氏自云致力於校

勘二十餘年,作《春秋左傳辨譌》一卷,又有《杜注辨譌》三十卷,未刊。又云"方今大學堂中需《左傳》甚亟",而此《春秋左傳辨譌》一卷,可資取用。作者但云阮元《石經校勘記》之不足,不知阮元有《十三經注疏校勘記》,一隅之見,實不足辯。

　　《春秋左傳辨譌》錄先秦兩漢文獻及唐宋類書中的異文,搜集了唐石經、足利本以作校勘,多直錄文字之異。文字之異多不致影響文義,時有辨正,但無詳細考證。如莊公二十三年《左傳》"征伐以討不庭",謂"庭",今本訛作"然",不知所據何本。又謂襄公十年《左傳》當作"如山如陵",今本作"兆如山陵",亦不知所據底本爲何。徵引王引之、臧琳等人的成果,只有結論,而不錄原委。晚清校勘學成果頗多,劉氏所見狹促,此書可以不作。

六 《春秋左傳》專題研究

(一) 典章制度考證

1. 1741年惠士奇《春秋說》十五卷，清經解本，上海書店，1988年

每葉上中下三欄，每欄33行，行24字。四周單邊，白口，單魚尾。

惠士奇(1672—1741)，字天牧，一字仲孺，晚年號半農居士，學者稱紅豆先生，江蘇吳縣(今蘇州)人。康熙四十八年(1709)進士，官至廣東學政、侍講學士。雍正六年(1728)，毀家修鎮江城。其父惠周惕，"長於說經，力追漢儒之學"(《四庫全書總目》)。惠士奇繼承家學，盛年治經史，晚年邃於經學，尤精於三《禮》。撰《易說》六卷、《禮說》十四卷、《春秋說》十五卷、《交食舉隅》二卷、《紅豆齋筆記》二卷等書。

《春秋說》舉春秋時禘、烝、郊、貢、會盟、伐、聘問等禮儀，以及葬、弒、卒、救、書、不書等義例，列三傳之解釋，一一疏通證明，最後申論之。《春秋》之禮，因年代久遠，未便考證，後代無傳。惠氏辨禮，依《周禮》，遍舉《春秋》用禮之實例，結合注疏，一一疏通，未爲易事。清初學者黃宗羲稱直到清代，禘祫之禮仍是未解之疑難，惠士奇《春秋說》專論春秋禮制，不因難易而趨避。

惠士奇《春秋說》以考證春秋禮制爲長，其經義以《左傳》爲據，大多不信《公羊傳》的闡說，這與宋以來學者"用《左傳》敘事，而陰用《公》《穀》義例"的做法大異。惠士奇認爲王合諸侯、霸主率諸侯見天子,以及霸主合諸侯、侯伯率子男見霸主皆爲古禮。但春秋時,周夷爲列國,久不巡狩天下,故王合諸侯之禮廢,而霸主合諸侯之禮興。霸主合諸侯,以齊桓、晉文之召陵、踐土之盟爲盛。惠士奇用《尚書》等古代典籍論證周王合諸侯之禮並非虛構,同時肯定了霸主會合諸侯的合理性。惠士奇用《周禮》《禮記》《詩經·周頌》等多部典籍,勾勒春秋時關於盟會的禮制,這與《公羊傳》譏盟會的觀點不同。肯定霸主和諸侯會盟,此與胡安國《春秋傳》呈現出完全不一樣的面貌。

惠士奇信守漢儒經說,擁護董仲舒、劉向父子的陰陽災異論,重新發覆漢儒的陰陽災異說。"《魯論》稱'子不語怪說者',遂謂聖人不言災異,而春秋災異皆書于策。漢儒董膠西治《公羊春秋》,始推陰陽災異,爲儒者宗。宣元之後,劉中壘治《穀梁春秋》,數其禍福,傅以《洪範》,與膠西錯互不合。及其子歆治《左氏春秋》,言《五行傳》又頗不同,宋儒盡斥之爲妄。由是學者絕口不言災異。愚以爲文王演《周易》,孔子述《春秋》,天人之道粲然明備,而《春秋》災異、《洪範》咎徵,確然可信者焉,可盡斥之爲妄乎?"惠士奇舉隱公九年《春秋》"三月癸酉大雨,震電""庚辰大雨雪"爲例,認爲二者是"盛陰之氣,大怒,臣將弒君之象也",並舉漢晉史事證成之。凡董仲舒、劉向等人解說《春秋》災異,惠氏皆藉漢以後史事證成之。《四庫全書總目》謂:"災異之類,反復辨詰,務申董仲舒《春秋》陰陽、劉向劉歆《洪範》《五行》之說,未免過信漢儒,物而不化。"雖然災異說經有虛妄之嫌,但是相較空言說經,仍然有古訓可守,並非虛言。四庫館臣謂惠士奇過信漢儒災異說,未免"物而不化",這是因爲四庫館臣自身排斥漢儒的陰陽災異說。直到乾隆朝末年,漢儒的災異說對謹守漢儒古訓的乾嘉學者而言,都是洪水猛獸,鮮有人注目於此。災異說借災異警示人君,其目的在於限制權臣的勢力。從這一方面說,在清代,災異說自有其存在價值和意義。

惠士奇認爲《公羊》《穀梁》得於口說傳聞,不可信,亦不信其義理。僖公八年《春秋》:"禘于大廟,用致夫人。"哀姜與於弒君之罪,爲齊所殺,但仍在魯太廟行禘禮,《公羊》《穀梁》論其爲非禮,《左傳》凡例"凡夫人,不薨于寢,不殯于廟,不赴于同,不祔于姑,則弗致也"更可信,勝於《公羊》《穀梁》義理。閔公二年,公子慶父出奔莒,季友能討慶父而不討,緩追逸賊,使慶父出奔莒,《公羊傳》認爲這是"親親之道",惠氏不同意《公羊傳》的解釋。慶父既爲賊,便不再爲親,而季友不討賊,就是有無君之心,與弑君之罪同。惠士奇宣稱人臣之忠,這與清代學者的生存環境有關。

惠士奇以僖公二十八年《春秋》"天王狩于河陽"爲王巡狩天下、王合諸侯之禮,並不相信"狩于河陽"實即天子被晉召來會盟的觀點。惠氏認爲古無諸侯會王之禮,於是多方證成"狩于河陽"即王合諸侯之禮。惠氏因相信春秋盟會皆遵守禮制,故認爲"狩于河陽"即王會諸侯。這樣解經,是一廂情願,也是清代"尊王"的需要。

《春秋》載晉卓子被弑在僖公十年春王正月,而《左傳》以爲在僖公九年十一月,經傳時日不合,惠氏認爲"當捨傳從經"。惠氏不相信"傳據夏時,經從周曆"的說法,認爲聞所未聞。從這裏可以看出惠士奇對春秋曆法並無研究,研究春秋禮制而未及春秋曆法,頗有些遺憾。

《春秋說》講求實證,與空疏的宋學風氣相抗。説經風氣由空衍義理的"虛"轉爲考證典章制度的"實",《四庫全書總目》稱之爲"元元本本之學",殆不爲虛譽。《清史稿》謂惠士奇"於《春秋》,事實據《左氏》,論斷多采《公》《穀》,大致出於宋張大亨《春秋五禮例宗》、沈棐《春秋比事》,而典核過之"。惠氏的著作體例或許出於宋張大亨、沈棐,但論其義理出自《公羊》《穀梁》,殆非實情。

2. 1752年沈彤《春秋左傳小疏》一卷,清經解本,上海書店,1988年

每葉3欄,每欄33行,行24字。四周單邊,白口,單魚尾。

沈彤(1688—1752),字冠雲,別字果堂,江蘇吳江人。諸生。事母孝,士友門人稱之爲文孝先生。弱冠從何焯遊,始從事理學,身體而力學,繼而董理五經,與惠棟交善。經傳洽熟,推爲純儒。乾隆初曾入三禮館,後徵博學鴻詞,不中。著有《群經小疏》《周官祿田考》

《果堂集》等書。

《春秋左傳小疏》爲沈彤《群經小疏》之一種。主要訂正杜注、孔疏,亦校正三國魏王肅、宋洪邁、清顧炎武、惠棟等學者的過失。《春秋左傳小疏》直陳己見,附帶點出他人觀點之是非,他人觀點之全部,並未展示,這種體式,即所謂"小疏"。所立詞條似無關緊要,如"命以義夫""三敗及韓""又不及是",皆針對杜注、孔疏而發,或支持或否定,多爲議論,而非考證。沈氏《小疏》用史學的方法、觀點破經學的迷障。根據唐石經訂正傳文之誤,用《考古圖》所載晉姜鼎銘、《博古圖》所載周仲俑父鼎銘,論"春王二月"等條文,是當時史書書寫常例,無特別深意。《左傳》等史籍在經學的演繹中,愈變愈繁,愈繁愈難,其中經學的義理,甚至與事情、人情相違背,沈疏以僅此一小卷的篇幅,向人們展示如何變繁難爲平易,變迂曲爲通達。沈疏主要以串解史事,解說史事,破經注的迂執,又多簡單經義的解釋,還史事簡單自然的面貌。

《春秋左傳小疏》的訓詁簡明可循。杜預生於西晉,尚不明聲訓,清人釋以聲訓,大多直捷痛快。如成公十八年"吾庸多矣"條下云:"'庸'止訓'用',與成十八年'吾庸多矣'同。言楚不信而吾信,吾用此多於楚矣,杜解'庸'爲'功',何功之有?"作者不持門户之見,一切實事求是,杜注如果正確,亦沿用不誤。襄公二十五年"賦車兵徒兵"條,顧炎武認爲"執兵者之稱兵,自秦漢始,三代以上無之",沈氏駁顧炎武之誤,保留了杜注"徒兵"即"步卒"的解釋。

《春秋左傳小疏》對春秋兵制等制度的研究,篇幅不及十分之一,但識見獨到。莊公二十八年《左傳》:"告糴于齊,禮也。"沈彤考察《周禮》大司徒職,無告糴之禮,但《國語》《逸周書》有此禮,沈氏認爲此禮始於周之衰,是衰周之制,並非古禮。僖公十二年《左傳》"天子之二守國、高在",以《禮記·王制》論齊國爲大國,有二卿受命於天子,此即"天子之二守"。據《左傳》載季札"吾乃今知周公之德與周之所以王也"一句,推斷"魯《春秋》所據之禮經,皆周公所定",《左傳》五十凡,雖不全爲周公之舊,但變易者少。沈彤將史書的書法原則(《左傳》的五十凡)與古禮聯繫起來,而非據義理妄議是非。

姑且不論五十凡是否真是周公舊禮，沈彤的做法可以看出他對《左傳》的研究，是史學的、實事求是的，而非經學的、講求義理的。

3. 1763 年戴震《春秋改元即位考》上中下，戴震文集本，中華書局，1980 年

戴震（1723—1777）著，其《經考》已著錄。

《春秋改元即位考》作於乾隆十九年（1754）至乾隆二十八年的十年間，正戴震少壯時。以《左傳》叙事爲基礎，通考《春秋》"即位"之禮，正《穀梁》、杜預各家之失，以疏解《春秋》改元即位的微言大義。戴震對自己的著作非常自信，與人言："作《改元即位考》三篇，倘能如此文字做得數十篇，《春秋》全經之大義舉矣。"（段玉裁《戴東原先生年譜》）劉師培評價："凡古義之鈎棘者，必反復研求，使疑文冰釋，如《春秋即位改元考》諸篇是。"（劉師培《南北考證學不同論》）戴震治學不僅求訓詁考證，亦鑽研義理，與乾嘉漢學者不明言義理有異。晚清劉師培致力於《春秋》一經的微言大義，承戴震治《春秋》義理的路徑，以戴震爲榜樣，通考全經得其義例。劉師培如此讚賞戴震《改元即位考》，殊不爲怪。

4. 1782 年江永《群經補義·春秋》一卷，清經解本，上海書店，1988 年

每葉 3 欄，每欄 33 行，行 24 字。四周單邊，白口，單魚尾。

江永（1681—1762）著，其《王朝列國興廢說》已著錄。

江永認爲《春秋》起自隱公，是因爲惠公以上魯史不存，《春秋》的起止並沒有什麼深義。對《春秋》及《左傳》的職官、兵法、兵制、古曆、災祥、筮辭、宴禮、賦詩等都有所考證。江永的職官考證，依據春秋時的事實，並非完全依據三《禮》，故可以破前說之執迷，而得春秋時禮的實質。指出春秋時，卿士總百官，在這一點上，周變更了周初舊制，改從殷制。"周初官制，冢宰總百官，後來改制，總百官者謂之卿士，而宰爲庶職，故皇父卿士最尊，在司徒與宰之上。平王時鄭桓公、武公雖爲司徒而實爲卿士，後以虢公忌父爲之，則宰咺、宰渠伯

糾、宰周公、宰孔皆非周初之冢宰也。説《春秋》者猶以冢宰言之,疏矣。卿士秉政,殷時已然。"又考證春秋時齊、魯、楚等諸侯國兵與農分,而並非兵農合一。考晉六卿之制,言及"《左傳》敘事極有條理,詞不虛設",意即聯繫《左傳》的敘事,在隻言片語、蛛絲馬跡中尋繹晉國的六卿之制,以駁前人晉國七卿之説。襄公二十三年《左傳》記載的欒盈復入於晉一事,江氏聯繫襄公二十年和二十四年的記載,考察當事人的家族、年齡,指出《春秋左傳正義》"程鄭非卿"之誤。江永考證禮制,立論堅實,識見精卓,但稱引《管子》以論春秋時齊國之兵制,義有未安。

5. 1792年姚鼐《左傳補注》一卷,惜抱軒全集本,清同治五年(1866)省心閣版

每半葉10行,行21字,左右雙邊,單魚尾。卷首有姚鼐乾隆五十七年(1792)序。

姚鼐(1732—1815),字姬傳,世稱惜抱先生,安徽桐城人。乾隆二十八年(1763)進士,後主梅花書院、鍾山書院等書院。通經,善屬文。著《惜抱軒集》《九經説》等書,編纂《古文辭類纂》七十四卷。

姚氏認爲《左傳》"君子曰"不合儒家正統觀念,故"君子曰"非《左傳》原本所有。其他不合於儒家觀念的內容亦可作如是觀。《左傳》成書之後,屢有附益,以至於附益與原書不知道哪個更多。姚鼐自叙:"考其書於魏氏事造飾尤甚,竊以爲吴起爲之者尤多。"姚氏認爲吴起在《左傳》原作上附益了很多,誇大了吴起和後人附益的比重。因爲吴起曾仕於魏,所以《左傳》中凡是詔諛魏的話都是吴起所附益。這個觀點不可求證。《左傳補注》基本肯定了《左傳》對《春秋》經義的作用,而將《左傳》義理"不合"之處歸之於後人的附益。

姚氏《左傳補注》繼顧炎武《左傳杜解補正》、惠棟《春秋左傳補正》之後,別記所見,引他人之説,擇善用之,萃爲一書。姚氏不滿時人沉溺於《左傳》之"文詞"而忽其典章制度、賢人君子之言,主張以"禮"講《左傳》。如襄公二十三年《左傳》"及旅,而召公鉏,使與之齒",姚鼐《左傳補注》指出其中禮制:"周人先貴貴,後序齒,宗廟之

中以爵爲位,卒乃燕。"杜注以爲"使從庶子之禮,列在悼子之下",誤。

姚氏認爲《左傳》記錄的人物稱謂,多依於禮。姚氏分析古史傳說,就帝系講論親疏尊卑的禮義,並將《左傳》中所記錄的禮儀與文獻記載結合起來,其精力所萃,在於《左傳》中具體生動的禮儀。《惜抱軒全集·左傳補注》之後分別是《公羊傳補注》《穀梁補注》《公羊補注》《國語補注》,無一不以古禮爲其關注重心。

6. 1798年錢塘《溉亭述古錄》二卷,儀徵阮元叙錄,嘉慶三年(1798)刻本

《小琅嬛僊館叙錄書》之一種。每半葉11行,行21字。左右雙邊,白口,單魚尾。

錢塘(1735—1790),字學淵,一字禹美,號溉亭,江蘇嘉定(今屬上海)人,錢大昕之侄。乾隆四十五年(1780)進士,選授江寧府學教授。博涉經史,聲音文字、天文地理,皆有撰述,尤長於樂律。著《律呂古誼》六卷、《史記三書釋疑》三卷、《淮南天文訓補注》二卷、《述古編》四卷。晚年讀《春秋》《左傳》,有所得,作《古義》若干卷,今佚。

錢塘考證春秋禮制,分辨三傳之高下。文公二年《春秋》:"公子遂如齊納幣。"《左傳》:"禮也。"《公羊傳》曰:"譏喪娶也。"是否合於禮要看魯公子求婚距離僖公去世的時間。何休認爲僖公於三十三年十二月乙巳薨,至文公二年未滿二十五月,更別説滿三年,所以公子遂是"喪娶"。但杜預依據長曆認爲,乙巳是十一月十二日,而非十二月,則僖公喪終,已滿二十五月,《左傳》稱"禮也",沒有問題。錢塘認爲,《左傳》以守喪二十五月爲禮,而《公羊傳》認爲三年之後方爲婚姻,所以《公羊》曆日雖不精確,但其義理長於《左傳》。

錢塘用歸類法,搜羅《春秋》相似記載,總結其義例。蒐輯魯國與齊國女子的婚姻,共16例,涉及五個齊國女子,即文姜(魯桓公夫人)、哀姜(魯莊公夫人)、出姜(魯文公夫人)、穆姜(魯宣公夫人)、齊姜(成公夫人),指出《公羊傳》與《左傳》對這五個女子的態度是

相同的,角度新穎,發人所未發。

7. 1814 年華學泉《春秋疑義》二卷,《四庫全書存目叢書》影印四川省圖書館藏清嘉慶十九年(1814)璜川吳氏真意堂刻本

每半葉 9 行,行 21 字。左右雙邊,白口,單魚尾。版心題"真意堂"。

華學泉(1645—1719),字天沐,江蘇無錫人。

前有嘉慶甲戌(十九年)吳英《刻春秋疑義叙》,謂惠士奇家四代傳經,但海內刻其書者甚少。惠士奇《春秋說》乃吳英家舊刻,刻於數十年前,吳英見華學泉《春秋類考》十二卷、《春秋疑義》二卷,認爲這兩部著作經術湛深,堪比惠氏。又認爲華學泉之說曾見於顧棟高《春秋大事表》,而時人罕見顧書,吳英取華學泉《春秋疑義》二卷刻之,期望與惠士奇《春秋說》並行於世,且藉之以窺顧棟高之說。

華學泉疏通古人義疏,折衷以己意。《春秋疑義》討論禮制爲主,如詳細考證魯之禘不同於天子之郊禘。考證春秋禮制,或許在這一點上與惠士奇《春秋說》取徑相同。但《春秋疑義》篇幅短小,難與惠士奇《春秋說》相提並論,與顧棟高亦無關係。華學泉謂王子朝之亂,五臣固有罪,天子亦未嘗無過。言天子之過,這在清代春秋學中是不多見的。

8. 1839 年趙以錕《讀左賸語》一卷,邵廷烈輯,婁東雜著本

每半葉 9 行,行 22 字,左右雙邊,白口,單魚尾。卷首有道光十九年(1839)九月阮元《婁東雜著序》、道光十九年正月祁寯藻序、山陽李宗昉序、道光丙申(十六年)秋八月上李正鼎序、道光十三年秋月邵廷烈序。

趙以錕,字凝甫,江蘇婁東(今蘇州)人。另著《間史瑣言》一卷。

"同官相稱曰夫子""大夫稱主""女亦稱子",這些論斷皆總結全書用例而得,帶有凡例、書法的意思。"家臣稱主亦曰君",昭公二十八年、定公五年,君分別指祁盈、季孫意如。"太宰非卿官""雍爲秦都",有助於認識春秋禮制。考證春秋時的舞蹈,謂:"古者舞以侑宴,伶官爲之,《詩》所云'日之方中,在前上處'是也。若群臣陪宴,

舞以助歡,則自晉平公之宴諸侯於溫而使諸大夫舞始。後世若鴻門之會、莊伯對舞,其由來亦已久矣。"按《詩經》"日之方中,在前上處"描寫的是祭祀舞蹈——萬舞的場景,並非"舞以侑宴,伶官爲之"。

趙以錕根據《春秋》全書之例推求意義,可推知某些禮制、風俗及常識,不爲無益。考證簡潔,無支離蕪雜之語。但所見參考書皆常見書,無非杜注、林注,對春秋時期的禮制沒有深入的研究。

9. 1844年朱大韶《春秋傳禮徵》十卷,《續修四庫全書》影印民國張氏刻適園叢書本

每半葉11行,行23字,小字雙行,同。左右雙邊,黑口,雙魚尾。版心題"適園叢書"。卷尾有"歲在旃蒙單閼小春吳興張均衡跋"。旃蒙單閼,即乙卯年,當指咸豐五年,即1855年。

朱大韶(1791—1844),字虞卿,一字仲鈞,江蘇婁縣(今上海松江)人。嘉慶二十四年(1819)舉人,選懷遠教諭,後主懷遠縣真儒書院。另著《實事求是齋經義》二卷。

跋指出朱大韶通聲音訓詁,其春秋禮制研究受時人推重:"《春秋(傳)禮徵》十卷,朱大韶虞卿撰。……治經宗高郵王氏,以形聲訓詁、引申假借通古人所闕,尤熟精三《禮》。凡大小典禮,古今僞譌者,爲之反覆辨證……。此書取《春秋》之言禮者,合三傳經史、《通典》及先儒之説,融會而貫通之。朱蘭坡學士推君邃於三《禮》,前刻《實事求是齋經義》已收《惠公仲子説》《不譏世卿説》《不諱狩於河陽説》《躋僖公説》《仲嬰齊説》《不書閏月説》《初稅畝説》《短喪説》八篇,爬梳古義,見重禮家。今搜得全藁,亟刊行之,以饜學者。"

《春秋傳禮徵》取《春秋》及三傳有關"禮"的内容,合《通典》及先儒之説,融會而貫通之。三傳之禮,並不分今古,且可用以證明上古之禮。首列《春秋》經文及《左傳》説,次列《公羊》《穀梁》説,再作辨析,或分列《左傳》《公羊》《穀梁》諸説於前,分別辨析於後。對清儒惠士奇《春秋説》、秦蕙田《五禮通考》多所徵引,涉及春秋時代婚姻喪葬、立嫡繼嗣、邦國外交等一系列禮制問題。

對於隱公三年《左傳》的"君氏",朱氏通過考察婦女的稱呼及諡

號的禮制規定,説"君氏不可通",亦不從《公羊》《穀梁》"尹氏"説。《公羊》作"尹氏卒",於此提出"譏世卿"之説,朱氏表示反對。朱氏徵引《禮記·王制》"諸侯世子世國,大夫不世爵,諸侯之大夫不世爵禄",謂"天子之大夫得世禄而不世爵,諸侯之大夫并不得世禄。不世爵,即不世卿";朱氏從《左傳》文本出發,認爲古無世爵即無世禄,無所謂"得世禄而不世爵"。古代開國承家,然後有氏姓以立宗,所以必有世爵然後有氏姓。既然得世禄,必有世爵,不可能有世禄卻無世爵。《禮制·王制》所提出的爵禄制度没有實現過,也無法實現,故《公羊傳》的"譏世卿"説不可靠。莊公二十七年《春秋》"莒慶來逆叔姬",《公羊傳》認爲大夫越境逆女,於禮不合。朱氏考察《春秋》書法,認爲此大夫不應是爲本國之君納妻,而是爲大夫納妻。且大夫越境而娶,與《儀禮·士昏禮》相合,是古之舊制,《公羊傳》的解釋是錯誤的。

《禮記·曲禮》《韓詩内傳》皆云諸侯嗣位,需朝天子並經天子賜命,此爲"受命"。《穀梁傳》云"有受命,無來錫命",即諸侯可去天子那受命,不可以讓天子派人來爲諸侯國賜命。春秋時諸侯無王,周天子將納后於齊,而來賜命,非禮之正。作者據《左傳》僖公時代的記載,知有《周官》所云"九命"之禮,而無"九錫"。"九錫"見於《禮緯含文嘉》,非古禮。作者認爲,研究先秦時代的禮,應信《周官》,並以之判斷春秋時代的君臣是否守禮。《穀梁》據緯書立論,不可據。

《左傳》僖公二十八年晉侯朝王、王饗晉侯,朱氏據《周官·大行人》考證饗禮的實質:"禮之重者用醴,輕者用酒。醴,尚其質,酒,取其文。"但春秋時代,"既用饗禮而設醴,先文而後質,先今而後古",没有遵守古禮,且違反了古禮的實質。王饗之禮,據《周官·大行人》推測,諸侯按照等級依次獻酒,虢公當九獻,晉侯當七獻。如《左傳》所記載,僖公十八年周天子賜晉侯玉和馬,非古之禮,於禮無徵。在諸侯國之間的盟會上,稽首、降拜之禮,均不是古禮。"諸侯非天子不稽首,亦無降拜之法",此禮在《左傳》中亦有表述,如襄公三年云:"天子在,而君辱稽首,寡君懼矣。"又哀公十七年,魯公與齊盟於蒙,齊侯稽首,公拜,齊人怒,孟武伯曰:"非天子,寡君無所稽首。"

朱氏以《周官》記載爲古禮,在《春秋》三傳中考證古禮及春秋時古禮的變遷,以發展變化的觀點看待禮的演變,見解精審。朱氏所信仰的,是文獻記載中的周禮,具體表現在一整套以天子爲權威的禮樂制度,這與春秋時期的禮崩樂壞的社會實際是不相符的。《左傳》所記載的,是一個禮崩樂壞的社會,這個社會當中,有人仍維護古禮,但更多人踐行著以霸主與諸侯國爲核心的新的禮制。朱氏在《春秋左傳》中寄寓的是復歸於禮樂社會的理想,這決定了他對春秋時期新的禮制持否定態度。朱氏據《左傳》的記載,結合古代文獻,辨《公羊傳》《穀梁傳》的禮制不可信,顯示出朱氏的古文經學立場。

10. 1861 年凌堃《學春秋理辨》三卷,闕第一、二卷,《續修四庫全書》影印北京圖書館藏清道光凌氏刻傳經堂叢書本

每半葉 10 行,行 20 字。左右雙邊,黑口,雙魚尾。存第三卷。

凌堃(1795—1861),字厚堂,浙江烏程(今湖州)人。擅推步之學。

卷三《王朝列國紀年》,以歲星紀年,按周王世系排列,擇取春秋史事列於紀年之中,皆征伐、出奔、卒薨之類的事件。歲星紀年,因其不太精確,自戰國以後便漸漸不用。漢代,歲星紀年的"古法"仍存,學者相傳。服虔注《左傳》,鄭玄注《周官》,於歲星紀年法猶有記憶,非唐孔穎達所能及。但《毛詩正義》以武王伐紂爲"歲在辛未",《春秋正義》十二公之首必紀歲在某次,古法仍未盡滅。春秋二百四十二年歲星所在位置,因孔穎達的記載而易爲獲取。文獻記載中,歲星與太歲不合,有時又以太陰爲太歲。作者指出,以歲星紀年不若以干支紀年簡易。

知歲星紀年,可以幫助閱讀古文獻。歲星紀年久棄不用,但清代學者仍專心研習。其學雖衰微,適可見清儒"復古"之志,以及"求道於典章制度"的學術追求。

11. 1881 年史致準《讀左評餘》一卷,清光緒年間刻本

每半葉 10 行,行 22 字,左右雙邊,黑口,單魚尾。卷尾有光緒七

年(1881)夏日史致準跋。

史致準(1820—1881),字伯平,江蘇陽湖人。同治十一年(1872)服官於云南。另著《尚書繹聞》一卷。

《讀左評餘》僅八葉紙,作者跋曰:"病中聽人讀《左傳》,輒念曩時有疏解數十條,大半都已遺忘,就所憶者録以示之,不復能翻檢諸書也。"

史氏曾推考春秋經傳月日,發現杜預《春秋長曆》是杜氏之曆,而非春秋古曆。史氏以春秋曆、殷曆推之,發現經傳用曆複雜,經、傳並非單純使用周曆、魯曆。西學的天文學知識已成普及之勢,但作者尚不知曉,史氏自云:"或曰,日行一晝夜,由於赤道;歲行一寒暑,由於黃道。若是,則冬至日漸而北,夏至日漸而南,黃道將合赤道而爲一,不幾於一晝夜而爲一歲乎?曰此誠不可知。"没有西方天文學知識,便不能發現《春秋》曆日記載之誤,亦不能發覆春秋曆法。没有先進的天文學知識,史氏不能釋内心疑竇,也在情理之中。

史氏謂春秋時,兵士以伍計,車以偏計。《左傳》的陣法中徒兵以五爲數,最爲經典,後世之八陣圖,特異其數,以新耳目。《左傳》所記陣法皆因地形而變化,頗爲完備。明戚繼光因地形而爲陣,於陣法最爲神明。

史氏將《司馬法》與《左傳》所紀兵陣綜合起來考證,十五乘爲一偏,三十乘爲一卒,謂杜注以百人爲卒,釋"卒"爲"徒兵",是錯誤的。史氏解釋《左傳》兵事、兵陣,頗爲詳細。謂繻葛之戰的魚麗之陣,在平原和山澤之地最爲有利。而鄢陵之役,晋有車徒之利,楚壓晋軍而陳兵,晋范匄謀曰:"塞井夷竈,陳於軍中,而疏行首。"這樣的陣法留有平地,有利於車徒馳騁。陣法變化,皆因地形。史氏説陣法不過方、圓、曲、直、斜五種,因地有五者之形,故陣有五者之法,其他陣地皆因象立名,爲鵝爲鸛,亦不超出此五者之外。史氏並將《四川通志》所載《八陣圖》、明戚繼光創製的鴛鴦陣加以研究,以爲當世借鑒。史氏論兵陣兵法,將《左傳》與兵書、史書對照起來看,互通證明,與儒生紙上談兵頗不相同。

史氏從諸侯外交、戰爭形勢的角度考證古地名,以補杜注之失。

如吳之朱方,近人皆以丹徒爲古朱方,而杜注但云吳地,惟《史記集解》引《吳地記》,以爲今丹徒。齊慶封奔吳,吳與之朱方。"楚子既身在南陽,別遣一師以圍朱方,朱方既克,又戮慶封於會,朱方當去南陽不遠。考自吳人伐巢取駕,克棘入州、來二國,構兵之所,皆在皖豫之交,朱方當於其中求之,特無可指名以實之耳。若丹徒則去吳都甚逈,楚既以偏師越數千里而圍之,吳則坐視敵國之兵入境,鄰其都而不救,吳不若是弱也。"謂朱方在"皖豫之交",即南陽一帶,可自爲一説。

《左傳》隱公、桓公之文殊簡,定公、哀公之文多闕畧,史氏主張採《國語》《史記》諸書以補之。將《史記》相關章節與《左傳》對照閱讀,可以補充《左傳》之未詳。《史記》對《左傳》"講于梁氏"、子般怒、欲鞭犖等事件的記載詳於杜注。依據《魯世家》,魯公子友如陳葬原仲,原仲是季友的母舅,此皆有補於《左傳》。

(二)人物姓氏職官考證

1. 1704 年高士奇《春秋左傳姓名同異考》四卷,《續修四庫全書》影印清康熙年間高士奇自刻本

每半葉 9 行,行 19 字。四周單邊,黑口,雙魚尾。

高士奇(1645—1704)著,其《左傳紀事本末》已著録。

《左傳》難讀,很大程度上因人名稱謂所致。同一叙事中,一人有多個名稱,不同叙事中,相同名字的人非指一人。《春秋左傳姓名同異考》按國別將諸侯卿士大夫的名謚羅列出來,指出每個人的異名。這樣的體例並不容易將不同國家相同名字的人加以辨别,同時,同一個人復現於多個國家,更增加了閱讀難度。"衛諸卿大夫"將衛國的大夫逐一排列,渾良夫、寺人羅等僕役,亦在此條目之下。子路是魯人,初仕魯,後仕衛。子路名列衛國卿士大夫之列,亦在魯卿士大夫之列,亦出現於季氏家臣之中,其稱名但云仲由、季子,不及"子路"之名。列"魯夫人",不論嫡妾,顯然以妾爲夫人,這違背《春秋》經學"妾不爲夫人"之義。晉國君夫人不稱"晉夫人",卻稱"晉女"。叔隗爲晉文公夫人,不是晉國女子,卻名在"晉女"之列,可見歸納不

當,且體例不統一。

《春秋左傳姓名同異考》爲閱讀《左傳》提供了一些基本資料,任何人只要花時間和精力,似乎都不難做到。宋學空虛,棄《左傳》如敝屣,宋學風氣影響之下,很少有人去做這樣的材料蒐輯的事。高士奇所作雖粗疏,但蹈實强於空虚,考證未精,則尚待來者。

2. 1722 年陳厚耀《春秋世族譜》一卷,《叢書集成續編》影印邵武徐氏叢書本

每半葉 10 行,小字雙行。左右雙邊,黑口,單魚尾。卷首録《四庫全書總目提要》,卷尾有光緒丙戌(十二年,1886)四月徐榦跋。

陳厚耀(1648—1722),字泗源,號曙峰,江蘇泰州人。康熙四十五年(1706)進士,官蘇州府學教授,改内閣中書。早年曾從梅文鼎學天文曆算。著《春秋長曆》十卷、《春秋戰國異辭》五十四卷、《春秋世本圖譜》一卷。

《周禮·春官》中的小史,"掌邦國之志,奠繫世,辨昭穆"。先秦史官記載的《世本》已佚,其書畧存於孔穎達《春秋左傳正義》中。杜預《春秋釋例》中本有《世族譜》一篇,詳記世系、昭穆,但自宋以後此書已佚,從《永樂大典》中輯出僅數條。陳厚耀作《春秋世族譜》,未見杜預《春秋釋例》,故從孔穎達《春秋左傳正義》,參以其他典籍,蒐輯、考證世系,以周、魯、晋、衛、鄭、齊、宋、楚、秦、陳、蔡、曹、莒、杞、滕、許、邾、吳、越及其他諸侯國爲順序,先國君,後卿大夫。世系無可考,則另設一篇《雜姓氏名號》,置於該國卿大夫世系之後。

隱公三年《公羊傳》以尹氏爲天子之大夫,陳厚耀採用《左翼》之説:"少昊之子,封於尹城,子孫世爲周卿士。尹吉甫,其後也。"證實《公羊傳》的説法,以此反對以尹氏爲"伊尹之裔"的觀點。陳厚耀採信《左翼》,頗有可議。《左翼》是明人王震所作,常爲乾隆時期春秋著作所徵引,但云尹吉甫是少昊氏之後裔,則罕有其他例證,其可信度是有爭議的。隱公十一年,魯桓公弑隱公,《左傳》云"囚諸尹氏",陳厚耀將此"尹氏"列入"鄭雜姓氏名號"。"尹氏"不可考,故繫之於譜之末。《四庫全書總目》稱陳厚耀《春秋世族譜》較顧棟高《春秋

大事表·卿大夫世系表》爲詳，顧氏於不名姓氏之人皆闕畧不錄，而陳厚耀對於經傳所載之人"稱官爵及字者，悉臚採無遺"，切中事實。

徐幹不滿於《春秋世族譜》徵引《新唐書·宰相世系表》，謂自魏以九品官人，貴遊子弟競以門第相高，於是譜學興起。《新唐書》的《宰相世系表》實有旌表門户之意，不無穿鑿附會之處，故不可信。按陳氏博採群書以備學者參考，《春秋世族譜》徵引《左翼》，亦可作如是觀。這並不能貶損《春秋世族譜》的價值。

徐幹之跋稱陳厚耀《春秋世族譜》與李超孫《詩氏族考》、高士奇《春秋左傳姓名同異考》相頡頏。觀高士奇《春秋左傳姓名同異考》，多羅列而少考證，實不能與《春秋世族譜》相提並論。《詩氏族考》博採群籍，以闡明《詩經》出現的姓氏名字，是讀《詩經》的必備參考書，這一功用，與陳厚耀的《春秋世族譜》相同。

3. 1725年沈淑《左傳列國職官》一卷，後知不足齋叢書本

左右雙邊，單魚尾，白口，每半葉9行，行16字，小字雙行。卷尾有雍正乙巳（三年，1725）秋九月沈淑跋："杜元凱《釋例》《土地名》，今未見其書，據注分國，寄示從子輩，便記覽焉。"可知此書輯杜注而成。

沈淑（1702—1730），江蘇常熟人。雍正元年進士，翰林院編修。遍讀諸經注疏以及宋元儒經解。著《經玩》二十卷、《周官翼疏》三十卷，皆入《四庫全書》存目，皆排列資料，沒有考訂。《經玩》二十卷，《四庫全書總目》稱"其檢核之功，頗爲勤篤，然無所考證發明"。

此《左傳職官》當爲《經玩》之一卷，按國別分列職官，將其與《周禮》對照，多爲不常見的官名。主以官名爲目，又摘鈔《左傳》文句爲目，體例不純。有些官名有目而無注，留待考證。此書方法與李調元《左傳官名考》相似，但在體例的整齊上遜之。

4. 1725年沈淑《春秋左傳分國土地名》二卷，後知不足齋叢書本

左右雙邊，單魚尾，白口，每半葉9行，行16字，小字雙行。

沈淑(1702—1730)著,其《左傳列國職官》已著錄。

同一諸侯國內,按十二公先後,將地名一一羅列,注明今所在之地。時而無注。《左傳》杜注的地名訓釋,僅點明國別,沒有文獻引證;指出今名,亦太寬泛;某些地名無注。清代學者不僅要一一指明杜注的出處,還要疏通未注之地名、詳細考證地理,巨細不遺,然而並非易事。此書只是鈔撮地名,考證尚未開始。

5. 1725 年沈淑《左傳器物宮室》一卷,後知不足齋叢書本

左右雙邊,單魚尾,白口,每半葉 9 行,行 16 字,小字雙行。

沈淑(1702—1730)著,其《左傳列國職官》《春秋左傳分國土地名》已著錄。

按照國別,將《左傳》中出現的宮室、器物一一排列,作簡要注釋。釋魚軒:"夫人車,以魚軒為飾。"此為鈔撮杜注,但將"魚皮為飾"誤作"魚軒為飾"。釋曲縣:"諸侯軒縣,三面,其形曲。"不鈔杜注,但用自己的語言,語句簡煉。釋南冠:"楚冠。秦滅楚,以其冠賜近臣,御史服之,即獬豸冠也。"這樣的解釋脫離《左傳》的文本,將戰國史事加了進去。

6. 1743 年程廷祚《春秋識小錄初刻三書》九卷,乾隆八年(1743)三近堂刻本

每半葉 9 行,行 20 字,小字雙行。四周單邊,白口,無魚尾。前有乾隆三年戊午季冬豫章劉吳龍《總序》、雍正壬子(十年,1732)夏四月王步青《春秋識小錄初刻三書序》、不知年月桐城周大璋《春秋識小錄初刻三書序》、燕山邵泰《春秋職官考畧序》、錫山華希閔撰序(虞山陳祖范書)。《春秋識小錄》入《四庫全書》,但只有正文,無序。《春秋識小錄初刻三書》,即《春秋職官考畧》《春秋地名辨異》《左傳人名辨異》各三卷。

程廷祚(1691—1767),初名默,字啟生,一字綿莊,晚年號青溪居士,江蘇上元人(今南京)。諸生,乾隆元年舉博學鴻詞,不遇。博文約禮,格物致知,天文、輿地、食貨、河渠、兵農、禮樂之事,靡不究委

探源,著《青溪集》《大易擇言》《晚書訂疑》等書。

劉氏《總序》謂程廷祚《春秋識小錄》有益於經世之用。"《春秋左傳》一書,先儒採其英華以爲辭藻,名將如關壯繆、狄武襄、岳忠武,用兵制勝,亦多得力其中。若杜征南則專嗜而注釋之,其大者裨益當世之務,小亦足洽見聞,通諸製作。……紀官、紀地、紀人三者一有謬誤,或無以供酬對,亦烏可罢與?……古今官職之源流,都邑之沿革,人物運會之賢否升降,悉藏諸胸臆,井井不紊。充其所實,以措諸實用,於經世之大尚有所厚望,無徒隳其志可也。"

王序表彰程氏稽古好學。"程子啓生,今之博物君子也。讀古人書,其大者,既講求義法,得其指歸,下至一名一物,亦必辨析舊聞,證明同異。嘗撰《春秋識小錄三書》,于列國職官,採《左氏傳》與《周禮》相疏證,而地理之沿革,名氏之錯陳,各爲《辨異》,若指掌。然非其潛心好古,細大不捐,奚以至是?……今吾友是書,于《職官考》可以見《周官》之法度焉,于《地名辨》可以溯封建郡縣之變遷焉,於《人名辨》可以觀世運、質文、繁簡之殊尚焉。"

周序謂"夫好紀怪誕,溺於禍福功利,《左氏》誠所不免。然其所載,自天文地理,典禮懿訓,以及用兵之畧,定變之才,無不備具,而詞命之工,雖三代誓誥,未之有過,蓋二十一史之權衡焉"。《左傳》一門學問精深,不可專事文辭。《春秋識小錄》,小足以便讀者之觀覽,大可以鑒古今之升降。

《春秋職官考畧》首列《周禮》的官名及其職責,其後列各國官員,解析其職責,分析其異同,作《晉軍政始末表》附於《春秋職官考畧》卷尾。所錄各國職官,與《周禮》職官在名稱與職責上不盡相同,以宋國保留周制最多,而以晉楚秦變化最大。從周代職官之廢棄可以見時代之變遷。如"宰",據《周禮·天官》卿曰太宰,其屬有小宰、宰夫等官。作者謂:"春秋諸國雖有此官,然其爵命未必相同,其職司未必盡與《周禮》合。"宰咺,當爲宰夫,《周禮》:"宰夫,下大夫也。"孔疏引宰夫職曰:"凡邦之吊事,掌其戒令與其幣器、財用……咺蓋宰夫也。"宰周公,據杜注,則爲天子三公,兼冢宰。宰渠伯糾則未指明其職責。周天子三宰就有職責上的不同。程氏用《周禮》考證,以杜注、孔疏補充,闡明春秋時的禮制,結論與江永等學者不盡相同。

程氏有些官名亦只列條目,未有考證。至於宋之太宰華督實即宋之相。隱公十一年,羽父請殺桓公,將以求太宰。自是以後,魯無太宰。齊國宴飲時的宰,是燕大夫之禮上的主人,掌賓客之獻。鄭國的太宰不受重視。楚國的少宰、太宰子商、伯州犁、蓮啓疆、太宰犯,吳國的太宰嚭,皆無論述,但依類而輯,一目瞭然。

《春秋地名辨異》彙聚經傳之中的一地二名、兩地一名,三地一名,分別臚列。引證杜注、孔疏、前人經説、地方志,徵引及《通典》《水經注》《漢書·地理志》、《國語》韋注等。隱公二年"公及戎盟于唐",隱公五年"公矢魚于棠",唐和棠是一地二名。又謂隱公五年宋人伐鄭,圍長葛;桓公五年鄭與王師戰于繻葛,長葛即繻葛。申,一爲國名,一爲鄭地。魯,一爲國名,一爲縣名。鄢是鄭地,亦是楚地水名,還是楚地名。

《左傳人名辨異》收錄各諸侯國一人兩稱、三稱,以至六稱,《左傳》稱名之繁於此可見。

《春秋識小錄》注釋簡單,不似後來考證的繁複,但體例整齊,輯類而從,匠心獨運,在清初考證類著作中,遠遠高出同類著作。

7. 1778年王文源《春秋世族輯畧》二卷,《春秋列國輯畧》一卷,《續修四庫全書》影印中國科學院圖書館藏清道光二十五年(1845)陳氏敏求軒刻本

每半葉10行,行25字。左右雙邊,黑口,單魚尾。卷首有道光二十五年六月楊文鼎序、同年七月張振金序、同年三月陳世珍序。卷尾有乾隆四十三年(1778)戊戌王文源原識《春秋列國輯畧跋》。另有道光二十五年王文源之子王槐廣跋,述王文源著作失而復得之經過。

王文源,字夢圃,江蘇丹徒人。乾隆四十四年己亥恩科孝廉,工小楷。王文源《春秋世族輯畧》稿本在道光二十四年爲陳世珍購得,後刊刻成書。

張序爲輯佚學張目，稱杜預作譜，有《世本》爲參考，爲力甚易，但清代《世本》失傳，王文源在載籍散亡之餘，參校諸書，鈎稽而得，其勤苦之功不可没。

　　《春秋世族輯畧》按照國别，首叙列國興廢大端，再以圖譜的形式列世族世次，以仿"左圖右史"之義。圖譜的邊框之外，附考證説明。對列入譜中的每個人物，均附注簡要經歷，注明出處。

　　讀《左傳》，學者苦於世系難明，族姓莫辨，杜預曾著《春秋世族譜》，但已佚。王文源檢校《國語》《戰國策》《公羊》《穀梁》《禮記·檀弓》《史記》《漢書》及胡安國《春秋傳》、林堯叟傳注等書，輯佚杜預《春秋世族譜》，證杜注之失，補杜注所未備。王文源著《春秋世族輯畧》時，得陳厚耀《春秋世族譜》，詳加參閲，據以增補。同時，指出陳本考據雖繁，但未免有臆斷處，故代爲釐正，論者稱王文源《春秋世族輯畧》"足與陳曙峰太史《世族譜》相證明"（陳序）。

　　王文源認爲《竹書紀年》可靠，且是杜預所未見，故用以補充史事，並據以訂正史書之誤。如《竹書紀年》記載厲王流彘之時，共伯和攝行天子事，這樣，歷史上的"共和行政"，實即共伯和執政。《漢書》顔師古注曰："遷史以爲周召二公行政，號曰共和。"謂"共和行政"指"周召行政"，是没有根據的。王文源以《竹書紀年》破《史記》之誤，但僅《竹書紀年》一條例證，容易流爲"孤證"，故仍需其他文獻給予支持。在周平王與周桓王的世系之間，王文源據《史記》，補洩父，並注明洩父早卒。陳厚耀《春秋世族譜》認爲王孫滿是周惠王孫，純因"王孫"之名而臆斷。王文源在周代的世系之中，不載王孫滿，王孫滿的世系仍待考訂。

　　王氏既已輯杜預《春秋世族譜》，復從注疏中輯《東坡列國圖説》，編成《春秋列國輯畧》一卷。《春秋列國輯畧》輯春秋一百二十一國，依據經傳出現先後爲序，簡述列國始末，其疆域則綴以清代州縣名稱，疑者闕之。《東坡列國圖説》原本闕畧較多，排序混亂，字詞訛誤頗多，故"脱者補之，譌者正之，疑似者闕之"（楊序），足以嘉惠後學。

8. 1788 年 范照藜《春秋左傳釋人》十二卷《附錄》一卷,《續修四庫全書》影印華東師範大學藏清嘉慶如不及齋刻本

每半葉 11 行,行 21 字。小字雙行,同。左右雙邊,黑口,單魚尾。卷首有嘉慶七年(1802)夏六月錢樾序、乾隆五十三年(1788)重九日范照藜自序、乾隆五十五年夏四月林德昌序。卷尾附錄嘉慶六年范照藜作《左邱明考》、嘉慶八年于宗林《後序》、嘉慶八年范大任跋。《春秋左傳釋人》積二十年而成,書成於乾隆五十三年,嘉慶八年刊刻。

范照藜(1743?—?),字乙青,號井亭先生,河內(今河南沁陽)人。乾隆五十一年舉人,三上禮闈而不售,課館為生。

錢序云前代圖譜紀傳之缺:"顧圖譜紀傳之作,前代亦多有。張傑《春秋圖》,詳車器城邑;逢(按當為馮)繼元《名號歸一圖》,敘官謚、名字;《帝曆紀譜》,不著撰者姓氏,又多前後牴牾;《春秋世譜》《宗族名諡譜》、楊彥齡《二十國年表》、沈存中《春秋紀傳》,皆非無可稱,而誤謬不少。近人馬氏《繹史》、李氏《尚史》、陳氏《春秋世族譜》、程氏《春秋識小錄》,於杜氏誤注多所駁正,而影響附會之說亦往往雜出其中。蓋囿於前人,則沿譌襲謬;逞其臆見,則穿鑿支離。名同而強合為一人,氏同而援引為同族,糾紛錯雜,疵謬益多。"

林序言《左傳》姓氏之學的重要性:"氏族繁則支派易混,稱名雜則攷核易淆,非留心掌故,諳練友邦者,鮮不茫然失據。是考辨之學在當時尚難其人,況經秦火後,書籍喪亡。漢儒所祖述者,惟《世本》一書。厥後《世本》散失,注家轉相援引,動多乖謬,甚且出其私臆,妄為注釋,支離附會之說愈繁而愈不可通,竟使二百四十餘年人物,大半淆亂,而窮經之士,又復高談義例;荒廢典章,相率為空疏無據之學,豈不深可慨哉。"

范照藜《春秋左傳釋人》參考了前人著作十餘種:馮繼先《名號歸一圖》、顧炎武《左傳杜解補正》、魏禧《左傳經世鈔》、徐揚貢《經學辨體》、馮李驊《左繡》、周大璋《左傳翼》、姚鼐《左傳補注》、顧棟高《春秋大事表》、程廷祚《春秋識小錄》、陳厚耀《春秋世族譜》、江西石刻《六經圖》、六安王皜《六經圖考》、馬驌《繹史》、李氏《尚史》,

前人著作"駁正杜氏誤注甚夥,而支離附會之說較杜氏更謬者,亦復不少"。《凡例》全面考訂《春秋》人物,冀立言有本,有助於經學。

《春秋左傳釋人》收錄天子諸侯卿士大夫,暨戎狄蠻夷一千九百多人。不僅有春秋時期的人,也有春秋之前的人,凡出現於《左傳》的人物,盡爲收錄。輯天子諸侯世次、戎狄蠻夷君長,編爲四卷;考訂臣子世次,輯爲六卷;列婦人考一卷、古人考一卷(附錄同名考)。對每一人物,皆詳載其本末,並因人以論事,即事以徵義。博取漢晉唐宋近人以來諸家傳注、圖考,參同異,斷是非,辨誣謬,不可通者則存疑。時有不同前人之論,如將鄭子元、厲公定爲一人,公子偃、士匄分爲二人,晉知盈非知罃子,可備一家之說。

該書《凡例》,詳細闡明體例,表明尊王、尊公室、貶夷狄之旨。繫人於世系中,並詳述其人事跡。除考證之外,還有議論。《凡例》重新釐定五霸,五霸各有軒輊;去宋襄公,增晉悼公:"顧穆能用孟明以報晉而霸西戎,莊能聽申叔以封陳而霸南國,尚屬振拔有爲之主。宋襄以貪鄙之才,行暴虐之政,納齊君而齊伐之,會楚子而楚執之。春秋有圖霸之君,而受辱於諸侯之會,且喪師傷股以死者乎?"楚僭號稱王,不便驟改其名,故仍史書之舊,但義理上不予楚僭越稱王。

9. 1794 年 汪中《春秋列國官名異同考》一卷,《續修四庫全書》影印復旦大學圖書館藏清光緒十一年(1885)吳氏刻螯園叢書本

每半葉 11 行,行 21 字。左右雙邊,黑口,雙魚尾。

汪中(1744—1794),字容甫,一字頌父,江蘇江都人。家貧,盡日往書肆中翻閱經史百家,過目成誦,學問大進。乾隆四十二年(1777)拔貢,後絶意於仕進。爲人狂放,謂揚州一府,通者三人,不通者三人。通者王念孫、劉台拱與汪中,不通者程晉芳、任大椿、顧九苞。乾隆五十九年校《四庫全書》於杭州文瀾閣,病卒。著有《國語正譌》《儀禮經注正譌》《大戴禮記補注》《爾雅補注》《小學說文求端》《經義知新記》《述學》等書,編《廣陵通典》。

汪中《春秋列國官名異同考》將《左傳》中的職官與《周官》及西

周禮制相對照,從官名的同異入手,講論春秋時期官職的變化。"《周禮》職官三百六十,《禮記·明堂位》云有虞氏官五十,夏后氏官百,殷二百,周三百。……《明堂位》出於漢儒,《周官》爲僞古文,雖皆不足徵,然三代官數多寡,大畧可見。"汪中自己說出了如何利用三《禮》史料的問題。

春秋時列國置官,雖因周制,其間又有王命,或自命之官職,故官名互有不同。《左傳》所記官名,注疏皆以《周官》爲說,實際上《左傳》記載的官名與《周官》並不完全相同。汪中認爲,"蓋非觀其同,無以悉其異"。"師傅"之名,見於《周官》,鄭玄未見此僞古文,故《尚書·君奭序》鄭注"師保"爲師氏、保氏之職,如周公、召公,此皆尊貴之稱,非有專職。但春秋列國大多有傅,爲輔太子之職,又有太師、少師、内師、左師、右師,此皆諸侯自命之官職。汪中稱這些官職即"師傅",皆不稱"保",與西周官職"師保"不同。

按照《禮記·王制》、杜預《春秋釋例》,列國之官當由周命,據《左傳》記載,只有少數官職通過周天子任命(如宣公十六年《左傳》:"(王)以黻冕命士會將中軍。"),大多數官職皆由諸侯自命,表現在書法上有差異,"《左傳》言使某人爲某職者,則皆自命者也"。列國自設官職,其名稱與周制異者居多。《左傳》中晉有"守藏史",即《周官》所謂"内府";宋有"鄉正",即《周官》所謂"鄉大夫"。

汪中考證《左傳》官名,認識到很多官名與古文獻記載不同;《周官》雖是僞書,仍然參考使用,其識見精卓,方法科學。經學研究者常執念於卿士大夫受命於周天子,且據此觀念褒貶人物,但是汪中不從經學角度研究官名,而是採取客觀的態度,從客觀實際出發,做文獻考證,這有益於學術。

10. 1795年李調元《左傳官名考》二卷,《續修四庫全書》影印北京大學圖書館藏清乾隆李氏萬卷樓刻函海本

每半葉10行,行20字。四周雙邊,白口,單魚尾。卷首有李調元自序。

李調元(1734—1803),字羹堂,號雨村、墨莊,別號童山蠢翁,四

川羅江人。乾隆二十八年(1763)進士,散館授吏部主事,官潼商道,藏書數萬卷。嘗輯《函海》一書,著《禮記補注》《雨村詩話》《春秋左傳會要》《春秋三傳比》等書。

李調元自序云:《左傳》之義蘊博大而類例繁多,前人尋繹之不盡。"作《左傳》地名錄者,嚴彭祖、裴秀、杜預、楊湜、張洽、鄭樵、杜瑛、楊慎諸人是也。作《左傳》名臣傳者,姚咨是也。作《左氏》人名考者,劉城是也。而考焦氏《經籍志》,又有《春秋宗族名氏譜》《春秋名字異同錄》等書。"唯獨沒有做《左傳》職官的,此《左傳官名考》是其嘗試。

此書按國別列職官名,每一官名之下注明《左傳》的出處,附載注疏之說於其下,再用《周官》加以考訂,以明《左傳》職官的沿革。若國異而官同,則兩存之。綱舉目張,一目瞭然。職官不僅有"國異而官同",亦有"官同名而職異"的,分別論列,如"宰"是朝廷之官,如"宰咺";又是家臣,如"王叔之宰"。分別論列,對瞭解一國官制有益。

11. 1802年李調元《春秋左傳會要》四卷,《續修四庫全書》影印華東師範大學圖書館藏清光緒八年(1882)鍾登甲樂道齋刻函海本

每半葉10行,行20字。四周雙邊,白口,雙魚尾。牌記題"光緒壬午鋟於樂道齋"。壬午,即光緒八年。卷首有李調元自序。《春秋左傳會要》第二卷專門蒐輯《左傳》中各類文體,頗爲新穎。

李調元(1734—1803)著,其《左傳官名考》已著錄。

李調元自序云《左傳》杜注不過句梳而字櫛,未能盡道《左傳》之義蘊。自己讀《左傳》,剛開始不過爲舉業之助,但習熟既久,便能綜貫,於是作讀書筆記若干。後按照馬驌《左傳事緯》一書的次序,再加釐訂,而別爲一書,即《春秋左傳會要》。蓋《春秋左傳會要》與《左傳事緯》著書體例頗爲相似,李調元明言將書冊筆記別爲一書,但被人誤爲《左傳事緯》。《叢書集成初編》收錄所謂"馬驌《左傳事緯》二卷",即此書。原《春秋左傳會要》四卷,合爲上下二卷,編入《叢書

集成初編》中,誤名《左傳事緯》。

《春秋左傳會要》按照天文、周室封建、諸侯滅國、列國城郭宫室、國號、姓氏、謚號等多個部類蒐輯資料,揭示了春秋時期禮制的沿革。如:"謚法起於周,前此未有也。"吴越之君無謚,秦楚宋鄭之卿無謚,晋衛之大夫無謚。戎之步兵早於中原各國。《春秋》用周正而《左傳》或參以夏時,因爲《左傳》旁採各國傳記,各國曆法並不相同。楚國本名爲"荆",國有二名,猶晋號唐、殷號商,邾至戰國爲鄒,鮮虞至戰國爲中山。秦穆公謚爲"穆",此爲美謚,因其三納晋君,遂霸西戎,而非惡謚"繆"。學者謂秦穆公殺三良以殉,故得此惡謚,李調元別爲一説,區别在於承認秦穆公的霸主地位與否。僖公二十八年《春秋》"天王狩于河陽",李調元認爲這是僖公時天子巡狩之證,而不採用《左傳》"以臣召君"之議。

《春秋左傳會要》分類而輯,還搜討了《左傳》徵引《尚書》及歌、謳、誦、銘、箴、繇詞、雜詞、諺、誄、策命、盟辭、禱辭、誓辭、隱語、葬歌等文體,便於讀者使用。

12. 1814 年 金奉堯《春秋氏族彙攷》四卷,收録於《上海圖書館未刊古籍稿本》,2008 年

卷首有道光元年(1821)任兆麟序、嘉慶十九年(1814)孟冬吴江金奉堯黼唐氏自跋、凡例,卷尾有嘉慶二十年邱璿跋。卷中有塗乙增删,簡端有眉批。

金奉堯,字黼唐,江蘇吴江人。其書齋名"味真書屋"。著《蘿月榭詩鈔》二卷,輯《金民族譜》八卷首一卷末一卷,與金仁合撰《味真書屋雜著合編》二卷。

金氏自跋謂年十歲時輯得《春秋世族彙攷》,多年後重新修訂,加旁注、眉批。《春秋世族彙攷》正文用楷書書寫,修訂字跡爲行草。得一百四十餘族,按照國別編排,每一族,繫以議論一條。任序稱其"爰證賅博,辨論精覈,實出近世陳曙峯、顧復初諸本右"。邱跋稱"搜羅既徵夙慧,論斷又是老吏,此知不足齋、藝海珠塵必刻之書,惜鮑氏、吴氏不及見也"。如此評價十歲幼童所著書,未爲妥當。

金氏年幼之時的蒐輯、注釋、議論,皆較爲簡單,故後來批改、增補較多。南氏,原列南仲、南季兩人,後增"聃啓",指出其"當亦南氏同族",但未列指出證據。南仲,金氏云:"文王時爲大將,征玁狁。"其義來自《詩經‧小雅‧出車》,稱南仲爲"大將",不準確,春秋時未有"大將"之官職。眉批徵引"《史記集解》引《世本》",指出南氏的淵源。考證世族,一般少見議論,金氏議論,與氏族譜體例頗有不諧,但可見其年少意氣。如論"南季":"春秋周大夫之聘魯者,凡伯、南季後,史不絕書,然自宣公以降無聞焉。蓋聘禮又廢矣,勢不至流爲戰國不止也。"

金氏年幼之時便使用《世本》、《論語》注、《禮記》注、《宣和博古圖》、江永《四書典林》等典籍,涉獵廣泛,但考辨不多。如南宮仲,金氏注:"武王時人,見《宣和博古圖》。"金氏成年後的批改,多徵引《史記》三家注所引《世本》、《後漢書》注、《春秋》三傳注疏、顧炎武《左傳杜解補正》等文獻。其批改集中於第一卷,後三卷批改漸疏。

13. 1840 年常茂徕《增訂春秋世族源流圖考》六卷,《續修四庫全書》影印道光三十年(1850)怡古堂刻本

每半葉 11 行,行 24 字。四周雙邊,黑口,雙魚尾。卷首有道光二十年常茂徕《增訂春秋世族源流圖考序》。

常茂徕(1789—1874),字逸山,號秋厓,浚儀(今河南開封)人。

常序稱陳厚耀《春秋世族譜》已收入《四庫全書》,但刊本不多。乾隆五十四年(1789),浦陽吳九成撰《春秋集義》,將陳厚耀《春秋世族譜》附卷末刊刻。嘉慶十八年(1813)癸酉,溧水張嘉慶刻本即從《春秋集義》摘出,但署名張道緒輯,陳厚耀之名削而不存。常茂徕認爲陳厚耀之著作尚有舛誤,且不免簡署,故取浦陽刻本重加校訂,搜羅各家之書增補之,訛誤者訂正之,對世系、支系,加以注釋,對一國之始終細心考訂,而成此《增訂春秋世族源流圖考》六卷。

《增訂春秋世族源流圖考》分國著錄世族源流,爲考證氏族源頭,附加了春秋以前的世系,又在正文中增補了若干小國。陳厚耀《世族譜》自周魯起,至吳越止,共二十國,其餘小國諸侯名號、諸臣

名氏,别爲一編,附於卷末。常茂倈則從小國諸侯中摘出虢、虞、唐、紀、鄧、燕、郕、小邾、胡、沈、蕭等國家,附於吳、越之後,其餘小國君臣仍設一編,附於卷末。

常氏據昭公十二年《左傳》杜注,王孫牟是衛康叔之子康伯,不是春秋時人,故删之。採用王應麟《急就篇補注》,追述夏徵舒之祖父是陳宣公庶子西,字子夏,至徵舒始用祖父之字爲夏氏。此皆有補於陳厚耀《春秋世族譜》。隱公三年《春秋》記載"尹氏卒",陳厚耀採用《左翼》的説法:"尹氏,少昊之子,封於尹城,子孫世爲周卿士,尹吉甫,其後也。"常氏認爲"周之卿士無先代諸侯之裔。尹氏出自少昊,亦未可據。疑亦周之同姓也"。按尹氏的名字、尹氏的源流在《春秋》三傳的記載中非常薄弱,但《公羊》據以闡説"譏世卿",胡安國《春秋傳》指《詩經·小雅·節南山》中尸位素餐的師尹即尹氏,這些觀點在後代有廣泛的影響,這與《左翼》説不同。作者持實事求是的態度,未敢輕斷尹氏之名。有一分證據説一分話,這種治學方法尚難能可貴。

14. 1840 年 常茂倈《春秋女譜》一卷,《續修四庫全書》影印道光三十年(1850)怡古堂刻本

每半葉 11 行,行 24 字。四周雙邊,黑口,雙魚尾。卷首有道光二十年夏五月朔日常茂倈自序。

常茂倈(1789—1874)著,其《增訂春秋世族源流圖考》已著錄。

《春秋女譜》録王后及各國諸侯、大夫之夫人、妃妾、子女,旁及姊妹、舅甥、姻婭,分國按年編次,簡要概述各人事跡,一目瞭然。釋女子之名,亦牽涉《春秋》經義。常氏以聲子爲魯惠公繼室,原配孟子之姪娣,魯隱公之母。隱公三年《左傳》經文"君氏卒",並非《公羊》經文所稱"尹氏卒",君氏即指聲子。因隱公攝位,不敢從正君之禮,尊其母,避正夫人,故書曰"君氏卒"。又以仲子爲魯惠公再娶之夫人,生魯桓公。常氏以聲子、仲子爲魯國夫人,未有確據。至於懷嬴,只記其爲晉懷公夫人,而未記其同時爲晉文公妃,未爲詳備。

15. 1857年朱駿聲《春秋亂賊考》一卷，《續修四庫全書》影印上海圖書館藏清光緒劉世珩刻聚學軒叢書本

每半葉11行，行21字。左右雙邊，黑口，雙魚尾。卷首有朱駿聲自序。

朱駿聲（1788—1858）著，其《春秋平議》已著錄。春秋之世，臣弒君者有之，子弒父者有之，臣逐君者亦有之，所謂"亂賊"，即枉顧君臣之義，逐君弒君之人。臣出君，杜預謂諸侯自取奔亡之禍，所以責其君，清初學者顧棟高沿襲這種說法，謂臣弒君、子弒父，非一朝一夕之故，孔子作《春秋》，所以誡人君，知其漸而爲之防。作者深懼杜預、顧棟高等人的觀點違背《孟子》"《春秋》成而亂臣賊子懼"之旨，《春秋亂賊考》即爲此而作。

《春秋亂賊考》逐條摘錄《春秋》條文中有關臣弒君、庶兄篡國、庶叔父篡位、母弟謀逆、公族篡位等史事，據《左傳》事實加以補充説明，某些謀逆未成之事亦加記載，並特附"諸侯無王，啓亂賊之漸"十三事，指出諸侯叛王，周王室自亂，這是春秋時亂賊滋生的土壤。《春秋亂賊考》強調君權，宣揚君固不義、臣不可以不臣之理，這是經學的態度；但同時基於客觀事實，指出周王室自身衰弱，不能遏制亂賊，這又是史學的觀點。

《春秋》記錄弒君、人君出奔之事較多，而後世經説常在日月、爵號、名字上穿鑿褒貶，作者不予讚同。作者認爲，某些《春秋》條文在流傳過程中造成闕文，不應隨意附會："《春秋説題辭》云：'《春秋》一萬八千字。'李燾曰：'今闕一千二百四十八字。'然則《春秋》既修之後，一千八百餘條中，傳寫殘闕，亦復不少。……按如'晋弒其君州蒲'，闕'欒書'字；'黑肱以濫來奔'，闕'邾'字。原無疑義，必曲爲立説，反誣聖經矣。""晋弒其君州蒲""黑肱以濫來奔"，《春秋》原文闕人名和國名，胡氏《春秋傳》卻在此穿鑿附會。按朱駿聲反對在國名、人名上穿鑿褒貶，國名、人名稍有闕署，則主魯史闕文，這未免過於絕對。史家記錄《春秋》，還有"書法"的問題，朱駿聲《春秋亂賊考》尚未顧及此。

春秋時臣出君，即被史官記錄在案。襄公二十年《左傳》記載，

衞甯惠子謂其子悼子曰："吾得罪於君,悔而無及也。名藏在諸侯之策,曰:'孫林父、甯殖出其君。'"但襄公十四年《春秋》記載此事爲:"衞侯出奔齊。"只言君出,未言臣逐。朱氏認爲,此非《春秋》原文。臣弒君而《春秋》未書"弒",弒君之罪亦不可免。如襄公七年《春秋》記載鄭髡頑"卒",不書"弒",《左傳》稱"以瘧疾赴";昭公元年《春秋》"楚子麋卒",不書"弒",《左傳》稱楚王"有疾",皆掩飾了臣弒君之罪。相較《春秋》書法、褒貶,朱氏更在意的是《春秋》的君臣倫理。

16. 1883年成蓉鏡《春秋世族譜拾遺》一卷,《續修四庫全書》影印清光緒十四年(1888)刻南菁書院叢書本

每半葉11行,行24字。左右雙邊,白口,單魚尾。

成蓉鏡(1816—1883),字芙卿,一字心巢,後改名孺,江蘇寶應人。諸生。博通經學、小學、象緯、輿地,精考證訓詁,亦通義理,不守漢宋門戶。著有《尚書曆譜》《釋名補證》《史漢駢枝》《心巢文録》等書。

陳厚耀《春秋世族譜》"間引《世本》爲據",雖用《世本》,但徵引不多。《春秋世族譜拾遺》用《世本》補《春秋世族譜》之遺,正其失。《世本》已佚,清代高郵茆泮林(字零水)從文獻記載中輯佚此書,成蓉鏡取之以補《春秋世族譜》。

《元和姓纂》卷六引《世本》"魯文公生惠伯叔肸",叔肸謚惠,《春秋世族譜》闕。韓武子,《史記·魏世家》索隱引《世本》云"名啓章"。又如施氏即施伯,晉穆侯名弗生。這些信息皆由《世本》獲得,用以補《春秋世族譜》。

季孫氏,杜注認爲是季孫行父,係季友之子。陳厚耀不贊同杜注之説。諸侯再傳爲公孫,三傳方始稱氏,季友之子爲公孫,不當稱季孫氏。成蓉鏡引《世本》,證實了陳厚耀的推斷。文公五年《穀梁》疏引《世本》:"季友生仲無佚,佚生行父。"《詩經·魯頌》正義引《世本》亦云:"行父,季友之孫。"均可證季孫行父是季友之孫。學問大抵後出轉精,陳厚耀所用《世本》不及後來輯本詳細,故其考證亦嫌

粗疏,成蓉鏡爲之補正,雖篇幅短小,亦足以補其疏漏,使陳厚耀的結論更爲堅實。

(三) 文字音韻校勘

1. 1682年顧炎武《日知錄》三十二卷,黄汝成《日知錄集釋》本,石家莊花山文藝出版社,1990年

顧炎武(1613—1682)著,其《左傳杜解補正》已著錄。

卷四《魯之春秋》《魯史闕疑之書》。顧炎武將《春秋》視作史書,反對於字句之間尋求"書"與"不書"之例以及日月之例等;視《春秋》爲"魯史闕疑之書",史書沒有記載,又無從考證的,則視爲史之闕文,沒有所謂的微言大義。又認爲《春秋》經義不可鑿説,知之爲知之,不知爲不知。在人們削尖腦袋尋求微言大義的年代,此論最爲平允,也最有膽識。顧氏據《左傳》中用曆的不同,推斷《左傳》成非一人,録之者非一世,看到了《左傳》材料來源的豐富性,避免了在周曆、夏曆問題上引發出的無數爭端,可謂慧眼卓識。

卷四《左傳不必盡信》。顧氏看到了《左傳》的預言不盡應驗的問題,但没有考慮到由於創作年代的因素導致的預言在一定範圍内的應驗。顧氏認爲《左傳》未曾經孔子手定,故《左傳》的微言大義不能代表孔子的微言大義。元明以來的科舉考試,讀書人取宋胡安國的《春秋傳》獲得微言大義,顧炎武痛恨《春秋》經義淪爲胡安國的傳義,欲重新樹立《春秋》作爲"經"的神聖地位。若論微言大義,胡安國《春秋傳》不足信,《左傳》亦不足信。

卷四《春秋言天之學》。《春秋》之事大多應驗,因爲它沒有陰陽五行的繁密的預言與應驗,卻經常在"君卿士大夫言語動作威儀""人事治亂敬怠"處見天道倫常。顧氏視《春秋》爲經,亦爲史,《春秋》因其史的身份而具有經的啓示,以讀史之心讀經,能得聖人"以人占天"的樂趣。

卷四《所見異辭》。在顧氏看來,《左傳》的義理不足據,《公羊》《穀梁》的義理可喜,但穿鑿,亦不足據。《公羊》經學"所見異辭,所

聞異辭,所傳聞異辭"之説,"甚難而實非",過於深文周納。顧氏只從史之闕文的角度理解所見、所聞、所傳聞的"異辭",認爲它"甚易而實是"。

卷四《隕石於宋五》。認爲《公》《穀》得大義者凡數十條,然終陷於"空鑿",其原因在於齊魯之經生持異好辯。"隕石于宋五""六鶂(鷁)退飛"等只不過尋常文法,無特別深義。

卷二七《左傳注》。多《左傳》人名、地名的訓釋。杜注對地名的交代太過簡單,顧氏的地名解釋加詳,時駁《史記》之非;亦釐正了杜注對同一地名解釋的矛盾。用具體史實講解《春秋》,杜塞杜注所謂褒貶,從上下文的記載中鈎沉史事的來龍去脈,不於一字一句中刻求褒貶大義。作爲史書,《春秋》有一般的作史原則,如"爲尊者諱";卻没有"書"與"不書"的書法,如杜注所謂"不赴告,故不書"。至於天文星象,也是史官據實記録。

卷二七《漢人注經》。因《左傳》解經不得聖人之意,杜預注《左傳》,又曲爲之疏通,均不足貴。正因爲如此,顧氏特別推重漢人注經。鄭玄對《禮記》《尚書》等經及其傳注往往駁正,不囿於一家之辭。顧氏解經,博採衆長,不守一家之説,這也是清初學者治經的共同特色。

2. 1770 年 陳樹華《春秋經傳集解斠正》三十卷《左傳音義》六卷,國家圖書館藏清盧文弨批鈔本

每半葉 10 行,行 20 字,小字雙行,同。左右雙邊,白口,單魚尾。版心題"左傳斠正"。前有乾隆三十五年(1770)陳樹華自序。間有盧文弨眉批,補陳樹華之失。卷首有《論例》,卷尾附《左傳音義》六卷。

陳樹華(1730—1789),字芳林,江蘇元和(今蘇州)人。嗜好《左傳》,於乾隆年間得南宋慶元間重雕淳化元年監本《春秋正義》三十六卷,於是棄官歸隱,悉力校勘,成《春秋經傳集解斠正》三十卷。

《春秋經傳集解斠正》即阮元《春秋左傳注疏校勘記序》提及的《春秋內傳考證》。唐孔穎達作《左傳正義》三十六卷,本自單行,宋

淳化元年有刻本，至慶元間，吳興沈中賓將三十六卷《正義》分繫於杜預《春秋經傳集解》之後。沈刻"字無俗體，是宋刻《正義》中之第一善本"（阮元《春秋左傳注疏校勘記序》），其他諸本皆無此本之善。《春秋經傳集解攷正》以沈中賓刊《春秋正義》爲底本，參考《經典釋文》、唐石經、南宋相臺岳氏集解本及元明諸注疏刻本，極力恢復《春秋》經傳的古貌，其用力在經和傳，而未及疏。

自南宋將陸德明音義附《春秋》經傳注疏合刻以來，經傳文字舛誤尤多，陳氏自序言服膺顧炎武"讀經自考文始，考文自知音始"的主張，《春秋經傳集解攷正》訂訛字、定句讀，以便讀誦，音義之失亦間及之。陳樹華特別指出由字形訛誤而導致的語音舛誤。如隱公十年《春秋》"公敗宋師於菅"："《釋文》曰菅（注：古顔反），刻本'古顔'訛作'古頑'，遂讀如'關'，音誤也。"此爲用唐代《釋文》訂宋明傳本之誤。又用唐石經及更古的文獻訂《釋文》之誤。如襄公十四年《左傳》"遒人以木鐸徇于路"："于，《釋文》作於。今案：石經及諸經竝作'于'，與《尚書》合，《釋文》非也。注內'徇於路'，'於'字，監本、毛本、葛本作'于'，諸本有作'於'者，亦當改'于'。"

陳樹華指出顧炎武對唐石經的偏見。顧炎武著《金石文字記》，"信劉昫《唐書》貶石經語，遂詳校《易》《書》《詩》、三《禮》、三傳、《論語》《爾雅》，識其謬戾"（蔣光煦《東湖叢記·春秋內外傳考證》）。其謬戾，實爲明諸生王堯惠等人補刻字。陳樹華正《左傳》誤字計九十條，唐刻誤者實止數條。後人見石經與監本異同，便謂監本是而石經非。因對唐石經抱有偏見，甚至以是爲非，朱彝尊作《經義考》，也未能明辨是非，故開成石經受誣已久。

陳樹華較早地發現了唐石經的版本利用價值，這是難能可貴的。陳樹華用唐石經校宋本，對唐石經作了詳細的校勘考訂。"（唐石經）有字失於勘正者，有本不誤，爲後人妄改者。悉心斟酌，詳加釐定。其《釋文》及宋本間有古字、本字可以正石經、近本之失者，竝爲校訂。"（《論例》）陳氏手中的唐石經本，是清拓本，王堯惠等補刻之字並未加入經文，故能正顧炎武之誤。

《春秋經傳集解攷正》用開成石經字體，在偏旁點劃間有意仿古。字形上的一味仿古不足取,但此書一以石經爲準,不隨意用同音通假字代寫,有利於保留古籍原貌。對於"于""於"兩字在《左傳》中的分佈規律,陳氏尚不能看出,認爲兩字前後雜出,無一定規律,但一以石經爲準,極大限度地保留了唐代古書的原貌。

唐石經"廿""卅"等俗體字在秦始皇石鼓刻文、東漢蔡邕刻石中就已出現,顧炎武曾認爲古四言詩用二十、三十而不用廿、卅,所以不從唐石經廿、卅等俗體字。乾嘉學者惠棟一意遵從唐石經字體,用廿、卅等俗體字代替經書中的二十、三十,陳樹華採取折衷的做法,經文用二十、三十、傳文用廿、卅。這種做法缺乏統一觀點,其最大的弊病在過於迷信唐石經字體。唐石經用今文改寫古文,採用了一些新興俗體字,一味盲從,没有意義。陳氏並不是守成不變,他亦以某些通則校勘誤字,如《左傳》"修"作"脩","唯"字凡涉語辭俱從口,徵引《詩》《書》則一概作"惟"字。"惟"字,有應作口旁而誤從忄旁者,有應作忄旁而誤從口旁者,俱從改定。

此本當爲翁方綱請鈔胥鈔寫陳樹華《春秋經傳集解攷正》而成,翁方綱請盧文弨批校。盧文弨曾馳書報翁方綱,云鈔本有本字和校字前後一致者(大抵因爲鈔寫者未能注意到石經字體的細微變化,而一以通行字體出之),欲令翁方綱拿出所藏碑帖,查看陳樹華原本石經字體的樣貌。翁方綱曾在家中展碑帖讓盧文弨觀看,此事見於翁方綱《復初齋文集·書陳芳林校定春秋經傳集解後》。翁氏云:"今以唐人歐虞以來相沿筆跡,經生、書手無不然矣,而矻矻焉一一以正之,况實不勝其正之,則不如其已也。"故於本字與校字前後一致處,並不校改,實在是認爲無關緊要,才免於筆墨更改,但已非陳樹華《春秋經傳集解攷正》原本。陳氏《春秋經傳集解攷正》廣爲流播,戴震等人咸稱其善,其最大好處是凡宋本佳處,此本皆有,保留了宋本經傳的原貌。段玉裁稱"戴東原師、盧紹弓氏、金輔之氏、王懷祖氏皆服其該洽"(段玉裁《經韻樓集·春秋左傳校勘記目録序》),字體上仿古倒是其次。

阮元校勘十三經時,段玉裁曾將陳樹華《春秋經傳集解攷正》交給錢塘嚴杰作參考,不知是原稿還是鈔本。陳樹華《春秋經傳集解玫正》,在學者中間輾轉傳鈔,除翁方綱借鈔外,段玉裁亦曾於嘉慶七年(1802)向陳樹華的子嗣借得原稿,手鈔一份。今國家圖書館藏有兩種鈔本,一爲盧文弨批校本,一不具名氏。

3. 1789年王引之《春秋名字解詁》二卷,清道光七年(1827)壽藤書屋重刊經義述聞三十二卷本

每半葉10行,行21字,小字雙行,同。左右雙邊,白口,單魚尾。卷首有嘉慶二十二年(1817)阮元序、嘉慶二年王引之自序。據劉盼遂《王念孫父子年譜》,王引之二十四歲撰《春秋名字解詁》,時在乾隆五十四年(1789)。《春秋名字解詁》原名《周秦名字解詁》,本自單行,嘉慶七年,附《經義述聞》之後出版,方改名爲《春秋名字解詁》。

王引之(1766—1834),字伯申,江蘇高郵人。嘉慶四年(1799)進士,一生居官,治學不綴,卒謚文簡。幼承家學,精通文字聲訓,述其父王念孫的治學門徑曰:"諸説並列則求其是,字有假借則改其讀,蓋執於漢學之門户而不囿於漢學之藩籬者也。"(王引之《經義述聞序》)《經義述聞》王引之自序引其父説云:"詁訓之指存乎聲音,字之聲同、聲近者,經、傳往往假借。學者以聲求義,破其假借之字,而讀以本字,則渙然冰釋。如其假借之字而强爲之解,則詰籟爲病矣。"

王引之《經義述聞》卷三二自云學問得之於父,書中固有"家大人曰"之語,但主體還是由王引之完成。引之評述其父王念孫的話語正是自己爲學的寫照。《經義述聞》卷二三末尾《春秋名字解詁》自序云:"詁訓之要在聲音不在文字。聲之相同相近者,義每不甚相遠。故名字相沿不必皆其本字,……執今音以測義,斯於古訓多所未達,不明其要故也。"進一步指出因聲求義的治經方法。

春秋時人的名和字具有相反相成的關聯,但由於語音的改變,至清代有很多名字都看不出其内在關聯了。《春秋名字解詁》在文字之外尋求聲音相通之義,以語音爲綫索,串解春秋名字,疑難往往渙然冰釋。如齊東郭牙字垂,王氏曰:"牙,讀爲圉。(注:牙,古讀如吾,與圉聲近而通)《爾雅》:'圉,垂也。'孫炎云:'圉,國之四垂

也。'"用一個同音字"圉",將"牙"和"垂"兩個字聯繫起來。楚沈諸梁字子高,"諸"與"都",古字通,"諸梁"即"都梁"。據《史記·建元以來王子侯者年表》《漢書·地理志》《水經注》,"都梁"指"都梁縣",而此地名因都梁山而得名。《禮記·檀弓》鄭注:"南方謂都爲豬。"則"都梁"又改讀爲"潴梁",《説文》:"潴,水所停也。"潴梁意即水停於山上,故命名爲都梁山。"都梁"是山名,故字子高。王引之不僅指出都梁係山名,還指出山名之所由來,皆利用聲音通假,轉相訓釋,頗爲精審。

王氏好改字,如夏徵舒,改"徵"爲"懲",以"荆舒是懲"證"徵舒"之名取於時事。"徵"爲"懲",有古文獻爲證,《詩經·周頌》"荆舒是懲",《史記·建元以來諸侯年表》"荆舒是徵","懲"和"徵"通用。又宋公子圉龜字子靈,改"圉"爲"違",二者屬同聲假借,"圉"因此與《禮記·表記》"不違龜筮"相聯繫;而《周禮·春官·龜人》:"天龜曰靈屬。"所以宋公子圉龜字子靈。王氏好改字,但是不可否認,他的改字與音聲通假相關,其音聲求義之法與牽合異説、隨意比附者異。

春秋名字,王引之亦有不曉之處。《春秋名字解詁》卷尾附不可曉古義之名字二十五例、以伯仲命名稱字不曉其義者十二例,《左傳》《國語》注中不可考證之名字十一例,以及《孔子家語》中與他書不同之名字三十例,存以闕疑。

4. 1799 年武億《經讀考異》八卷,清經解本,上海書店,1988 年

每葉 3 欄,每欄 33 行,行 24 字。四周單邊,白口,單魚尾。

武億(1745—1799),字虚谷,號授堂,河南偃師人。乾隆四十五年(1780)進士,授山東博山知縣。有政績,創范泉書院,敦實學。因得罪權臣和珅罷官,主講清源書院。博通經史,精研金石文字。編《安陽縣志金石録》十二卷,著《三禮義證》十二卷,《群經義證》八卷,《句讀叙述》二卷,《授堂金石三跋》十卷《續跋》十四卷,《授堂文鈔》十卷續集二卷,《詩鈔》八卷。

所謂讀(dòu),即讀誦過程中的停頓。古人讀書的讀與斷句有

關聯,但不完全等同於斷句,它是爲配合文意表達,有時爲了情感表達而出現的停頓。《經讀考異》重在經書朗誦過程中,依據意義而指出舊讀的錯誤,或依據意義而敷陳數種讀法,並行不悖。如隱公八年《左傳》"諸侯以字爲謚,因以爲族",前儒不解"以字爲謚"的禮制及出處,舊讀以"字"絶句,"爲謚"下屬,武億引《檀弓》"嗚呼哀哉尼父"鄭注説明"以字爲謚"的出處,由此糾正舊讀的錯誤。

武氏標示不同的讀法,有時並無意義的不同,但讀法不可不追究。襄公二年《左傳》"楚君以鄭故親集矢於其目","一讀至'故'字句絶,一讀至'鄭'字絶,'故'字屬下讀",兩讀並未有意義的分歧。至于哪種讀法爲真,需要考慮語法問題,即哪種讀法更契合春秋時的語法。又襄公二年《左傳》"非異人任寡人也",傳統讀法,一以"任"字絶,一以"人"字絶,武氏指出這兩種讀法分別依據杜注和孔疏,兩讀並存,不分軒輊。武氏刻意分析杜注和孔疏讀法的差異,以爲二者有語氣上的差别。杜注與孔疏,意義一致,不同的是讀法,至於哪種讀法適宜,則是語法的問題。武氏過分追求異讀,在句讀中加入語氣的分析,以爲讀法微妙如此,卻並未展開語法的分析,治標而不治本。句讀的問題不歸於語氣,而歸於語法。

在"讀"的認識上,《經讀考異》往往以典籍的書面形態爲讀。如成公二年《左傳》"若之何其以病敗君之大事":"案:《釋文》以'病'絶句,《書·微子》'若之何其'鄭注:'其,語助也。'是此傳亦宜'其'字絶句,'以病'連下讀,於義可通。"按《尚書》鄭注,只是典籍的隨文夾註,不是經書的句讀,鄭注釋"其"爲語助詞,亦未言以"其"字絶句。夾註隨意義解釋的需要隨宜加入,它造成閲讀的中斷,但並不指示讀誦者需要斷爲句讀。總之,從《經讀考異》可以看到古人的讀誦方式,句讀和文本書寫方式關係密切。

5. 1803年阮元《春秋左傳注疏校勘記》四十二卷,廣東學海堂道光九年(1829)刊刻,咸豐庚申(十年,1860)補刊本

每半葉11行,行24字。左右雙邊,白口,單魚尾。

阮元(1764—1849),字伯元,號芸臺,江蘇儀徵人。乾隆五十四

年(1789)進士,歷乾隆、嘉靖、道光三朝,勤於軍政,主持風會數十年,著《研經室集》,主編《經籍篆詁》,校刻《十三經注疏》,彙刻《皇清經解》。

嘉慶八年(1803)完成。前有阮元序,云:"孔穎達等依經傳、杜注爲《正義》三十六卷,本自單行,宋淳化元年有刻本,至慶元間,吳興沈中賓分繫諸經注本合刻之,其跋云:'踵給事中汪公之後,取國子監《春秋經傳集解》《正義》精校,萃爲一書。蓋田敏等所鏤,淳化元年所頒,皆冣爲善本,而畢集於是。後此附以《釋文》之本,未有能及此者。'元和陳樹華即以此本遍考諸書,凡與《左氏》經傳文有異同,可備參考者,撰成《春秋內傳考證》一書。《考證》所載之同異,雖與《正義》本夐然不同,然亦間有可采者。……錢塘監生嚴杰熟於經疏,因授以舊日手挍本,又慶元間所刻之本,並陳樹華《考證》及唐石經以下各本,及《釋文》各本,精詳捃摭,共爲《挍勘記》四十二卷。雖班孟堅所謂多古字古言,許叔重所謂述《春秋傳》用古文者,年代緜邈,不可究悉,亦庶幾網羅放佚,冀成注疏善本。"

段玉裁嘉慶八年《春秋左傳校勘記目錄序》與阮序多處雷同,其中一句話阮序沒有:"而於是非難定者,則予以暇日,折其衷焉。"阮氏的序文似乎隱去了段玉裁所做的工作。據段玉裁序,段氏給《左傳》校勘定是非,就像阮元給三《禮》校勘定是非一樣。劉盼遂《段玉裁先生年譜》因阮序與段序授嚴杰書作校勘一事記載雷同,推斷阮序實段氏爲之捉刀,且《春秋左傳注疏校勘記》亦"出於先生手(指段玉裁)"。

阮序有可能參考段玉裁《目錄序》,段氏也參與了校勘,但云《春秋左傳注疏校勘記》是段氏爲阮氏捉刀,則無實據。首先,阮元與段玉裁對陳樹華《春秋內傳考證》的評價迥異。阮序中特意提到的元和陳樹華所做《春秋內傳考證》,"與《正義》本夐然不同""間有可采",評價並不高,與段氏《春秋左傳校勘記目錄序》有天壤之別:"戴東原師、盧紹弓氏、金輔之氏、王懷祖氏皆服其該洽。"嘉慶七年壬戌,段玉裁曾向陳樹華的子嗣借得陳氏舊著手鈔一份(段玉裁《臨陳芳林校宋本左傳正義跋》,載於陳鴻森《段玉裁經韻樓遺文輯存》),

可知段氏有陳樹華《春秋内傳考證》鈔本，借給嚴杰校勘的當爲此本。其次，《春秋左傳校勘記》不至於竊用段氏的校勘成果。因阮元《十三經校勘記》不改文字，與段玉裁的校勘理念頗爲不同。

《春秋左傳注疏校勘記》於序後列引據各本，描述各本行款，並作評價。引據各本有：唐石經《春秋》三十卷、不全宋刻《春秋經傳集解》三册、不全宋刻小字本《春秋經傳集解》二卷、淳熙小字本《春秋經傳集解》三十卷、南宋相臺岳氏《春秋經傳集解》三十卷、宋纂圖本《春秋經傳集解》三十卷、足利本《春秋經傳集解》、宋本《春秋正義》三十六卷、附釋音《春秋左傳注疏》六十卷、閩本《春秋左傳注疏》六十卷、監本《春秋左傳注疏》六十卷、重修監本《春秋左傳注疏》六十卷、毛本《春秋左傳注疏》六十卷。其中宋本《春秋正義》三十六卷"字無俗體，是宋刻《正義》中之第一善本"，附釋音《春秋左傳注疏》六十卷是"在注疏中六十卷本之最善者"，閩本"有監本、毛本脫錯而此本不誤，較監毛爲優"，毛本"世所通行，而豕亥之譌觸處皆是"。《春秋左傳校勘記》以宋十行本爲底本，即南宋相臺岳氏本，"明代以來翻刻有四，皆不若此本之精審。末附《春秋年表》一卷，《春秋名號歸一圖》二卷，《年表》不著撰人名氏"。

校勘不改《左傳》及注疏原文，而另出校勘記，表明了校勘"不校而校"的最高原則。與陸德明《經典釋文》對諸本經傳的校勘一樣，持此一編《校勘記》，而各本之善盡得。校勘除了糾誤之外，還有存異。"昭二十傳曰"：監本"二"誤爲"三"；"上之人謂在位者也"：毛本"位"誤爲"外"，是爲糾誤。"左邱至而發"：閩本、監本、毛本作"左邱至發"；"既言尊卑"：監本、毛本作"幼"，均屬存異。存異只涉及同義詞和虛詞，不影響文本的意義。

6. 1814 年 段玉裁《經韻樓集》十二卷，清嘉慶十九年（1814）刻本

一函六册，每半葉 10 行，行 21 字，小字雙行，同。左右雙邊，白口，單魚尾。

段玉裁（1735—1815），字若膺，又字懋堂，江蘇金壇人。乾隆二

十五年（1760）舉人，官貴州玉屏縣知縣、四川巫山縣知縣。師事戴震，精文字音訓之學。爲人高傲好辯，其著作多改字以從己，致人詬病。著《説文解字注》《六書音均表》《周禮漢讀考》《儀禮漢讀考》《詩經小學録》《古文尚書撰異》《經韻樓集》《春秋左氏古經》等書。

《晉里克弒其君之子奚齊》，嘉慶十三年作。此爲《公羊春秋》經文，《左傳》《穀梁》皆作"殺"。段氏以《左傳》《穀梁》爲非，以《公羊》爲正，並提出他的校勘原則："凡舉其事曰'殺'，正其罪曰'弒'。"意即不加褒貶的敘事用"殺"，若加褒貶，則用"弒"。晉里克以臣子誅殺君之子奚齊，等同於臣弒君，需在《春秋》經文中明確他的罪責，用"弒"而不能用"殺"。與段氏意見相左的是，《禮記·坊記》《經典釋文》引文均作"殺"，唐石經初刻作"弒"，改刻作了更正，作"殺"。段氏以初刻爲是而改刻爲非。段氏用《春秋》義理爲是非之準，放棄了文本的客觀依據。

《〈春秋〉經殺弒二字辨別攷》，嘉慶十六年作。此條係段氏用義理校勘《春秋》經文之例證。春秋時"殺""弒"二字通用，以下犯上曰"弒"，亦可曰"殺"，以上凌下曰"殺"，亦可曰"弒"。如《孟子》曰："子弒其父者有之，父弒其子者有之。"《公羊傳》昭公十三年《春秋》："楚公子棄疾弒公子比。""弒"並無倫理道德的涵義。今本《左傳》文本看不出"殺"和"弒"的分佈規律，段氏所見本子亦當如此。但段玉裁偏從《春秋》經誅亂臣賊子的微言大義出發，認爲"弒"爲《春秋》正名之辭，用以表以下犯上之罪，但《春秋》之傳或以"殺"代替。段氏認爲在自述其事時，可以用"殺"字，但在訓釋《春秋》的時候，要據《春秋》經文更正。因爲堅持"殺"和"弒"義理上的區別，段氏否定了二者可通假。弒，從殺省，式聲，之部；殺，從殳，殺聲，脂部。之脂二部發音部位接近，可以通假，而段氏必云"假借必其音同部，是故殺與弒音殊義殊"。又云"弒"不與"殺"同音，而只與"試"同音通假。最後還説，"凡三經三傳之用'殺'爲'弒'者，皆爲譌字也"。這是強作義理而降低了其音韻學水準。段氏用統一的義理原則確定了三傳的校勘原則，卻沒有將文本依據考慮在內。

《與嚴厚民論〈左傳〉一則》，嘉慶十五年作。時嚴杰校勘《春秋左氏傳》，段玉裁致嚴杰書信，認爲開成石經"人盡夫也"當爲"人盡天也"之誤。若"人盡可夫"，則禽獸不如。段氏一廂情願地以義理推測史實，改石經文字，殊不知自己犯了隨意改字的毛病。

《君母殺君當書弑論》，嘉慶十六年作。認爲僖公元年《春秋》"夫人氏之喪至自齊"，是魯國爲魯哀姜諱，哀姜雖然沒有親手弑君，但仍參與了弑君的密謀，所以應仿"趙盾弑其君"之例，書"哀姜弑其君"。《左傳》"絶爲親"之語爲確。這已經超出文字校勘的範疇，已是經生的苛厲之辭。

段氏曾於嘉慶六年至十一年的五年間，主管《左傳》校勘之事，若段氏得如所願，依據義理校勘，經書則非舊本，而成段氏《春秋》了。但是段氏一己之私見並未影響到《春秋左傳》的校勘。今天我們所見《春秋》經文中的"弑"與"殺"一仍《經典釋文》及石經之舊，而段玉裁與阮元的糾紛，段玉裁與顧廣圻的糾紛，是否與段氏的校勘方法有關呢？

7. 1834 年 王引之《經義述聞》之《春秋左傳》三卷，清道光七年(1827)壽藤書屋重刊經義述聞三十二卷本

每半葉 10 行，行 21 字，小字雙行，同。左右雙邊，白口，單魚尾。

王引之(1766—1834)著，其《春秋名字解詁》已著錄。

王引之脫離一字一句的章句訓詁形式，從全書之例考察，擬多個語言點，於語言訓釋中帶出具有普遍意義的訓詁原則，或從語句的上下文關聯中尋求字句的確解。如《左傳》"宋衛實難""求而無之實難""人牲實難"皆有"實難"二字，佐以《國語》的用例，解"實"爲"是"，"難"爲"患"。其後引《爾雅》作證，再用釋義串講各句，疏通證明。又如"輔車相依"之"輔"，服注和杜注皆以"車"解，但一云頷車，一云輔車、牙車，王氏引《左傳》用"車"之例，得出"凡繫於車，皆取在下載上物"的通則，以消彌杜注和服注的紛爭。此皆用科學的歸納法解釋詞義，令人有醍醐灌頂之悟。阮元《經傳釋詞序》謂"元讀之，恨不能起毛、孔、鄭諸儒而共證此快論也"。今人讀之，亦有如是之感悟。

《經義述聞》多處校勘唐石經脫、訛之失。如唐石經"受下卿之禮"前脫一"卒"字,"感憂以重我","重"當爲"動",唐以前版本皆不誤,至唐石經始誤。《經義述聞》亦以古注補杜注之失。"請與君之士戲"的"戲",從韋注作"角力"解,破《說文》解"戲"爲"兵"、孔疏解爲"麾"、林注解爲"戲弄"之謬,正前人之失。

王氏讀《左傳》,可謂通讀,不拘泥於一字一句,常據前後文語意改《左傳》之字。如隱公六年"長惡不悛,從自及也"之"從",杜注:"從,隨也。"王氏認爲"隨自及",頗爲不詞,故疑"從"當爲"徒"之誤。又成公十六年"鄢之師,荀伯不復從"當爲"不復徒"之誤。從事理上講,兵敗,徒兵不返者固多,"不復徒"且與前"不反命""不振旅"相對爲文。更改文字,這需要膽識和勇氣,王氏言之,頗在理。觀王氏改字,不可謂少,所謂言多必有失,在輕易改字一點上,常人沒有王氏的才學,不可輕易效仿。

《經義述聞》校《左傳》"趙衰爲原大夫"章"晉侯"以下二十八字爲錯簡,當在"衛人平莒于我"之前,認爲此二十八字解釋趙衰爲原大夫之由,故應放在趙衰及他人做什麼事的叙述之前。其實,這是按清人行文的順序與習慣來規範《左傳》的行文,《左傳》在叙事完成之後補叙趙衰在原的原因,也未嘗不可,不可以錯簡視之。有些改字可看作王氏的個人讀書心得,如"鳥獸之肉不登於俎,皮革齒牙骨角毛羽不登於器,則公不射"句,以"鳥獸"絕句,以"鳥獸之肉"之"之"作"其",其"肉"與"皮革齒牙骨角毛羽"相對成文。這形成一種特別的句式,和讀書法有關,不影響《左傳》意義的理解,不至於非改字不可。

8. 1857年朱駿聲《春秋左傳識小録》二卷,《續修四庫全書》影印國家圖書館藏清光緒八年(1882)臨嘯閣刻朱氏群書本

每半葉9行,行21字。左右雙邊,白口,單魚尾。

朱駿聲(1788—1858)著,其《春秋平議》《春秋亂賊考》已著録。

朱駿聲精通文字音韻之學,《春秋左傳識小録》訓釋《左傳》的疑難之詞,補正杜注文字訓詁之誤,時用《左傳》訂正《說文》及《漢書》

等古籍之失,朱氏引證亦以《説文》和《漢書》顔師古注爲多。

朱氏《春秋左傳識小録》列舉杜注及漢儒各家注,擇優而從;用唐石經校正今本之誤。莊公三十二年《左傳》"臨黨氏"。朱氏認爲黨氏即仉氏。仉,即"爪"字,俗以"掌"爲"爪",復以"黨"爲"掌",皆同聲通假字。僖公二十五年寺人勃鞮,朱氏認爲"勃鞮"合音爲"披"。又如僖公四年《左傳》"無以縮酒",朱氏將"縮"讀爲"茜",《説文》:"茜,束茅,加于祼圭而灌鬯酒。"此皆精確不疑。

朱氏從民俗理解《左傳》之義。莊公二十三年公如齊觀社,朱氏認爲"社"因祭祀而成男女聚會的場所。《墨子》:"燕有祖,齊有社,宋有桑林,楚有云夢,此男女之所屬而觀也。"朱氏推測如齊觀社,"蓋如鄭之《溱洧》,上巳,男女所合會,觀者,觀婦女也"。這樣的解釋別出心裁。朱氏有時從傳文本身破除前人的誤解。隱公十年,齊人鄭人伐宋,《左傳》君子曰:"鄭莊公于是乎可謂正矣。"歷來學者不贊同"君子曰"稱讚鄭莊公的口吻,朱氏釋"正"爲"征"。從《左傳》行文看,鄭莊公以王命討不庭,這正是"正之體"(征伐之正),這可備一説。

9. 1857年錢綺《左傳札記》七卷,《續修四庫全書》影印國家圖書館藏咸豐八年(1858)錢氏鈍研廬刻本

每半葉10行,行20字,小字雙行,同,左右雙邊,黑口。此書爲錢綺《十三經札記》之一種,成書於咸豐七年。

前有道光二十七年(1847)朱珔《左札附石經札序》、咸豐七年錢綺自序。卷尾有錢朝棟、錢樹恩、錢國柱咸豐八年跋。朱珔所見尚未爲完帙,經擴充後,於咸豐八年出版。書未刊成而錢氏卒,卒後半年而告竣。

錢綺(?—1858),字子文,號映江,江蘇元和(今蘇州)人。諸生,肄業於福州正誼書院與蘇州紫陽書院。於象緯、坤輿,考訂精覈。另著《鈍硯卮言》一卷、《四書管見》一卷、《南明書》三十六卷、《天文算學雜説》二卷、《鈍硯廬文集》一卷《詩集》一卷、《穿珠集》一卷、《蘇城晷景表》一卷、《自訂年譜》一卷。

自序稱幼讀《左氏春秋》,遇字有歧異,擇善而從,遇杜注未安,參考孔疏,及諸家之説,融會貫穿。深究考訂之學,論古今人事之得失,謂"古今政事文章,《左氏》包括已盡。漢以後紀事、纂言兩家,莫能越其範圍"。錢氏得唐開成石經拓本後,摘尋其勝於刻本者數十條。自授生徒,每有心得輒條記於簡端,積條成卷,即此《左傳札記》。

《左傳札記》分《總札》二卷、《條札》二卷、《石經札》二卷、《補遺》一卷,共七卷。《總札》論述不限於一時一事,《總札上》對左傳學的具體問題,如《左傳》的作者、《左傳》的傳授著述、材料來源、三傳之別、諸侯國官制等問題,加以概述,是一部簡小的左傳學史;《總札下》貫通《左傳》全書,考語辭、事類源頭,如未亡人、彌甥、東道主、糧食等名稱始於《左傳》,後世官宴點戲始於《左傳》賦詩言志等,明古今演變。《條札》辨名物地理、文字訓詁、天文曆法,對杜注多所駁正。

《左傳札記》對宋儒程顥、胡安國以來"冠夏時於周正"説,予以糾正,又對鄭樵、家鉉翁等人"經傳俱用夏正"説予以更正。《左傳》記載隱公三年夏四月,取温之麥,秋,又取成周之禾,是用夏正。夏正四月和夏正秋,正是麥和禾收穫的季節,杜注以爲是周正,禾麥均未成熟,故誤以爲故意芟踐之。錢氏認識到因爲經傳用曆不同,而致經傳曆日不合。錢氏指出,"商周雖改正朔,而夏正通乎民俗,記載或有歧異,不得執一二端以疑之也"。且六經中使用夏正者亦不少。春秋時天子淪落爲諸侯,唯獨王號仍在。《春秋》書"王正月",只是魯史舊文,加"王"以别於諸侯,非孔子所加,也未必加入了"大一統"的思想(《公羊》説)。

錢綺對清代春秋左傳學著作的掌握並不充分。如論輯佚漢注的著作,提及洪亮吉《春秋左傳詁》、惠棟《左傳補注》和嚴蔚《春秋内傳古注輯存》;前代傳注的集注,則只提及清初朱鶴齡《讀左日鈔》,甚至未提及康熙《春秋傳説彙纂》,可以看出錢氏參考文獻有限,當時書籍流通不易。

錢綺認爲《左傳》亦經亦史,力辯"《左傳》失之巫"。"范甯譏《左氏》其失也巫,胡文定改'巫'爲'誣',失范氏之旨。蓋《左氏》所詳有五端,曰天道,曰鬼神,曰災祥,曰卜筮,曰夢,五者皆近於巫,故曰其失巫。然此不可以譏《左氏》也。古者,馮相、保章、宗祝、卜簭、眂祲、占夢,皆與史官聯職。春秋時多以史官兼之,至漢猶然。……是《左氏》之詳此五端,正是盡史官之職而究其意旨,亦時時推本人事。江都汪容甫作《左氏春秋釋疑》,證以傳文,最爲明確。今備錄之,復畧補其疑。"立足於《左傳》"史"的特性,方能得此結論。《左傳》史事詳明,但釋《春秋》書法不盡確當,"其背理者,莫如'凡弑君稱君,君無道也'一語"。可見錢氏雖無功名,但是仍維護君臣之間的倫理。

《石經札》二卷介紹唐石經的來歷、特點及其版本價值。唐石經在明以前不爲學者所重,清初學者如顧炎武、朱彝尊對唐石經抱有偏見,但惠棟、王引之等乾嘉學者對唐石經則已充分重視。錢氏對唐石經的校勘學價值做了充分肯定。《札記》已成,又據嚴可均《左氏春秋校文》作補遺一卷,多證成嚴可均之説,對杜注、孔疏多所駁正。唐石經是儒家五經存世最早的完整的版本,較其他版本具有不可比擬的優越性:"石經之勝於版本有數端焉。版本書傳世至北宋而止,石經則在版刻未興以前,於經典全文爲最古,一也。版本遇字形相近,每易混淆,石經則大書深刻,剖別明顯,二也。版本或有修改,原文遂不可知,石刻雖經磨礱,原字仍隱約可辨,足以參稽得失,三也。又況經生慎書,儒官詳校,勒爲定本,尤非版刻所能及。"唐石經立碑後,"有覆勘脩改,有妄人增改,有後梁補碑,有明人補字。補碑因梁時石有亡失,補刊足之,比唐碑畧小;補字因嘉靖乙卯地震,碑多倒損,諸生王堯惠等按缺處補寫,別立小石於碑下,以便裝册時綴入",而清代學者多不注意及此,錯誤正由此而來。"如顧亭林徵君《金石文字記》,朱竹垞檢討《經義考》,皆僅據裝册本,其所訾詆,實非原本之咎。其後,錢竹汀少詹《金石文字跋尾》、王述菴少司寇《金石萃編》、阮文達《十三經校勘記》,咸能表明石經善處,然猶不無漏畧。"錢氏較爲清晰地論述了清代學者利用唐石經的歷史,但是囿於視野,某些重要學者並未提及。可以説,乾嘉時期的文字校勘離不開唐石經,使用唐石經已經蔚然成風,非僅錢大昕、王昶、阮元等人如此。

錢綺得到未裝册散碑拓本，將唐石經與宋高宗所書蜀石經殘本及宋本相互對勘，核其是非，若有誤，則加以辨正。凡唐石經補碑、磨改、旁添，一一校勘，尤爲細密。如隱公五年《左傳》原刻："仍叔之子弱也。秋，大雩。"後經磨改，增"來聘"二字，是淺人妄加，而阮元《校勘記》認爲據蜀本增，非。又桓公六年《左傳》"公問名於申繻，申繻對曰"，原刻如此，但磨改後，"申繻"二字不再重複，傳世諸本皆只存前一個申繻。錢氏認爲重複"申繻"，與"公問族於衆仲，衆仲對曰"是一樣的句法。《左傳》"伍"姓如伍舉、伍參、伍奢，石經原刻均作"五"。據《漢書·古今人表》亦作"五"，《廣韻》於"五"字言姓，舉《左傳》五奢爲例，而於"伍"字則不言姓，故石經原刻"五"是正確的。皆言之有據，能補學者所未及。錢氏依照磨改的痕跡辨認原文，大抵不錯，但是原文正確與否，則仍需加以考證，錢氏著作於此處考證不多。

10. 1865 年 俞樾《群經平議·左傳平議》三卷，《續修四庫全書》影印清光緒二十五年(1899)刻春在堂全書本

每半葉 10 行，行 21 字。左右雙邊，黑口，無魚尾。卷首有俞樾《群經平議序目》。《群經平議》三十五卷，起於咸豐七年(1857)，迄於同治四年(1865)，《左傳平議》是其中一種。

俞樾(1821—1907)著，其《達齋春秋論》已著錄。

經文頂格，分行寫杜注、孔疏，另行寫"俞樾案"。俞樾生於道光元年，乾嘉諸老先生之後，與聞乾嘉諸老緒論，識治經方法，認爲治經之道有三：正句讀、審字義、通古文假借。三者之中，通假借尤爲重要。俞樾推崇王引之父子，《群經平議》即仿王引之《經義述聞》而作。俞氏尤其服佩王氏父子的音訓，即利用聲音上的聯繫作訓詁考證："高郵王氏父子發明故訓，是正文字，至爲精審。所著《經義述聞》用漢儒'讀爲''讀曰'之例者居半焉。或者病其改易經文，所謂焦明已翔乎寥廓，羅者猶視乎藪澤矣。"(俞樾《群經平議序目》)

《左傳平議》主用漢儒通假之說破杜注、孔疏訓詁之誤。隱公三年《左傳》"君義臣行"，杜注："臣行君之義。"俞氏用《周禮》鄭注釋

"義",讀爲"儀",又《說文解字》"儀,度也",《國語》"儀之于民,而度之于群生","不度民神之義,不儀生物之則",皆可證儀、度同義。《左傳》"君義臣行",即君儀度於上,臣奉行於下。這樣的訓釋,既有先儒訓詁,又有先秦文獻支持,較杜注更爲完備。隱公五年《左傳》"陳魚而觀"之"魚",俞氏釋爲"漁"亦無不可,但釋"陳魚而觀"爲"陳漁者而觀之",與"陳諸侯之師"同類,則失本旨。

《左傳平議》不僅解實詞,亦訓虛詞。如莊公元年《左傳》:"築王姬之館于外。爲外,禮也。"俞樾案:"爲,猶于也,古于、爲二字通用。"舉《左傳》莊公二十二年"並于正卿"作内證,《經典釋文》作外證:"並于,本或作並爲。"又有《儀禮》《禮記》鄭注作外證,"爲"釋爲"于"則可通。又如莊公十年《左傳》"衣食所安",孔疏按"所以安身"解釋,俞樾指"所安"並非"所以安"。舉《國語·晉語》韋注"安猶善也",謂衣食所安,即衣食所善,"所安"言雖己之所善,必以分人。"所"與"所以"不同,確爲卓見。

俞氏善於從文意上判定訓詁之非,往往一語中的。如桓公十七年《左傳》:"高伯其爲戮乎?復惡已甚矣。"杜注釋爲"復弒其君",於義不通。引《漢書·谷永傳》"報德復怨"顏師古注:"復亦報也。""復惡"之意與"復怨"相同,言高渠彌因爲昭公厭惡他,遂弒昭公,則高渠彌的報復太過了。

俞氏又常作新解。如莊公二十二年《左傳》"莫之與京","京"讀爲"勍",又用僖公二十二年《左傳》"今之勍者"杜注,釋"勍"爲"競",於是"京"讀爲"勍",而有"競"之義。以讀音通假始,考證迂曲,仍屬有理。襄公五年《左傳》引《詩》"我心扃扃",杜注:"明察貌。"似以"扃"與"烱"通假,本無不可。而俞氏釋"扃扃"爲"耿耿",用《說文解字》義:"耿,從耳,烱省聲。耿耿,儆儆也。"並將《左傳》的訓釋延伸到《文選》。《文選·幽通賦》"申之以烱戒","烱"有"儆"義,則"烱""戒"二字,都有警戒義,"申之以烱戒"之義方爲通暢。杜注本無大謬,用杜注"明察"義解《文選》則不通,俞氏以此爲由將"扃"通釋爲"耿",則太過迂曲。《文選》與《左傳》,語言材料不同,有異不足爲怪,釋一義而必與《文選》合,這未免對《左傳》不公平。

俞樾的《群經平議》守漢學故訓治經的方法，特別重視漢儒聲訓。然而有時亦以才氣訓釋，臆改文字。如襄公三年《左傳》"使臣斯司馬"，改"斯"爲"廁"，則與春秋語境不符。春秋時，廁尚未有列、次之意。

11. 1869 年王韜《春秋左氏傳集釋》不分卷，上海圖書館藏稿本

凡 300 葉，不分卷。每半葉 13 行至 15 行不等，無邊框，無網格。《春秋左氏傳集釋》成稿於 1869 年。據《弢園著述總目》，《春秋左氏傳集釋》六十卷，"經學卷帙最繁"，理雅各《中國經典》《參考書目》亦載王韜《春秋左氏傳集釋》手稿本六十卷。但上海圖書館藏《春秋左氏傳集釋》手稿本不分卷，相較紐約公共圖書館藏王韜《毛詩集釋》等手稿，字體偏小，文字更密，很可能不是最終的"繕錄清本"。

王韜（1828—1897），字懶今、紫詮，號仲弢、天南遁叟，江蘇長洲（今蘇州）人。與儀徵劉毓崧（1818—1867）、德清俞樾（1821—1907）同時，而治學稍晚。幼時在父親的啓蒙下開始誦讀經書，九歲遍讀十三經。1849—1859 年，供職於上海墨海書館。在這期間，讀西書，譯西書；與數學家李善蘭交善，在漢學家偉烈亞力的影響下學習西方天文學，二人合作完成《西國天學源流》。太平天國運動時期，王韜因進言太平天國而被清政府通緝，於 1862 年 10 月，在傳教士的幫助下逃往香港。在香港時期，協助英國傳教士理雅各翻譯了《中國經典》之《尚書》《詩經》。1867 年冬王韜隨理雅各來到蘇格蘭，協助理雅各翻譯《中國經典・春秋》。1870 年初，王韜回國，在香港創辦《循環日報》。王韜在海外完成了《春秋左氏傳集釋》《春秋朔閏至日考》《春秋日食辨正》《春秋朔閏表》等四種春秋左傳學著作。王韜另著《王韜日記》《蘅華館詩稿》、小説若干。

鄭莊公名"寤生"，王韜開始採用《風俗通義》，認爲開目視即寤生，後採用《史記》，解寤生爲逆生。《春秋左氏傳集釋》完整保留了這兩個不同觀點，可以印證此手稿並非清稿本。採用《漢書》古注，

謂紀裂繻字子帛,而《公羊》《穀梁》經文作紀子伯、紀履緰,"緰與繻音同義同,以裂爲履,以帛爲伯,音之訛也",《春秋》異文即一聲之轉,發前人所未發。王韜對《春秋》地理的考證,只是羅列不同説法,不做裁斷,按之地圖,兩地相去不遠云云。很明顯王韜不再對乾嘉漢學的文獻考證感興趣,但又缺乏地理考證的新方法,顯露出其地理考證的局限性。

王韜不讚同宋儒一字褒貶的解經方法,不認爲名和字之中含有褒貶。王韜重《春秋》義理,重新推出宋儒的"華夷之辨",在宋學義理的基礎上加以改造、創新。宋代《春秋》經學"尊王攘夷",王韜只强調其"攘夷"的一面,而否棄了"尊王",這與清代經學只用"尊王"而諱談"攘夷"迥然不同。因不再"尊王",故肯定霸主與權臣,認爲國無霸主與權臣,則國益弱,這與自宋以來春秋學貶霸主、斥權臣的觀點亦迥然不同。不尊王而尊霸主、權臣,將國家强盛的希望寄託在軍事力量强大的霸主和强有力的權臣身上,從中可以看到王韜對晚清政權的不信任,以及晚清士人對國家强盛的希望,帶有思想啓蒙的意義。

12. 1877 年汪文台《十三經注疏校勘記識語》四卷,《續修四庫全書》影印南京圖書館藏清嘉慶阮氏文選樓刻本

每半葉 10 行,行 18 字。左右雙邊,白口,雙魚尾。卷首有光緒三年(1877)劉秉璋序。

汪文台(1796—1844),又作汪文臺,字南士,安徽黟縣人。廩生,與俞正燮相善。宗漢儒經説,謂宋元以來,六經無完書,學者徒以口説爭勝。阮元《十三經注疏校勘記》有益於後學,但成於衆手,時有駁文,作《十三經注疏校勘記識語》,寄示阮元,阮元服其精博。纂輯《七家後漢書》,另撰《紅毛番英吉利考畧》《淮南子校勘記》等書。

《左傳注疏校勘記識語》在阮元《春秋左傳注疏校勘記》的基礎上加以補訂,參考惠棟、錢大昕等人的研究成果,加以自己的研究。汪文台不迷信前哲成見,敢於發表己見。如昭公八年《左傳》"莫保其性",宋本、宋殘本,"保"作"信",《漢書・五行志》所引亦作"信"。

汪文台考證:"杜注云:'民不敢自保其性命',則杜本不作'信'甚明,臧琳以'信'爲劉歆古文,誠然。此宋本殆誤而合於古歟?"宋本改杜本的"保"爲"信",卻與古注誤合。考訂宋本,不僅知其然,而且知其所以然,頗爲精準。

又如昭公十七年《左傳》"在宋衛陳鄭乎",唐石經在此處旁增"六物之占"四字。惠棟認爲:"當是晁公武據蜀石經增入,《御覽》所引亦有此四字。"阮元《十三經校勘記》舉范成大《石經始末》一書爲證,認可惠棟《左傳補注》"據蜀石經增入"的看法。而汪文台徵引錢大昕之説,謂晁公武撰《石經考異》時,長安已非宋地,晁公武無法在唐石經上增改。但錢大昕認爲,"孟蜀石本即用開成舊本,公武作《考異》,乃以長興國學板本校勘得之",於是錢大昕認爲,"旁添之字必是北宋人依監本增改。《太平御覽》所引經文,間與旁添之文相合,亦即據當時監本,非別有古本也"。汪文台在惠棟、錢大昕二人之間評判是非,謂"錢説辨晁公武無校增唐石經事是也,謂旁添之字出於監本,則不然"。汪文台通過考察宋晁公武《石經考異》的體例,明確"六物之占在宋衛陳鄭乎"之語,在《尚書》《毛詩》《論語》中有體例相同的句式,皆蜀石經所本有,而晁公武"據蜀石經之異於監本者而言",他看到了蜀石經不同於監本,但不能定石經之是非。汪氏由體例推測"六物之占"是蜀石經的内容,而非監本的内容。《十三經注疏校勘記識語》諸如此類的考證頗多,它修補、改正阮元《十三經注疏校勘記》的誤處,使阮元的《校勘記》更加完善、精確。

13. 1877年孫詒讓《十三經校勘記·春秋左傳正義》,齊魯書社,1983年

孫詒讓(1848—1908),字仲容,號籀廎居士,浙江瑞安人。同治六年(1867)舉人,五赴禮闈不售。有晚清經學後殿之稱譽,與俞樾、章太炎並稱清末三學者。孫詒讓年少時,隨父官江東,時太平天國運動剛剛平定,故家秘笈多散出,孫家收購書籍,積數萬卷,時有善本,孫詒讓遂用以校訂群籍。校勘子書七十七種,成《札迻》十二卷,校勘群經及三史,成《十三經校勘記》等書。孫詒讓三十歲前即已校定

群籍,《十三經校勘記》雖成書,但未刊刻。故將《十三經校勘記》的時間下限繫於孫詒讓三十歲,即1877年。另著《周禮正義》《墨子閒詁》《古籀拾遺》《永嘉郡記》等書。

　　孫詒讓校書,得益於王引之及盧文弨,每下一義,必多方援證,不以孤證敷衍了事。俞樾評價孫詒讓"精孰訓詁,通達叚藉;援據古籍,以補正訛奪,根柢經義,以詮釋古言,每下一説,輒使前後文皆怡然理順"(俞樾《札迻序》)。

　　孫詒讓的校勘擺脱了某一固定版本的依賴,利用經傳子史群籍校勘《左傳》,更易得古本的真實。如文公五年《春秋》:"王使榮叔歸含且賵。"孔疏云:"於諸侯臣,襚之。"孫詒讓據《禮記·雜記》疏引《釋廢疾》,認爲"'襚之'上當有'賵之'二字"。利用《禮記·雜記》,證明古本《春秋左傳正義》有"賵之"二字,證據簡截明瞭,頗有説服力。

　　除用其他古籍校勘《左傳》之外,亦據《春秋左傳正義》古本正現今書籍之失。如文公十四年《春秋》:"秋七月,有星孛入于北斗。"孔疏引郭璞《爾雅注》曰:"妖星也。亦謂之孛。言其形孛,孛似埽慧也。"據此,孫詒讓校正今本《爾雅注》失"妖星也"三字。

　　孫詒讓有時從文例、字例的角度作定奪。如襄公二十九年孔疏:"《詩》云'《維清》,奏象舞',則此象箾之舞。"學者浦鏜認爲:"'詩'下脱'序'字,'則'疑'即'字誤。"孫詒讓認爲:"則、即通用,《疏》内習見,不必改。"如此以通例校勘古籍,則不死於字下。

14. 1881年王廷鼎《讀左巵録》一卷,紫薇花館經説本

　　每半葉10行,行22字,四周雙邊,白口,單魚尾。卷首有光緒壬辰(十八年,1892)十一月俞樾序、光緒己丑(十五年)長夏俞樾《説文佚字輯説序》、光緒十五年季秋潘衍桐序。後有俞樾光緒癸未(九年)二月既望俞樾跋。《讀左巵録》作於王廷鼎未入仕途,且其父未亡之時(跋),不晚於光緒七年。

　　王廷鼎(1840—1892),字夢薇,江蘇震澤(今蘇州)人。肄業於詁經精舍,四試省闈不售。爲童子師,學畫學醫以鬻其技,又應書院

課,博膏火資。捐九品,光緒七年,補授麗水縣丞,充巡捕,積功加四品銜,後罷官。精研《詩》《禮》。著作多種,刊刻了四十餘種,如《紫薇花館經說》《紫薇花館小學編》《說文佚字輯說》《尚書職官考畧》《退學述存》等。

其父王源通,字蟾生,早年不肯爲時藝而讀書。廷鼎幼承庭訓,銳志於經史。俞樾爲其父作傳——《王君蟾生傳》,又爲王廷鼎作《傳》。曾在詁經精舍,從俞樾學,俞樾稱其有家學,"精研古訓及古文聲韻之學,每發一義,老師宿儒無不嘆服,名重江浙"(俞樾《傳》)。

《讀左巵錄》仿王引之《經義述聞》,稱述其父之說而以己意附益之。蒐輯義例,加以引申發明。徵引古書古注,於古代禮制著意頗多。《讀左巵錄》指出箴、銘兩種文體的特點。箴,古百官皆有箴,以時諷王而明得失。《虞人之箴》,即周太史辛甲所作,託爲虞人之言,以規諫王者。銘,名其先祖之美,而著之於後世。《晉語》注:"刻器曰銘。"古器皆有銘,或書其勳,或著爲戒,如盤銘、杖銘之屬,以鼎彝爲最多。不但界定文體的內容,還說明文體的物質載體。昭公三年《左傳》記載"讒鼎之銘",服虔注爲:"疾讒之鼎。"即將銘文鑄在鼎上。

15. 1884年胡元玉《春秋名字解詁駁》一卷,光緒十四年(1888)南菁書院刻清經解續編本,上海書店,1988年

每葉3欄,每欄33行,行24字,小字雙行,同。左右雙邊,白口,單魚尾。卷首有光緒甲申年(十年)胡元玉自序。

胡元玉,字子瑞,湖南湘潭人。優貢生。

王引之《春秋名字解詁》以聲求義,合於聲音通假的不少,但不免輕易本字。胡氏認爲假借分本無其字的假借和本有其字的假借,二者皆由音近而通假,必先求本有其字的假借不得,方能用本無其字的假借。"實從一字得聲之字有窮,而僅聲近之字無窮。苟本字有所難通,不先求之古假借而專求之聲近通假,則其獘必至,使本字茫乎無據,如譯音之無定字而無不可附會之謬說矣。故以聲近破本字,非于經文上下實有明證不可。"此說甚是。如果僅因音近便濫用通

假，則反不得本義，世之習小學者多，小學卻日益支離破碎。胡氏對聲音訓詁的批判性意見，頗有學者的務實態度。《春秋名字解詁駁》即矢志於矯正音聲假借的流弊。

胡氏認爲聲音訓詁是王引之所擅長，但過求音聲通假，則不妥。"高郵王氏，小學巨儒，諸所譔述，喜言聲近，《名字解詁》破字尤多，雖合于古假借者不少，而專取同音之字爲説者，頗不免輕易本字之失。人之名字，非若《詩》《書》，文理不屬，難可尋繹。全棄本字，悉取同音，心所不安，病之久矣。"

《春秋名字解詁駁》糾正王引之聲訓之失，又將王氏不曉古義未釋者二十五人，悉爲補足。楚鄖宛字子惡，王引之以"怨"釋"宛"，以與"惡"相對。胡氏舉《説文》釋"惡"爲"貌丑"之意，輔以襄公二十六年《左傳》"生佐，惡而婉"、昭公二十八年《左傳》"饜蔑惡"，證明"惡"爲"貌丑"之意，與王引之所説"怨"無關，卻與"宛"恰好成相反相成之意，簡單明瞭。晉寺人勃鞮字伯楚，一名披，王氏無解，胡氏謂"勃鞮"是大革履之名，"春秋時言革必推楚産，革履亦必以楚革所爲爲最，故字伯楚"；"勃鞮"又稱爲"履鞮"，合音爲"披"，故又名"披"，此處可謂切中肯綮。

王引之《春秋名字解詁》尚能於疑處闕疑，而胡氏於王氏闕疑之處，多所強解，不免扞格難通。邾子顏字夷父，"顏"字引申爲"常"，以與"夷"的引申義"平"相應，在兩字的引申義之間隨意比附；晉解揚字子虎，"揚"有飛越騰挪之意，可引申爲虎，……諸如此類，以想象力代替考證，暴露了胡氏《春秋名字解詁》方法論之偏失。

16. 1888 年俞樾《春秋名字解詁補義》一卷，《續修四庫全書》影印光緒二十五年（1899）刻春在堂全書第一樓叢書本

每半葉 11 行，行 24 字，小字雙行，同。左古雙邊，白口，單魚尾。卷首有俞樾《春秋名字解詁補義序》。此書亦收錄於 1888 年南菁書院刻《清經解續編》，故繫此書於 1888 年。

俞樾（1821—1907）著，其《達齋春秋論》《左傳平議》已著錄。

俞樾自序稱服膺高郵王氏之學。"（王氏）所箸《經義述聞》《讀

書褥志》發明義理,是正文字,允足以通古今之言,成一家之學。"俞樾年三十八始從事訓詁考證,其指引者即王引之。仿王氏《經義述聞》,作《群經平議》;王引之《經義述聞》附《春秋名字解詁》,"於古人名字相應之義,鈎深索隱,曲而能中"(俞樾《春秋名字解詁補義序》),但王引之千慮一失,亦或有之,故著《春秋名字解詁補義》。

俞樾《春秋名字解詁補義》訂正王引之《春秋名字解詁》,王引之未曉古義而闕疑的二十五條,亦以己意補足;又補《解詁》所無十五條。王引之以聲求義,多改字之失,俞樾多求證於古文獻證據,並適當引申,對王引之誤予以糾正。鄭公子吕字子封,王引之《解詁》曰:"吕之言甫也。《爾雅》:'甫,大也。'《商頌》:'封建厥福。'《毛傳》:'封,大也。'"吕和甫同音通假,顯得任意,俞樾謂:"吕乃姜姓之國,……是時已爲楚縣矣。公子吕蓋取古國名爲名,故字子封。《楚語》韋注曰:'封,國也。'"吕、封之義皆與國相關,此二字不是在讀音上,而是在意義上有聯繫。

俞樾亦學王引之,利用聲音通假,闡述名和字的關聯。晉韓不信字子音,王引之認爲"音"當讀爲"言","言"與"不信"成反對。俞樾按:"不信非美德,古人何取而以爲名哉?不,乃語詞,魯密不齊、楚任不齊,王氏並以'不'爲語詞,是也。""'信'讀爲'呻',……《説文·口部》:'呻,吟也。'""吟"又與"音"義合。俞氏以"不"爲虛詞,"信"與"音"通,"呻"與"音"義合,故韓不信字子音,可備爲一説。

鄭國大夫國參字子思,王引之曰:"參,讀爲慘。《爾雅》:'參,憂也。'"俞氏曰:"如王説則非令名矣。……參有參驗之義,故名參字思。……或曰:參與倯通,思與偲通,古書省人旁耳。《説文》曰:'倯,好貌。'名倯字偲,猶《詩》云:'美且偲。'"楚郤宛字子惡,王氏曰:"宛當如怨。"俞氏云:"如王説則非令名也。"力證宛非惡名。王氏《解詁》中,多有美惡不嫌同名之例,而俞氏必以"非令名"而改釋。

王引之善於利用古文獻,從歷史的情境中發覆名和字的多種聯繫,俞樾則常以今之常情,推測、揣度王説不可信,欲以己意取代。如俞樾認爲人名不可無美義。魯公子尾字施父,如王引之所説,其名來源於龜,俞氏云:"古人名字誠有取之於物者,然何取乎龜之曳尾而以爲名字乎？"魯孔求字子家，"如王説，則以入家探索爲義，古人命名何取此義乎？"這些抱怨，未免失之於固。

從識見上説，俞氏不及王氏精卓。王氏解名和字，着重音聲上的聯繫，往往在天馬行空般的牽聯中，體現乾嘉漢學聲音訓詁的極致。俞樾釋名，逐漸着重於名與字意義上的聯繫。王説新異，俞説平實。就乾嘉漢學考證而言，俞樾習王氏之學，但未完全繼承王氏聲音訓詁的路徑。但俞氏對某些名字的解釋，亦可備一説。

17. 1888 年俞樾《古書疑義舉例》七卷，中華書局，1956 年

前有俞樾《古書疑義舉例序》，後附劉師培《古書疑義舉例補》、楊樹達《古書疑義舉例續補》、馬叙倫《古書疑義舉例校録》、姚維鋭《古書疑義舉例增補》四種續作。此書入《清經解續編》，故繫年於 1888 年。

俞樾（1821—1907）著，其《達齋春秋論》《左傳平議》《春秋名字解詁補義》已著録。《古書疑義舉例》是俞樾晚年所作。俞樾從九經及諸子中得先秦語言的語法及修辭等文辭通例，頗得古人爲文之法與古書訓釋之法，集俞樾語詞訓詁之大成。

《古書疑義舉例》總結"上下文異字同義例""上下文同字異義例""錯綜成文例""參互見義例""兩事連類而並稱例"等，皆從古文的修辭角度闡釋語詞的意義。

"高下相形例"，舉《左傳》叙子産爲例："欲言子産之敏，乃極言子大叔之不敏，此高下相形例也。"讀古人之書，若不得其高下抑揚之妙，"徒泥字句以求之，往往失其義"。又如"美惡同辭例"，《詩經》"委蛇委蛇，退食自公"中的"委蛇"是詩人之所美，而《左傳》"衡而委蛇必折"，則爲不美，"學者當各依本文體會，未可徒泥其辭也"。

"實用活字例"，舉宣公六年《公羊傳》"勇士入其大門，則無人門焉者"和襄公九年《左傳》"門其三門"等兩句，指出《左傳》下"門"字是實字，而上"門"字，是實字活用，《公羊傳》的用例正好相反。所謂實字，指具備具體意義的名詞。這涉及古漢語的語法用例，即名詞活用。

俞樾將僖公三十三年《左傳》"不替孟明"句，輔以《左傳》《史記》等書四處文例，總結出"叙論竝行例"，認爲古書中議論中加以叙述，叙述中加以議論，都屬正常，皆由"古人之文無定法"所致。但《左傳》"不替孟明"並非議論，而是叙述。俞氏將《史記》的叙事與史官議論相合稱爲"叙論竝行例"，其體例與《左傳》"不替孟明"並不吻合。所謂"叙論竝行例"，《左傳》的例句並不合適。

《古書疑義舉例》中通例的獲得，以熟讀古書爲基礎，通例貴在"通"，訓一字而通群經。"通"的反面是"泥"。獲得義例之後，方可破泥於章句、死於字下的閱讀方式，可以盡快地掌握文義，有利閱讀。《古書疑義舉例》概括語詞使用通例，具備了現代意義的"語法"的萌芽，其對古漢語修辭意義的掌握，亦是現代西方語言學方法所鞭長莫及的。《古書疑義舉例》影響深遠，諸多續作相繼而起，是其明證。

18. 1888 年俞樾《茶香室經説》卷一四卷一五，《續修四庫全書》影印清光緒二十五年(1899)春在堂全書本

每半葉 10 行，行 21 字。左右雙邊，黑口，無魚尾。前有 1888 年俞樾自序，云《清經解續編》未及收錄《茶香室經説》，故單獨刊刻。

俞樾(1821—1907)著，其《達齋春秋論》《左傳平議》《春秋名字解詁補義》《古書疑義舉例》已著錄。

俞樾私淑高郵王氏，《經説》用聲音通假，訓"嘉栗旨酒"之"栗"爲"洌"，舉《詩經》鄭箋、《禮記》鄭注爲證，可備爲一説。"不替孟明"句，王引之認爲是《左傳》叙事之詞，故下句"孤之過也"前應加一個"曰"字，俞樾指出唐石經及傳世各本皆無"曰"字，王引之誤。俞樾認爲"違蹇叔"及"不替孟明"句，"皆穆公追述前事自悔之詞"，不用再加"曰"字，今傳各本不誤。今人已用古本證明王引之不誤，而俞樾誤。王引之解經，以意懸揣，頗能中的，俞樾《經説》欲辨其非，終費力不討好。

《經説》從"占卜"的各種形狀釋"專之渝"之"專"，頗富新意。從杜注、孔疏等常解中翻出新意，如解"食言"爲"食人之惡言"，而非食己之言，出人意表。《經説》不滿意於"皋比"歷來訓爲"虎皮"，而

以"面具"訓之,缺乏堅實有力的根據。《經說》從語詞的微言大義解說字詞,如解"勝之"爲"滅之",不厭其詳,有累贅之感。俞樾《經說》肆力於糾正對前儒經說,有時力不從心,有時不免意氣用事。

19. 1894 年 黎庶昌《春秋左傳杜注校勘記》一卷,《續修四庫全書》影印復旦大學圖書館藏清光緒二十年(1894)陳矩刻靈峰草堂叢書本

每半葉 11 行,行 23 字,小字雙行,同。左右雙邊,黑口,單魚尾。卷首有光緒二十年甲午冬陳矩序。

黎庶昌(1837—1898),字蒓齋,貴州遵義人。以廩貢生上書論時事,授知縣,後入曾國藩幕。光緒二年(1876),調充參贊,先後使英、法、德、日等四國。任出使日本大臣,搜羅宋元舊籍,刻成《古逸叢書》二十六種,皆中土不傳之本。著《拙尊園叢稿》七卷、《奉使英倫記》一卷、《曾文正公年譜》十二卷,編《續古文辭類纂》二十八卷。

日本藏有《春秋左傳杜注》的初唐寫本,黎庶昌出使日本時,多方求借,將同異筆之簡端,以備考訂。回國後,黎氏令人將其中有關勘正者錄爲一卷。初唐寫本將"辟"寫作"避",將"章"寫作"彰",似將古字改爲今字;將"檮"寫作"禱","何如"寫作"如何","歸生弒其君夷"句,"弒"作"殺",或是傳寫錯訛。唐寫本《左傳》正文中"對"("對曰"的"對")"其""是""也"等字,杜注中"即""則""故"等詞,在今本中多省畧,故今本更凝練簡潔。

唐寫本某些信息量明顯要大於今本,仍能見今本脫落痕跡。僖公元年杜注:"母成風。"唐寫本"母"上多"其"字,"風"下多"也惠王十八年即位"八字。今本"母成風",唐寫本中是"其母成風也,惠王十八年即位",把魯僖公的即位時間交代清楚了。今本類似之脫落所在多有。

今本隱公九年《春秋》"冬,公會齊侯于防",杜注:"在瑯琊華縣。"唐寫本"華"下有"陰"字。今本隱公十年《左傳》"蔡人、衛人、郕人不會王命",唐寫本"郕人"下有"郑人"。唐寫本的不同涉及歷史事件參與人物及地點的不同,實有辨正的必要了。阮元校勘《十

三經注疏》時所見最早的本子是相臺岳氏本,未見此本,實爲憾事。

黎氏用以校勘《春秋左傳》杜注的底本有誤。如成公十六年《左傳》"自我先君宣公即世",杜注:"在十三年。"唐寫本無誤,而黎氏的底本爲"在三十年",不知所用底本爲何。《春秋左傳杜注校勘記》如實記錄了唐寫本的情況,用以校勘的底本有誤,並不能抹殺該書的校勘價值。

20. 1903 年吴汝綸《左傳點勘》十二卷,都門印書局民國四年(1915)鉛印本

每半葉 9 行,行 22 字,小字雙行,同。四周單邊,白口。卷尾附錄《吴至父與賀松坡論左傳書》。

吴汝綸(1840—1903),字摯甫,一字至父,安徽桐城人。同治四年(1865)進士,授内閣中書。私淑桐城姚鼐,曾入曾國藩、李鴻章幕。主講蓮池書院,晚年被任命爲京師大學堂總教習。著《吴摯甫文集》四卷《詩集》一卷、《深州風土記》二二卷、《東游叢錄》四卷。

《左傳點勘》錄《左傳》經傳文,《公羊》《穀梁》二傳異文以小字雙行注明。參考金澤文庫本、《經典釋文》《禮記》等古籍,用以校勘,但不明其底本。"多行不義必自斃",《經典釋文》作"獘";"不義不暱",《禮記·考工記》作"昵",金澤文庫本同。明顯的訛誤亦照錄,如"且告之悔",且,唐石經作"具"。"大夫三月,同位至,士逾月,外姻至",士,金澤文庫本作土。唐石經、金澤文庫本之誤,均不加辨析。

吴汝綸的評點置於簡端。隱公元年《左傳》"天王使宰咺來歸惠公、仲子之賵,緩,且子氏未薨,故名。天子七月而葬,同軌畢至",認爲此説迂曲,決非出自《左傳》。襄公二年《左傳》"鄭成公疾,子駟請息肩於晉",吴汝綸指出此與下節"復會于戚"爲一章,而"穆叔聘于宋"一節爲插入,可見古文評點取編年體史書而隨意剪裁的特點。

21. 1905 年劉師培《讀左劄記》一卷,江蘇古籍出版社影印劉申叔先生遺書本,1997 年

每半葉 13 行,行 24 字,小字雙行,同。四周單邊,黑口,單魚尾。

劉師培(1884—1919)著,其《春秋左氏傳時月日古例考》《春秋左氏傳答問》《春秋左氏傳古例詮微》《春秋左氏傳傳例解畧》《春秋左氏傳傳注例畧》《春秋左氏傳例畧》已著録。《讀左劄記》作於1905年。

劉師培爲證明《左傳》之不偽而對周秦兩漢學術史所作的研究,皆超卓精彩。《讀左劄記》的撰作正值今文盛行天下之際,劉逢禄《左傳》不傳《春秋》的觀點,康有爲、崔適等人認爲《史記》凡引《左傳》之語,皆爲劉歆附益的觀點大行其道,《讀左劄記》蓋爲此而作,其中心議題是《左傳》傳《春秋》,《左傳》未經劉歆偽纂或附益。

《讀左劄記》基於民本主義思想,明《左傳》義理之真,駁斥自唐宋以來人們以封建君臣之道否定《左傳》義理的過失。解釋"貳""叛"等語詞訓詁,既可用於臣,亦可用於君;運用了語詞通例,消除自南宋洪邁以來,直至清顧炎武等學者對《左傳》的誤解。舉《淮南子》《吕氏春秋》等古籍對《左傳》事例的徵引,從義理及師承兩方面證明《左傳》之真。舉宋本《韓非子》引《左傳》"君子曰",證明《左傳》在《史記》《漢書》之前即已成書;徵引韓非子引《左傳》事,明韓非子亦左傳學經師,駁斥宋以來"君子曰"爲劉歆附益之謬。按《韓非子》徵引《左傳》,並不意味着韓非子傳左傳學,而《左傳》在戰國時即已成書,爲時人廣泛徵引,則確鑿無疑。爲證成《左傳》傳《春秋》,劉師培認爲左丘明是孔子弟子,親受業於夫子,這沿襲杜預之説,殊少説服力。

《讀左劄記》收録劉師培仿王引之《春秋名字解詁》,解《春秋》名字八例,頗能補王氏之遺。除了"音聲求義"之外,劉師培還綜合考察經史子集,從詞義的關聯、名字的出處,講論春秋時人名與字的相通,頗有新意。如衛公孫牟字子之,牟,大麥也,"之"爲秀苗之義,名和字意義相通。又如祁奚字黄羊,《莊子》有"羊奚"一詞,其名應該出自《莊子》。《莊子》是戰國時期書籍,春秋時人没有可能藉《莊子》起名,此説新則新,但不合事實。

《讀左劄記》關於春秋曆法,指出"春王正月"一語,詞嚴義正,用的是周正。"至列國赴告之文,各得紀年於境内,豈無雜用夏商正者。《左傳》輯錄作傳,亦有遺漏,未經改定者,後人往往難曉,不必強合。"頗爲公允。

《讀左劄記》在繼承家學的基礎上,提出左傳學的三個中心課題,即禮、例、事,認爲依託此三種專門之學的研究,形成三部著作,此三書形成之後,左傳學必將興盛。"禮"的研究,是《左傳》傳經的重要依據;"例"的研究,是晚清古文經學不滿杜預《春秋釋例》而新樹義例,以應對公羊學;"事"的研究,是考索周秦兩漢諸典籍徵引《左傳》事例者,直接還擊今文經學"《左傳》係僞書"的論斷。在今文經學的攻擊下,古文經學已突破傳統的疏證形式,形成主題研究的意識。儀徵劉氏家族的《春秋左氏傳舊注疏證》堅持以"禮"明《春秋》之旨,但《疏證》未完,"例"未探討,"事"僅及語詞訓詁,左傳學研究遠未終止。劉師培提出的三個課題,指出了左傳學在今文經學大行其道之時的生存之道。

22. 劉師培《古書疑義舉例補》一卷,江蘇古籍出版社影印劉申叔先生遺書本,1997 年

每半葉 13 行,行 24 字。四周單邊,黑口,單魚尾。

劉師培(1884—1919)著,其《春秋左氏傳時月日古例考》《春秋左氏傳答問》《春秋左氏傳古例詮微》《春秋左氏傳傳例解畧》《春秋左氏傳傳注例畧》《讀左劄記》已著錄。

前有劉師培自序,謂幼讀德清俞樾著《古書疑義舉例》,嘆爲絶作,以爲"載籍之中,奧言隱詞解者紛歧,惟約舉其例,以治群書,庶疑文冰釋,蓋發古今未有之奇也"。劉師培《古書疑義舉例補》仿俞樾之例,補俞書所未備,得數十條。

劉師培《古書疑義舉例補》列舉古書通例,頗有超出俞樾之處。"兩字並列係雙聲疊韻之字而後人分析解之之例""兩字並列均爲表象之詞而後人望文生訓之例""雙聲之字後人誤讀之例",皆關注古代典籍中的雙音節詞語的解釋。"二義相反而一字之中兼具其義之例""舉偏以該全之例""同義之字並用而義分深淺之例""二語相聯字同用別之例""同字同詞異用之例",已仔細分析語詞的義素之間

的聯繫問題。這種分析已初具現代語言學的萌芽。"使用器物之詞同于器物之名例""虛數不可實指之例",皆指向古代漢語語詞的特殊用法。"倒文以成句之例",則指向《左傳》中的特殊句式。

劉師培曾留學日本,劉氏對中國語詞及語法的把握,有外國語言體系作爲參照,故其所歸納的義例,自有其不可替代之處。俞樾、劉師培等人已將《左傳》的詞彙、語法、修辭等作爲研究對象,無疑不把《左傳》視爲僞書。語言現象具有其時代性,據此可以斷定《左傳》的真僞,當時學者尚未進一步將現代語言學方法引入經學研究領域。

23. 1910 年于鬯《香草校書》七卷,中華書局,1984 年

于鬯(1854—1910),字醴尊,號香草,江蘇南匯(今上海南匯)人。一生未仕,精研學問,通文字音韻訓詁之學,與俞樾有過交往。著書二十餘種,刊印行世的有《香草校書》《香草續校書》《香草文鈔》《説文職墨》《讀周禮日記》《讀儀禮日記》《卦氣直日考》《尚書讀異》等。于鬯自視甚高,著《香草校書》,以王引之《經義述聞》、俞樾《群經平議》自況,多訂杜預之失。

襄公十八年《左傳》:"侵費滑、胥靡、獻于、雍梁。""獻于",杜注謂鄭邑,未詳其地,于鬯以"虛"釋之,認爲"'獻于'二字合音爲'虛'字",即成公十七年《左傳》記載的"虛",係晉地。又襄公十九年《左傳》"夫銘,天子令德"句,于鬯用"命""名"訓"銘"。這都是利用音聲通假作訓詁考證。昭公二十五年《左傳》"鸜鵒",杜注以爲雞自鬥,于鬯認爲"鬥"指"雞戲",首引《史記·魯世家》爲證,輔以《吕氏春秋》《淮南子》等文獻。除考證"鬥"的語詞意義之外,還考證"鬥雞"的風俗盛於戰國,而春秋已始有其風,可謂詳細。《香草校書》的考證以繁爲特點,有時過於瑣碎。昭公二十三年《左傳》"使各居一館",考證館於何處,於先儒舊説的細微差異往復討論,無關大義,碎義難逃。

于鬯自許追步俞樾,二者實不能相提並論。俞樾負才使氣,多有臆斷,但可見靈活通轉,于鬯則倚賴漢注,排擊杜注,考訂不厭其細,其優點傳承自乾嘉漢學,其缺點亦離不開乾嘉漢學的影響,所謂成也

蕭何,敗也蕭何。

(四)地理考證

1. 1692 年王夫之《春秋稗疏》,船山全書本,嶽麓書社,2011 年

王夫之(1619—1692)著,其《春秋家説》《春秋世論》已著録。卷尾附録《四庫全書總目提要》《四庫全書簡明目録》《楊樹達省志藝文志初稿》《春秋稗疏編校後記》。

《春秋稗疏》取《春秋》異文、日朔、地理、名字而考證之,地理考證占十之九。如紀履緰,《左傳》作裂繻,考《禮記·內則》鄭注,"裂"爲"鬑",係小囊盛帨巾者,加繻以緣飾之。又《禮記》鄭注,繻是彩色繒,故裂繻字子帛。認爲《春秋》朔日記載不實,《公羊》謂《春秋》朔日"或失之前,或失之後",其説爲是,《穀梁》説不值得信任。

《春秋稗疏》正杜注地理之失。杞,杜預認爲杞國本都陳留雍丘縣,桓公六年,淳于公亡國,杞便遷都淳于。王夫之考證,"雍邱(丘)"與"淳于"兩地,相隔千里,即使淳于公亡國,杞亦未便遷都於千里之外的淳于。王夫之依據《漢書》顏師古注:"雍丘,故杞國也,周武王封禹後東樓公。先春秋時徙魯東北。"入春秋後十七年,淳于亡,而杞國在春秋之前即不在雍丘,已東遷至魯東北(北海)。其後或都淳于,或都緣陵,皆在青州之南境,推測"淳于"大概在安丘、諸城之間,與莒爲鄰,已久離雍丘之故封,其論卓然可信。

《春秋稗疏》亦駁斥前人典制考證之失。前人對春秋時期的丘甲法,多有考證,但終有未妥。若以《漢書》六十四井而旁加一里爲成,一成之田七十二井,一井出一乘,則千乘之賦計地方二百七十里,魯地不待增甲即已足夠。而二百七十里出千乘之賦,與《漢書·刑法志》、馬融《論語》注、朱子《詩集傳》所云三百六十里有異。若一成出七十二步卒,則西周約三千三百萬井,當有三千三百萬人爲兵,雖唐宋兵制亦不足以當其百分之五。而戰國時《司馬法》:"十井爲通,徒二人;通十爲成,成百井,井三百家;革車一乘,徒二十人。"則並無七十二井出七十二人之法,且一井止三家,並非八家。李靖、包

子良等人"掇拾殘闕,強立繁重之法,爲殃民者之口實","佞淹博而重爲不仁之説",爲害極大。至於春秋時期魯國的丘甲法到底是什麽樣,因爲"秦火之後,古制無稽",無法考證。

王夫之又用《公羊》學説駁胡安國《春秋傳》"三望"之説。胡安國説"三望",前後自相矛盾,已用《公羊》之説,謂祭泰山、河、海;後取朱長文之説,謂泰山在魯國境内,是禮所當祭,不在"三望"之内。王夫之認爲朱長文的説法"新巧",是説經之大忌。望,指遥擬其方,望而祭之。魯地三望並非天子四望去其一而得。泰山去曲阜東北百里之外,故遥望而祭。魯國僭天子之郊禮,亦僭天子之望祭,北望祭泰山,東望祭海,西望祭河,此爲《公羊》之説,最爲允當。泰山在魯封内,若祭泰山當至其山麓,魯國望祭泰山實即僭天子之禮。

王夫之徵引史傳等文獻,補正杜注,識見精卓,但因所見文獻有限,亦有錯謬。杜注謂戎狄蠻夷"皆氐羌之别種",范曄《後漢書·西羌傳》以氐羌俱爲西戎之族,王夫之認爲二者皆囿於東夷西戎之説而不通變。王夫之認爲氐乃有扈氏之苗裔,子孫逾隴而西;羌乃三苗姜氏之别種,舜遷之於三危,後漸入内地,居隴蜀間。氐羌居西南,與山東懸隔,未聞氐羌東徙。王夫之否定了杜注和《後漢書》,但是王氏所説有扈氏、舜,皆來自遠古,未涉及魏晉之後夷狄和中原互相交融的史事。王氏考證稍疏,其説仍有待商榷。王夫之又認爲,在春秋初年,屢與魯國會盟的是徐戎。王夫之依據《尚書·費誓》孔傳的説法:"淮浦之夷,徐州之戎,並起爲寇。此戎夷,帝王所羈縻統馭,故錯居九州之内,秦始皇逐出之。"認爲徐戎當在魯東南安東、贛榆之間,而杜注"陳留濟陽縣東南有戎城",則置戎於魯西曹衛之境,今曹縣境内,未聞有戎居此。王夫之所謂"聞"與"未聞",當指披之典籍,見於文獻。王夫之未顧及《尚書》之後的文獻,未見清《一統志》,亦不顧《春秋左傳》自身的例證。清《一統志》云,戎城在曹州府荷澤縣西南,不可云魯西境未有戎。且隱公七年《春秋》"戎伐凡伯于楚丘",學者考證楚丘爲曹地。曹亦有戎,杜注謂楚丘在"濟陰成武縣西南",從情理上講没有問題。

2. 1758 年 江永《春秋地理考實》四卷,清經解本,上海書店,1988 年

每葉分上中下 3 欄,每欄 33 行,行 24 字。四周單邊,白口,單魚尾。

江永(1681—1762)著,其《王朝列國興廢説》《群經補義·春秋》已著録。

卷首有乾隆二十三年(1758)仲夏江永自序,時年七十八。《春秋》《左傳》二百五十餘年,地名千數百個,或同名而異地,或一地而殊名,古今稱謂不同,隸屬沿革不一,有文字語音之訛,有傳聞解説之誤,一一核實,雖博洽通儒猶以爲難事。杜預號稱"武庫",著《春秋土地名》,但過於闕畧,且不無紕繆,後人對春秋地理的考證,參考書籍除漢晋記載之外,搜討古籍的範圍更寬,擴大了資料範圍,考證也更爲詳細。康熙《春秋傳説彙纂》對春秋地名均注明今之所在,指出杜注的乖違,隨時辨析,但搜討難遍,尚有遺漏。學問之事,踵事增華,江永《春秋地理考實》以前代地志著作爲本,參考時人著作,核其虚實,精益求精,多次删削,方成定本。

《春秋地理考實》對每一古地名,均參考《春秋傳説彙纂》,録其今名,時或指出《彙纂》的錯誤。如"蓼"國,《彙纂》沿襲明代的州縣劃分,指其地爲始寧府固始縣,江永指出固始縣在清代屬河南光州。"六"國,《彙纂》注古"六"國在江南廬州府六安州,江永指出六安州在清代屬直隸州。又"壺丘",《春秋傳説彙纂》認爲在"開封府陳州南境",江永據《水經注》,指出壺丘在新蔡縣故城東南,屬汝寧府,不在陳州。《春秋地理考實》對《春秋傳説彙纂》的注釋特別重視,主要原因即在於它流播範圍很廣。從江永的糾謬可以看到,《春秋傳説彙纂》沿用了明代的行政劃分,鈔録了明《一統志》而不加改動,致稱名與清代實際不符。

《春秋地理考實》對古邾國的考證頗詳。邾,即清代鄒縣,《公羊傳》又稱"邾婁"。戴侗《六書故》謂婁,邾之餘聲,春秋時邾用夷言,多用兩言爲一言,謂之"邾婁",合"邾婁"之音爲"鄒",故"邾"改名"鄒"。江永引《輿地廣紀》:"淄州鄒平縣,古鄒國;兗州鄒縣,邾文公

所遷邑。"鄒平縣屬濟南府,鄒平縣的鄒國和改遷鄒縣的邾國是兩個國家。又引《水經》:"漯水逕鄒平縣故城北。"注云:"有鄒侯國,舜後,姚姓也。"亦可知鄒平縣的鄒國並非邾國。通過古文獻典籍,糾正了將"邾"等同於古"鄒國"的錯誤。

《春秋地理考實》除了利用文獻,還運用音韻學知識辨別地名的來源。如茅戎,《春秋傳説彙纂》利用《水經注》《括地志》等文獻,指出大陽縣、平陸縣等地皆茅戎舊地。江永則據《公羊》《穀梁》和《史記》,三者俱作"貿戎",茅和貿,古音接近;文公三年的茅津,也是茅戎之地,並進一步考證茅津的歷史沿革,可謂詳悉。

《春秋地理考實》相信史實,不輕信文獻。如"鞌"地,《春秋傳説彙纂》似用《穀梁傳》義,以爲去齊五百里,杜佑《通典》謂在平陰縣東。平陰縣去臨淄五百里,此説與《穀梁傳》相合。然而從《左傳》記載的史事出發,戰爭起於鞌,到齊人敗績,三周華不注,發生在一日之間,華不注山若去平陰二百三十里,不可能一奔而遽止。故作者認爲去齊五百里之説不可取,而採用清代地方志的説法,鞌即古之"歷下"。

3. 1826 年范士齡《左傳釋地》三卷,《續修四庫全書》影印中國科學院圖書館藏清道光六年(1826)刻本

每半葉 10 行,行 20 字,小字雙行,同。左右雙邊,黑口,雙魚尾。卷首有道光六年范士齡自序,並附《春秋地理圖》。

范士齡,初名人炳,江蘇寶應人。此爲坐館時所作,爲普及讀物。自序稱今人可以甄數《左傳》《國語》世系,縱談輿圖,但對《左傳》全傳地理卻不獲於心。作者坐館於遵義,"訪星宿於張騫,尋桃源於漁父,考核視往年較晰,兼向坊友假地里書鈔閲"(自序),大有握天下圖籍,而神遊九州之感。但自古輿地難於注釋,更何況《左傳》"地域千條,陵谷變遷,城郭隤徙",刻舟而求,必多舛誤。范氏認識到從文獻上求地理的弱病,但是無力突破,反而以司馬遷亦未至"三山五城十二樓"爲安慰。

《左傳釋地》以十二公爲序,將傳中地名一一標出,簡明注釋,一

般不注出處。亦有十二公及某些人名的簡單訓釋。卷首自行繪圖,名爲《春秋地理圖》,較俗本《東坡指掌圖》多了一些地名,於道光六年完成,自稱"繪者頗難位置",地理圖"寬窄不無稍疏,而大致星羅碁佈"。

4. 1831 年沈欽韓《春秋左氏傳地名補注》十二卷,《叢書集成新編》據功順堂叢書本排印

每葉 15 行,行 40 字,小字雙行,同。

沈欽韓(1775—1831)著,其《春秋左氏傳補注》已著錄。

《春秋左氏傳地名補注》於春秋地理的考證最爲詳細,凡《左傳》中出現的地名,都一一詳考之,指出今之地點,皆言之有據。沈欽韓引用近代地理書籍,如《大清一統志》《方輿紀要》及各地地方志等文獻,明古今地名之變遷。又多方徵引古籍文獻,詳考地理,正杜預之失,引用《水經注》尤多。地名的訂正,對經義有益。如隱公元年《左傳》"至于廩延",杜注錯誤地認爲廩延在酸棗縣之延津。按《水經注》:"河水又東,(右)逕滑臺城北,……城即故鄭廩延(邑)也。"沈氏據此認爲廩延即清滑縣,在唐爲滑州,漢晉之時爲白馬縣,杜預謂酸棗縣延津,誤。據《元和郡縣志》,滑州西南至鄭州三百里,共叔段"所侵之界如此",其勢力之強大可以從地理推知。

《春秋左氏傳地名補注》:"城潁。《水經注》:(洧)水南有鄭莊公望母臺。《史記正義》:疑許州臨潁縣是也。"沈氏兼引《水經注》和《史記正義》文獻,似乎拼合二者,認爲城潁在洧水南。但這個推斷是錯誤的。《水經注》"(洧)水南"並非指城潁,而是指洧水邊的洧川。洧川和臨潁一在北,一在南,相隔百餘里。據杜注,城潁在臨潁縣,不在洧水南。《水經注》"水南"實指鄭莊公望母臺所在地,並非鄭莊公囚禁姜氏所在地城潁。《水經注》追蹤河流的走向與城市的佈局,必不能將陸地百里之外的城潁描述爲"(洧)水南"。城潁在潁水邊,與洧川遙遙相望,南北懸隔。姜氏囚禁在城潁,鄭莊公在洧川築望母臺,取南北相望的意思。《水經注》:"(洧)水南有鄭莊公望母臺。……莊公居夫人於城潁,誓曰:'不及黃泉,無相見也。'故成臺

以望母，用伸在心之思。"很明顯，洧川是望母之地。姜氏不在洧川，方有望母之説，不得將洧川認作是城潁。

《水經注》説南朝時洧水邊有"鄭莊公望母臺"，隨着時間的推移，人們感念鄭莊公對母親的心意，讓鄭莊公在望母臺這個地方與母親相會。古洧川，在現今河南長葛縣境内，據傳有鄭莊公會母之地。這顯然這是將望母臺附會成會母之地了。而這個附會，早自明代的民間即已存在，並被馮夢龍寫進《新列國志》。馮夢龍特意設置了一個情節，將姜氏從城潁轉移到洧川牛脾山下，讓鄭莊公母子在事先挖好的地道中相會，這樣才與母子相會在洧川牛脾山的傳説相合。清代學者陳厚耀《春秋戰國異辭》亦引用《水經注》洧川望母臺一段，謂洧川有鄭莊公會母之地。陳厚耀、沈欽韓都從《水經注》發現了鄭莊公望母臺的故事，沈欽韓錯把鄭莊公望母臺與囚母之地混淆在一起，陳厚耀將望母臺與鄭莊公會母之地混淆在一起。

5. 1850 年易本烺《春秋楚地答問》一卷，《叢書集成新編》據湖北叢書本排印

每葉 15 行，行 40 字，小字雙行，同。

易本烺（1805—1872），字眉孫，湖北京山人。道光十五年（1835）舉人。另著《一粟齋文鈔》《雲杜故事》等書。

春秋時，楚國吞滅漢陽諸姬和漢東諸國，問鼎中原，其土地範圍擴展至淮河、汝水之間。易本烺《春秋楚地答問》簡述被楚所滅各中原小國的地理範圍，隨、鄖、息等小國興滅時間，楚國國君若敖之名的得來，楚最初封地及都城的遷移，楚境内豫章、方城等地的地域範圍。《春秋楚地答問》對每一地域發生的歷史史事一一道來，對考察春秋時期江漢流域諸小國的歷史地理有益。

易本烺《春秋楚地答問》多採用杜注、顧棟高《春秋大事表》的地理訓釋。易本烺本楚地人，熟悉楚地疆域，在吸收前人舊注的基礎上，能更爲清晰地辨識楚地地名及地域。如"方城"，杜注以之爲山名，"在南陽葉縣南，以言竟土之遠"。易氏進一步考證與方城有關的地名"方城外"："蓋依此山（指方城）爲城，爲楚北境門户也。葉又

在方城北,與許、陳、蔡接,東抵淮、潁,通名曰'方城外'。""方城外"實即楚"葉城",依方城山而建,在方城以北。易本烺悉舉《左傳》所載與方城外有關的史證共七例,以證"方城外"的存在,可以補《左傳》地理之闕失。

《春秋楚地答問》以杜注爲基礎,認爲楚"若敖"本是地名,楚國先君所葬地,而後遂以爲氏。據《水經注》《漢書·地理志》,大膽推測"若敖"之名,合一地一水之名而來。地爲鄀,水爲敖水,合爲"若敖",可備一說。

6. 1864 年丁壽徵《春秋異地同名攷》一卷,《續修四庫全書》影印清光緒十三年(1887)南清河王氏鉛印小方壺齋叢書本

每半葉 13 行,行 27 字,小字雙行,同。四周雙邊,白口,單魚尾。卷尾有光緒丁亥(十三年)秋八月王錫祺跋:"輿地爲專門名家之學,必窮原竟委,核古準今,方不致模糊影響。此卷詳覈精當,雖不能與百詩之《四書釋地》、申者(當爲申耆,李兆洛)之《地理韻編》相頡頏,然較之程氏《春秋地名辨異》、沈氏《春秋左傳土地名》,蓋有過之無不及矣。"認爲丁壽徵和閻若璩、李兆洛一樣在地理學上用力,從事專門之學。

丁壽徵(1816—1864),字子靜,江蘇山陽(今淮安)人。優貢生。少訥於言,讀書成誦。曾國藩爲禮部侍郎時,特加拔異,官教習,俸滿以知縣候選,值親喪,未赴。曾國藩主金陵書局,招丁壽徵前往,未就。同治三年(1864)仲冬應鄉試,暴卒。深於經史,精小學,廉靜自守,未嘗以貧故干人。

該書將同名異地的地名作一彙總,逐一指出其出處及現今所在地,多引杜注、顧炎武、江永及顧棟高等人的傳注。該書有類輯性質,便於查閱。相較清初程廷祚《春秋地名辨異》(收入程氏《春秋識小錄》)、沈淑《春秋左傳分國土地名》等著作,體例和內容皆有較大改進。

（五）《左傳》古經及《春秋》異文考釋

1. 1713 毛奇齡《春秋簡書刊誤》二卷，清經解本，上海書店，1988 年

每葉分上中下 3 欄，每欄 33 行，行 24 字。四周單邊，白口，單魚尾。卷首有毛奇齡自序。

毛奇齡（1623—1713）著，其《春秋毛氏傳》《春秋條貫》已著錄。

毛奇齡曾作《春秋毛氏傳》，其經文依據胡安國《春秋傳》，每一條經文之下，標示《春秋》三傳異文。毛氏頗以爲悔，著《春秋簡書刊誤》，則依《左傳》經文立條目，考辨《春秋》三傳異文。

《漢書·藝文志》"《春秋》古經十二篇"不知亡於何時，毛氏以《左傳》經文接近古文原貌，故依《左傳》經文立條目，將《公》《穀》異文列於下。《左傳》記載，紀子帛，字裂繻。毛氏引《説文解字》徐注，謂"繻"與"帛"俱是繒，繻是傳符之帛，又引《漢書》謂出關，必書帛爲符，裂而分之，曰裂繻。故紀子帛字裂繻，而《公》《穀》記爲"紀子伯"，是錯誤的。毛氏的文獻論證頗爲可信，但文獻徵引的格式尚不規範，考證語言亦嫌散慢。

毛氏以《左傳》經文爲本，則《公》《穀》經多誤字，而《公羊》所録多方言俚詞，尤非經文之舊。將《公》《穀》經文之誤歸結爲不見《左傳》的書策，沒有明白《公羊》《穀梁》口說流傳的特點。又對《公羊》經傳中的方言俗語，持排斥態度，尚未從音韻學的角度展開《春秋》三傳異文的研究。《公羊》《穀梁》與《左傳》人名地名之異，朱熹以爲無關經義，毛氏記"未可考"，可見考證尚未精審。

2. 1803 年李調元《春秋三傳比》二卷，《叢書集成新編》據函海本排印

每葉 15 行，行 40 字。

李調元（1734—1803）著，其《左傳官名考》《春秋左傳會要》已著録。

《春秋三傳比》將三傳異同並列,而未加考訂,不加論斷。以《左傳》的經文與傳文立目,《公羊》《穀梁》異文及傳文列於下。《春秋三傳比》和《左傳官職考》一樣,處於資料蒐輯階段,提醒人們注重實學,而具體研究則待後人。

3. 1810 年 段玉裁《春秋左氏古經》十二卷,附一卷,《續修四庫全書》影印復旦大學圖書館藏清道光元年(1821)刻經韻樓本

每半葉9行,行22字。左右雙邊,白口,單魚尾。牌記題"金壇段氏遺書"。卷首有段玉裁嘉慶十六年(1811)辛未八月朔日《春秋左傳古經題辭》,卷尾附《春秋左氏傳五十凡》,錄《左傳》五十凡,用唐石經加以校勘。《春秋左氏古經》成於嘉慶十五年,段玉裁時年七十六歲。

段玉裁(1735—1815)著,其《經韻樓集》已著錄。

《春秋左氏古經》列《左傳》經文前,《公》《穀》經異文於後,以示兼收今古文。分十二卷,以合《漢書·藝文志》記載"古經十二篇"之數,共一萬六千五百餘字。段氏蒐輯的《春秋》異文,有唐石經、宋本,也有今本、俗本,還有《經傳釋文》及散見於讀書筆記的《春秋》異文,涉獵廣博。

《春秋左氏古經》陳列三家異文,三家之異一般不作解釋。如隱公三年《左傳》經文:"君氏卒。"《公》《穀》經文皆作"尹"。一字之異,三傳立意完全不同,不解釋,則問題沒有解決。隱公八年《春秋》"公及莒人盟于浮來",浮,《公》《穀》皆作包。浮和包是語音上的接近,以段玉裁的音韻學知識,不會不知道二者之間的關係。桓公三年《春秋》:"秋七月壬辰朔,日有食之,既。"《穀梁》俗本作"壬申"。《左傳》和《穀梁》對於日食的記錄時間完全不同,段氏卻沒有進一步考證《春秋》日食。段氏《春秋左氏古經》確如他所說"不敢蔓衍",恐怕因爲年事已高,段氏僅提出了《春秋》三傳異文的課題,但未解決這些問題。

段氏《春秋左氏古經》對《春秋》異文時或加以簡單考證。如桓公六年《左傳》經文:"公會紀侯于成。"經考證,明確是"紀侯",而非

《穀梁音義》所云"《左》作杞"。桓公十七年《春秋》"五月丙午,及齊師戰于奚",引唐石經、宋淳化本、《中庸正義》,考證《左傳》《公羊》經文,"五月"上皆無"夏"字,《穀梁》石經有"夏"字,誤。此條考證之後,補以"視朔"的義例:"若登臺而不視朔,則書時不書月。若視朔而不登臺,則書月不書時。若雖無事,視朔登臺,則空書時月。漢人義例如此,今之學者其可鹵莽而忽諸?"敷講視朔的日月例,主張用義例作校勘,但和前文的考證無甚關聯,疑爲錯簡。

段氏時或以《公》《穀》逕改《左傳》經文。《左傳》諸本有而《公》《穀》無,則改《左傳》經文,以從《公》《穀》;《左傳》無而《公》《穀》皆有,則改《左傳》經文,以從《公》《穀》。如《春秋左氏古經》桓公十八年"公夫人姜氏遂如齊",段氏所見《左傳》諸本,經文作"公與夫人姜氏遂如齊"。段注:各本"公"下有"與"字,《公》《穀》皆無。《公羊傳》云:"公何以不言'及夫人'?夫人外也。"《穀梁傳》云:"濼之會不言'及夫人',何也?以夫人之伉也。"《公羊》《穀梁》都無"與"字,《左傳》有"與"字,段氏疑俗增之,故逕刪《左傳》經文"與"字。

《春秋左氏古經》文公十五年:"秋,齊人侵我西鄙。"段氏所見《左傳》諸本,經文無"秋"字。段注:宋本有"秋"字,《公》《穀》經不誤。於是據宋本和《公羊》《穀梁》,逕改《左傳》經文。又《春秋左氏古經》宣公五年"秋九月,齊高固來逆子叔姬",段氏所見各本《左傳》經文本無"子"字,段注:《傳》無"子"字者,省文也。《公》《穀》"叔姬"上皆有"子"字,段氏以《左傳》經文從《公羊》《穀梁》,逕在《左傳》經文上增"子"字。

4. 1811年張漪《春秋經異》十二卷,清嘉慶十九年(1814)惜陰書屋刻本

《小窗遺稿》四種之一。每半葉10行,行22字。四周雙邊,白口,單魚尾。《小窗遺稿》卷首有嘉慶十七年壬申秋日彭浚《叙》、卷尾有《春秋經異補遺》二則、《春秋經異刊誤》三則、嘉慶十九年甲戌春跋。

張漪(?—1811),字綠邨,直隸(今河北)懷來縣學附生。其著

書,取多個版本校勘,或異或同,備一己之記問,亦可資學人參考。著《詩傳題辭故》四卷補一卷、《春秋經異》十二卷、《論語異文集覽》四卷、《時藝》四卷,皆入《小窗遺稿》。

《春秋經異》以《公羊傳》經文作底本,分十二公爲十二卷,並不全錄《春秋》經文,只取《春秋》三傳與胡安國《春秋傳》經文相異者,置《公羊》經文於上,《穀梁》《左傳》、胡氏《春秋傳》異文附於下,不作辨析,每卷後作評語,稍作辨析。之所以將《公羊傳》經文作爲底本,是因爲何休注《公羊》早於范甯注《穀梁》、杜預注《左傳》、胡安國作《春秋傳》,以時間先後排序。後跋指出,胡安國《春秋傳》的經文取自《春秋》三傳,但有八處經文非《公》非《穀》非《左》,出處不詳:"文公二年三月乙巳,及晉處父盟;成十有六年秋會沙隨叙諸侯;襄十有二年春王正(當爲三)月莒人伐我東鄙;十有七年春王二月庚午,邾婁子瞷卒、秋齊侯伐我北鄙;昭七年叔孫舍如齊涖盟;二十有二年,大蒐于昌姦;二十三年春王正月,叔孫舍如晉。"從以上八處看,今所見宋元本胡安國《春秋傳》不見"會沙隨叙諸侯""邾婁子瞷卒"等經文,"邾婁子瞷卒""大蒐于昌姦"亦非胡氏《春秋傳》經文,實爲《公羊傳》經文。跋者所用版本不可知,其學術水準亦未見高。

《春秋經異》時或指出"異文"致誤之由,但不得要領。隱公九年春,天王使南季來聘,《左傳》經書"天王",一本作"天子",誤。張氏檢汲古閣毛氏繡本,經文作"天子",無傳,杜無注,故認爲書"天子"是毛氏繡本之誤,並非異文。似乎認爲《春秋》不當書"天子"而當書"天王",這樣的理由是站不住腳的。所謂毛氏繡本,即毛氏汲古閣本。

卷尾《春秋經異刊誤》補充三條異文。謂襄公二年夏五月庚寅、六月庚寅,不容連續兩個月俱有庚寅,然而《公》《左》、胡安國《春秋傳》作六月庚辰,張漪所用底本當有誤。定公七年,《公》《穀》、胡安國《春秋傳》有冬十月,《左傳》本亦有,毛氏繡本無。考《公羊》經文,昭公十年無"冬",何休注謂缺冬以示貶。毛氏繡本無"冬"字,當誤。這是用昭公十年的書法定定公七年的文字,殊爲無稽。

後世《春秋》無單行本,但《左傳》成書於先秦,《公羊》先以口説流傳，漢代方著於竹帛。從文本上看，《左傳》經文較《公羊》經文更早。如卷尾跋文所示，以傳注的先後，定《春秋》經文的時間先後，以爲《公羊傳》經文早於《左傳》的經文，顯然是錯誤的。

5. 1813年李富孫《春秋三傳異文釋》十二卷，《續修四庫全書》影印清道光蔣氏刻別下齋叢書本

每半葉11行，行21字。左右雙邊，黑口，版心題"別下齋校本"。卷首有嘉慶十八年（1813）李富孫自序、卷尾有道光壬辰（十二年，1832）蔣光煦跋。

李富孫（1764—1844），字薌沚，又字既汸，浙江嘉興人。曾從盧文弨、錢大昕、王昶、孫星衍等人學，阮元撫浙時，肄業於詁經精舍。嘉慶六年（1801）拔貢。著《七經異文釋》五十卷、《説文辨字正俗》八卷、《漢魏六朝墓銘纂例》四卷、《鶴徵前後録》二十卷等十四種，彙刊爲《校經廎全書》。深究文字音韻之學，著《七經異文釋》，足以補陸德明《經典釋文》之闕，《春秋三傳異文釋》即其中一種。又著《春秋三傳考覆》，辨異同而定得失，羽翼經傳。

李富孫序講明《春秋》三傳異文的來源："《左氏》先箸竹帛，《公》《穀》先緜口授，後箸竹帛，所說不能盡同。《公羊》箸於漢景之時，《穀梁》顯於漢宣之代，歷世既久，安能無展轉傳寫之誤？其間方俗異言，音聲易淆，而文字因隨目變。經師授受，家灋各殊，故三傳之文冣爲錯雜。"《春秋三傳異文釋》廣輯經史傳注、諸子百家所引，以及漢唐宋石經、宋元刻本，校《春秋》及三傳文字異同，或字形有古今之異，或音聲相近通假，或沿襲乖舛而致誤，一一分析證明，兼引前儒之説，正其訛謬。

《春秋三傳異文釋》十二卷，其中《春秋左氏傳》十卷、《公羊經傳》一卷、《穀梁經傳》一卷。《春秋左氏傳》列《左傳》經文，附《公》《穀》經之異文於下，又列《左傳》傳文，附《左傳》異文於下，分析辨明異文產生的原因。李富孫從形、音兩方面，解釋《春秋》三傳異文，尤以語音的轉讀爲多。作者重在解釋導致差異形成的語音轉變及字形訛變的原因，而不在差異之間立高下取捨，所以能保持客觀的學術

立場,避免了在取捨之間以義理相爭的主觀臆斷。

隱公元年《左傳》"邾儀父",《公羊》作"邾婁儀父",李氏云:"《釋文》:'婁,邾人語聲,後曰婁,故曰邾婁。'蓋方言有語聲在耑者,句吳、於越是也,有語聲在後者,邾婁是也。"將詞義的方言變化及其語法特徵簡要地提示出來。又如桓公十三年《左傳》"使賴人追之,不及",《漢書·五行志》作"弗及",作者遍引《左傳》"弗"字的用例,說明"不"爲一時偶見,"弗""不"古通用,皆唇音,有輕重之異;《左傳》中"不"尚存有一二,後代文獻典籍中"不"全被"弗"代替。作者又徵引錢大昕"古讀'弗'如'不'"、《廣韻》"不與弗同,分勿切"、《說文》"吳謂之不律,燕謂之弗,秦謂之筆"等例證,不僅解釋了古音通假,而且說明了語音演變的共時性特徵(地域特徵)及語音演變的歷時性特徵。

對於一直懸而未決的《春秋》異文,《春秋三傳異文釋》亦有較爲有力的裁斷。如隱公三年《左傳》經文:君氏卒。《公》《穀》皆作"尹氏"。不管是君氏,還是尹氏,其書法僅此一見,且均無傳,故一個聲稱"君氏"指君夫人,即聲子;一稱尹氏,是天子之大夫,這兩個觀點互不相容,不分高下。李富孫指出"君"和"尹"聲音相近。《荀子·大畧》"堯學于君疇",而《漢書·古今人表》作"尹壽","君"和"尹"是一聲之轉,故各據師傳之本而言之。明此道理,讀者便無需在"君氏"和"尹氏"之間強辯,至於本事,因史實闕畧,已無從得知。定公三年《左傳》經文"盟于拔",《公》《穀》作"枝"。李富孫引《荀子》注、《論語》孔注,皆有"拔"作"枝"的例子,由此推斷"拔"與"枝"以形近而淆,可備一說。若《春秋》異文超乎語音、字形之外,作者則以來源不同解釋。如桓公十七年《春秋》經文"公會邾儀父,盟于趡",《公》《穀》作"公及",李富孫認爲"是三家各因所聞而書也",未在義理方面大事糾纏。

是書爲《春秋》三傳異文研究的集大成之作,無論在篇幅、方法及所取得的成就上都超過了以往,是顧炎武所謂"考文自知音始"的典型之作。但其古音的考證仍有粗疏之處,如"於越"有時寫作"于越",作者認爲"於""于"古音通,而在表語音前綴之時,以"於越"爲正。"於""于"古音並不相通,"于"云母虞韻,"於"影母魚韻,"於越"寫成"于越",當是後人將"於"替換成"于"的結果。

6. 1821年焦廷琥《三傳經文辨異》四卷,《叢書集成續編》影印清鈔本

每半葉11行,行24字。四周單邊,白口。

焦廷琥(1781—1821),字虎玉,江蘇甘泉(今江都)人,學者焦循之子。優貢生。幼承家學,學通經史,精曆算,兼工詩文,曾隨父入阮元揚州幕。著《密梅花館詩文鈔》《讀書小記》《讀詩小牘》《尚書伸孔篇》《冕服考》《地圖說》《焦里堂事畧》等書。

《三傳經文辨異》列《左傳》經文於前,附《公》《穀》異文於下。《左傳》"裂繻",《公》《穀》作履緰。裂、履爲一音之轉。申繻,《管子》作"申俞",《爾雅·釋文》"渝",舍人本作"繻",《方言》注云:"繻字,亦作褕。""繻"與"俞""渝"同音,則"繻"亦與"俞""褕"同音,多方輾轉,求得"繻"與"俞"意義上的聯繫。《公羊》經"會鄭伯于時來",《左傳》《穀梁》皆作"祁黎"。"時",訓爲"是",《禮記·緇衣》鄭注:"祁之言是也。"故"時"與"祁"音同;"來"與"黎"中間,則以"鼇"爲中介,多方論證,求得"來"與"黎"同音。《左傳》經"公會齊侯于防",《公》《穀》作"邴","防"與"邴"兩字同音,亦有諸多考證。焦廷琥的音訓詳引文獻,輾轉互通,識見不凡。但過於繁瑣,很難有一語中的斬截痛快。

7. 1829年趙坦《春秋異文箋》十一卷附一卷,道光九年(1829)廣東學海堂刻清經解本

每半葉11行,行24字。左右雙邊,白口,單魚尾。

趙坦(1765—1828),字寬夫,浙江仁和(今杭州)人。詁經精舍高才生,深得阮元、王昶、孫星衍等人賞識,無意仕進。道光元年舉孝廉方正。研究漢唐注疏,尤好古金石文字。另著《周易鄭注引義》《石經考續》《保甓齋文錄》《寶甓齋札記》若干卷。辨識聲形,援據金石文字,頗爲精審。

《春秋異文箋》將三傳經文中的異文逐一辨析，再定是非。列《左傳》經傳於前，《公羊》《穀梁》經傳之異文依次列於後，其後下按語以表達己意，列舉證據説明之。案語與引證分隔開來，易於觀覽。趙坦《春秋異文箋》異文的分析與李富孫《春秋三傳異文釋》時有重合，但趙坦引證更多，且更善於使用鐘鼎銘文。如紀子帛，字裂繻，《公羊》作"紀子伯"。"帛"與"伯"古音相通，除了徵引《史記》《墨子》的例證之外，趙坦徵引了《積古齋鐘鼎彝器款識》周帛女鬲銘"帛女作齊鬲"，"帛女"即"伯女"。

趙坦認爲服虔注《春秋》雖本於鄭玄，卻與鄭玄相違，常以《公羊》《穀梁》爲是。故《春秋異文釋》堅持古文經學的立場，排斥並反對《公羊》《穀梁》。此書意在辨《春秋》三傳經文之"正"，殊不知三傳來源有異，因爲語音、傳寫等方面的訛變，存在經文版本的異同，兼三傳流傳古遠，自古以來經文便不一一對應，不可簡單以"正"與"不正"看待。遇到異文，趙坦大多以《左傳》爲正，《公羊》《穀梁》爲訛。如定公十年《左傳》經文："宋公之弟辰暨仲佗、石彄出奔陳。"《公羊》《穀梁》經文："宋公之弟辰暨宋仲佗、石彄出奔陳。"較《左傳》多一"宋"字，何休據以論説，趙坦案："《公》《穀》衍'宋'字，何劭公亦曲爲之説。"趙坦不喜《公》《穀》在"宋"字之上曲爲之説，逕直將"宋"看作衍文，則是視《左傳》經文爲標準版本，即正本。

以《左傳》爲正本，認爲它產生在前，多古字古音，以之正《公》《穀》"訛字"，此亦是認識上的錯誤。如昭公三十一年《左傳》《穀梁》經文"冬黑肱以濫來奔"，《公羊》"冬黑弓以濫來奔"，作者認爲古無"弓"，而"肱"是古字，"肱""弓"音近，《公羊》遂將古字"肱"訛變爲"弓"。事實上，《説文解字》收録"弓"，但未收録"肱"，"弓"是古字，而"肱"不是古字。作者的例證反而證明"弓"爲古字，而"肱"是後人所改。《儀禮》"侯道五十弓"鄭注："今文改'弓'爲'肱'也。"此爲後人改"弓"爲"肱"之證。又《漢書·儒林傳》："子庸授江東馯臂子弓。"此人名中保留古字"弓"，諧音"肱"，與"臂"相應。趙坦強説古無"弓"字，犯了常識性的錯誤。《漢書·藝文志》云《左傳》多古字古音，但今所傳本，大抵因爲經過古文隸化的緣故，正如錢大昕所説,《左傳》古字反不如《公》《穀》多。

《春秋異文箋》在遇到異文致義理之異時,以義理決定文字的取捨。趙坦以《左傳》之字爲正,義理爲非,《公羊》《穀梁》之字爲非,而義理爲正。昭公九年《左傳》經文:"夏四月陳災。"《公羊》《穀梁》書"夏四月陳火",趙坦斷言,當取《左傳》經,作"災",《公》《穀》訛作"火",是因爲"災"字有殘脱。字取《左傳》,而義則取《公》《穀》。《左傳》杜注言陳只是個地名,不再是個國家,陳是災害發生地,"陳災"無特別深意。而《穀梁傳》指出國曰災,邑曰火,這是《春秋》書法。同時,《公羊》《穀梁》都認爲陳國已滅,書陳火即憫陳而存之。據此可知此處《春秋》微言大義,即不與楚國滅陳。趙坦讚同今文經學的書法及義理,不支持杜注無褒貶的説法。趙坦看待《春秋》異文,不僅僅有文字之異,還有語言文字之外的義理深求。

《春秋異文箋》附録唐陸淳《春秋集傳纂例》中的《三傳經文差謬畧》,録其原文,而以《經典釋文》、唐石經校之,畧作箋釋,有語言、文字上的疏通,而無義理的干預,保持了客觀中立的立場。

8. 1837 年侯康《春秋古經説》二卷,《叢書集成新編》據粵雅堂叢書本排印

每葉 15 行,行 40 字,小字雙行,同。卷首有自序、卷尾有道光庚戌(三十年,1850)伍崇曜跋。

侯康(1798—1837),原名廷楷,字君模,廣東番禺(今廣州)人,祖籍江蘇無錫。道光十五年舉人,湛深經史之學,兼工文筆。好《左傳》,欲著書以申杜注,未成。治《穀梁傳》,考其涉於禮者,爲《穀梁禮證》。另有《後漢書補注續》、《三國志補注續》等著作。

《漢書·藝文志》所載古經十二篇即《左傳》之經。清代學者較早考訂《左傳》古經文的是毛奇齡《春秋簡書刊誤》、段玉裁《春秋左氏古經》。毛氏遇《公羊》《穀梁》的經文有方言,云《左傳》勝於《公》《穀》的俚俗,在遇到《春秋》異文,無所適從時,尚云"不可考"。段氏在《春秋》異文的取捨中,以《公羊》《穀梁》的義理爲權衡。侯康《春秋古經説》採用客觀的研究方法,發掘《左傳》經文的原貌,於隱

微處現條理,超越前此二家。

侯康看到了三傳經文存在古今字、異體字的差異,這只是字體在時間和空間上的訛變,不牽涉意義,不復多論,前人破三傳經文的通假字爲多,亦不復多論,所論多在《公羊》的誤讀與誤寫。三傳之中,侯氏認爲,《穀梁》出現較先,其誤尚寡,而《公羊》最晚出,口授的時間更長,文字訛誤更多。宋元諸儒,避實就虛,捨古經而用《公羊》《穀梁》,故《春秋》古字古言不盡可見。侯康對《公羊》《穀梁》先後成書的認識頗異於常人,《公羊》經文是否訛變最多,尚可商榷。《公羊》《穀梁》常一字褒貶,一字之異致意義大變,侯康《春秋古經說》首先破除《公羊》《穀梁》文字之誤,在此基礎之上破《公羊》《穀梁》說經之誤,從而恢復《春秋》古經說的原貌。侯康《春秋古經說》肯定《左傳》經文,認爲《左傳》經文即《春秋》古經。

邾又稱邾婁,越又稱於越,義可兩通,無關體要。《公羊》及《穀梁》注疏皆爲"於越"橫生義例,其實這只是史家異辭而已。《左傳》曰"君氏卒",而《公》《穀》曰"尹氏卒",作者指出春秋時常以半字代整體,"君氏"用其半,即"尹氏":"蓋經本作君氏,後字脫其半而成尹,如《戰國策》以趙氏爲肖,以齊爲立;《周禮·司几筵》'其柏席用萑',注:'元謂柏椰,字磨滅之餘。'君之爲尹,正所謂磨滅之餘也。昭二十年《傳》'棠君尚謂其弟員曰',《釋文》'君或作尹',亦其例。"侯康從《左傳》自身尋找例證,亦在年代相近的文獻資料中尋找例證,"尹爲君之半"的說法可備一說。

侯康常發明古書通例,在《春秋》異文中取捨。如《左傳》經文"齊人伐戎",《穀梁》經文作"伐我",毛奇齡《春秋簡書刊誤》云不可考。作者總結《春秋》經書"伐我"的通例,又引文獻論證,分析史事,證明此處當爲"伐戎",而非"伐我"。文公十一年《春秋》"叔仲彭生會晉郤缺于承匡",《公》《穀》經文無"仲"字,陸德明《左傳釋文》以"仲"爲衍文,不確。侯康總結出通例:"凡《左傳》稱叔仲氏,皆二字連文,古經亦然。"《水經注》徵引即有"仲"字。侯康由是批評《漢書·五行志》《經典釋文》引作"叔彭生",是受公羊家董仲舒、穀梁家劉向的影響造成。其實,唐石經、宋本亦無"仲"字。

9. 1848 年臧壽恭《春秋左氏古義》六卷,《叢書集成新編》據滂喜齋叢書本排印

每葉 15 行,行 40 字。卷首有道光戊申(二十八年,1848)卞斌序、同治甲戌(十三年,1874)潘祖蔭序,卷尾有同治癸酉(十二年)楊峴跋。

臧壽恭(1788—1846),字眉卿,初名耀,號梅溪,浙江長興人。嘉慶十二年(1807)舉人,屢試禮闈不售,鍵戶著述。精小學,旁通天文、句股之學。本有《左氏春秋經古義》,及《左氏傳古義》,後者全佚,前者缺昭公二十三年以下,學生楊峴補足,即是書。另著《春秋閏朔表》《句股六術衍》等書。

所謂"春秋左氏古義",即以《左傳》所載《春秋》文字爲本,分析《春秋》經文的最古字形及最古意義。置《左傳》經文於前,列《公》《穀》經文之異於《左傳》經文之下。乾嘉學者倚賴漢儒舊注,認爲漢儒古訓最接近《春秋》古義。採漢代賈逵、服虔、鄭衆、許慎之注,參考諸書,以明《春秋》經文古字、古義。

《春秋左氏古義》爲辨析《春秋》異文而作。作者辨別三傳經文之異,署加按語,指出三傳傳聞不同,致字形有異,或指出訛變痕跡,多係同音通假。《左傳》曰"杵臼",《公羊》作"處臼",二字爲同音假借字;"紀子帛莒子盟于密",則以爲三傳之説不同,不必強求通貫。作者指出,《左傳》經文,今本亦有失真,並非"古字"。如僖公九年《左傳》經文:"晉侯詭諸卒。"臧壽恭據《經典釋文》、唐石經,指出"詭"當作"佹";僖公十四年《左傳》經文"季姬及鄫子遇于防",據《經典釋文》、《國語》韋昭注、《漢書·地理志》與《漢書·郡國志》,"鄫"當作"繒"。

臧壽恭《春秋左氏古義》指出漢代儒者説經不分今古的特色。漢代賈服許穎諸家,"各爲詁訓,然雜取《公羊》《穀梁》以釋《左氏》"。《春秋左氏古義》指出《左傳》古義時與《公羊》《穀梁》相通,如莊公元年《左傳》:"築王姬之館于外,爲外,禮也。"此義與《公羊》《穀梁》"不念母"、復讎之義相通,魯不可與讎敵齊結爲婚姻。漢儒"溺於二傳,橫爲《左氏》造日月褒貶之例",謂《春秋》三傳"苟有異

文,莫不著義"。臧氏對漢儒日月之例及一字襃貶的治經方法不予讚同。他雖看到漢儒雜取《公》《穀》,但不認同漢儒雜取《公》《穀》的治經方法。

因《左傳》之學興於劉歆,其言足有益於古義,故此書於劉歆之説多有採掇,尤其對《漢書·五行志》所收録的劉歆的災異學說多有採擷。成公五年,梁山崩,《春秋左氏古義》引《漢書·五行志》劉歆災異説,以爲災禍不出晉望,此爲晉樂書、中行偃殺厲公而立悼公之兆。昭公二十五年秋七月上辛,大雩;季辛,又雩,《春秋左氏古義》引《漢書·五行志》劉歆説:"劉歆以爲時后(郈)氏與季氏有隙,又季氏之族有淫妻爲讒,使季平子與族人相惡,皆共譖平子。子家駒諫曰:'讒人以君,徼幸不可。'昭公遂伐季氏。爲所敗,出奔。"劉歆多將災異與魯國君臣關係相比附,《春秋左氏古義》讚同這種比附。

昭公二十五年《春秋》"有鸜鵒來巢",《公羊傳》以爲鸜鵒,夷狄之鳥,穴居,今來巢於魯,《穀梁傳》亦以爲夷狄之鳥。《左傳》注以爲非常事,故書。臧壽恭《春秋左氏古義》排斥來自夷狄之説,認爲《春秋》言"來"者甚多,從魯疆外而至,亦可言"來"。臧壽恭採用鄭衆之説,認爲鸜鵒本濟西穴處,今乃逾濟而東,且築巢,此爲昭公將去魯之象。同樣就"鸜鵒來巢"這一事件比附,《公》《穀》以爲有中國夷狄之喻,而《春秋左氏古義》諱言夷狄,仍指向魯國君臣之反常關係。

《春秋左氏古義》於三傳異同,仍有未詳之處。如《左傳》經文"公孫姓",《公羊》經與疏都作公孫歸姓,臧氏未作辨別。臧氏精於推步之學,習劉歆三統曆法,推日食。道光年間,今文經學盛行,而揚州一地,作爲清代經學之重鎮,亦有不少人因生計奔波,不復從事傳統經史之學,臧氏仍守推步之學,則幾爲絕學,故爲當時人所稱道。《春秋左氏古義》的注釋沿襲漢注簡單明瞭的特點,無蕪蔓冗雜,亦爲人所稱道。

10. 1857年朱駿聲《春秋三家異文覈》一卷,《續修四庫全書》影印上海辭書出版社圖書館藏清光緒劉世珩刻聚學軒叢書本

每半葉11行,行21字,小字雙行,同。左右雙邊,黑口,雙魚尾。

卷尾有光緒丙申二十二年（1896）劉世珩跋。

朱駿聲（1788—1858）著，其《春秋平議》《春秋亂賊考》《春秋左傳識小錄》已著錄。

三傳各有師承，文字互淆，一字之異而往往致微言大義迥異。清代學者對《春秋》異文，必求其是。《春秋三家異文覈》不著錄無歧義的異文，如隱公元年的"蔑"，又作"昧"，襄公二十三年的"邾婁"，即"邾"，定公十四年的"於越"，即"越"。若《春秋》異文指涉不同的對象，則詳加考證。如桓公十七年《春秋》"及齊師戰于奚"，《公》《穀》皆作"郎"，朱氏考證，山東境內兩地名為"郎"，皆距魯國邊境遙遠，與《左傳》所載邊疆之事不合，故以《左傳》經文為是。僖公二十六年《春秋》"楚人滅夔"，《公羊》作"隗"，《漢書·地理志》作"歸"。朱駿聲指出夔、隗、歸，皆同聲通假。夔國，在湖北宜昌府歸州西南三里。昭公二十一年《春秋》"蔡侯朱出奔楚"，《穀梁》"朱"作"東國"。朱駿聲依據《左傳》記載，定《穀梁》之誤。東國是朱的叔父，楚費無極取貨於東國，使蔡出朱而立東國，朱出奔楚，而《穀梁》誤以為蔡東國出奔楚。

朱駿聲關注由聲音假借而產生的異文，指出三傳異文多由音聲假借而產生，文字雖異，而意義如一。如隱公十一年《左傳》經文"公會鄭伯于時來"，《公羊》"時來"作"祈黎"，"時"與"祈"、"來"與"黎"，皆雙聲通轉。"時來"即"郲"，"郲"，長言作"時來"，河南開封府滎陽縣東四十里有故城曰釐城，即此"時來"。"釐"與"來""黎"，聲近而通假。此說言而有據。又如隱公五年《春秋》"公矢魚于棠"，《公》《穀》皆作"觀魚"。朱氏指出"矢"之為言"瞅"，"矢"與"瞅"雙聲通假。瞅魚而觀，文異而義同。《說文解字》無"瞅"字，春秋時是否有此字，尚不能確定，朱氏用生僻的漢字解釋常見字，過於牽強。

朱駿聲指出，有時《春秋》三傳異文皆訛誤，而錯失本義。隱公六年《春秋》"鄭人來渝平"，《公》《穀》皆作"輸平"，朱氏認為"渝""輸"同聲通假，皆可借為"續"。續，賡也，聯也。《左傳》杜注訓"渝"為"變"，謂變更前惡而復歸為好，朱氏否定這種解釋。《公》《穀》解為墮敗其成，則"於義猶短"。按"鄭人來渝平"的前因後果，

《左傳》無明文記載,故三傳之歧義,不能定奪。朱氏在三傳之外又生一義(以"渝""輸"爲"續"),是否可信不得而知。《春秋》古經已邈不可尋,正如清代學者汪中所說,《春秋》異文,求其致異之由便可,何必追究原經面貌。

朱氏有時從經義的角度,定《春秋》異文。如桓公二年《春秋》"杞侯來朝",三年,"公會杞侯于郕",《公羊》皆將"杞"作"紀"。《左傳》記載,杞侯來朝,不敬,故魯興師伐杞。朱氏認爲魯國無興師伐杞之理,而《公羊》作"紀",於理可通,因爲魯、紀爲婚姻之國,故朝會相繼,且紀國畏齊九世之讎,不敢不迎合魯國。如此考證,流於主觀,不能揭示事實真相。

11. 1871年俞樾《左傳古本分年考》一卷,德清俞氏同治十年(1871)刻春在堂全書本,光緒二十五年(1899)增修,1911年印

每半葉10行,行21字,白口,左右雙邊,單魚尾。首尾有序跋。

俞樾(1821—1907)著,其《達齋春秋論》《左傳平議》《春秋名字解詁補義》《古書疑義舉例》《茶香室說經》已著錄。

《左傳》本自單行,至杜預合經於傳,始割裂傳文。《左傳古本分年考》考證《左傳》古本之原貌。其自序云:"凡作《傳》之例,每年必冠以年,每月必冠以月,此紀事之定例也。然事必有其緣起,不能一例冠以年月。……(今本《左傳》)每年必以某年建首,而某年之前所有文字必截附上年之末,於是文義不通者多矣,此編次之失也。"杜預認爲在年與月前必不能有傳文,顯然是用《春秋》記事之法應用於《左傳》。事實上,《左傳》的叙事重前因後果,並不像《春秋》那樣每事都以年月爲伊始。如隱公七年《左傳》:"陳及鄭平。十二月,陳五父如鄭涖盟。"俞樾認爲:"五父如鄭雖在十二月,而其事不始於十二月,故於十二月之前先書陳及鄭平也。"《左傳》叙十二月陳鄭涖盟之前,加上了"陳及鄭平"幾個字。今本《左傳》亦不是每件事都以年月始,這可算是内證。

《左傳古本分年考》列舉三十七事,證明《左傳》的叙事並非都以

年月爲開始,而杜預將年月之前的敘事片斷統統歸入上一年,是錯誤的。如莊公"《傳》:九年春,雍廩殺無知。"這句話之前,原本有一句話:"初,公孫無知虐于雍廩。"杜預割裂至莊公八年末尾。莊公八年,齊襄公被弒,齊立無知。莊公九年,無知亦被弒。在齊襄公事訖之後,"用'初'字,爲下傳發端。(杜注)乃割綴八年傳末,遂使此語孤懸無着,亦足見其編次之未善矣"。同樣,僖公三年《左傳》末尾蔡姬蕩舟之事與僖公四年齊侯侵蔡應放置一起:"齊侯與蔡姬乘舟于囿,蕩公。公懼,變色,禁之,不可。公怒,歸之,未之絕也。蔡人嫁之。四年春,齊侯以諸侯之師侵蔡。"這樣就非常清楚地看到了齊侯侵蔡的理由。

俞氏看到《左傳》的割裂痕跡,訂正今本《左傳》,"存《左氏》之本來"(自跋),在一定程度上使人們讀傳免受經義的干擾。

12. 1911 年劉師培《春秋古經舊注疏證》零稿,江蘇古籍出版社影印劉申叔先生遺書本,1997 年

每半葉 13 行,行 24 字,小字雙行,同。四周單邊,黑口,單魚尾。卷尾附錢玄同《整理後記》(1937 年),云:"申叔纂此稿之時,當在民元以前三年己酉至前一年辛亥之間,以原稿'儀'字缺筆作儀而知之。"

劉師培(1884—1919)著,其《春秋左氏傳時月日古例考》《春秋左氏傳答問》《春秋左氏傳古例詮微》《春秋左氏傳傳例解畧》《春秋左氏傳傳注例畧》《春秋左氏傳畧例》《讀左劄記》《古書疑義舉例補》已著錄。

《春秋古經舊注疏證》是未完之作,零稿三葉,僅疏"鄭伯克段于鄢"一句,且未完,稿紙中間有空白未填入。《春秋古經舊注疏證》仿《春秋左氏傳舊注疏證》的注疏體式,從隱公元年開始,只疏證《春秋》經文,可知不是《春秋左氏傳舊注疏證》的續作。

《春秋古經舊注疏證》喜言褒貶,且論《春秋》書法,所取漢儒舊注亦聚萃於褒貶和書法,與《春秋左氏傳舊注疏證》採用的舊注明顯不同,短短三葉篇幅已見其端倪。《春秋古經舊注疏證》較《春秋古

經箋》繁密,當是 1906 年歲末章太炎勸勉劉師培繼承家學(章太炎與劉師培第 6 書)之後所作。

13. 劉師培《春秋古經箋》,存卷七卷八卷九,三卷,江蘇古籍出版社影印劉申叔先生遺書本,1997 年

每半葉 13 行,行 24 字,小字雙行,同。四周單邊,黑口,單魚尾。《春秋古經箋》不明著作年代。存宣公、成公各一卷,襄公一卷僅至十年。

劉師培(1884—1919)著,其《春秋左氏傳時月日古例考》《春秋左氏傳答問》《春秋左氏傳古例詮微》《春秋左氏傳傳例解畧》《春秋左氏傳傳注例畧》《春秋左氏傳畧例》《讀左劄記》《古書疑義舉例補》《春秋古經舊注疏證》已著錄。

劉文淇《春秋左氏傳舊注疏證》僅疏《左傳》的"禮"和"事","例"欲單出,而未及作。劉師培有意續其家學,《春秋古經箋》即述"例"之作。採《左傳》義例,引而申之,或取漢儒劉、賈、許之説而箋之,或依經文前後而釋例。蓋劉師培作《春秋古經箋》逐年逐條點明《春秋》一經的義例之後,將義例適當區分爲正例與附例,成《春秋左氏傳時月日古例考》,於是《春秋古經箋》的使命即已完成,所以不復珍重,後人僅得殘稿,入《劉申叔先生遺書》。

《春秋》之例,取《左傳》之叙事證成,如果有無傳之經,不知其事而不明其例,則以"未詳"置之不論。不採《公羊》雜説,但劉師培在月日之例上仍有《公羊》月日例的影響。義例務求通達、周全,設置許多義例,如朝例、盟例、會例、城例、殺例、不與謀例,超出杜預五十凡例。

劉師培對《春秋》義例的闡發,以《左傳》爲基準,不與《左傳》事實、書法相違悖,貫徹的是其祖劉文淇"以《左傳》釋《左傳》"的主張。義例的研究對經學來説必不可少,無義例,經學便無體系。宋儒義例在清初即被學者所抛棄,清代春秋學的義例之學卻一直因爲偏重《左傳》,未有實質性的探索。方苞、戴震等學者倡導義例講經,但未有大的影響。當晚清《公羊》"三科九旨"的義例大行其道,梳理

《左傳》的義例則成爲迫在眉睫的工作。

劉氏的義例研究，主以漢儒義例補苴杜注的義例。劉氏不滿於杜預的《春秋釋例》，但實際上擺脫不了杜預的《春秋釋例》。劉氏用漢儒《左傳》舊說，而漢儒義例又免不了受《公羊》《穀梁》義例的影響，故劉氏對《春秋》的義例研究，缺少創造性的上升空間。

（六）今古文之争

1. 1788 年莊存與《春秋正辭》十一卷，附《春秋釋例》《春秋要旨》各一卷，清經解本，上海書店，1988 年

每葉分上中下 3 欄，每欄 33 行，行 24 字。四周單邊，白口，單魚尾。

莊存與（1719—1788），字方耕，江蘇武進人。乾隆十年（1745）進士，選庶吉士，散館列漢學二等之末，責令重修。學主義理，思經世之用，曾自署齋聯：“玩經文，存大體，理義悦心。”著《易說》《毛詩說》《周官說》《尚書說》《尚書既見》《春秋正辭》等書。莊存與的學生孔廣森在他的影響之下進入公羊學研究，並獲得巨大聲名，然而莊存與的著作生前沒有發表，其學不爲人所知。道光八年（1828），孫綏甲爲之刻《味經齋遺書》，同一年，阮元採《春秋正辭》入《清經解》。莊存與之聲名出現在今文經學全面興起之際，其學由當時大儒阮元、龔自珍、魏源及董士錫等人表彰於天下。

《春秋正辭》前有莊存與自序。莊存與稱自己的春秋學受元代學者趙汸《春秋屬辭》的影響：“存與讀趙先生《春秋屬辭》而善之，輒不自量，爲櫽括其條，正列其義，更名曰《正辭》，備遺忘也。”趙汸對莊存與的影響，體現在對《春秋》一書性質的認識、義例治經方法的啓發。趙汸提出《春秋》是史書，更是經書，“屬辭比事”是求《春秋》義理之法。莊存與純粹視《春秋》爲經書，排斥《春秋》作爲史書的性質，故《春秋正辭》不講書法，而專講義理：“《春秋》非記事之史也。”“史者，事也；《春秋》者，道也。”“觀其辭，必以聖人之心存之，史不能究。”自清初以來，學者一致反對義例治經之法，研治《春秋》，以《左

傳》事實爲主,學者好引漢人舊注從事考證,而《春秋》經學的褒貶、義例,鮮有治之者。而莊存與從事《春秋》義例的研究,破除了清初以來的義例觀,帶有清代學者理論實踐上的自覺。

《春秋正辭》設十一章,將《春秋》條文繫於各章之下。前九章是"奉天辭""正天子辭""正內辭""正二伯辭""正諸夏辭""正外辭""正禁暴辭""正誅亂辭""正傳疑辭",內容歸結爲帝王之道,附《春秋要旨》《春秋提綱》等二章,闡明《春秋》的經書性質以及經義不待傳而明的觀點。

《春秋正辭》足以驚人耳目之處在於開首二篇《奉天辭》《天子辭》,認爲"天子"爲一爵。天子只是一爵位,其上有天,"(《春秋》)不稱天,何也?貶。天子可貶乎?曰:以天道臨之,可也"。莊存與又利用董仲舒《春秋》經學的"天人合一"理論,論"天子"應奉天而行王道。天子一爵,其説始於先秦,《公羊》倡言之。《春秋》貶天子,宋明儒多言之,但在清初,《春秋》經學便以"尊王"爲宗旨,朝野習《春秋》者,皆諱言《春秋》貶天子。莊存與以天道約束天子,警誡天子行王道,同時,以天道之威加強天子的權力。莊存與"貶天子"之説,尚未否定《春秋》"尊王"的基本宗旨。

《春秋正辭》中,"天子"的職責("正")亦依據董子學説加以釐定。莊存與首先徵引董仲舒"正心以正朝廷"的議論,以解釋"春王正月"的"正";又發覆暢衍之,列舉了天子之"正"的25個方面:正王伐、正王守、正王出、正王居、正王入、正王崩葬、正王世子、正王子、正王后、正王姬、正王母弟、正王臣內難、正王臣外難、正王使、正王臣會諸侯、正王會陪臣、正王臣卒葬、正王臣私交、正王師、正王都邑土田、正王畿內侯國邑、正王命伐國、正朝王、正錫命、正大夫見天子(《天子辭》)。董仲舒"正王道之端",主要在政治哲學方面用力,莊存與則拓展了"正王道"的外延,不僅講天子正朝廷、萬民和四方,還講論君王正居守出入、正夫婦子弟、正朝見會盟,……將王道推及至修身、齊家、治天下等各個方面,這中間不僅有夫婦、父子之倫理,也有家國、君臣倫理,提出了一整套君王秉天之正、行天之道的道德修養、政治倫理體系。

莊存與的《春秋正辭》，作爲清代今文經學興起的開山之作，它的意義不在於啓用"三科九旨"等觀點表達政治革新的思想，它的意義在於排除宋元以來學者對"陰陽災異"説的排斥、誤解，重新推出董仲舒、劉歆、何休等漢儒的陰陽災異説，以表達政治觀點。現今學者對莊存與公羊學思想的闡述，集中於《春秋正辭》的"大一統""立嫡子(立嫡以貴不以賢)"等思想，對於其中"陰陽災異"説等内容鮮少涉及。

莊存與的災異説聚焦於魯國政治，清晰地看到魯國從"三桓專政"過渡到"季氏專政"的過程之中，魯國使季氏爲世卿，不用孔子而縱季氏，這是魯國失敗之由。莊存與的災異説没有將"災"(天災)和"異"(物異)做詳細區分，統而言之，各種災異都指向"臣子專政"。如論僖公二十九年大雨雹，是陰脅陽、臣弑君之象；僖公三十三年，隕霜，不殺草，李梅實，是"陰成陽事，象臣顓君"；宣公十年秋大水，是陰盛已極、魯國三桓專政之徵兆；成公七年，鼷鼠食郊牛角，以小犯上，是季氏"將執國命"的預兆。

魯國災異一再顯現，但是對於災異的興起，襄公"不明"，昭公"不寤"，最後落得個卒薨(貶義)、被逐的命運。定、哀之間屢次大火，都是人君"不用聖人而縱驕臣，將以亡國"之兆。權臣在位，人君失政，就會被驅逐，甚至亡身、失國。災異一再譴告人君，"天誡若曰：臣下强盛者將爲害"，"天誡若曰：去高顯而奢僭者"，但統治者對"天譴"不聞不知，以致貽患無窮。

在莊存與看來，災異是上天之怒，上天提出警告，天子就應認真對待。天子"事天如事親，父母怒之，必誠求其所以然，多方擬議之。既得而後已，此之謂修省"。從此可以看出莊存與的《春秋正辭》是面向人君的諫書。

既然"災異"是人君違背"天道"的結果，所有災異指向"人臣專政"，"世卿"以陰犯陽，則人君之過，就在於用權臣而不用賢臣。魯君"用季氏而退孔子"，"不用聖人而縱驕臣"，則"失其所以爲君"。世卿世代掌權，阻塞了賢臣進階之路。魯君用三桓而棄孔子不用，這是魯君最大的"失政"。莊存與自詡他的《春秋》經學著作"尊聖尚賢,信古而不亂",他借古已有之的《春秋》經學義理,表達黜世卿、進賢臣的政治主張。

據漢代公羊學理論,災異的出現,是"陰陽錯謬"的結果,"陰陽"可以指夫婦、君臣,也可以指華夷。但如《春秋正辭》所示,莊存與陰陽災異說中的"陰"專指臣子,"陰陽錯謬"則專指"世卿"專政,"陰陽錯謬"的後果則專指人君失政,以致被放逐或被弒殺的命運。莊存與藉陰陽災異說特別強調了世卿爲政的危害。《春秋正辭》用陰陽災異說正君臣關係,告誡統治者用賢人,遠小人,這一定是有的放矢,有爲而作。

據美國學者艾爾曼考證,莊存與的家族與和珅勢不兩立。按《春秋正辭》的思想在與和珅的抗爭中形成,其成書很有可能是莊存與乾隆五十一年(1786)休致之後。《春秋正辭》徵引漢儒災異說,論權臣當政的弊端,對人君實行諷諫。

2. 1812年劉逢禄《左氏春秋考證》二卷《箴膏肓評》一卷,清經解本,上海書店,1988年

每葉分上中下3欄,每欄33行,行24字。四周單邊,白口,單魚尾。

卷尾有嘉慶十七年(1812)劉逢禄《左氏春秋考證一卷 後證一卷 箴膏肓評一卷叙》。可知此《叙》本綴於《左氏春秋考證》一卷、《後證》一卷、《箴膏肓評》一卷這三部著作之後。收入《清經解》時,《左氏春秋考證》一卷、《後證》一卷合併成爲《左氏春秋考證》二卷。《叙》雖綴於《箴膏肓評》後,實是《左氏春秋考證》與《箴膏肓評》的總序。《叙》收入道光年間刊刻的《劉禮部集》,誤名爲《申左氏膏肓序》。

劉逢禄(1776—1829),字申受,江蘇武進人。嘉慶十九年進士。道光四年(1824)起,補儀制司主事,處禮部十餘年未遷,卒於官。劉逢禄善以經義決政事,頗有漢時董相風。受學於舅父莊述祖,習六書、《説文》之學。劉逢禄年十二讀《左氏春秋》,認爲不得義理,於是轉讀董仲舒、何休的公羊學著作,深契於心。於公羊學自發神悟,繼

莊存與、孔廣森之後，揭《公羊》學說之大纛。爲學守師法，在清代第一次全面、系統地闡述了何休《公羊》學說的三科九旨、通三統、張三世、異內外等義例體系。另著《劉禮部集》。

劉逢祿雖否定《左傳》的經解身份，但他仍充分肯定《左傳》作爲史書的價值，及其文筆的突出，並指出可據《左傳》史料推知《春秋》之義。稱："左氏以良史之材，博聞多識，本未嘗求坿於《春秋》之義，後人增設條例，推衍事跡，強以爲傳《春秋》，冀以奪《公羊》博士之師法，名爲尊之，實則誣之。""觀其文辭贍逸，史筆精嚴，才如遷固有所不逮，則以所據多春秋史乘及名卿大夫之文，固非後人能坿會。故審其離合，辨其真僞，其真者，事雖不合於經，益可以見經之義例。如宋之盟楚，實以衷甲先晋，而《春秋》不予楚是也。"（《叙》）故《左氏春秋考證》欲還《左傳》史書之原貌，而刪其書法、凡例、論斷之"謬"。

《左氏春秋考證》上卷砭《左傳》不傳《春秋》，《左傳》的書法、凡例、"君子曰"等都是劉歆附益。下卷證《左傳》在先秦的傳授世系爲僞，漢代《左傳》經師如賈逵、鄭衆等人曲學附會，以求《左傳》行於世，本不足辨。《箴膏肓評》一卷支持何休的《左氏膏肓》，批駁鄭玄的《箴膏肓》，申發何休未及詳議的《左傳》義理之謬。劉逢祿將義理不合之處皆視爲後人"附益"。

劉逢祿在否定《左傳》的傳授的同時，揭示了漢代公羊學的傳承。《後漢書》記載，李育習《公羊春秋》，作《難左氏義》四十一事，又於白虎觀以《公羊》義難賈逵。李育之書已佚，但其說被羊弼與何休承繼下來，《白虎通德論》亦多公羊家言。劉逢祿搬出此說，無非是站在公羊學立場排斥《左傳》義理，"直指劉歆轉相發明之謬"。

劉向《別錄》所記《左傳》在先秦的傳授云："左邱明授曾申，申授吳起，起授其子期，期授楚人鐸椒，鐸椒作《抄撮》八卷，授虞卿；虞卿作《抄撮》九卷，授荀卿；荀卿授張蒼。"劉逢祿從上所提及的學者之書入手，論《左傳》在先秦沒有傳授。"（劉）向治《公羊》，後奉詔治《穀梁》。其書本《公羊》者十之九，本《穀梁》者十之一，未嘗言《左氏》也。"《說苑》記載吳起答"元年"爲"謹始"義，其說來自《公羊》；以"明智"之說爲兵家之要旨，此非《左傳》之說。《荀子》之書多本

《穀梁》,亦非傳《左傳》之書。鐸氏所傳《春秋》,劉逢祿斷言,爲古代史官所記錄的《春秋》,而非《左傳》。虞卿所作《抄撮》,則爲劉歆附益。《別錄》所記《左傳》的傳授不足爲據,《別錄》實際是"僞"的,唐陸德明《經典釋文》載《左傳》的傳授,以《別錄》爲本,亦不足據。

按劉逢祿所謂劉向所著書,當指劉向所編《新序》《說苑》《列女傳》等書,謂劉向著書不出《公羊》《穀梁》思想,其說未免絕對,足以引發章太炎著《鐂子政左氏說》針鋒相對。東漢以前的文獻中,《左傳》大多數被稱爲《春秋》,劉逢祿強調東漢以前的文獻無《左傳》的痕跡,若要論證《左傳》成書於先秦,則除了《左傳》的世系傳承外,還需要蒐輯有關《左傳》流播的文獻。

劉逢祿指出了漢代《左傳》經師旁採《公羊》義例、以讖論學的事實,固然被人稱爲"入室操戈",學者無法否認。但以義例、讖緯論《左傳》,只是漢代學者闡說《左傳》義理的方式,和"《左傳》是否傳經"並不是一回事。加之,劉逢祿所斷定的後人的附益,全憑義理。義理的合與不合,皆屬主觀裁斷,並非基於客觀的標準。凡經學,都討論義理的合與不合,這是今古文經學的通病,只不過古文經學懷疑《左傳》的義理,且讓杜預代爲受過,而今文經學直接質疑《左傳》的經解身份。

3. 1849 年曹金籀《春秋鉆燧》四卷,上海圖書館藏鈔本

無邊欄,每半葉 10 行,行 20 字。前有道光二十九年(1849)"屠維作噩之歲"閏四月既望仁和曹金籀自序。

曹金籀(1800—?),字葛民,浙江仁和(今杭州)人。諸生。

曹氏本作《穀梁春秋傳微》十二卷,講求"師法",成《穀梁》一家之言,不旁涉《公羊》及《左傳》之經說。但又認爲《春秋》三傳各有精華,均有補於《春秋》之義,不容偏廢,故另作《春秋鉆燧》。《春秋鉆燧》仿董仲舒《春秋繁露》之例,著論若干篇。曹氏自道其書取名之由:天不生仲尼,則萬古如長夜,《春秋》是聖人之火,其君臣之義、夷夏之防,盡隱於黑暗之中。

《春秋鉆燧》辨析"三科"的兩種說法,名不同而實相同。所謂

"三科",實際上是夷狄、諸夏一科。三科,依何休的説法,一曰新周,故宋,以《春秋》當新王;一曰所見異辭,所聞異辭,所傳聞異辭;一曰内其國而外諸夏,内諸夏而外夷狄。按照宋均的説法,一曰張三世,一曰存三統,一曰異外内。"所見異辭、所聞異辭、所傳聞異辭",即張三世之説;"新周、故宋、以《春秋》當新王",即存三統之説;"内其國而外諸夏、内諸夏而外夷狄",即異外内之説。曹氏綜合何休和宋均的説法,他認爲"三科"不外乎"張三世"這一科:新周、故宋、王魯。分之則三科,合之則一科。所謂"張三世"即何休分魯之十二公爲三世,由是立新(周)故(宋)之法,明(華夷)黜存之義,辨内外之治。

4. 1891年康有爲《新學僞經考》十四卷,《續修四庫全書》影印光緒十七年(1891)康氏萬木草堂刻本

牌記題"光緒十有七年秋七月廣州康氏萬木草堂刊","新學僞經考卷一"小題下題:南海康祖詒廣夏撰,注:一名有爲。卷首有光緒十七年夏四月朔康有爲自序。

康有爲(1858—1927),原名祖詒,字廣夏,號長素,廣東南海(今佛山)人。光緒二十一年進士,用工部主事。博通經史,受今文學家廖平的影響,研究今文經學。光緒十七年,在廣州設立萬木草堂,聚徒講學。戊戌(1898)入都上萬言書,議變法,遭保守派阻撓而失敗。

康有爲《新學僞經考》繼承劉逢禄的思路而變本加厲,不但認爲《左傳》的義理爲劉歆附益,整部《左傳》都是劉歆爲了取媚新莽政權而僞造。康氏考證古文亡於秦火,劉歆爭立之古文經學全都是劉歆託古而掩人耳目之辭;《史記》所記《左傳》的撰作與傳授皆不可信,因爲《史記》本身就是劉歆僞造;《左傳》之神話傳説多與《史記》異,則劉歆必僞竄《左傳》;而一旦《史記》中有證明《左傳》早於劉歆存在的證據,則《史記》必被劉歆竄改,其他出土文獻的不利證據,都被認爲是劉歆早就預埋地下。

康有爲《新學僞經考》以一種強硬之勢,掃視一切史料,助成其《左傳》僞書説,爲今文經學的託古改制説開路先導。康氏學術上的主觀粗率隨處可見,但《新學僞經考》初出之際,人們一般因政治而

敬重康有爲,未從學術上抵制該著作,而今文學對學術的影響隨着今文經學政治影響之壯大而不斷壯大。《左傳》僞書説在清季大爲流行,人們群趨今文經學而不治《左傳》,《左傳》研究因之寂寥。

5. 1896 年章炳麟《春秋左傳讀》九卷,章太炎全集本,上海人民出版社,1982 年

《春秋左傳讀》原名《雜記》,著作於 1891—1896 年,補苴《左傳》舊注,發覆周代禮制,兼及微言大義。《春秋左傳讀》於《春秋》三傳之異説,不取門派相争的做法,取此而捨彼,而是努力打通三傳。但在某些義理上《左傳》是否真的與《公羊》《穀梁》相通,則另當別論。

章炳麟(1869—1936),字枚叔,號太炎,浙江餘杭人。1890 入詁經精舍,年二十四始分別今古文師説。師從俞樾,頗得小學治經途徑,受老師"左右采獲"的影響,早期春秋左傳學兼採《公羊》《穀梁》。1903 年與劉師培交,古文經學的"家法"意識愈加強烈,以致脱離今文經學的政治學説。章氏訓詁沿襲乾嘉漢學的傳統,謹守《説文》《周禮》,但在訓詁治經的方法上,由東漢上溯,拓寬至西漢、先秦,多採用先秦荀子、西漢賈誼、司馬遷、張敞、劉向父子等人經説,將重點置於西漢《左傳》師説,而不僅是東漢賈逵、服虔、鄭玄之説,自稱"《左氏》古義冣微,非極引周、秦、西漢先師之説,則其術不崇;非極爲論難辨析,則其義不明"(《春秋左傳讀叙録》前序)。章氏指出西漢時《春秋》三傳大義相通的事實,而《左傳》與《公羊》之間的門派攻伐,起於何休的《左氏膏肓》,至劉逢禄謂《左傳》不傳《春秋》,已臻極致。章氏《春秋左傳讀》攻駁劉逢禄等今文學家的觀點,顯示出一個古文經師的立場。

《春秋左傳讀》以先秦至西漢《左傳》經師之説爲準,對《公羊》《穀梁》之説有所駁斥。《公》《穀》均堅持"天子親迎"之禮,而《左傳》經師云:"王者至尊,無親迎之禮。"章氏考察西漢叔孫通制禮遵從《左傳》之義,認爲天子不親迎,太子從天子之禮,亦不親迎;劉向制定朝廷禮儀,天子不親迎;劉歆爲漢平帝定婚姻之禮,諸侯及諸侯以下親迎,而帝不親迎,劉歆等人"奉乘輿法駕,迎皇后於安漢公

第"。王莽亦治《左傳》,《漢書・王莽傳》謂莽親迎皇后於"前殿兩階之間",但有親迎於兩階之禮,而無親迎於皇后家之禮。故漢人治《左傳》者,皆以帝不親迎爲禮。《詩經》記載文王造舟、親迎於渭,毛傳以造舟、親迎皆爲周制,鄭箋謂文王親迎時本非天子,因禮敬太姒故親迎,並不證明親迎是當時殷天子禮制。文王親迎,没有用殷禮,當時亦無周禮。毛傳中,"人君至士皆以不親迎見譏",而《詩經》中無一語譏天子不親迎,可知春秋時本無其禮。《禮記・哀公問》記載孔子論"天子親迎",所謂"親迎",親迎於"兩階之間"而已,而非親迎於王后之家。周公制迎親之禮,"以造舟最爲烜赫,故定爲天子一切渡水之禮。親迎則反不足以尊天子,……故但定爲諸侯以下之禮"。章氏用漢代禮制的實際操作,結合文獻,講論漢代天子無親迎之禮,頗有説服力。

《公羊傳》認爲,諸侯朝天子,臣子有朝宿之邑。天子祭泰山,則泰山之下,臣子有湯沐之邑。章氏考《儀禮・覲禮》,天子賜舍,則諸侯朝宿無邑。據《禮記・王制》,方伯有朝宿邑,魯爲周公後,故魯國有朝宿邑。由此可證《公羊》之説誤。又如《公羊》《穀梁》皆譏盟,因爲"《詩》非屢盟","古者不盟,結言而退"。章氏謂《詩》及毛傳只譏"屢盟",而非有盟則譏;"結言"即結盟,不得言"古者不盟"。章氏引毛傳、鄭箋、《五經異義》、《周禮》鄭司農注,講明盟亦有法,若有疑,則盟詛其不信者,是爲禮。《左傳》記録了不少盟會,皆無譏刺之義。章氏謹守《左傳》的義理,利用漢代古注,反對宋以來儒生對盟誓的譏貶。

章氏將《左傳》經師雜採《公羊》之説視爲《左傳》本説。《説苑・建本》載吴起説隱公元年,有"慎始"之意,劉師培認爲吴起引《公羊》説,章太炎認爲"慎始"本《左傳》義。除吴起外,《賈子・胎教》亦有徵引:"吴、賈皆《左傳》先師,並有説'元年'之義,且漢文以前《公羊》未著竹帛,知非取《公羊》者也。"按《公羊》雖成書較晚,但並不意味着漢代以前《公羊》學説不存在。《左傳》先師兼採今古,但不能認爲《左傳》先師所説,便不是公羊學思想。《左傳》經説兼採《公羊》學説,視之爲《左傳》古誼,相對於清儒來説是古誼,但未必是

《左傳》的本義。

《公羊傳》爵天子(以天子爲爵位,可以廢替),章氏徵引《賈子·威不信》《賈子·服疑》,認爲《左傳》亦以天子爲爵稱。這又是以《左傳》經師(賈誼)之說爲《左傳》本有之說。

章氏用《左傳》,排斥《公羊》《穀梁》之說,皆求之於古注。如果有足夠證據,章氏亦承認三傳之義相通。在某些義理上,章氏指出,《左傳》與《穀梁》相通,或與《公羊》相通。即便今文經學特有的"譏世卿"之說,章氏也認爲《左傳》與之相通。《公羊》《穀梁》譏世卿,謂世卿妨塞賢路,事政犯君,而"《左氏》說卿大夫得世祿,不得世位;父爲大夫死,子得食其故采;而有賢才,則復升父故位。故《傳》曰:'官有世功,則有官族。'"(《五經異義》)。章氏聯繫毛詩序,說明《左傳》的本義是父死,子食其采邑,而未及其孫;子而有賢才,則復升其父之故位。《左傳》所謂世功、官族,以子賢爲條件,且《左傳》所說世祿,只傳至二世。章氏頗爲讚同今《公羊傳》的"世卿妨塞賢路"之說,故牽合《左傳》,云《左傳》不鼓勵世卿世襲官位。但《公羊傳》譏春秋世卿尹氏、武氏、崔氏等,而《左傳》則偏祖魯國季氏(如閔公二年《左傳》:"間于兩社,爲公室輔,季氏亡,則魯不昌。")、齊國陳氏,認爲二者有世功故爲世卿,並未對世卿有譏刺貶抑。故《左傳》褒世官,《公羊傳》譏世卿,二者的思想體系並不一樣。

章氏常於一字之間,引申發明,發人所未發。如韓非子引《桃左春秋》,無注,歷來不明究竟何所指,章氏指出"桃"與"趙"音義相通,虞卿、荀子都是趙人,他們所傳的《左傳》,即名《桃左春秋》,這是用地名給著作起名之例。又如,公子目夷,字子魚,俞樾認爲"鯢魚兩目上陳謂夷",故取子魚爲字。章氏又得一新說,謂"夷"讀爲"彝","目"乃古文"貝"字,分別舉《明堂位》注、鐘鼎銘文爲證。鐘鼎銘文上,鼎從貝,甚至以"貝"爲"鼎"。故"目夷"轉變爲"鼎彝",同爲鼎器。禮有臘鼎、魚鼎,故目夷取字子魚。章氏使用音訓解決疑難問題,還利用了鐘鼎銘文,這拓展了乾嘉漢學的材料使用範圍。雖爲一解,但不免刻深。

《左傳》的疑難字詞,自然在章氏研習範圍之內。桓公五年"旃動而鼓"，杜注以"旝"爲"旃"，但漢賈逵、《說文》、《太平御覽》引《春秋》舊說，皆以"旝"爲"發石"，即"建大木，置石其上，發以機，以追敵也"。後代注疏皆以"旝"從"队"當爲"旌旗"，反對漢注。章氏認爲"旝"之聲、義得於氐、桰、厥，輾轉支持漢注。《說文》："氐，大本，从氏，大于末，讀若厥。"其字又通作槷。《列子·黃帝》注："槷，豎也。"此即"建大木"。《說文》："桰，曰矢括，檃弦處。"今字皆借用"括"字。《莊子·齊物論》："其發若機括。"此即"發以機"。又《說文》："厥，發石也。"合三字之聲義，得"旝"字。並進一步申明，"《說文》之訓，一字不可移易"。建大木於地，取其似旌旗之竿，而機括之動，必有厲聲，發石尤甚。既易見又易聞，比起旃旗，更爲便宜。章氏如此疏通，《左傳》"旝動而鼓"則可得解，爲長期未決的疑難提供了思路。

　　《春秋左傳讀》徵引極爲廣博，用《周禮》《毛傳》等經典注疏與緯書（《乾鑿度》）講論天子袞衣的顏色，謂天子袞裳用純朱，與諸侯玄衣纁裳異。不從卷龍的形狀講天子諸侯之袞衣的差別，可備一說。章氏用《禮記》《韓詩外傳》《五經異義》《毛傳》等注疏，兼王肅的說法，論車馬"鸞和"之制的三代演變，謂"鸞和始設於有虞氏，僅有兩馬，故鸞在衡耳。至殷、周四馬，則鸞皆在鑣矣"。服虔、杜注"鸞在鑣，和在衡"之說，不知所出，故不從。從車馬的實際演變與春秋時多種形制的車馬共存的事實來化解諸說之紛繁，不單從文獻上辯論是非。

　　《春秋左傳讀》披尋《左傳》在先秦的流傳。認爲褚少孫續補的《史記·三王世家》引用的《春秋大傳》，"大"爲"虞"之訛，《春秋大傳》即《漢書·藝文志》著錄的春秋家《虞氏微傳》二篇，由此得虞氏說《左傳》之古誼。

　　章氏不贊同劉逢祿公羊學說中的"內諸夏而外夷狄"之論。採用漢相蕭望之之議，認爲夷狄應待之以不臣之禮，位於諸侯之上。隱公七年《左傳》記載"戎朝于周，發幣于公卿，凡伯弗賓"，對待夷狄，天子尚且賓之，凡伯的做法不妥。未把夷狄視爲周之臣子，主張以禮待之。

章氏有時指出《左傳》魏晉舊注之失,但已所傳達出的思想,頗爲守舊。如桓公元年《左傳》"宋華父督見孔父之妻于路",服虔謂"目者,極視,精不轉也",杜注苛責孔父,二者均不解其義。章氏引劉向《列女傳》齊孝孟姬之事,認爲女人野處則當"幬裳擁蔽",以示"正心一意,自斂制也"。以此看,孔父妻乘車未遮蔽,失禮,故引發宋華父督作亂。章氏又引東方朔"孔父爲詹事"一説,申明孔父能"整飭宮闈",爲孔父辨誣,但將譴責的矛頭指向孔父妻不守女子乘車之禮,則過於嚴苛。

　　章太炎的學生錢玄同謂章氏左傳學有三個時期四部書,前後見解大異:一,早期著作《春秋左傳讀》;二,中歲著作《春秋左傳讀叙録》《鎦子政左氏説》;三,晚年著作《春秋左氏疑義答問》。章氏《自定年譜》謂早期著作(《春秋左傳讀》)"悉刪不用,獨以《叙録》一卷、《鎦子政左氏説》一卷行世"。錢玄同認爲《春秋左傳讀叙録》《鎦子政左氏説》兩部著作據《春秋左傳讀》一小部分修改而成,實際上,據章氏《春秋左傳讀叙録》的序,《春秋左傳讀叙録》並非在《春秋左傳讀》的基礎上删訂而成,而是"因劉逢禄《考證》,訂其得失,以爲《叙録》"。《春秋左傳讀叙録》《鎦子政左氏説》二書所收條目,不盡見於《春秋左傳讀》。《鎦子政左氏説》對劉向《説苑》《新書》《列女傳》諸説情有獨鍾,專門採擇其説以釋《左傳》,一旦《春秋左傳讀》某些條目還能用上,則修改、删訂,如若没有,則立條目。雖説章氏左傳學歷經三變,但前後貫串一致的是反對劉逢禄等人的《公羊》學説。

　　《春秋左傳讀》爲章氏早期左傳學著作,後來章氏古文經學的立場日漸保守,堅守家法,所以不滿其早期著作雜糅《公羊》義理。又因章太炎以學者的身份倡揚民族革命,《春秋左傳讀》對待夷狄以上賓之禮的觀念也必將蜕變。

6. 1899 年皮錫瑞《左傳淺説》二卷,光緒己亥(1899)刊本,湖南思賢書局刻本

　　一函兩册,每半葉 11 行,行 24 字。左右雙邊,黑口,單魚尾。

　　皮錫瑞(1850—1908),字鹿門,湖南善化(今長沙)人。清末著

名經今文經學家,著《經學歷史》《經學通論》等書。

皮錫瑞不認同《左傳》義理,但不廢《左傳》史事。作爲今文經學家,他對乾嘉漢學的文字訓詁罕有徵引。《左傳淺說》多能正杜注孔疏之失,如"瘖生""美豔"等詞。某些詞語的考訂尚無定說,如"公矢于棠"之"矢"。《左傳淺說》不議義理,多考證禮制,辨別注疏之失,顯示出晚清學者的治學旨趣。

皮氏對《左傳》義理,本着實事求是的態度,不拘執於義例,不妄爲褒貶,多通達之語。如對孔子之祖先"孔父"的稱名,《公羊》曰稱字而褒,《左傳》曰稱名以貶,皮氏俱不從,而云據事直書,稱名稱字沒有義例。仇牧、荀息與孔父同殉君難,書法應同,孔父稱字,二人稱名,可知名字無褒貶。皮氏說經,頗能超越門户之外,不妄爲穿鑿附會,以史事說經,而不主一家。

7. 1900年鄭杲《春秋說》二卷,光緒年間刻集虛草堂叢書本

每半葉10行,行21字,小字雙行,同。左右雙邊,黑口,單魚尾。版心題"集虛草堂"。《鄭東父遺書》之一種。《鄭東父遺書》卷首有光緒二十九年(1903)冬十月姚永樸之序、馬其昶《鄭東父傳》。

鄭杲(1852—1900),字東父,直隸(今河北)遷安人。光緒六年(1880)進士,官至刑部主事,後主講灤源書院。與桐城馬其昶、姚永樸交善,二人皆師事鄭杲。另著《論書序大傳》一卷、《書張尚書之洞事勸學篇後》一卷、《筆記》一卷、《雜箸》一卷,入《鄭東父遺書》。

鄭杲治經顓守師法,信古傳而治經,無門户之見。認爲《春秋》一經,始誤於三家之交訌,終敗於啖趙之搭擊,於是三傳並黜而《春秋》之義亡。鄭杲之春秋學,本之鄭玄,雜採今古,於三傳無所偏廢而務求其通,互不違害,用古注講微言大義。《左傳》是魯史舊章,《公》《穀》則推廣新意。《公羊》明魯道,《穀梁》明王道,《左傳》則備載當時行用之道,即霸道。

鄭杲《春秋說》稱董仲舒間引《穀梁》,未曾詆《左傳》;傳《穀梁》必兼傳《左傳》,《左》《穀》不可分。其說兼綜三傳,尤嚴於事天、事君、事親之辨,謂"《春秋》首致謹於元年正月,正月者,正即位也。……

雖無事必舉正月,謹始也,必能爲父之子,而後能爲天之子矣。《春秋》之有三正,由其有天、君、父之三命也。春者天也,王者君也,正月者父也,將以備責三正,而單舉正月,何也？事天、事君,皆以事親爲始也"。

鄭杲《春秋説》指出《春秋》在先秦的師承傳授。孟子之前有尸子,非《春秋》之正傳,孟子之後有荀子,能傳其書,而未能究其旨意。尸子,商鞅之師,即見於《穀梁傳》的穀梁先師尸子,精悍多術。商鞅之言,與《穀梁》近,商鞅的刑名法術實出尸子。尸子之學大抵出於《春秋》,不專言刑名法術,而雜以異端,轉而爲商斯申韓(商鞅、李斯、申不害、韓非子)。李斯、韓非學於荀卿而皆畔之,惟浮丘伯不變其術。尸子見商鞅行無道,而不制止；韓非不行荀子之教而荀子爲之不食,則荀子高於尸子。鄭杲認爲《春秋》之學與先秦法家思想聯繫緊密,謂"凡當時有道術干時之士,要無不讀《春秋》者"。觀點新穎,但缺乏深入闡述。

鄭杲自稱繼承前代乾嘉學術,但其著作訓詁考證不多。鄭杲在晚清表明兼治三傳的態度,特別講明三傳並用,尤其不能棄用《左傳》於不顧,此皆有爲而發。鄭杲痛詆晚清《公羊》學説"辯言亂政",縱恣蔑古,其禍害甚於坑儒、焚書,故揭舉三傳以解經,其治學主張,不無深義,值得肯定。

8. 1902 年章炳麟《春秋左傳讀叙録》一卷,民國浙江圖書館刻章氏叢書本

每半葉 11 行,行 24 字。四周單邊,白口,單魚尾。

章炳麟(1869—1936)著,其《春秋左傳讀》已著録。光緒二十八年(1902),章太炎爲駁斥劉逢禄《左氏春秋考證》卷二《後證》,著《後證砭》。光緒三十三年發表於《國粹學報》時,改名《春秋左傳讀叙録》。

《春秋左傳讀叙録》有前序、後序。前序作於 1902 年,稱《春秋左傳讀》已成,對劉向父子的左傳學多有發明。然劉逢禄據《左傳》不傳《春秋》之説,謂《左傳》條例皆劉歆所竄入,《左傳》的授受皆劉

歆所構造,著《左氏春秋考證》及《箴膏肓評》,自申其説。章氏對劉逢祿二書的駁斥,已散見於《春秋左傳讀》中,而此《春秋左傳讀叙録》專門針對劉逢祿《左氏春秋考證》卷二,所論乃在《左傳》的真僞與《左傳》傳授世系的真僞。《後序》極辯《左傳》在西漢的師授流傳,謂經師傳授之跡,可徵諸《史記》《别録》《七畧》《漢書》,非常翔實,故可信。

章氏論"穀梁子上接尸佼,下授荀卿,蓋與孟子、淳于髡輩同時",《公羊》興起於秦末,則《公羊》時或全録《穀梁》文,時或剽竊《左傳》,變異其字而失其真。章氏認爲《公羊》的産生年代在《左傳》和《穀梁》之後,而《左傳》較《穀梁》爲先,凡《左傳》與《公羊》《穀梁》相通,是因爲後者鈔襲前者,而非前者鈔襲後者。章氏對《公》《穀》傳授、著書時間的確定,傷於草率,所作結論,都是有利於古文經學的立場,而在學術論爭上缺少含金量。

《春秋左傳讀叙録》採用傳統經學一字一句的釋經法,對劉逢祿所引論據、所用邏輯、甚至語氣,悉加批駁。章氏自信,能讓劉逢祿匍匐貼地而走,挫敗劉逢祿的鋭氣。但在語氣上相爭,多門派之見,反而削弱了效果。章氏對劉逢祿《左氏春秋考證》中劉歆附益書法、凡例、"君子曰"諸説,意氣相爭,駁斥乏力,難以對劉逢祿"《左傳》不傳《春秋》"的觀點造成衝擊。

9. 1905 年 劉師培《群經大義相通論》一卷,江蘇古籍出版社影印劉申叔先生遺書本,1997 年

每半葉 13 行,行 24 字,小字雙行,同。四周單邊,黑口,單魚尾。

劉師培(1884—1919)著,其《春秋左氏傳時月日古例考》《春秋左氏傳答問》《春秋左氏傳古例詮微》《春秋左氏傳傳例解畧》《春秋左氏傳傳注例畧》《春秋左氏傳畧例》《讀左劄記》《古書疑義舉例補》《春秋古經舊注疏證》《春秋古經箋》已著録。

作於 1905 年。清代今文經學興起之後學術界嚴分今古,春秋左傳學與今文經學抗爭,亦助長了門派之間的對立,引發不良學術風氣。劉師培《群經大義相通論》即爲此而作。劉師培通過發覆先秦

群經大義相通的事實，證明凡通儒皆能兼採古今，不以家法自限。僅通一經，自守家法之人爲小人之儒。

《〈左傳〉〈荀子〉相通考》《〈穀梁〉〈荀子〉相通考》《〈公羊〉〈荀子〉相通考》，闡明先秦荀子的春秋學雜有《公羊》《穀梁》之學。荀子時，《左傳》已成書，《公羊》《穀梁》皆未從春秋學中別立爲派。蓋當時《春秋》大義口說流傳，同是春秋學的一部分。劉師培謂《荀子》與三傳相通，其實就是說荀子春秋學本包括《左傳》《公羊》《穀梁》之學。劉師培考察《荀子》徵引《左傳》，除《左傳》的敘事之外，《左傳》的書法、凡例、典章制度，都在徵引之列，可見荀卿所見原本《左氏春秋》本帶有書法凡例，此不爲劉歆所附益。荀卿兼治《春秋》三傳，劉氏因而尊崇其通博，這與汪中因荀卿傳授先秦學術而表彰荀學相同，荀子在秦漢之際的學術文化傳承人的身份得以確立。《〈周官〉〈左傳〉相通考》《〈周易〉〈周禮〉相通考》等從《周易》《左傳》等古籍中搜羅典章制度，以與《周禮》相印證，可從側面證明《周禮》經不僞。劉歆未曾僞作《左傳》，亦未曾僞作《周禮》。

經學既不能以家法自立藩籬，則經學之異可從地域上尋求解釋。《〈公羊〉〈孟子〉相通考》從思想上講公羊學和孟子同是齊學，故相通。《〈公羊〉〈齊詩〉相通考》亦從地域講學術，《〈毛詩〉〈荀子〉相通考》從師承關係講經義相通。《群經大義相通論》爲傳統經學開闢了一個新的研究思路，即通過地域講學術，而非通過門派講學術。從地域講學術，各門學術是相通的，而又各有特點；通過門派認識學術，學術則是壁壘森嚴，而且黨同伐異。《群經大義相通論》相關篇章旨在闡明"齊學詳于典章而魯學則詳于故訓，故齊學多屬于今文而魯學多屬于古文"（劉師培《群經大義相通論·序》）。

10. 1908年章炳麟《鏐子政左氏說》一卷，民國浙江圖書館刻章氏叢書本

每半葉11行，行24字，小字雙行，同。四周單邊，白口，單魚尾。

章炳麟（1869—1936）著，其《春秋左傳讀》《春秋左傳讀敘錄》已著錄。

原連載於1908年3月—10月的《國粹學報》。據桓譚《新論》記載,劉向與其子劉歆一樣,精通左傳學。章太炎考證《左傳》,多徵引西漢諸家說,對劉向、劉歆父子特別尊崇,在其《春秋左傳讀》中已顯露。此書特意發覆劉向之左傳學,以還擊劉向之學出於《公羊》《穀梁》,與《左傳》無涉的觀點(劉逢祿《左氏春秋考證》)。

卷首有自序,云劉向所輯《說苑》《新序》《列女傳》等三書徵引《左傳》三十餘條,可用以訂正今本《左傳》文字、訓詁之失,乃至揭發《左傳》的微言大義。章太炎認爲《左傳》的微言大義多與《穀梁》相同,因爲同屬魯學:"二傳既同爲魯學,故自孫卿至胡常、翟方進輩,皆以《左氏》名家而亦兼治《穀梁》,非《公羊》齊學絕不相通者。"章太炎認爲劉向兼通三傳,不以家法爲限,而《公羊》學者嚴分壁壘,門户意氣爲重。《鐳子政左氏說》指出漢代《公羊》學說尚且時或與《左傳》相通,而清代《公羊》學說卻斥《左傳》爲僞書,則屬大不當。

《公羊》經學排斥《左傳》義理,章氏則用劉向《說苑》等書說明《左傳》義理其來有自。如桓公十四年秋八月壬申,御廩災,乙亥,嘗。《左傳》記載:"御廩災,乙亥嘗,書,不爲害也。"《公羊傳》以"嘗"爲譏,服虔謂魯不以災害爲恐,章氏認爲都不正確。章氏取《說苑·反質》魏文侯的故事,解"御廩災,不爲害"乃"有天災,幸無人患"之義。戰國初年,《左傳》之學在魏,魏文侯即根據《左傳》之義解御廩之災,章氏進一步引申:"廩人患則幸天災,非幸天災也,幸其可修省以免人患也。"點明戰國時《左傳》一經即用以經世,《左傳》被賦予了更多的人文意義。

《鐳子政左氏說》爲人們勾畫了漢代《春秋》三傳相通的局面,如成公九年《春秋》"二月伯姬歸于宋。夏,季孫行父如宋致女。晉人來滕",考《列女傳》伯姬事,知《左傳》之義與《公羊》《穀梁》二傳相同;成公八年《春秋》"宋公使公孫壽來納幣",《說苑》載此事與《公羊》說相同,而且"以諸侯親迎一事,爲《左氏》《公羊》所同"(這與章太炎《春秋左傳讀敘錄》裏的觀點不同)。章氏一再強調劉向說《春秋》,三傳並用,而並非如《公羊》學說那樣自劃壁壘,不可溝通。

隱公三年《春秋》:"庚戌,天王崩。"章氏發現劉向《說苑·修文》採用《公羊》《左傳》之說,並西漢先儒之説,就天王崩、諸侯會葬之禮,多方闡説。大抵漢代論禮爲實用,禮有未備,則融合各傳以疏通之,不無綜合參考《春秋》三傳而得來,故三傳兼通,並無門户。東漢末年,何休向古文經學發難,作《膏肓》《廢疾》,從此,《春秋》經學由"術"轉而爲"學",《春秋》三傳不再是制禮作樂的依據,而成了構建儒家思想體系的材料,故執守一傳,不與相通,這樣的學風事實上背離了漢代《春秋》經學的本旨。《春秋》三傳異說來源於同一個母體,愈到後來,由於口傳的訛誤、文字的誤差以及説經取向的不同,分歧漸趨明顯。而其產生之初,三傳是有很大的相似性的。如果硬性將《左傳》與《公羊》某些相似的地方剝離掉,也是費力不討好的事情。章氏卓識,看到了漢代制禮兼通三傳的事實,但章氏晚年持古文經學的立場,排斥《公羊》學説,則是基於學術之外的原因,以學術爲政治之用了。

　　章氏對待男女婚姻的思想還是很守舊的。如桓公十五年鄭雍姬就夫婿欲殺祭仲一事向父親祭仲告密,祭仲殺雍糾,章太炎認爲"告父殺夫,非其道也",舉《列女傳》的例子,申説女子保全妻子和丈夫之法,是犧牲自己,而不是在殺父和殺夫之中取其一。這與《左傳》"人盡可夫,父一而已"的思想意識迥異,顯現出章氏的男性本位思想。又宋伯姬,《公羊》《穀梁》二傳皆以爲賢,章氏據《列女傳》所載宋伯姬不肯絲毫違禮的事實,認爲宋伯姬"守義不渝,重禮文而輕情欲",此義與《公羊》《穀梁》二傳相通。又謂《左傳》尊獎伯姬,《列女傳》與三傳相通,則屬勉強。畢竟襄公三十年宋伯姬逮火而死,《左傳》論宋伯姬"女而不婦",明顯不讚成宋伯姬守"禮"而死。

　　《鎦子政左氏説》常用《説苑》《新序》《列女傳》諸説,補充《左傳》史實,糾正《左傳》之誤。定公九年《左傳》記載:"陽虎欲勤齊師也,齊師罷。"而《説苑》述此事曰:"陽虎欲齊師破,齊師破,大臣必多死。"章氏據此知"勤齊師"本當作"罷齊師",因爲"罷"和"破"聲義相通,輾轉指出其音聲相轉、意義相承之由,複雜曲折,聊可備一説。

11. 1908 年 廖平《左氏春秋古經説》十二卷，光緒三十四年（1908）成都中學堂刻六譯館叢書本，1919 年重刊本

牌記題"光緒三十四年成都中學堂刊"，每半葉 13 行，行 25 字，小字雙行，同。四周雙邊，白口，雙魚尾，版心題"左氏春秋古經説"。民國己未年（1919 年）重刊本，前有宋育《左傳漢義證二十卷序》。

廖平（1852—1932）著，其《春秋圖表》《春秋左傳杜氏集解辨正》已著録。

宋育《左傳漢義證二十卷序》，疑"二十卷"當爲"十二卷"，廖氏著作尚未定爲今名。《左傳》向來難治，唐人設科以《左傳》爲大經，貫通者稀少，六朝以來辯難皆在小節，不究經義。近人指《左傳》義例爲劉歆所附益，而《公羊》《穀梁》的義例多爲孤證，不能盡棄又不能盡信。《左傳》禮説不同於周禮，或古或今，不明所據。漢代經師據周禮而講《左傳》，但時違傳義。這是《左傳》之學難治的原因。宋序稱廖平素治《穀梁》《公羊》，近乃兼治《左傳》，成《經説》十二卷，爲"犯險攻堅，拾遺繼絕"之業。此語道出了晚清春秋左傳學疑義未絕、後繼乏人的景况。廖平治《春秋》學，先治《穀梁》《公羊》，辨異同，後補治《左傳》。廖平治學次第如此，意在溝通三傳，但廖平溝通三傳的方法，卻不盡如人意。宋序稱廖平"通經致用，詳制度而畧訓詁"，頗符合廖氏作爲今文經師的學術特點。

廖氏不滿意於劉歆附益改竄之説，《漢書·五行志》所引劉氏諸條，皆不見於《左傳》，可見劉氏並無羼入。考《國語》多言"君子曰"，則"君子曰"爲《左傳》原文，非劉歆所加。指出三傳大綱相同，其相異之處，不惟不相違背，反有相輔相成之妙。

廖氏認爲《春秋》闕畧甚多，不應是史，而是經；闕畧之處，盡是聖人筆削。《左傳》認爲"書""不書"與"告命"有關，廖平則認爲"書"與"不書"是聖人筆削，經無傳有，亦是經之筆削。廖平認爲《左傳》不以空言説經，據經立説，據經敷衍，其"君子曰"得《春秋》之義，同時他又認爲《左傳》"不必有其事"，如隱公十一年"滕侯薛侯爭長"之事，肯定了《左傳》的義理，卻不以《左傳》的叙事爲真。《左傳》是經而非史，這完全悖離傳統觀點，廖氏之"怪異"由此可見

一斑。

廖氏不持門户之見,認爲三傳同源,且同爲經,同屬春秋學,未有《左傳》仿《公羊》《穀梁》之説,故《左傳》古義,與《公羊》《穀梁》相通,爲闡釋經義,三傳可擇需而用。鄭伯克段于鄢,採《穀梁》義,説鄭莊公志在殺弟,故曰"克"。用《公羊》學説,認爲"宰咺"並非宰士,亦非《周禮》所謂冢宰。《左傳》"衛人立晋,衆也",與《穀梁傳》互爲補充:"得衆則是賢也,賢則其曰不宜立何?《春秋》之義,諸侯與正而不與賢也。"《左傳》和《穀梁傳》均服從於《春秋》的書法原則:"宜立則不書,書之者,必有所見。"

若三傳禮制不盡相同,則折衷三傳。如《左傳》認爲天子下聘與《周禮》合,而《公羊》《穀梁》認爲天子不下聘,下聘非正,廖氏則曰方伯以上可以下聘,從《左傳》;卒正以下不可下聘,從二傳。這樣的折衷態度,體現出彌縫三傳的用心,但有違求真求是的宗旨。《公羊》《穀梁》如有意見不一,廖氏有時直録二傳,而不加分析。如莊公九年《春秋》:"及齊師戰于乾時,我時(按當爲"師"之訛)敗績。"《公羊》以"不言敗"爲讚賞魯侯,而《穀梁》則以爲"惡内",褒貶不同,但無關禮制,大概這是廖氏不加辨正的原因。

廖氏春秋學的基業是《穀梁傳》,《左氏春秋古經説》看似採信三傳,實則對《公羊》《左傳》多有曲解。《公羊傳》論娶婦必親迎,廖氏認爲古無親迎之禮,公羊氏託古而取信於人而已。春秋時"女多爲人所奪,故《春秋》立送迎之禮","春秋昏禮爲新制,撥亂反正之用"。按女子爲人所奪的搶婚,當是上古時期的習俗,規定送迎禮儀的婚禮也不始於春秋。《公羊》學説論天子娶婦必親迎,而不僅僅是"送迎",廖氏對《公羊》學説的天子"親迎"無説辭,只關注了"送迎"。

廖氏反對《公羊》學的"復讎"説。莊公四年,《春秋》記載"紀侯大去其國",《公羊傳》與《左傳》都認爲齊滅紀,《公羊傳》更是以齊襄公復九世之讎爲賢,而廖氏否定"復讎",認爲"復讎"説不是《公羊》本意,而是《公羊》經師所加,借此以譏魯莊公不能報父之讎,反與齊襄公一起狩獵。"大去其國",廖氏認爲其中當有書法、義例,"言去而其國固存"。廖氏不信任《公羊》和《左傳》"齊滅紀"的解説，而憑主觀臆見解經，而致有"人去而國存"之類的見解。廖氏的精明之處在於他看到了復讎說並非《春秋》所本有，而是《公羊》學者的觀點。

在廖平看來，《春秋》記載的"戎"是不施禮樂的諸侯國，不是夷狄。隱公七年《春秋》"戎伐凡伯于楚丘"，凡伯是天子之使臣，楚丘爲衛地，則戎爲衛人。莊公十八年《春秋》"公追戎于齊（按當爲濟西）"，戎指曹國，在魯之西，爲"西戎"。莊公二十四年《春秋》"戎侵曹"，"戎"則爲魯國。魯和曹都有侵伐之事，《春秋》書"戎"以諱之。廖氏認爲《春秋》"目諸侯惡事"，則以戎狄視之。若如此解經，則是濫用了《公羊》華夷升降的學說，脫離史事以解經，顯示出空言說經的傾向。

《左傳》宣公四年："凡弑君稱君，君無道也；稱臣，臣之罪也。"清代官方經籍必删之而後快，廖氏對《左傳》的觀念表示認可。廖氏認爲《春秋》撥亂反正，依靠的是禮樂制度。春秋時，"守土之君自致削亡，與併人土地，皆在譏貶之例。撥亂反正，以禮樂征伐歸之天子，各守封域，禁絕兼併，然後天下可治"。宋序稱廖氏之學期於"經世致用"，大抵即此等議論。但西方列強已入侵，廖平的復古思想已不切實用。

12. 廖平《春秋三傳折中》不分卷，民國十年（1921）四川存古書局刊六譯館叢書本

每半葉12行，行25字，小字雙行。四周雙邊，白口，單魚尾。卷首有季邦俊《三傳折中叙》。《春秋三傳折中》首列經文，後續以三傳，以小字隨文注釋，末尾對三傳加以總評。

廖平（1852—1932）著，其《春秋圖表》《春秋左傳杜氏集解辨正》《左氏春秋古經說》已著録。

廖平批評經學分門户，自漢至清，互相攻訐，講論三傳，過於關注三傳之異，而不論其同。經學有門户，故學者放大三傳之異。若論三傳之同，則必須強調三傳同源。《春秋三傳折中》論三傳同源，且辨三傳相同之處，這與大多數學者立足點相異。

廖平治經四十餘年,謂六經有大小、天人之分,而三傳無彼此是非之異。《春秋》三傳文字,文字偶殊,不關典要。重要的事實是,《春秋》三傳直接承繼七十子而來。《左傳》"千里一圻説""一國三公説",即與《公羊》《穀梁》二傳相同。"鄭伯克段于鄢"一段,"克"字解釋三傳不相同,但都在"克"字中寄託了"殺"的意義。即便看起來意義不同,其深層意義實際是相通的。如莊公元年《春秋》"築王姬之館于外",《左傳》從"讎齊"的角度立論,築館于外,禮也。而《公羊》從婚禮的角度講,築館于外,非禮也。《穀梁》則綜合二者,築館于外,出於權宜的考慮,屬於變之正。廖平《今古文考》認爲三傳之異,主要是禮制上的差異。而以上三傳之異因立足點的不同而造成,這樣的異義不觸及根本的禮制的不同,無足輕重。廖平認爲,隱公三年《左傳》經文"君氏卒",本亦如《公羊》《穀梁》作"尹氏"。因爲隱公三年《左傳》"尹氏"與"武氏"連綴使用,按此《春秋》書法,隱公三年亦應是"尹氏"與"武氏"連綴使用,而杜氏將"尹氏"誤爲"君氏"。這樣的解釋則過於牽强。

廖平認爲春秋時期禮制並未完備,三傳客觀呈現了春秋時的禮制,後人不得以後世之禮衡量春秋史事。"《春秋》經文猶留草昧遺跡,説經人詳闡事件經過,即微言;據今人禮儀評判《春秋》史事,即大義。"在僖公十四年"季姬使鄫子來朝"一事中,《公》《穀》闡發鄫子、季姬私訂婚姻的經過,《左傳》緣經立説,撥亂反正,欲以媒妁之言規範其事,三傳無所謂正謬。廖平肯定《左傳》的"大義",同時肯定《公》《穀》的"微言",體現出三傳源出孔子,各得一端而發展之意。

廖氏認爲春秋時人處於"蒙昧"狀態,"若當時風習,則父納子妻,姑姊妹不嫁者數人","男女無別,面訂昏姻;不由媒妁,隨處媾合;魯莊尸女,諱言觀社;徐女擇壻,任意委禽;僖公雖賢,聲姜雖淑,狃于習(俗),恐難禁遏"。從語氣上看,廖氏對於春秋時期保留的野蠻時代的習俗以及不受禮制約束的自由風氣不予認同。

廖平《春秋三傳折中》實際上欲會通三傳經義,其宗旨是從同。三傳偶有不同,於經義並無妨礙。除會通三傳之外,《春秋三傳折中》仍對三傳提出異議。如論《公羊》每以意説經,又謂《公羊》《穀梁》《左傳》中的人名多不可信,這未免武斷,而人名考證亦非廖氏所長。

13. 1933 年章炳麟《春秋左氏疑義答問》五卷,章太炎全書本,上海人民出版社,2015 年

章炳麟(1869—1936)著,其《春秋左傳讀》《春秋左傳讀叙錄》《鐳子政左氏說》已著錄。

此書出版於 1933 年。後有民國二十年(1931)黄侃後記,明章氏左傳學,以《春秋》爲魯國舊史,非素王傳經之義。《答問》是章太炎晚年春秋左傳學的代表作,章氏三十餘年《春秋左傳》研究的終結之作。《答問》除了補苴《左傳》的語詞訓詁、微言大義之外,還系統地闡述了《左傳》的釋經體例問題,對杜預以經爲史的釋經體例給予支援並修正,體現出一個純粹的古文經師的立場。

《春秋左傳讀》《鐳子政左氏說》倚重西漢《左傳》先師之說,晚年著《春秋左氏疑義答問》,扭轉了這種做法。章氏發現《左傳》凡例、書法,原本絶異於《公羊》,西漢劉向、劉歆、賈逵諸學者,欲通其道,以《公羊》比附,所作條例,遂多支離。《後漢書》記載賈逵奏《左傳》,"同《公羊》者什有七八"。《答問》認爲杜注遠勝西漢經説,"杜氏於古字古言,不逮漢師甚遠,獨其謂'經之條貫必出於傳,傳之義例總歸諸凡,推變例以正襃貶,簡二傳而去異端',實非劉、賈、許、潁所逮"。但杜注亦有缺失,如對於先秦及漢初吴起、荀卿、賈誼等人經説,未加修訂。章氏讚同杜預的義例體系,其實就是與《公羊》經學分庭抗禮,也是與自己早期左傳學雜糅今文學説劃清界綫。昔日《鐳子政左氏説》取賈逵"素王立法"之義,今悉不取。

《春秋左氏疑義答問》系統地闡釋了《春秋》的性質及撰作,認爲《春秋》爲魯國史書,不與後世易代之史相同,孔子没有加入筆削襃貶,孔門之教之中亦無《春秋》一門,孔門弟子不言《春秋》義法,《春秋》中無"弑""殺"之義例,周世諸侯因襲夏、殷舊封,周王未黜其爵,《春秋》未曾施貶。《春秋》中的禮制已不適於今用,但其中嚴種族、嚴國防、尊天子等思想仍爲當今"時務",仍可用於今日。這與晚清

今文經學鼓吹孔子爲後世立法分庭抗禮,章氏謂孔門不授《春秋》,則言過其實。

學者好稱章氏前後見解大異。就春秋左傳學看,章氏晚年《答問》仍然在某些方面堅持早期學說,如《左傳》譏世卿之説。早年《春秋左傳讀》考證春秋禮制,論《左傳》並不否認"譏世卿",章氏晚年有更進一步的闡述,謂《左傳》譏世卿之説見於漢代張敞。《漢書》載張敞云:"臣聞公子季友有功於魯,大夫趙衰有功於晉,大夫田完有功於齊,皆疇其庸,延及子孫,然後田氏篡齊,趙氏分晉,季氏顓魯。故仲尼作《春秋》,跡盛衰,譏世卿最甚。"趙衰、田完,名不見於經,分晉、篡齊,不見《春秋》記載,三家之事,惟見於《左傳》,張敞《春秋》譏世卿之説,一定指《左傳》。又《左傳》記載了魯之季氏、晉之趙氏、齊之田氏,講世卿之坐大,在公山不狃以費叛、佛肸以中牟叛、田氏弑齊簡公的時候,孔子均欲討伐這些臣子。孔子的態度是章氏用以證明《左傳》譏世卿的重要依據。按《左傳》只不過記錄了真實的歷史,春秋時期,卿士大夫主導政治,然而《左傳》終無明文"譏世卿"。

僖公二十八年《春秋》"天王狩于河陽",杜注以爲晉文公"自嫌強大,不敢至周,喻王出狩,得盡臣禮"(《春秋左傳正義》卷一孔疏引),《左傳》記載孔子曰:"以臣召君,不可以爲訓。"章氏不認同杜注,章氏又引《史記·晉世家》"孔子讀史記至文公,曰:'諸侯無召王。'",以證《左傳》記載不正確。章氏否認"天王狩于河陽"寄託了微言大義,它只不過是晉國《春秋》的實錄,章氏解釋了此事的事由:"蓋河陽者,所謂陽樊、溫、原、欑茅之田也,晉受王賜,其民疑以威力脅取,相與拒扞,晉雖圍而下之,其心未盡服也,是故召王往狩,欲見王於其民,使證授地之實耳。"章氏在字裏行間推測行爲處事的原因,而不多論褒貶,這是史學研究的方法,但其推測少證據支持,且章氏以《史記》否定《左傳》的叙述,不盡允當。

《春秋左氏疑義答問》以史論《春秋》,折射出民國時期經學退出歷史舞臺的現實,亦可見章氏經學研究向史學研究的轉變。章太炎據我們所熟知的歷史材料考證歷史,所得結論與傳統認識大異,不過對傳統認識並不造成衝擊。誠如章氏所説,孔子是否講授《春秋》,

孔門弟子是否講微言大義，都沒有可靠的材料依據，章氏所做，不過將文獻材料融入自己的學説體系當中，用以證成自己的思想，其特色更多地體現在材料的抉擇、使用，而非觀點的新異。

（七）《左傳》經義

1. 1782 年趙青藜《讀左管窺》二卷，《叢書集成新編》據涇川叢書本排印本

每葉 15 行，行 40 字，小字雙行，同。

趙青藜（1701—1782），字然乙，號星閣，安徽涇縣人。乾隆元年（1736）進士，改翰林院庶士，授編修，歷官江西道、山東道監察御史，充浙江、湖南鄉試副考官。著有《漱芳居文鈔》《星閣正論》《星閣史論》。

《讀左管窺》就《左傳》的義理作專題討論，爲《左傳》辨誣。范甯《穀梁傳序》譏《左氏》好巫，但《左傳》所記載的怪異之事，"推本於動作禮義威儀之則，以定休咎"，闡明鬼神依人而行，妖本來自於人，唯有任道而行，妖便不再興，災異未嘗不是人事失常的結果。

世人徒好《左傳》的文辭，《讀左管窺》特別指出《左傳》具有經世作用，不僅在於它強調君臣之禮、夫婦之義、義利之別、兵刑德治之分野，更在於其中純臣不爲自身計較謀劃，"苟利社稷，死生以之"。明英宗土木堡之變後，能以南宋之敗爲鑒，故能復辟。晉陰飴甥與強秦會盟，説晉人"不憚征繕以立圉（晉懷公）"，暗中保護了晉惠公夷吾（夷吾被釋放）；鄭公孫申出師圍許，使鄭伯得以歸國，鄭伯卻事後殺公孫申。陰飴甥和公孫申爲了國君的利益，犧牲了自己的利益，二人行事皆有利於社稷，是值得的。君王與社稷聯繫在一起，君王在，社稷便在。宋荀息爲宋華父督所殺，宋君爲救荀息亦被華父督所弑，《公羊》稱荀息遵君命，不食其言，謂之忠臣，但《左傳》貶荀息。趙青藜認同《左傳》的義理，引而申之，認爲荀息位居師傅，不能輔奚齊、卓子退守其分；晉獻公昏，荀息亦不能矯之於正道，故貶之。趙青藜在《左傳》的君臣關係中，特別強調了臣子的職責。

明鍾惺非議晉公子重耳流亡至楚，不卑不亢應對楚子的言語挑釁，又非議重耳與楚國的城濮之戰，重耳幸免於難，不能因此便稱許重耳。鍾惺的言論滅中國的志氣而長他人威風，趙青藜譏其爲"迂"。重耳與楚子言語上周旋，這是真英雄，若以卑遜之辭對楚子，則徒爲人所辱，如唐對回紇，宋對金。故英雄互相敬愛，英雄之間人格平等。《左傳》所載知罃對楚王，與重耳對楚子同，決非《左傳》虛造。

學者議《左傳》好戰，趙青藜認爲，《左傳》敘述戰爭過程簡畧，戰場慘狀只作簡筆勾勒，卻傳達了戰爭陵暴、黷武的性質。《左傳》描寫戰爭，最終歸結於"禮"與"德"，可以說《左傳》善於利用戰爭，表達自己的觀點。趙青藜《讀左管窺》從儒家之"禮"的角度分析《左傳》的敘事和義理，並從中引申出經世之經驗，雖然仍不能擺脫君臣倫理的束縛，但是卻與當時流行的說法（明鍾惺的觀點即附綴在清代《左傳》評點著作之後，廣爲流傳）分庭抗禮，具有獨立思考的價值。

2. 1783 年徐經《雅歌堂全集》，《清代詩文集彙編》影印光緒二年（1876）刻本，上海古籍出版社，2010 年

每半葉 10 行，行 21 字，小字雙行，同。四周雙邊，白口，單魚尾。湘潭徐氏藏板。《雅歌堂文集》前有乾隆四十八年（1783）八月朱珪序、嘉慶三年（1798）九月平湖陳嗣龍序、嘉慶丙寅（十一年）三月衷以壎序、同治十三年（1874）甲戌夏林鴻年序、同治壬申（十一年）十月沈葆楨序及徐氏自序，皆言徐氏治古文之功。

徐經（1752—？），字芸圃，號氄坪居士，福建建陽人。諸生。棄舉業，遊吳楚，歷衡湘，過灘湞，入夜郎。治古文，宗唐宋八大家，喜《左傳》之文，兼《左傳》之義理。乾隆四十八年，將所著古詩文呈朱珪閱覽，朱氏稱閩中盛行徐經之《詠史》五言詩，朱氏即其詩以求其志，爲之作序。徐經著《雅歌堂全集》四十二卷，其中《文集》二十二卷，《外集》十二卷，《詩鈔》五卷，《賦》一卷，《詩話》二卷。

《春秋禮經》，入《雅歌堂外集》卷三，前有徐經識語。學者求例，

以意穿鑿,多爲強求,固不可信,然而否定《春秋》有例則是不對的。《春秋》因魯史舊文,史家之法有一定之例,待《左傳》而後明。《春秋禮經》認爲《左傳》以"禮"見長。舉《左傳》五十凡,逐類排纂,並取成公十四年、昭公三十一年"《春秋》之稱微而顯"二則,繫於其後,以見《左傳》所述之"凡"發明微顯之義。執《左傳》五十凡讀經,即便經無義例,亦可因此得其義例,而無穿鑿拘執之患。這是徐氏之識,但並無具體疏證。

《春秋書法凡例》,入《雅歌堂外集》卷三。總結《春秋》的凡例共 35 條,附錄胡安國《春秋傳》有關戰爭的凡例二則。所謂《春秋》凡例,皆從前人經義而來。"凡書盟者,《春秋》大義公天下,以講信修睦爲事,而刑牲揷(當爲歃)血,要質鬼神,非所貴也。""書胥命者,言不揷血,但以命相誓矣。古者不盟,結言而退,今雖盟而不揷,故近正焉,所以可貴也。"關於盟會之義,取自於胡安國《春秋》傳。"凡《春秋》闕文者,謹闕疑也。"隱公不書即位、桓無王,皆有關大義,而非僅僅是闕文,但其大義到底爲何,則應"闕疑而慎言",必曲爲之説則鑿。針對"闕文"之説,疑處闕疑,不穿鑿議論。

《左傳精語》,收錄於《雅歌堂外集》卷五,作於乾隆五十八年(1793)癸丑長夏。宋儒謂左氏不曾講學,不知大義,只論禍福利害,不理會義理。徐氏不讚同此論,他認爲,"《春秋》繼《詩》兼繼《書》,故左氏傳經,亦多得《詩》《書》之旨,以闡發筆削之微"。編輯《左傳》精義一百九十餘條,纂爲一卷。取《左傳》格言,説明禍福自人,而非鬼神;國之利在於民生厚,國之興亡繫乎百姓的道理。"憫後世摘其微瑕,掩其宏美,至目左氏爲趨炎附勢、助強讒弱之徒,吾不知其何云爾。"

《讀左存愚》收錄於《雅歌堂外集》卷九,卷首載徐經識語,謂乾隆三十八年至四十六年間(1773—1781)入蜀所著。作者治古文,喜讀《左傳》。《讀左存愚》取《左傳》中的歷史人物一一評判之。徐經自許頗高,以"司馬論贊"標榜,自謂其史識非柳宗元《非國語》所能及,實際上不過是自詡而已。

《春秋》二百四十二年弑奪之禍,自鄭莊公起。齊桓公明於君臣之義,但未正父子之倫,乃致死後五子爭立,六十七日乃出殯。秦處周興之地,創其業者爲穆公。楚莊王不伐其能,羞矜其武,乃謙謙君子,非齊桓、晉文所能比。讚同《左傳》之義理,肯定鬻拳之忠,否定荀息之忠。傳統經學一般認爲晉靈公非趙盾所立,故趙盾伐靈公,思欲別立晉君以擅權。徐氏讚同《左傳》仲尼之語,趙盾是賢大夫,趙盾未曾擅權,只不過入不討賊,《春秋》因其賢而著其罪。感嘆楚子玉是難得的將才,帥中軍,未嘗敗,而楚子不赦其城濮之敗,楚子不能如秦穆之用孟明。徐氏雖基本讚同《左傳》的君臣義理,但不讚同《左傳》對宋伯姬"女而不婦"的評價。

《雅歌堂全集》卷二,版心題"慎道集文鈔前",將讀《左傳》《國語》與《禮記》的筆記合爲一卷,作於嘉慶十八年(1813),即科舉考試廢除胡安國《春秋傳》後第二十年。自紀曉嵐奏請廢胡安國《春秋傳》,改用《左傳》,"於是胡傳遂不用於場屋","二十年來,鄉塾漸以不講胡傳,幾無人有閱之者"。但作者認爲"胡氏雖不能盡得聖人之意,然窺測遺經,窮究理道,以恢大法,以立人極,於世事人心,甚有裨益",故徐氏讀《春秋》三傳,必取胡安國《春秋傳》作參考。

《雅歌堂全集》卷二每標一目,均就義理加以推闡,附時人評點於後。"九月丁卯子同生",謂"杜氏解經,多本丘明之傳,惜未深得傳外之意;《公羊》好用己意,於經未免有妨;若《穀梁》者,得之矣"。陳恒弑其君,其事跡見於《左傳》,可與《論語》對照,"微《左氏》,恒之罪幾不暴於後世,宋儒謂《左氏》不知大義,豈其然哉!"《公羊》載夷昧立,季札出使而亡,徐氏力證其不可信。季札並未有讓國之事,《公羊》論季札"讓國致亂","考史不精,妄議古人",記載失實,遂多附會。據《左傳》和《穀梁傳》等記載,謂伍子胥復讎過暴,不是忠孝之人。"子胥以吳伐楚,害及一國,並辱其君大夫之妻",謂士大夫平天下當以禮,而非暴。徐氏謂夫子不敢以天子自居而行賞罰,《春秋》不是謗書。《國語》與《左傳》文體不同,不應是左丘明所作。"《左氏》傳《春秋》,博採列國之史事以排纂而成篇,故成一家之文,既乃擇諸史之渾厚、雄邁、奇變、駿厲諸作,錄而集之,故其文氣仍是各國之體,不能同於一家之文。且周魯自異於齊楚,而吳越又不同於晋鄭。"徐氏的君臣倫理觀陳舊,但他充分肯定了《左傳》的文學性。

3. 1794 年 汪中《述學》六卷,學海堂刻清經解本,庚申(咸豐十年,1860)補刊本

每半葉 11 行,行 24 字。左右雙邊,白口,單魚尾。

汪中(1744—1794)著,其《春秋列國官名異同考》已著錄。

汪中認爲"傳據簡牘,務詳其事,經爲策書,必循其體",以此解釋《左傳》與《春秋》的不合,《春秋》和《左傳》各有其存在的價值。"書"與"不書"是史官記事之法,而非微言大義。用禮來講《春秋》書法,史書之書法原則來源於周禮,但衰世禮壞樂崩,孔子因周禮正《春秋》書法。謂《春秋》有通例,有變例,則不免一字褒貶。

《内篇·左氏春秋釋疑》力圖破除加於《左傳》的誣妄之辭,而謂"明周公孔子之道,莫若《左氏春秋》,學者何疑焉"。世人排斥《左傳》,大多是因爲"其失也巫"。《左傳》所書,不專人事,還另有五個方面的信息,曰天道、曰鬼神、曰災祥、曰卜筮、曰夢,但汪中指出,《左傳》言天道、鬼神、災祥、卜筮、夢等,皆未嘗廢人事。"鄭内蛇與外蛇鬭,内蛇死,申繻以爲妖由人興,人無釁焉,妖不自作。隕石於宋五,六鶂退飛過宋都,内史叔興以爲是陰陽之事,非吉凶所生,吉凶由人。由是言之,《左氏》之言災祥,未嘗廢人事也。"

汪中不僅指出《左傳》在上述五個方面未嘗廢人事,還進一步指出以上五個方面皆爲史官所記錄。"其在周官,大史、小史、内史、外史、御史,皆屬春官。若馮相氏、保章氏、眡祲,司天者也。大祝、喪祝、甸祝、司巫、宗人,司鬼神者也。大卜、卜師、龜人、菙氏、簭人,司卜筮者也。占夢,司夢者也,與五史皆同官。周之東遷,官失其守,而列國又不備官,則史皆得而治之。其見於典籍者,曰瞽史,曰祝史,曰史巫,曰宗祝、巫史,曰祝宗、卜史,明乎其爲聯事也。"從《周禮》記載看,祝宗卜史各有官職,在春秋時,雖有些官職不備,但亦有相應的祝宗卜史,故天道、鬼神、災祥、卜筮、夢等都由史官記錄,並非《左傳》虛構。

4. 1795 年 石韞玉《讀左卮言》一卷,乾隆六十年(1795)長沙官舍刻獨學廬全稿本

此爲鄭振鐸舊藏,獨學廬二稿卷一下鈐一印章:長樂鄭振鐸西諦藏書。每半葉 10 行,行 18 字,小字雙行,同。左右雙邊,黑口,單魚尾。

石韞玉(1756—1837)著,其《春秋論》已著録。此書用唐石經、宋本校《左傳》的脱衍。義理不專主《左傳》,旁涉《公羊》,説《左傳》附會,又説《穀梁》不可信;不用杜注,時採趙匡的意見。《讀左卮言》取信於《公羊》及唐人趙匡,顯示出作者的與衆不同。喜《左傳》的言辭,間有評論。

石氏對《左傳》義理提出反對意見,對爭議不休的問題,不單純從情感上反對,而是用考證説道理。如莊公元年《春秋》"夫人孫于齊",《左傳》:"不稱姜氏,絶不爲親,禮也。"歷來此句聚訟紛紜,作者遍考姜氏、文姜、哀姜,皆不見貶,證此姜氏不當爲貶,尤其與弑君的哀姜相比,此姜氏不當貶。《左傳》云"貶",是《左傳》"附會"。"不稱姜氏"應爲舊史"脱簡"。清人對《左傳》的某些義理,以其不合後人的倫理原則,持溫和觀點的認爲是後代附益,嚴厲的人排斥《左傳》,甚至連帶而及杜預。以"脱簡"解釋《左傳》的義理缺漏,雖不免主觀臆測,但試圖持客觀的審視視角,這在經學中,也是不多見的。

石氏反對斷絶母子情感。經學歷來爲當權者服務,母子關係屈從於君臣關係,君臣倫理可以凌駕於母子倫理之上。"絶不爲親",指魯人痛恨文姜私通齊襄公,卻使魯桓公喪命,故魯絶文姜之親,即不以文姜爲莊公之母而愛敬,反而斷絶她和魯國的關係。石氏顯然不讚成這種觀點。石韞玉與清初學者王夫之、馬驌等人一樣,重視血緣親情,清代《春秋》經學重申血緣親情,於此可見一斑。

5. 1842 年 倪倬《讀左瑣言》一卷,《叢書集成續編》影印昭代叢書本

每半葉 9 行,行 20 字。左右雙邊,白口,單魚尾。卷尾有壬寅三月(道光二十二年,1842)吳江沈枞惎跋。

倪倬,字雲莊,江蘇青浦(今屬上海)人。嘉慶五年(1800)舉人,官長洲教諭。著有《農雅》《四書典要》等。光緒《青浦縣志》卷二七、光緒《松江府續志》卷三七,皆載倪倬《讀左瑣言》六卷,入《昭代叢書》,只錄一卷。

漢以來儒者皆以《論語》之左丘明即《左傳》的作者,至唐啖助始謂《論語》之左丘明,乃非孔子同時人,推測左丘明如史佚、遲任一樣,是史家之流。《論語類考》謂傳《春秋》者乃楚之左史倚相,恭應旂又以左邱明為左史倚相之後。倪倬認為《左傳》的作者並非《論語》記載的左丘明,傳《春秋》的另有其人,但不可知。

《讀左瑣言》徵引明馮時可、楊慎、清惠棟、沈彤、陳厚耀等人的訓詁,採用陳樹華、阮元的校勘成果,利用《經典釋文》及宋本校勘,辨別句讀,疏通訓詁,而於音韻、地理、世系等專門知識並不精通。

《讀左瑣言》比較服虔義與杜注義。歃如忘,服虔釋"如"為"而",惠棟《左傳補注》亦云古"如""而"多通用,但倪倬採用杜注,忘,謂志不在於歃血。杜預《春秋釋例》將公子呂、曼伯、子元,與公孫閼、公孫獲等人列為雜人。倪倬稱公之子稱公子,公子之子稱公孫,《左傳》只記載了鄭武公之子共叔段、鄭莊公,於是推測公子呂、曼伯、子元必為鄭桓公之子。這樣的觀點缺少文獻依據。倪倬又稱臧文仲不可考,疑《左傳》有誤,對世系無所發明,自暴其弱點。

僖公二十八年《左傳》"楚子伏己而鹽其腦",建安本以"伏"字絕句,而岳本及淳熙本皆以"伏己"絕句,前一種斷句法,"己(已)"讀"以",後一種斷句法,"己"讀"紀"。《經典釋文》不云音"紀",則知當讀"以",而以"伏"字絕句。按正因"己"讀其本音"紀",《經典釋文》方不記其音,此句當以"伏己"絕句。襄公十五年《左傳》"鄭人醢之三人也",不以"之"字絕句,解"之"為"是","之"字轉音為"遮"(這)。"這三人",與近代漢語的表達方式相同,卻未必合於先秦語法。這樣的觀點有新意,但沒有統計全書用例,對先秦語言的發展階段亦知之甚少,未免流為臆斷。

沈楙悳稱倪倬《讀左瑣言》"辨訂諸家之誤,皆根據經典,至為精覈,以繼顧氏《杜解補正》、朱氏《讀左日鈔》、惠氏、馬氏《左傳補注》

之後,殆庶幾焉"。從現存一卷看,此語有過譽之嫌。

6. 1867 年常茂徠《讀左漫筆》十六卷,同治六年丁卯(1867)木活字刻本

每半葉 10 行,行 18 字。四周雙邊,白口,單魚尾,木活字。卷首有常茂徠自序。

常茂徠(1789—1874)著,其《增訂春秋世族源流圖考》《春秋女譜》已著錄。

自序云好《左氏春秋》,曾作《增訂春秋世族源流考》《春秋女譜》《春秋國都考》。大概在坊刻杜林(杜預、林堯叟)合注本上,採清代注家如顧炎武、焦循等人之説,稍加識斷。多字義、名物、地理的解釋,對林注多所更正。可知當時民間仍用林注,林注錯誤尤多,能糾正林注於一二,也能有益於時人。《讀左漫筆》內容上寵雜參差,識斷不高,於某些字義淺顯處不採前人注疏,反多臆説。其書之製作不可不謂精工,但爲普通讀物,能付諸梓印,只因多金。其子宦仕粵東,以是書作常茂徠八十壽辰的禮物。

七 《左傳》評點與科舉讀物

1. 1657年嚴啓隆《春秋傳注》三十六卷,《提綱》一卷,《續修四庫全書》影印國家圖書館藏康熙四十七年(1708)朱彝尊家鈔本

此爲朱彝尊家鈔本。每半葉9行,行17字。葉眉有評語,傳文之側有評點,小字書寫。卷首有康熙四十七年戊子朱彝尊識語、順治十三年(1656)丙申五月五日錢謙益致嚴生書信一封、順治十四年丁酉嚴啓隆自序、《春秋傳注提綱》一卷。卷尾有嚴民範康熙十七年(1678)戊午作《著書年譜述》。

嚴啓隆《春秋傳注》原名《春秋大聲》,爲舉業而作,專攻胡氏《春秋傳》。錢謙益曾去信,鼓勵嚴生改作,不盡爲科舉,而爲經義,即得是編。改作後稱《春秋傳注》,以之質諸錢謙益,而錢氏已逝。朱彝尊識語稱嚴啓隆明胡安國《春秋傳》之非,而不敢盡攻其"深刻"。

嚴啓隆(1605?—1661),字爾泰,號開止,浙江烏程(今湖州)人。明諸生,名在復社。甲申後杜門不出,專心著述。另著《巔斡子滄軒集》。

錢謙益自稱明遺老,致書嚴生,説明自己對宋元明春秋學的看法,表示讀《春秋》當破除棄傳講經之習氣,重視《左傳》及歷代注疏對經解的重要作用。"僕家世授《春秋》,兒時習胡氏《春秋傳》,麤通句讀,則已多所擬議,而未改明言。長而深究原委,知其爲經筵進講、箴砭國論之書。國初與張洽傳竝行,已而獨行胡氏者,則以其尊周攘夷,發抒華夏之氣,用以幹持世運……而非以爲經義當如是也。……《左氏》後出,立于劉,釋于杜,至孔氏而始備。迨于有唐之世,學者鑿空好新,咸欲捨傳以求經,于是入主出奴,三傳皆茫無質的,而《春秋》之大義益晦。元季有黄澤楚望者,獨知宗《左氏》以通經,以其説授之于東山趙汸。東山《屬辭》諸書,殆高出宋元諸儒之上,而惜其所謂'集傳'者,猶爲未成之書,擇焉而未詳也。本朝富順熊過有《春秋明志録》,援據賅博,而於彭山季氏杜撰不根之説,亦有取焉,則亦好新説之過也。私心不自量,謂當以聖經爲經,《左氏》爲緯,採集服杜已後訖于黄趙之疏解,疏通畫一,訂爲一書,而盡掃施丐、盧仝'高閣三傳'之臆説,庶幾《春秋》一經不至爲郢書燕説,疑誤千載。"錢氏評論了宋元時期幾種重要的春秋學著述,欲集衆注而求《春秋》之義,這與明末清初棄宋學空虛的學風相合。錢氏所提熊過(明嘉靖八年進士,1529)、季本(號彭山,1485—1563),皆明人,錢氏稱二者爲"本朝"人,蓋以明遺民自居。錢氏指出胡安國《春秋傳》"尊周攘夷"之説並非《春秋》本義,大抵是要廓清華夷之辨。在思想上,錢氏確實很爲清代統治者考慮。雖自稱明遺民,看起來更像清代的"貳臣"。

嚴啓隆據《左傳》,專攻胡氏,稱杜預《春秋經傳集解序》所謂"《春秋》之稱微而顯,志而晦,婉而成章,盡而不汙,懲惡而勸善",最得《春秋》之義。嚴啓隆的原作標榜爲舉業而作,改作《春秋傳注》,大抵删改了原作的程文體式,而改用傳注體式,而内容上,廢胡安國《春秋傳》,代之以《左傳》及杜注。嚴氏稱《春秋》稱族稱爵、稱人稱日,皆無義例。文公以前,政在諸侯,天下弑君之禍猶緩;文公以後,政在大夫,天下弑君之禍益急。《春秋》的重點在文公以後(主),文公以前則爲對照(賓)。將《左傳》看作一篇大的八股文,以八股文的結構看待《左傳》的結構。錢謙益希望嚴生去除舉業程文的框架,但《春秋傳注》仍然沿襲八股文的術語和思維,不能破除其流俗影響。

卷首有《春秋傳注提綱》,謂《春秋》是魯史舊文,孔子未曾修改。權臣執政,弑君弑父層出,權臣即天下大亂的根源。《提綱》重新揭舉《左傳》對《春秋》經義的重要作用,胡安國因文求義,而謂"《左氏》繁碎,不宜虛費光陰",這是尤其錯誤的。

《春秋傳注》卷首又附《諸國廢興原委》《諸國官制考》《諸國用人異制考》《大夫爲卿考》《晉中軍楚令尹考》《晉六卿八卿考》《大夫有諡考》《鄭人反覆考》《盟有載書考》《凡告有詞考》《〈左氏〉事實間

有可疑》《〈左氏〉説經之誤》《諸家彙論互有短長》《弑君》《逐君》《討賊》《賊見殺》《黨賊》等諸多條目,但僅存《大夫爲卿考》,其餘闕畧。從現存篇名,可畧知嚴生的治學傾向。嚴生關注《左傳》的官制、禮制等實學内容,而對《左傳》的經義,特別關注臣子弑君之罪,仍尊崇《春秋》"尊王"之旨。

《春秋傳注》取《左傳》之經文,以小字注釋,低一格加以評點、論述,申明自己的讀經主張,多摘取《左傳》之事而撮其梗概,附胡安國的觀點於簡端空白處。《春秋傳注》用《左傳》經文,排斥二傳之經文,如隱公三年"君氏卒",而不用"尹氏"。嚴生讀《春秋》,不講一字褒貶,主張縱貫史事,施加褒貶。如鄭莊公之罪,不能以"克段"一事而論,而當舉伐段、伐衛,合而觀之,與宋伐鄭、鄭伐周王室等一系列史事聯貫起來加以考察。胡安國往往從單文隻字中"咬"出褒貶之義,"即偏見,即杜撰"。

《春秋傳注》嚴飭君臣之義,凡弑君,皆爲逆賊,凡弑君之人,人人得而討之。大夫之惡,莫甚於趙盾。至於王室衰微,諸侯不朝,周王下聘,"此皆紀其實,而義自見,亦非作經之旨所深注意也"。諸侯不朝貢,王室遣使求金求賻,皆不貶周天子。淡化《春秋》華夷之辨,重新定義霸主。齊桓公合天下之諸侯,並非易事,齊桓公創業艱難,"正而不譎"。齊桓既霸諸侯,天下無一人敢弑君,皆因震攝於齊桓公殺哀姜之威嚴。楚莊稱霸二十餘年之内,海内無弑君之患,則是因爲懾服於楚莊王殺夏徵舒之威嚴。所謂霸主,不是爲"尊王攘夷"而存在,霸主的意義,在於霸諸侯,攝服臣子。不貶周天子,不貶霸主,反而褒揚霸主,這些都與胡氏《春秋傳》背道而馳。嚴生因楚莊王正君臣之義,故不以"夷虜"視楚國。這是宋以來春秋學的最大變局,故《春秋》義理中幾無華夷之辨,唯剩君臣之義。作爲明遺民,嚴啓隆並未在華夷之辨上有更深的糾結,而是自我調節,避免了與當朝者發生衝突。如果這種思想是錢謙益所授意的,則可見清初士人在思想上作出的調整,春秋學何去何從,前景不明。

《春秋傳注》本着史事實錄的原則,棄絶一字褒貶,故杜絶了宋儒議論中的深刻。《春秋傳注》捨棄了胡安國《春秋傳》貶天子及攘夷的思想，嚴生不貶天子，消泯華夷之辨，迎合了清代統治者的旨意。錢謙益鼓勵他著作此書，不是沒有原因的。作爲下層士人，嚴生關心天下秩序的釐定，對在下位者弑君弑父之罪嚴加排斥，以此規範君臣之義，而未有其他更高層面的反思。這也使他的議論少了一分深刻，多了一分平庸。

2. 1659 年金聖歎《左傳釋》一卷，唱經堂才子書彙稿本，乾隆九年（1744）刻傳萬堂本

《唱經堂才子書彙稿》十種之一。書名葉題"乾隆甲子重訂傳萬堂梓行"，乾隆甲子，指乾隆九年。有墨筆眉批圈點。每半葉 10 行，行 22 字，小字單雙行不等，行 21 字。左右雙邊，白口，單魚尾。卷尾有順治己亥（十六年，1659）春日《才子書小引》。

金聖歎（1608—1661），原名金人瑞，字聖歎，以字行。《左傳釋》爲金聖歎於親友家酒食游戲間所作，有"鄭伯克段于鄢""周鄭交惡""衛州吁弑其君完""陰飴甥對秦伯"等篇。評點注重連貫而下的語氣，立足於把握整體，如以"初""遂"二字評"鄭伯克段于鄢"章的貫穿、呼應。講《左傳》文脈貫通，確立一條敘事主線，將敘事中的解經語視爲極忙之中的"閒筆"，一併欣賞，將追敘等文字當作"閒筆曲折"。注重在文字的披尋中發現人物性格，於言辭的背後識其本心，於片言隻字中揣摩人物内心，乃至篇章主旨，如"曰自獎，實獎之，便見紙上祭仲眉毛都動"，"'愛共叔段，欲立之'七字，反而便是'廢莊公而殺之'六個字"，"曰西鄙北鄙，不是寫太叔作孽，全是莊公心地，寫彼人物而令此人分外出色"，此等議論，可謂識透隻字，讀書不可不謂細。

3. 1668 年魏禧《左傳經世鈔》二十三卷，彭家屏參訂，乾隆年間刻本

每半葉 9 行，行 21 字，小字雙行，同。左右雙邊，白口，單魚尾。卷首有彭家屏乾隆十三年（1748）序、魏禧自序、凡例。成書於康熙七年（1668）。

魏禧（1624—1680），字冰叔，號裕齋，江西寧都人。世稱魏叔子。魏禧生逢易代之際，親歷甲申之變，覺"制科負朝廷如此"，痛恨八股文無益於世務。順治四年（1647）棄舉業，始爲古文辭。隱居授徒，與兄魏際瑞、弟魏禮俱以古文名世，並稱"寧都三魏"。

彭家屏序認爲《左傳》是否傳《春秋》不得而知，但《左傳》備載春秋時期"奇人偉士、權奇倜儻之用，與天時人事之變"，而明末士大夫卻罕有此類奇偉之人，他們"不能遠稽近考，核其成敗是非之上，以求其設心措置之委曲，一旦當大疑，任大事，危難震撼之交乘，張皇迴惑，莫展一籌，儒術之迂疏，世遂以群相詬病，豈非不善讀書之過哉？"魏禧《春秋左傳鈔》即以《左傳》爲根本，引以爲士大夫身心德性之助，與行爲舉止之誼，此即《左傳》經世之用。彭家屏公餘之暇，評點其書，並增訂凡例，從魏禧的後代那裏得其舊板全本而重爲之刊刻。

魏禧《左傳經世鈔》自序云讀書所以明理，明理所以適用，讀書全爲經世。以《左傳》爲史之大宗，認爲"古今御天下之變備於《左傳》"。古之士大夫身當世變，莫不有"精苦之志，深沉之畧，應猝之才，發而不可禦之勇，久而不回之力"。閱讀《左傳》，從大處着眼，就是在二百四十二年的歷史中，尋求世變之中用以濟世的志、才、勇等節操；從小處着眼，讀《左傳》，亦能得爲人處世的經驗。《左傳》經世之用，魏禧尤其關注《左傳》兵法，魏禧稱"（《左傳》）兵法奇正之節，司馬穰苴、孫吳以下不能易也"。《左傳經世鈔》將《左傳》分成若干叙事單元加以擬題，隨文注釋，最後暢衍《左傳》經世之義。全文加圈點，亦評及文章的章法，評語置於簡端，或以小字附着於正文之旁，涉及疊字、參差、整齊、變化之法，分量不多，並無特色，篇尾時或論文。

卷首有彭家屏所訂凡例。彭家屏對魏禧舊刻《左傳經世鈔》做了格式上的統一，內容亦做了調整。舊刻引杜預注、林堯叟注，而前後顛倒，彭氏刻本則嚴分先後。舊刻魏禧評語時而在前代諸家之前，彭刻按時代重新排序。魏禧及兄弟、弟子、友朋的評論，依文義的遠近安排順序。聲稱《左傳經世鈔》僅論事，而不論文，選取有關於世務者，鈔撮而評論之，如有一二涉科舉評點，則作刪削，實際上並未刪盡。注釋中的地名，統一替換以今名。

魏禧評點《左傳》，傾向於從歷史的回味中，提煉出身爲臣子，爲國爲家、爲人處世的道理。從共叔段與鄭莊公的交惡中悟出人生哲理，"古今以父母偏愛而啓兄弟之釁者多矣"。評價君王事，"（鄭）莊公此等作用，若施於正事，爲君父報讎，爲民除害，則其去石碏者幾何？所謂兵賊同一刀者，此類是也"。評晉曲沃之事，指出"無生民心"四字，有"絕大道理"。評石碏大義滅親，"作如此驚天動地事，而後謂之純臣。蓋人臣爲國，有一毫身家子孫之見，一毫功名利害之見，一毫固執偏私之見，便是夾雜。夾雜一分，便損卻一分忠矣"。

石碏勸誡衛莊公不要驕縱州吁，有此心則必能對自己的兒子慈愛，但石碏殺了兒子，説明石厚叛意已絕，慈父已不能約束。石碏既有對君的"忠"，同時又有對兒子的"慈"。魏禧通過推理得出一個既忠且慈的石碏，雖然有虛構的成分在内，但是可看出魏禧並不熱衷於宣揚爲君之忠便可以隨意殺子的道德。歷來評點姜氏，對她助共叔叛亂一事，頗多貶辭，但《左傳經世鈔》指責鄭莊公黄泉之誓，母子道絕，人倫大變，而對姜氏無貶辭。故《左傳經世鈔》雖講君臣，但同時講父子（母子），旨在維護家庭、社會倫理，以期對"爲人臣者"的立身處世發生影響。自漢以來，經學話語體系裏，只有君臣，沒有父子（母子）、兄弟，這種思想愈趨强化。而到清代，《春秋》經學仍以"尊王"爲號召，但不以尊尊害親親，魏禧的《左傳》評點顯露出清代民間學者的倫理準則。

《左傳經世鈔》不認同《左傳》的義理，如鄭伯伐許之後，"君子曰"評價鄭莊公"於是乎有禮"，《左傳經世鈔》認爲鄭莊公確實爲鄭國子嗣考慮，但達不到"經國家，序人民"的高度，《左傳》作者只計利害，是個學術陋劣的人。《左傳經世鈔》講"義利之辨"，論齊桓公正而不譎，晉文公譎而不正，宋襄公假道學，這些議論都承繼了宋學。《左傳經世鈔》倡揚《公羊》復讎説，尤其是小國不畏强敵，復大國之讎，難能可貴。

《左傳經世鈔》在潁考叔與子都爭車一事上的評論，與衆多經學家迥異。爭車本小事，最終潁考叔登城而子都暗射一箭，超出人的預想，而鄭莊公處分不力，不僅沒有當面制止爭車，暗箭事後也未施以處罰,所以鄭莊公"失政刑"。魏禧認爲,潁考叔與子都爭車,於理可通,未可過分責備潁考叔不遜。自漢晉以來,經學盡爲"尊王",鮮少批評鄭莊公,但《左傳經世鈔》顯露出不一樣的評論視角,肯定鄭國大夫潁考叔爭車的合理性。

鄭國兵車懼怕戎師徒兵,公子突利用戎兵"勝不相讓,敗不相救"的特點,擊敗戎師,魏禧借此講兵法"兵莫如步强也",後世不能發揮步兵之長處。又用藏果和尋果的故事比喻用兵之奇,論及戰前需要充足準備。從這裏可以看出書生紙上談兵之旨趣。

魏禧放廢山中二十餘年,著成此書,以之講授門人。他不滿意於《左傳》長久以來被用作"文辭篇格"之助,人若以此自矜,則不足貴。魏禧希望門人讀古人書,因循而變通之,坐可言,起可行,將書本知識落到實處。

4. 魏禧《兵謀》一卷《兵法》一卷,道光間沈氏世楷堂刻昭代叢書本,民國八年(1919)重修

每半葉9行,行20字。左右雙邊,白口,單魚尾。

魏禧(1624—1680)著,其《左傳經世鈔》已著録。《兵謀》《兵法》之後均有道光二十四年(1844)沈楙惪跋。兵謀和兵法一不可見,一可見,不可不細爲區别。魏禧認識到這點,謂"法而弗謀,猶搏虎以挺刃,而不設阱也;謀而無法,猶察脈觀色而亡方劑也"(《兵謀》卷首自序)。魏禧整理出《左傳》之兵謀三十有二,兵法二十有二。大致每一戰爭都有一個或數個名目,徒有名目之勝,並無兵家謀署之實,可見爲文人紙上談兵之趣。作者將《左傳》衆多戰役作兩兩排比,用整齊的對偶語句出之,文章雕琢痕跡尤重,沈氏説"先生以文法言兵,以兵法作文"(《兵法》跋),是爲篤論。

5. 1669年王夫之《續春秋左氏傳博議》二卷,船山全書本,嶽麓書社,2011年

康熙八年(1669)作。卷尾附録《楊樹達省志藝文志初稿》《續春秋左氏傳博議編校後記》。

王夫之（1619—1692）著，其《春秋家説》《春秋世論》《春秋稗疏》已著録。

明亡後，王夫之隱居衡山，民間有人向他學《春秋》。爲了幫助學子學習，王夫之仿吕祖謙《東萊左氏博議》，撰作《續春秋左氏傳博議》，希望有益於舉業。《續春秋左氏傳博議》擬若干標題，開篇即議論。王夫之縱論天下事，不過引《左傳》及歷史典故作引證而已。

王夫之雖然希望助讀書人習舉業，其本意如此，但《續春秋左氏傳博議》的議論詭奇憤激，對春秋時的禮多所批判，表達自己的態度，不一定與清代科舉考試的標準相同。如論宋伯姬以婦人執女之道，待姆不至而死於火災；晏子以大夫而用士禮執親喪，均執禮過厚、過嚴，皆失禮。紀梁妻只問君而不問父，自來經學稱頌該女子以君爲重，又聲稱女子不干社稷之事，故問而退。王夫之認爲問君不問父，有悖人之常理，女子不干社稷，則是偏見。不讚成《左傳》寫夢，如晉景公夢厲，這開啓了佛家報應之説。《左傳》先浮屠而談報應，是爲一失。

《續春秋左氏傳博議》謂言行是君子之樞機，激勵士人情操，慎言行，防微杜漸（《師曠論衛侯出奔》）；做老成持重之人，莫圖一時之痛快，妄議生事：“國家之患，莫大於新進之士妄徼生事，勞民罷國，快其血氣之勇，而以自衒其功名於時。黄髮遺老秉持重之義，裁抑以弗使其逞，則國與民猶賴以小康。”（《宋子罕削向戌之賞邑》）討論國家之興亡：“禍之將發，天下具知之，而唯昏庸之主弗覺，斯其所以爲必亡之主也；其或覺之，而積弱者又困於人心之離而無以自免，斯其所以爲必亡之國也。非必亡之主而成必亡之國，其失在綱紀之不立。”（《崔杼伐我北鄙》）頗有影射明末君臣之義。這樣的議論確是就時事而發，足以振聾發聵。

王夫之不滿意於《左傳》的叙事方法。“宋殤之弑，華督援馮之篡也，而記之以目送孔父之妻；魯閔之殺，慶父報叔牙之戮也，而記之以公傅奪卜齮之田；同括之殺，趙盾弑君專國而衆疾之也，而記之以趙嬰之逐；陽州之孫，魯公弗忍季氏之積僭也，而記之以鬥雞之介……”（《晉殺趙同趙括》）此皆捨其大而取其小，掩蓋了事實真相。

6. 1676年姜希轍《左傳統箋》三十五卷,《四庫全書存目叢書》影印中國科學院圖書館藏清康熙十五年(1676)刻本

每半葉9行,行21字,小字雙行,同。四周單邊,白口,單魚尾。卷首有康熙丙辰(十五年)姜希轍《左傳統箋序》《左傳統箋凡例》。

姜希轍(1624—1698),字二濱,號定庵,浙江會稽人。崇禎十五年(1642)舉人,入清後官至禮科都給事中、奉天府丞。歸鄉後,立宗祠義學,講習禮教。著有《兩水亭餘稿》。姜希轍久近官場,通曉廟堂典故,引疾歸里後,老成宿學如黃宗炎、蔣平階、毛奇齡輩,皆館於家,論文講學,主盟藝林,四方之士趨之。

姜希轍謂清初左傳學興盛,但僅學其文辭以資科舉之用,非關經義。"近代,三尺童子無有不言《左氏》者矣。然今人之習《左氏》,則與古殊。古人習之以通經義,今人習之以資文筆。"姜氏肯定了這種做法無可厚非,他主張除《左傳》文辭之外,還應知句讀和訓詁,杜注、孔疏、杜堯叟注,皆功不可没。宋有朱申(魯齋)著《左傳句解》,文辭俚俗,適合幼學,但《句解》惟舉叙述之篇,而"啼笑可親者,委而棄之,事之纖曲,畧而不詳"。姜希轍爲便於讀書人觀覽《左傳》,以利於科舉,增加了更多的《左傳》傳文,而成《左傳統箋》。

朱申《左傳句解》對《左傳》删削甚多,而《左傳統箋》所錄傳文倍於《句解》。《左傳統箋》只討論《左傳》的文辭,不錄《春秋》經文。取《左傳》相對完整的叙事段落,隨文注釋,用杜注、孔疏、林注及朱申之辭,均不注明出處,篇末附朱申及姜希轍自己的意見,或點評文章之法,或發抒議論。《四庫全書總目》稱《左傳統箋》"循文衍義,所據者特杜預、林堯叟、孔穎達三家,參以朱申《句解》。其所引證,又皆不標所出,猶沿明季著書之習",是爲確論。

姜希轍《左傳統箋》的訓詁不精,仍襲孔疏之誤,釋"寤生"爲"武姜寐時生莊公,至寤乃生"。選取了更多的《左傳》叙事,對《左傳》的義理並不看重,云:"《左氏》設君子之言以論斷,然多淺陋,不能折之以正大之理。今姑存之,以備一家之言。"《左傳》的書法、"君子曰"議論穿插在叙事之中,姜希轍稱《左傳》文筆之妙即在叙事、議論交錯,此爲千古作文之法,司馬遷、班固、唐宋古文家往往仿效。周鄭繻

葛之戰，鄭雖凌犯天子，但鄭大夫子元的謀劃極好，《左傳》的文辭亦好。"《左傳》深知兵法，其言戰陣之事窮極工巧，咸中機宜，自古韜鈐之書無及此者。"這些議論撇開了義理，專論文辭和兵法，兵法亦是當時文人之意趣。

宋宣公讓位於弟，作者感嘆商周之世王位繼承法的變遷："有商一代，弟承兄祚者，比比而是，史遷《本紀》可考，而商未嘗以此致亂，豈商道近古，父子兄弟之倫無分厚薄，而爲人君者不必私其所出，斯大道之公耶？自'傳子'之説定，而護國諸賢如子臧……季札之流，往往釀禍。蓋世風日下，雖盛德之事，亦有所不可爲乎？迨其後也，趙宋金縢之事抑又甚焉。魯齋居正之論，殆爲後世立之程也。"朱申（魯齋）"居正"之論實際上來源於《公羊傳》"君子大居正"的思想。君子大居正，即立嫡以長不以賢。姜氏不問朱申理論的出處，只知其一不知其二。宋宣公、子臧、季札讓賢，反而招致社會大亂，故姜氏支持立嫡以長不以賢的制度。商代多兄讓位於弟的事例，而春秋時這種制度已不再適用，姜希轍以"人情之變"解釋君位繼承制度的演變，尚欠深刻。

衛石碏設好計謀，當石厚陪同州吁前往陳國之時，便策劃殺石厚，《左傳》稱石碏是"純臣"，姜希轍認爲石碏以君臣之義絶父子之親，對大義滅親的"純臣"石碏提出批評，這在經學史上頗爲罕見，但這與清初以來春秋學提倡"親親"的思想頗爲一致。

7. 1688年儲欣、蔣景祁《春秋指掌》三十卷，卷前二卷，前事一卷、後事一卷，《四庫全書存目叢書》影印北京大學圖書館藏清康熙二十七年（1688）天藜閣刻本

分上下兩欄。上欄每半葉10行，行24字，小字雙行，同。錄經文及前人傳注。下欄錄評點。左右雙邊，黑口，單魚尾。卷首有康熙二十七年春王正月成克鞏序、康熙二十七年戊辰仲冬張希良序、《發凡》。

成克鞏序言自宋慶曆以來，科舉考試《春秋》一經的命題大多割裂、附會，讀書人競新炫異，棄經以從傳，甚至捨傳而從意。清代科舉

考試有所變動，不從傳中人物、史事出題，但就傳中經義出題。科舉考試變動已二十年，但民間仍用昔時講章。講章不合新制，讀書人無章可循，而坊間射利之書乘間而起。儲欣、蔣景祁之著作即爲此而作。

儲欣（1631—1706），字同人，江蘇宜興人。康熙二十九年（1690）舉人，著《在陸草堂集》六卷。蔣景祁（1644—1697），字京少，江蘇宜興人。康熙十八年（1679）舉博學鴻詞科，官同知，著《東舍集》。

作者在《凡例》中對明代馮夢龍《麟經指月》《春秋衡庫》等春秋類科舉書目有過重點評價，認爲《春秋衡庫》與其雜引諸書，不如將重點放在《春秋》三傳之上。稱《麟經指月》"擇題嚴"，即書中設置的文題經過嚴格甄選，有助於科舉考試。《春秋指掌》卷前錄馮夢龍輯《列國始末》。

《春秋指掌》以大字書寫《春秋》經文、胡氏《春秋傳》《左傳》，其他文獻如《公羊》《穀梁》，以小字附錄於其下，以示尊經、尊胡氏《春秋傳》和《左傳》之義。重視胡氏《春秋傳》，是因爲科舉功令繫於此，重視《左傳》，則因其曉暢本末，無《左傳》，《春秋》經無以濬發。《春秋指掌》對前人經説，一切苟簡，獨於《左傳》編輯特詳，只捨棄那些"不重要"或文詞"不佳"的段落。而《公羊》《穀梁》用小字書寫，與《左傳》相合的不載，只擇取那些文采較盛的段落附綴於後。《春秋指掌》卷尾有《前事》一卷、《後事》一卷，錄《國語》之文補《春秋》之前事，錄《左傳》"小邾射來奔"以下諸事，以補《春秋》哀公十四年獲麟之後事。

《春秋指掌》在《春秋》條文之下，剌取胡氏《春秋傳》和《左傳》之文題，其後附可出之文題，並示之以八股比合之法。如"克段"與"立晉"可成一比。"鄭伯克段"的史事中，潁考叔純孝，而在"衛立晉"的史事中，石碏純忠。潁考叔與石碏一純孝，一純忠，此可謂"合"。鄭伯"克段"亦可與桓公五年齊侯鄭伯"如紀"組成一比，克段有意"翦弟"，如紀則意在"謀小"。"翦弟"一事，可論"王政以善養人"，"謀小"一事，則寄寓"王者興滅繼絶"之義。如是，《春秋指掌》利用《左傳》史事，發掘其經義，形成比對，而其經義，一以胡氏《春秋傳》爲宗。《春秋指掌》是科舉考試指導用書，相較評點類書籍，《春秋指掌》在八股文的題材與製作方面更爲具體。

《春秋指掌》除徵引《左傳》之外，徵引胡氏《春秋傳》亦頗詳，對胡氏《春秋傳》未有補正，"夏時冠周月"之說亦在徵引之列，且引馮夢龍《麟經指月》暢衍之。作者在"春王正月"之下列舉若干可出之文題，皆以"行夏之時"爲意。自南宋以來，不斷有學者辨正胡安國"夏時冠周月"之謬誤，而科舉讀物並未參考這些學者的觀點，由此可見科舉讀物的知識落後於學者研究。

8. 1689年盧元昌《左傳分國纂畧》十六卷，康熙年間刻本

每半葉10行，行22字。四周單邊，白口，單魚尾。前有康熙二十八年（1689）盧元昌《左傳分國纂畧叙》、隨庵《纂例》、《盧文子評閱左傳分國纂畧目次》。

盧元昌（1616—?），字文子，署名隨庵，華亭（今屬上海）人。明諸生，其時文選評風行於世。因奏銷案而削籍，晚年以制義課孫。另著《杜詩闡》三十三卷、《明紀本末國書》不分卷。

陳振孫《直齋書錄解題》載《春秋二十國年表》一卷，不知何人作。盧元昌所見《春秋年表》，亦錄二十國史事：周、魯、蔡、曹、衛、滕、晉、鄭、齊、秦、楚、宋、杞、陳、吳、邾、莒、薛、許、小邾，但這二十國分爲九集，秦國附綴於晉，不另分集，蔡、陳、許附楚，莒合併入齊，邾和小邾並入魯，杞、滕、薛、曹，皆只有一二條錯見於晉、魯，均未另分集。盧元昌《左傳分國纂畧》仍分爲九集，依據《左傳》事實，按照周、魯、晉、鄭、衛、齊、宋、楚、吳的順序，分國纂輯，紀事本末，以期有益於經義。

《左傳分國纂畧》仿明松江府知府方岳貢（號禹修）《國瑋集》的體例，分國而錄《左傳》之文，改變隨文夾註的方法，將文中注釋置於葉眉處，簡單解釋人名地名。正文雖無夾註，但是在大字旁加小字表示議論，又在段落結尾，以小字雙行加以評點。《左傳分國纂畧》不滿意於《左傳》將周與鄭並列，哀嘆周天子自失禮義，有不朝者，即當

率諸侯討伐。閔公元年冬，齊仲孫湫來省難，作者提出"人得禮而立，國有禮而固"的觀點。魯襄公十二年，靈王求后于齊，齊侯問對於晏桓子，觀晏桓子所對，知齊婚俗守禮，並非如《齊風·著》篇那樣，盡知誇詐。魯昭公十一年，單子會韓宣子于戚，於此引申"君子貴養氣"的觀點。魯昭公十八年秋，葬曹平公，引出漢代霍光、宋代寇準史事，論臣子學經以致用之理。大抵就《左傳》敘事而提煉主題，以爲科舉考試之助，談論古今，歸之於一定的主旨，這是《左傳》評點的慣常模式，與科舉考試密切相關。

《左傳分國纂畧》掇拾《左傳》文辭華贍的段落，以爲作文範式。自云《左傳》以文勝，不應以其人其事之"劣"而廢其文。《左傳》之文，篇章繁簡各臻其妙，累百行不厭多，兩三行不嫌少。

作者讚同《左傳》對魯季氏的態度，"季氏不亡，則魯不昌"。而哀公以越伐魯，謀去季氏，爲不智之舉。魯國守禮，故後亡。齊桓公因魯難而欲取魯，齊國的霸主事業，如封邢救衛，盡顯虛僞。秦伯生前不忍殺孟明，死後以三良爲殉，則秦嬴固有殘暴之基因。《左傳分國纂畧》不以《公羊》《穀梁》闡說義理，憑一己之議論成書，或可見出清初《春秋》科舉考試義理闡釋的動向。

9. 1689年馮李驊、陸浩輯《左繡》三十卷，道光十二年（1832）新刊步月樓二刻《左繡》原本

康熙二十八年（1689）陳貽穀撰作《左傳嘉集》時，《左繡》即已刊行，故置《左繡》於《左傳嘉集》前。《左繡》撰作時間的下限在1689年。

馮李驊，字天閑，浙江錢塘（今杭州）人。諸生。

一函八册，兩函十六册。此書分上下兩欄，上欄爲馮李驊評注，小字，行15字。下欄爲《左傳》全本，包括經傳文及杜注，每半葉8行，行20字，小字雙行，同。左右雙邊，白口，單魚尾。有朱筆圈點。卷首有康熙五十九年（1720）朱軾序、馮李驊之師張德純序，《杜氏經傳集解原序》《刻左例言》《讀左卮言》《春秋時事圖説》，附《春秋三變説》《列國盛衰説》《魯十二公説》《周十四王説》等論文四篇。

朱軾稱《左傳》文章也,非經傳也。"《春秋》主常,而《左氏》好怪,《春秋》崇德而《左氏》尚力,《春秋》明治而《左氏》喜亂,《春秋》言人而《左氏》稱神,……近莊、列詭譎之風,啓戰國縱橫之習。"朱氏推測《左傳》作於定哀之後,某個絕世雄才不獲逞志,借題抒寫以發其輸困離奇之概,《左傳》的視角、觀點與戰國時期的士階層密切相關。這個推測不落俗套,又給人以啓發。《左傳》雖非經傳,但春秋時各國史記毀於秦火,後之人欲觀《春秋》之義,必據《左傳》之事,即便胡安國《春秋傳》議論精詳,亦不能捨棄《左傳》。治《論語》《孟子》等四書之學,亦不能捨《左傳》而他求。朱氏自稱有左癖,喜《左傳》文之雄深雅健,變幻高華,但恨無人能統括全書,指點其文。

《左繡》對《左傳》經傳的注釋,採用杜注及林注,經義參訂孔疏及顧炎武《左傳杜解補正》,未及劉歆、賈逵、服虔、啖助等人的經說,作者尚因此而遺憾。《左繡》參考的前代文章學著作尤多,如呂祖謙《東萊左氏博議》、真德秀《文章正宗》、黎東海輯《春秋左傳諸集》三十一種,徐與喬(字揚貢)《初學辨體》、汪南明《節文》、金聖嘆《才子必讀書》、孫執升《山曉閣左選》、吳震方《朱子論定文鈔》、林云銘《古文析義》、姜希轍《左傳統箋》、坊刻孫鑛,鍾惺評本、唐順之《文編》、茅坤《三史》、王錫爵《左選》、張崑崖《左傳評林》、唐錫周《左傳咀華》、王源《左傳練要》(當為《左傳評》)、俞寧世《左選》等書。《左繡》勉力蒐輯康熙朝所能見的《左傳》評點學著作,一一加以檢閱,其中不乏宋元以來文章學的典型之作,但也有些著作不被文獻所記載,今已失傳。《左繡》擇前人評點學著作加以摘錄,補評點之未及,更正諸評點之未合者。陸浩是馮李驊同學,有左癖,將其平日評點,全部送給馮李驊,並幫助馮李驊編纂此書。

《讀左卮言》申明不論《左傳》的經濟學問,專論《左傳》的篇法作意。專論《左傳》之文,但不以文盡《左傳》。朱軾稱《左傳》之文不拘一格,未有成法,但馮李驊的評點,不僅點明作文的主旨、篇法,還詳細分析章法、句法、字法,名目繁多,都冠以"法"的名字。《讀左卮言》云:"自來選《左》讀《左》,不外詞調、故實兩項。即有標舉章法、句法、字法,稱為奇奇妙妙者,但言其然,而不言其所以然。又或約指大端,而遺其委曲;或細分句節,而不露全神。……僕深惜《左氏》妙文千載埋没,不憚備加評注,先論全旨,次分大段,又次詳小節,又次析句調,務令完其本來,獨開生面,要爲初學撥其雲霧,指其歸趣。"

《左繡》論《左傳》的篇法:"最重提應。或單提,或突提,或倒提,或原提,或總提,或分提;或直起不提,卻留於中間,以束爲提,乃是變法。或順應,或倒應,或分應,或總應,或正應,或反應,或借應,或翻應,或明應,或暗應;或應過又應,或不應而應,亦是變法。"全是八股文詞彙。至於《左傳》的敘事之體,則有正敘、原敘、順敘、倒敘、實敘、虛敘、明敘、暗敘、預敘、補敘、類敘、串敘、攤敘、簇敘、對敘、錯敘、插敘、帶敘、搭敘、陪敘、零敘、複敘、夾敘、駕敘、代敘、滾敘、提敘、結敘等二十八種敘事方法,亦是八股文的套路。《左繡》將經文與傳文的間隔也當成某種敘事法加以欣賞(駕敘),未免死於字下。二十八種敘事法瑣細而無實際内容,有人譏其"以時文爲古文",殆是實情。作者宣稱所評《左傳》文法皆自《左傳》自身流出,所謂二十八種敘事法完全爲迎合科舉考試而設,怎麼可能是《左傳》本有之義。清初爲了改善八股文,而取徑史傳,以古文爲時文,其用意是用古文提升八股文,同時,古文評點亦受八股文篇法的影響。

《左繡》提倡文本細讀的方法。《讀左卮言》云:"《左傳》須一氣讀,一氣讀方能徹其全神;又須逐字讀,逐字讀方能究其委曲;須參差讀,參差讀則見其錯綜之變;又須整齊讀,則得其裁剪之工;須立身局外讀,立身局外,以攬其運掉之奇,而後不爲其所震;又須設身局中讀,設身局中以體其經營之密,而後不爲其所瞞。持此法以得當于《左氏》,以之讀盡古今秘書,直有破竹之樂耳。"所謂立身局外,指篇法結構的系統分析;設身局中,當指洞悉事件的前因後果。

作者指出《左傳》散中有整,且往往以整御散。《左繡》於《左傳》古文中尋繹散中有整、相反相成的對偶,以作八股文之助。《讀左例言》稱《左傳》事類最多,有相似者,有相反者,有相對者,有相錯者。作者作《左貫》二册,即將《左傳》的"故實"按八股文的作文方法整合一遍,這種做法在當時是普遍常見的。

《左繡》時文章法過於瑣細,但是《左繡》從篇幅大處論《左傳》線索卻很討好;《左繡》的人物評點,以及細讀文本而產生的賞析段落,時時被人提及。如《讀左卮言》:"《左傳》大抵前半出色寫一管仲,後半出色寫一子產,中間出色寫晉文公、悼公、秦穆、楚莊數人而已。讀其文,連性情心術、聲音笑貌,千載如生,技乃如此。""《左氏》有絕大線索。于魯則見三桓與魯終始,而季氏尤強;于晉,則三晉之局蚤定于獻公之初;于齊,則田齊之機,蚤決于來奔之日。三者爲經,秦、楚、宋、衛、鄭、許、曹、邾等,紛紛皆其緯也。"不得不說,《左繡》作者的文本細讀,仍然受宋學影響,如論齊桓正而不譎,晉文公譎而不正:"傳于晉文寫來獨詳,然其鋪張神王(應當爲主)處,都暗暗露出詐僞本色。齊桓則老實居多,又生平全虧管仲提調。而管氏亦都不甚鋪排,只一寫其救邢,一寫其服楚,一寫其辭子華,一寫其受下卿而已。"

坊間盛行的《左傳》杜林合注本有錯誤,所附孫鑛、鍾惺等人的評點太過疏畧。《左繡》取杜林兩家之注而訂正之,取清代評點而擴充之,文字不作刪削,說經之語亦細爲之講論,其篇幅勝過足本。當時習舉業之人,皆認爲讀史而見識廣,《左繡》則置十四篇史論,論及十四個國家,且將春秋史事大致搜羅,其史評史意尤可注意。《左傳》文辭華美,則置大幅評點以見其繡。前人評點《左傳》,不過標舉事實之臧否,行文之奇正,《左繡》則於章法、句法、字法,無一不備。《左繡》在多方面滿足了當時讀書人的期待視野,故流行久遠。

10. 1692年陳貽毅《左傳嘉集》四卷,闕卷二、三及卷四前半部分,上海圖書館藏稿本

《左傳嘉集》康熙二十八年(1689)己巳冬草創始就,康熙三十一年壬申成書,共四卷,計175葉。鈐印"退一步好""得此費辛苦後之人其鑒我""仲漁""海甯陳氏向山閣圖書""錦""陳貽毅印""履豐一字我齋""鱣讀"。卷首有《左傳嘉集序》《凡例》。

陳貽毅,浙江海鹽人。康熙朝貢生,官長亭場鹽課司大使。

作者認爲《左傳》懲惡揚善,記載廣博,學《左傳》能開闊眼界。

況且《左傳》是文章之鼻祖,得其一體,皆足名家。陳氏病時人點評《左傳》,或繁蕪穿鑿,或疏忽簡畧。"凡例"點明選文的標準,字新而句異、局整而法變、事幻而文奇,皆在選擇之列。文風類似、重複的,取其一,過短或過長的,均不錄。體例上,《左傳嘉集》改變夾註的形式,認爲夾注雜亂,讀起來文氣不暢,不能體會《左傳》文章的結構,故每篇必劃分爲幾個小的段落,每段之下作總注。杜注高古簡潔,而林注語意繁雜,多不取。將注放置選文之後,既照顧了文氣,又使讀者一目瞭然,知《左傳》結構上的呼應、以及起句住句、仗句應句之妙。使用多樣的標點,標示文之主意、眼目、案、結、閒情、點綴、句法、字法等等,使用一整套八股文寫作的術語,應是當時科舉讀物的常見內容。

陳氏自認爲《左傳嘉集》無繁冗穿鑿之病,亦無疏忽簡畧之虞。陳氏貶《左繡》穿鑿俚鄙,故只取其明切者。陳氏稱《左繡》"穿鑿",大抵是認爲《左繡》所揭示的《左傳》義法,變化無窮,不勝其變,無由捉摸,故而有穿鑿之譏。去除了變化,《左傳嘉集》剩下的不過是八股評文的框架,缺少生機。《左傳嘉集》有助於界定《左繡》的成書時間。早在康熙二十八年,《左繡》即已風行於世,成爲當時《左傳》評點不可忽視的著作。

陳氏論《左傳》記載鄭莊公後悔置姜氏於城潁,《左傳》不滿莊公之意在無字處。可見清代春秋學在"尊王"之外,頗爲重視母子之親情。

11. 1697年徐金甌《春秋正業經傳刪本》十二卷,《四庫全書存目叢書》影印華東師範大學圖書館藏清康熙三十七年(1698)受中堂刻本

每葉分兩欄,上欄錄評點,下欄錄經文及傳注。下欄每半葉12行,行18字。四周單邊,白口。版心題"受中堂"。卷首有康熙三十七年戊寅夏四月望日張希良序、康熙三十九年季冬月長至前五日姜橒序、康熙三十六年丁丑春日會稽魯德生序、康熙丁丑正月徐金甌自序、《春秋正業例言》。

徐金甌，字枚臣，浙江上虞人，以工詩能文稱。

《春秋正業經傳刪本》爲科舉考試而作。清以五經取士，唯《春秋》未有成書，只有明代流傳下來的《春秋大全》而已，已不適用於清代。一遇到《春秋》考題，考生則不知所措。故有人編《春秋定本》，薈集諸家之說。此書序者張希良亦曾作《詼約》一書，以期速售，與徐金甌作《春秋正業》不謀而合。清代科舉用書經常隨取所需地刪節經傳，不求完備。張希良序稱學者窮經、著書，當爲"舉子津梁"，爲參加科舉考試的讀書人考慮，不必賅綜五傳，暗誦全經。張氏比喻徐金甌此書爲"舉場之秘寶"。張希良是浙江學政，曾任順天、浙江主考、翰林院侍講，而作如是之論，可知當時風氣，習舉業之人甚少習全經，只是讀誦片斷而已。

姜橚序不滿意讀書人只能讀刪節本經書。清代讀書人各治一經而兼通四書，皆奉宋儒之經義爲宗。舉業書，常刪汰經之繁而標舉其大旨，場屋命題之所未及者，讀書人或終身未嘗讀誦，而"苟且之見，謬悠之說，穿鑿破碎之論，深入於肺腑而不可救藥"，故經書亡，舉業亦亡。姜氏悼經學之榛蕪，欲一舉掃除而廓清之。姜氏稱徐金甌《春秋正業》沒有時弊，與世俗舉業書不同，實則自欺欺人。徐金甌之書既已取名爲《春秋正業經傳刪本》，怎能期以全本。

魯序稱清代《春秋》一經出題有了變化，就是爲了避免經生穿鑿經義。清代唯有《說約》（蓋未見張希良《詼約》）一書孤行，明代科舉用書，如《麟經指月》《麟經定旨參新》《大成》《三發》諸編，皆束之高閣。明人書棄而不用，主要是因爲科舉試題改變，原有參考書不敷今用。

卷首《春秋正業例言》十六則，謂讀經不可不讀全經。於傳，凡無益於闈試者，則悉刪之。謂《春秋》雖有四傳，而經義以胡氏《春秋傳》爲主。"《春秋》事實，載之《左氏》，譬如經是綱，胡是斷，而《左》則其目也。""凡《左傳》之與經相羽翼表裏者，則摘錄數句數行，或至全篇，務在簡潔，不敢繁冗。""至於《公》《穀》二傳，雖宜博考，然皆無益於制藝者，故或偶取其一二，而槩從其畧。"

《春秋正業經傳刪本》分上下兩欄。下欄錄經文及注疏，上欄是高頭講章。在《春秋》經文之下，以小字雙行，按需要摘錄注疏，簡要概述《左傳》所載史實，傳注以胡氏《春秋傳》爲主。若經文宜出題目，則全錄胡氏《春秋傳》。某些經文之下，標示"無傳"或"去傳"，"傳"皆指"胡氏《春秋傳》"。所謂去傳，大抵因爲經不宜出考題，故删胡氏《春秋傳》。如隱公二年《春秋》："公及戎盟于唐。"則去傳。盟會、弑君、殺大夫、小國之滅亡（紀侯大去其國）、天象之災異、諸侯之崩卒，皆去傳。夫人孫于齊、單伯逆王姬、築王姬之館于外等有關公侯女眷的條文，亦去傳。凡天子、公侯之去、如、次，師之還、敗，和軍事征伐相關的事例，皆舉胡氏《春秋傳》而詳論之。如莊公三年《春秋》："公次于滑。"胡氏《春秋傳》："穀梁子曰：'欲救紀而不能也。'《春秋》紀兵，伐而書次，以次爲善。"《春秋正業經傳删本》徵引止於胡安國《春秋傳》，而不問胡氏經義實來自《穀梁》。胡安國闡釋經義尚且稱引《公》《穀》，《春秋正業經傳删本》卻稱《公》《穀》無益於制藝，豈不可怪。

莊公八年《春秋》"甲午治兵。夏，師及齊師圍郕，郕降于齊師"，胡氏《春秋傳》："書及齊師者，親仇讎也。"莊公十三年，公會齊侯，盟于柯。胡氏《春秋傳》："始及齊平也。世讎而平，可乎？"《春秋正業經傳删本》對胡氏《春秋傳》"復讎"之意保留較多。胡安國"保民"的議論亦受到重視，莊公九年《春秋》"冬浚洙"，胡氏《春秋傳》："固國以保民爲本。"《春秋正業經傳删本》通過删節的方式，有效地屏蔽了胡安國《春秋傳》"不合時宜"的內容，它所經營的科舉考題亦非常集中，即征伐、復讎和民本思想。這可以算是讀書人對統治者經典闡釋意圖的一次懸揣，出於對清代政治環境的綜合考慮，期望與出題人的想法若合符契。

12. 1704年朱元英《左傳拾遺》二卷，《四庫全書存目叢書》影印清康熙刻本

每半葉9行，行20字。四周雙邊，白口，無魚尾。卷首有康熙四十三年（1704）秋九月自序。

朱元英（1660—1713），字師晦，一字荔衣，自號虹城子，江蘇上

元(今南京)人。康熙己丑(四十八年)進士,出李光地門下。官編修。學以朱子爲宗,著有《牧民通考》《治平新語》《治河要畧》等書,均佚,唯存《左傳拾遺》二卷。

自序謂《左傳》依經立傳,雖不盡合經意,但"述國家興亡治亂,君臣暴弱賢奸,天道災祥吉凶,人事得喪善敗",卻是栩栩生動;"政事之根柢,人倫之變局,敗家亡國、女子小人之情狀",一併呈現。故於國於家、於君於臣的崇議宏論,《左傳》得之者十之九。

《左傳拾遺》仿宋呂祖謙《東萊左氏博議》而作,以《左傳》110事擬題,敷衍議論,得文111篇。持論平和,馳騁文鋒,不及呂氏,惟作者意本不以文長,但以明"政事之根柢,人倫之變局,敗家亡國、女子小人之情狀"(自序),在《左傳》中尋找治世之經驗,有時亦不以《左傳》的議論爲準。隱公三年,宋宣公立弟不立子,《左傳》稱讚宣公知人,作者取《公羊》責宣公之義,認爲父立子嗣方爲"正"。最理想的方案是以其子嗣位,而其弟輔之,這樣就能免除其子弒君禍國的命運。莊公四年,紀侯大去其國,三傳皆以爲齊滅紀。《公羊》賢齊襄復九世之讎,而《左傳》認爲"紀侯不能下齊,以與紀季。夏,紀侯大去其國,違齊難也"。《左傳拾遺》指出按照史實來講,齊國與紀國的關係,非爲仇讎,實爲婚姻,《左傳》的解釋是準確的,紀侯困於力而怒於心,不能攻齊,避難而去。成公十年《左傳》"居肓之上,膏之下"用以喻國家治亂,僖公二十五年《左傳》"使卜偃卜之"下講述"求諸侯莫如勤王"之理。《左傳拾遺》間有討論性命之論,皆持論平和。

《左傳拾遺》免除了秦國的夷狄身份。僖公十三年,《左傳》記載秦不計前嫌,輸粟於晉。秦穆公説:"其君是惡,其民何罪?"作者讚賞這句話,稱其事跡在齊桓、晉文之上:"曰吾怨其君而矜其民,中國之君若齊桓、晉文者,能有是心乎哉?"作者由輸粟一事引申,爲人國者,視天下之民爲一,不應因其分處秦、晉、楚而分別對待,且批判將秦視爲夷狄的偏見。"秦之先世……居西戎,以保西垂,於周有封疆之功焉。非子養馬汧渭,於周有官守之勤焉。秦仲以宣王之命遠征不服,是周死事之臣也。襄公定平王於東都,是周社稷之臣也。秦之有土也,以功,周之封秦也,以德。"秦之先世,有功於周王室;秦穆公的功業,超過齊桓、晉文的霸業。終春秋之世,未見秦病中國,而中原諸國對秦"不恕",未將秦看作中原諸侯同等對待。這段議論不落常規,卻與清代帝王如雍正、乾隆對"夷狄"的看法不謀而合。

作者云:"王伯之君,其天資高而近於道者,秦穆公、楚莊王,而莊王尤優於穆公,此非世儒之所知也。"齊桓、晉文的霸業離不開管仲、子犯,然而楚莊之臣不如莊王,莊王全靠自己。楚作爲"蠻夷",與中原對立,但作者追捧楚莊王,可見春秋學中的華夷之辨,在清初瓦解了。

《左傳拾遺》仍然沿襲了宋代理學的思想。文公二年《左傳》:"大事於大廟,躋僖公,逆祀也。"作者藉此申發"君子不以親親害尊尊"之義,與宋胡安國《春秋傳》説相同。僖公四年申生"縊于新城",朱元英認爲申生之死放棄了父子之倫,是爲不孝,較胡安國《春秋傳》斥太子"進不能自明,退不能違難;愛父以姑息,而陷之不義;讒人得志,幾至亡國"的評價,較爲溫和,但對申生仍持否定意見。作者斥"絳縣老人"爲"吊詭之民""民治之賊",從統治者的角度表現出對小民的敵意。哀姜私通慶父,助慶父弑君,齊桓殺哀姜,適得其宜。哀姜違背了君臣夫婦之理:"國則君臣,家則夫婦,婦不一於夫,而亂其家,臣不一於君而亂其國。"對於君臣夫婦父子的倫理,作者仍維護君父的絕對權威,其核心仍是宋代的理學思想。

吕祖謙《東萊左氏博議》"爲諸生課試"而作,朱氏《左傳拾遺》不主論文,重心也不在經義,它借《左傳》叙事申發國家倫理、君臣倫理,與《春秋》《左傳》之微義無關,卻指向當下政治。襄公二十九年吴季札來魯觀樂,魯爲之歌《小雅》,季札曰"周德之衰",朱元英否認周德衰微,列舉《詩經·小雅》有關燕饗篇目,指出這些詩歌裏没有看出周德之衰,反而可以看到周德彰顯。

朱元英於日食考證、文字訓詁等方面不甚精通,時有舛誤。如桓公十七年冬十月朔,日有食之。《左傳》:"不書日,官失之也。"朱元英不考證日食的時間,而是在史官"書"與"不書"的問題上大做文章。史官有日食則書,以爲天誡,以助人臣之諫,諫君於善。此處史官不書日食,則廢警誡人君之義,《左傳》作者不知日食用以警誡天子的道理。朱元英用漢人災異説闡微言大義，在清初尚屬少見。

13. 1706年儲欣評點《左傳選》十四卷，據乾隆七年(1742)刻本重印

每半葉8行，行25字。左右雙邊，白口，無魚尾。卷首有乾隆七年壬戌季春之月徐永序。

儲欣(1631—1706)著，其《春秋指掌》已著録。儲欣評點的《左傳選》，即世俗所稱"儲選"，是康熙、乾隆年間重要的坊刻《左傳》選本。該版本因刻印數量巨大，刻版漶漫，字跡模糊。

儲欣少習《春秋》，貫通《春秋》三傳及胡安國《春秋傳》，而嗜《左》尤深。點次《左傳》，經幾十稿，至晚年課孫，乃成定本。採諸家之訓詁，簡而明，其評點簡而約，有裨於初學者。相較《左傳》杜林合注本附鍾惺、孫鑛等人評點，卷帙繁多，《左傳選》更爲經濟，便於攜帶。

儲欣《左傳選》有益於科舉考試。徐序稱讀四書之後，便當讀《左氏春秋》。《左傳》"備載二百四十年之故實，足以廣學者之識，而又緯以繡繪追琢之文辭，足以工學者之言。故學古之始，基端在乎此"。前代學者的《左傳》評點如唐順之，文辭繁冗，鍾惺、孫鑛的評點，則過於疏畧，俱不宜爲初學之本。

儲欣《左傳選》除了簡單解釋人名詞語之外，就是圈點，在篇尾附評點。《吕相絶秦》："字法、句法、調法、章法，匠心獨造，前此未有也。曲在秦，則恣意鋪張，曲在晉，則百方回護。固是至文，實亦利口。"除了章法之外，評點頗爲注重聲音朗讀上的效果，引導讀者習誦《左傳》，以獲取爲文之法。

14. 1710年徐乾學輯《古文淵鑒》六十四卷，康熙四十九年(1710)内府刻，四色套印本

每半葉9行，行20字，小字雙行，同。四周單邊，黑口。卷端有康熙及其臣子的評點，以四色區別。卷首有康熙二十四年(1685)十二月康熙帝書序。隨文夾註，朱筆圈點，每葉天頭處有評點。康熙的

古文評點置於前，前人傳説及臣子的評點綴於後，以朱、橙、黃、緑等四種顔色區分。

康熙選編並評，徐乾學等人輯注。其中收《左傳》四卷，共八十一篇。

康熙認爲文根柢於六經，文章盛衰通於千載，康熙的評點，就是在《左傳》的文章中尋求天下之治道，取《左傳》爲我所用。《古文淵鑒》承認《左傳》在《春秋》經解中的重要地位，叙事是其長，但《左傳》亦有浮誇好奇之病，此爲其短，故其所選，取長去短，只取那些合乎正統觀念、有宜於帝王之業的文章。

《古文淵鑒》所附前人評點，包括宋真德秀《文章正宗》、宋胡安國《春秋傳》，都從君臣之道着眼。文淵閣《四庫全書》收録《古文淵鑒》六十四卷，只保留篇内夾注，限於解釋字詞，而簡端評語、文中圈點悉删，《古文淵鑒》的評點性質蕩然無存。卷首康熙帝序文一篇，揭示文章經世之義，頗有"牛之不存，毛將焉附"之弊。康熙評點文字見於《聖祖仁皇帝御製文集》，僅録評點，而無原文。《中華傳世文選》（任繼愈主編，吉林人民出版社 1998 年）收録《古文淵鑒》六十四卷，仍留評點，不過將簡端文字移置於篇尾，且文字没有了顔色區分。

15. 1710 年王源《左傳評》十卷，《四庫全書存目叢書》影印北京師範大學圖書館藏清康熙居業堂刻本

每半葉 9 行，行 21 字，小字雙行，同。左右雙邊，白口，單魚尾。卷首有程城《文章練要序》、王源《左傳評序》《左傳評凡例》。

王源（1648—1710），字崐繩，一字或菴，直隸宛平（今屬北京）人。康熙三十二年（1693）舉人。少喜任俠言兵，從寧都魏禧遊，爲古文，規撫秦漢。晚歲師事顔元，客遊四方以終。篤守經世之學，著《平書》二卷，《易傳》十卷，《兵論》二卷，《或菴文集》十六卷，以《文章練要》三十卷行於世。《左傳評》爲《文章練要》之第一部，最先刊行。

程城是王源的學生，程氏稱王源的《文章練要》以先秦兩漢的經史子書爲宗，一共有六宗，而漢魏諸家文集等百家源出於六宗，爲文

者可取徑於此。"《文章練要》,分六宗百家。六宗曰《左傳》,曰《孟子》,曰《莊子》,曰《楚辭》,曰《戰國策》,曰《史記》。百家之類三:《公》《穀》《管》《韓》諸家,一也;《漢書》以下諸史,二也;漢魏諸名家集,三也,六朝而下不與焉。"

王源自稱《左傳評》的評點來源於對《左傳》文章的反復細讀。自序云:"予幼讀《左氏傳》,疑之,疑其美句字焉已爾。讀諸家評,疑愈甚,句字焉已爾。……其意不可辨,倒之顛之,錯之綜之,離之亂之,即其詞義上下,不相通者什八九。……吾于《左氏》,不得其意者思之,思之不得又重思之,得一意焉,以爲是矣,非也。……何以知其非也?不能貫也。……何以知其是也?曰貫矣,貫則無不貫。"可見作者欲以一種宏通的眼光評點《左傳》,使《左傳》評點擺脫支離破碎之境,在評點中尋摸出文章之道(章法),以與聖賢之道相符配。作者云"不得其意",針對《左傳》變幻不居的章法而言。《左傳評》欲建立《左傳》叙事的結構體系,以爲作文之津梁。

卷首《左傳評凡例》謂文章之妙全在無字處,評點不求之於字句,而求作者之意。《左傳評凡例》又申明不論義理,只論章法。文以載道,《左傳》之道並非仁義道德之道,而是陰陽不測之神,此亦道。

《左傳評》截取大小段落,設計文題,俱有主意與眼目,其叙事有案有結,有句法,有字法,其詞語有精彩,有閒情,有點綴,俱一一用符號標示。《左傳評》將編年體史書中的相關事件整合成一個段落,冠以文題,使有主旨,以此理解文章"奇正"之法。如《鄭伯克段于鄢》主爲鄭伯,賓爲潁考叔,主意爲骨肉相殘,但"本叙莊公,却結考叔,倒賓爲主,章法奇變","一篇骨肉傷殘,文字却以純孝愛母、孝子錫類作收,變極"。鄭莊公與潁考叔本是兩段史事的主角,分別叙述,視角不同,主旨亦不同,被强行擬合進一篇文章之後,便有了不同於一般八股文的"章法",即"奇變"。"此篇叙莊公,殘忍人也,陰賊人也,乃未寫其如何殘忍,如何陰賊,先寫其仁厚;而既寫其如何殘忍,如何陰賊,又另寫一孝子,如何仁愛,如何篤孝;因寫莊公如何念母,如何見母,如何母子如初,且曰純孝,曰愛其母,曰孝子不匱,與前文固秦越不相俟也。非變化之妙哉!"《左傳》曲折的敘事變成了文章"奇變"之法,這當然是常習八股舉業的人所罕見的"奇文"。

《左傳》文章之奇由其內容決定。戰功貴奇,故《左傳》描寫戰爭的篇目皆得《左傳》奇變之旨。《左傳》描寫戰爭,深得戰爭虛實分合之術,尤其爲王氏所景仰。王源評《蔡人衛人陳人從王伐鄭》云:"千古以文章兼兵法者,唯《左傳》;以兵法兼文章者,唯《孫子》。……虛處用實,實處用虛,法也。"文章之道除了奇正、虛實之外,還有"直序"之妙,如"驪姬之亂",作者於此提出作文以傳情達意爲主的"達"的準則。

與"奇變"相一致的是,《左傳》文章有"錯綜"之法。如《公矢于棠》:"曰講事曰脩用;曰軌曰物,兩扇也。而後應講事,正且詳;應脩用,反且畧,非錯綜之法乎?未有不錯綜而可以言文者。後人務取枝枝相對,葉葉相當,板到底,俗徹骨,皆宋人陋習。"《左傳》錯綜之法,有意避免整齊的對偶,實際上仍在排列對偶,仍是八股文的寫作方法。

《左傳評》在設立一篇文章的"主意"之後,便尋找文章的"眼目"。如《衛石碏諫寵州吁》,主意即衛莊公寵州吁,此爲禍之階。全篇以"禍"字爲眼目,並以此分析《衛石碏諫寵州吁》一文:"公者(指衛莊公)禍之主,而發其禍于始,辟其禍于中,定其禍于後者,石碏也。'乃老'二字,所以著其辟禍之跡,伏其定禍之機,妙筆妙筆!"

16. 1722年盛大謨《于埜左氏錄》二卷,同治五年(1866)重刊課花別館刻字雲巢遺稿本

兩册,每半葉9行,行21字,小字雙行,同,無行界。左右雙邊,白口,單魚尾。此爲三刻本,卷首有潮洲吳東(卧魯)序、康熙六十一年(1722)壬寅冬徐懷仁(耕天)序、自序、《附書》,卷尾有乾隆五十六年(1791)辛亥王子音後序、道光十三年(1833)癸巳初夏二刻盛恢顥跋、同治四年乙丑季春盛寶銛跋。吳序、徐序出自盛大謨的同學、朋友,王序出於盛大謨的鄉人。

盛大謨(1699—1762),又作盛謨、盛蓍,字斗挹,號于埜,一號字

雲,江西武甯人。乾隆初歲貢,官安義訓導。同治《武甯縣志》卷二九《盛仲子傳》稱盛大謨"幼隨父讀書官署,……深有得於《左傳》,手《左氏錄》一卷,學者珍爲奇書"。《于埜左氏錄》作於康熙五十七年,于埜年十九歲時,《于埜左氏錄》初刻時,"成鈔者殆遍,一時紙爲之貴。……好購者無間遠近焉"(盛恢顥跋)。流傳久遠,歷經康熙、乾隆朝,至道光、同治年間仍有流傳,後經族人刻印,放入祠堂。

《于埜左氏錄》卷册雖小,但許多論點頗有創造性,堪稱獨步。《于埜左氏錄》成於與同學朋友共同讀書的時期,最初在同學之間發表,書冠以"于埜"之名,可知其爲于埜自發機杼。于埜讀《左傳》,常以胸中豪邁之氣主之,在剖析《左傳》的篇章結構的同時,佐以強烈的情感表達。

《于埜左氏錄》的評點,不以科舉程文標榜,捨棄春秋時代的背景,不言文字訓詁,不講微言大義,大段跳過禮樂教化的言辭,名之曰不死於有字句處;純從文字着眼,但對於鄭莊公等人物的性格,體會得深徹透闢;善於抓住起承轉合處的關鍵字,體會情節曲折迂回之處語辭之死、滯、活,有助於幫助讀者疏通文意,瞭解《左傳》精微深刻之旨。

《于埜左氏錄》卷首《附書》所謂"《左傳》當全讀,然不可不細讀",可以視爲于埜評點《左傳》的綱領。全讀使他有整理結構的分析,這是當時《左傳》評點的重點,細讀使他有不同於一般人的創獲,使他在篇章的開合、人物的理解上特異獨出。《于埜左氏錄》所錄當時評點家唐錫周、余仁石等人的評點,可見當時評點風氣頗盛,作者與之皆有往來拜訪,但三人都名不見經傳。

17. 1722 何焯《義門讀書記》之《左氏春秋》二卷,清乾隆年間刻本

每半葉 14 行,行 22 字。左右雙邊,黑口,單魚尾。《義門讀書記》卷首有乾隆十年(1745)何堂序、乾隆三十四年何元益序、《凡例》、何雲龍志、孫忠相志、沈彤《行狀》。

何焯(1661—1722),字屺瞻,晚號茶仙,江蘇長洲(今蘇州)人。

先世曾以義旌門,稱義門先生。康熙四十二年(1703)進士。何焯博覽經史,其生前所作筆記曾被人竊用,冒名刊行於世。其從子裒集各書筆記而成《義門讀書記》五十八卷。

何焯在《左氏春秋》每條史實之下所列的讀書記,多形成體小而微的政論文。其知人論世,洞悉時勢人情,旨在總結歷史經驗,發掘論點,爲文一氣呵成。如從爲政的角度,對隱公被桓公所弒不予同情,說他"不早歸政,于是啓羽父之邪謀"是一錯,"不能明告于國,執而戮之(羽父)"又是一錯,以致"進退無據",爲人所滅。這種批評與經學家在"弒"字上大做文章迥異。又如,論陰飴甥的才智,惜其所見不遠,提出論點:"故處世當先經後權,用人當先仁後智也。"則是爲統治者出謀劃策的口吻了。與賈誼政論文的格局相仿佛,亦與宋策論文相似。

何焯對《左傳》人物、史事的評論,超出經學的褒貶範疇,而以文人之情與筆對之。何焯讀《左氏春秋》二卷,實爲讀書過程中隨文而生的雜感,身爲文人而臧否人物,指點江山,罕有經學的考證。如疑"郊"爲地名,卻不作詳細考證,與清代考據學相距何其遠。《四庫全書總目》因爲何焯《兩漢書》及《三國志》的讀書記在乾隆五年(1740)朝廷校刊經史時被採用,故說《讀書記》一書"考證皆極精審",實是以偏概全。義門讀《史記》《漢書》《後漢書》《三國志》等史書,多史料考證,又博採漢唐舊說,斷以己意,可謂考據之作,而讀《春秋》三傳的讀書記則不然。何焯讀《穀梁》《公羊》的讀書記各一卷,主要是義理的闡發,與讀《左傳》而作文人的議論又不相同。於《公》《穀》與《左傳》不能協通之處,兩存其說,可見在經義的取捨上無所偏倚,何焯不是經學家明矣。

18. 1727 李文炤《春秋集傳》十卷首一卷,《四庫全書存目叢書》影印清四爲堂刻李氏成書本

分上下兩欄,上欄錄評點,下欄錄《春秋》經文,並隨文注釋。經文大字書寫,注文小字雙行。下欄,每半葉9行,行19字,小字雙行,同。四周單邊,白口,單魚尾。卷首有乾隆十三年(1748)黃明懿序、

乾隆十一年丙寅九月柳煌《春秋集傳小引》、李芳華《春秋集傳弁言》、周正《贈言》、雍正五年（1727）丁未六月李文炤《春秋集傳序》《春秋綱領》。

李文炤（1672—1735），字元朗，號恒齋，湖南善化（今長沙）人。康熙五十二年（1713）舉人，康熙五十六年，任嶽麓書院山長。講授六經傳注、程朱緒言，旁及緯書。著《周禮集傳》六卷、《周易本義拾遺》六卷、《春秋集傳》十卷，入《四庫全書》存目，另著《正蒙集解》《恒齋全集》《家禮拾遺》《近思錄集解》等書。

卷首《春秋綱領》列孔子、孟子、朱熹、邵雍、周敦頤、程頤、胡安國、吕祖謙等人觀點，而以朱子觀點居多。採用朱子之議，認爲《春秋》無變例，"《春秋》大旨，其可見者，誅亂臣討賊子，内中國外四裔而已"。採用邵雍的觀點，五霸功過不相掩，五霸中排除宋襄公，謂"齊桓、晉文尊周室，攘寇戎，秦穆復共主之世讐，楚莊討中夏之弑逆，皆其功也，然皆假仁義以濟其利欲之私，則其過不可勝數矣"。《春秋集傳》嚴辨華夷，不與之盟，不以戎狄先中國，不倡齊復九世之讎。

《春秋集傳》以史視《春秋》，不僅襃貶善惡，且期有用於世。"或抑或縱，或予或奪，或進或退，或微或顯，而得乎義理之安。文質之中，寬猛之宜，是非之公，乃制事之權衡，揆道之模範也。"（自序）

《春秋集傳》取《左傳》叙事，義取《公羊》《穀梁》、胡氏《春秋傳》，有前儒未備者，則出以己見。《四庫全書總目》以經義期許《春秋集傳》，言其"未嘗知三傳之古義"，"曼延於經義之外"。實際上，《春秋集傳》不以説經爲意，而以評點爲長。

僖公二十八年《春秋》："楚殺其大夫得臣。"作者引用《左傳》叙事而引申議論：軍敗而將必死，亦足以見其用法之嚴明。與孔明之斬馬謖，狄青之斬陳曙，柴世宗之誅樊愛能，如出一轍。並借宋儒之議論，謂楚國法律嚴明，這是楚國興起的原因。閔公二年《春秋》"鄭棄其師"，作者徵引胡安國《春秋傳》的議論，謂鄭君讓高克帥師，屯於邊境之誤：人君掌握生殺予奪之權，高克不臣，誅之可也，"情事未明，黜而退之可也；愛惜其才，以禮馭之可也；焉有假以兵權，委諸境上,坐視其失伍潰散而莫之恤乎?"可見,《春秋集傳》爲人君諫言,主張人君掌控征伐,調度將士,而不是爲匹夫匹婦經世之用。

19. 1728 年方苞《左傳義法舉要》一卷,據清光緒十九年(1893)金匱廉氏刻後印本,後印年不詳

每半葉 10 行,行 21 字,小字雙行,同。左右雙邊,黑口。卷首有程崟雍正六年(1728)序。方苞口授,弟子王兆符、程崟述。

方苞(1668—1749)著,其《春秋直解》《春秋通論》《春秋比事目錄》已著錄。方氏負天下之盛名,"習舉業者,第傳誦先生時文;治古文者,則奉以紀八家之統;治經學者,則謂大義炳然"(戴均衡《附刻望溪先生年譜序》)。此書與時文關係密切,讀書人"迫欲聞之"(程序)。

程崟序載方苞論《左傳》爲文之義法,"學者宜或知之而非所急也"。"非所急",即論文非經生所急務,爲文是末事,而學經是最重要的。方苞認爲古文是"義"和"法"的統一,内容和技法的統一。所謂"法",即"言有序","義"則是"言有物"。時人古文評點,一般止意於篇法、章法、字法、句法,而"義"則罕有人提及。方苞的古文之"法",除了材料的詳畧取捨之外,還注目於古文的對稱格局與對偶句式的安排;古文之"義",則強調古文的經學素養,強調經義淳正,不違背義理。

《左傳義法舉要》錄傳文於前,低一格另行撰寫評點。方苞選取《左傳》一些相對集中的叙事,《春秋》時的大戰如韓之戰、城濮之戰、邲之戰、鄢陵之戰爲分析的重點。其評點,善於以德、禮、仁等"義"爲一篇之綱領。評"韓之戰",貫串晉惠公"失德必敗"的觀點,城濮之戰"德字直貫本末"。史事經"德"義貫串,叙事中的人物分爲兩個相對的主體,形成對稱格局,兩兩相對,又兩兩呼應,各自走向自己的結局,突顯了"義"的意義。

作者分析《左傳》戰爭篇之義法時,不限於主宰勝負的"義",其他一切可構成對稱的"義"都是分析的對象。如城濮之戰,"唐宋諸家終篇一義相貫,太史公《禮書序》首尾以二義分承,此篇以德、禮、勤民三義相貫,間見層出,融洽無間,又漢以後所未有也"。由多義

生成的對稱的章法自然要勝過單義章法。不僅在大事上見對稱,即便是小事亦能尋出對稱來。城濮之戰,"晉侯用人之言,謀於卿大夫,下及輿人;得臣剛愎自用,榮黃之諫不聽,楚眾欲還不從,即楚子之命亦不受,一反對也;晉侯之夢似凶而終吉,得臣之夢似吉而終凶,又一反對也"。晉楚除用言用人之異外,就連夢都兩兩對稱。

　　分析至此,我們不得不說方氏對《左傳》的分析詳明而切於實用,但是否《左傳》生就這樣一種處處對稱的筆墨,實則不然。從方氏的評點中,我們也可以看到受八股時文嚴格訓練的對偶思維,所有的智識活動都是為了尋找出文中可比可對的方方面面,以此作為文章的"義法"。經過方苞的評點,《左傳》方才與古文義法的聯繫緊密起來,從此亦可知方氏的古文"義法"與八股時文淵源頗深。有學者論方苞以時文為古文,其"法"得古文之糟粕,非古文之"神髓"(錢大昕《潛研堂文集》),確是有為而發。

　　《左傳義法舉要》所揭示的對稱原則與其說是《左傳》的為文規範,不如說是讀者閱讀欣賞過程中的再創造。因為過分追求篇章結構的對稱性,某些不能歸入對稱的枝節被視為"駢枝"。如城濮之戰前各國關係的交代,關係戰爭勝負,不可或缺,但是納入不了兩兩對稱的格局,於是被視為多餘。至於《左傳》之文為何有此多餘,作者的解釋是《左傳》"義兼釋經",則《左傳》敘事的原義與方苞古文"義法"之"義",並無主觀意義上的疊合。方氏所謂"義",只是方氏用來串講章法的工具而已,"義法"之中,"義"為源起,"法"為歸宿。

20. 1735年胤禮評點《春秋左傳》十七卷,雍正年間刻本

　　每半葉9行,行20字。四周雙邊,白口,單魚尾。前有雍正十三年(1735)乙卯胤禮《春秋左傳序》:"三傳之文,皆後之作者所不可及也。按以經義,則《公》《穀》之合者為多,而《左氏》亦載事物之變尤備,蘊義閎深,故自古以為經世之文。有專治此書而達於政事,威懾鄰敵者。"

　　胤禮(1697—1738),康熙第十七子,封果親王。

　　錄經文在前,傳文低一格。所謂評點是分三色筆,或紅或綠或

藍,或點或圈或三角,再無半字評論。某些禮制被圈點,頗重禮防亂,也重視征伐、盟會之事。

評點者對《左傳》某些警句、禮制加以圈點。警句可當作人生格言,禮制可作行事指導,身體力行,就可實現《左傳》的經世之用。如:"妖由人興也。人無釁焉,妖不自作。人棄常則妖興。""夫子以愛我聞,我以將殺子聞,不亦遠於禮乎?遠禮不如死。""六月辛丑朔,日有食之。鼓,用牲于社,非禮也。日有食之,天子不舉,伐鼓于社,諸侯用幣于社。"

由皇室成員評點的儒家經典《春秋左傳》,與清代頒發全國的經籍(如康熙《春秋傳說彙纂》)並不一樣,一爲皇室成員自己看,一爲普通百姓看,前者是瞭解中原禮樂文化的最佳途徑,後者則制定皇家標準,指示釋經的方向。基於此書並不向普通讀書人推行帝王意志,此書更具開放的心態,並未對《左傳》作任何刪減。

21. 1747年涂錫禧《春秋四傳刈實》一卷,乾隆十二年(1747)品峰齋刻本

分上下兩欄,上欄每行12字。下欄每半葉9行,行22字。版心題"品峰齋"。卷首有乾隆十二年丁卯孟秋涂錫禧序、《凡例》《春秋世次本末》《纂言》。《纂言》錄郝楚望《論春秋》一篇,全錄馮李驊《左貫》十四篇。

涂錫禧,字迎昌,齋號"品峰齋",江西奉新人。乾隆元年(1736)進士,官刑部主事。訂三傳,與胡氏《春秋傳》一起刊行。另著《周易觀象》《詩書禮辨疑》等書。

四傳,指《春秋》三傳和胡安國《春秋傳》。涂氏謂當時春秋之學只習胡安國《春秋傳》,不知春秋史事(《左傳》)。不知春秋史事,則不知胡氏義理、義例之當否。四書六經而外,《左傳》爲古今文字之祖,而玩辭義,則當習《公羊》《穀梁》。當時流行舊本四傳,或增《國語》爲五傳,均拘於《公羊》《穀梁》與胡氏《春秋傳》之例,而割裂《左傳》之文,且文字簡署,不可稱之爲"善本"。《春秋四傳刈實》以有益於經濟文章自許。當時,官方編定的四經(《詩》《易》《書》《春秋》)、

三《禮》及《孝經》、性理等書已經頒發,此書應時而作,冀融貫經籍,在胡氏《春秋傳》之外,另加三傳,以利於科舉考試。

涂氏所編《春秋四傳刈實》,每葉分上下兩欄,上欄錄胡氏《春秋傳》,下欄錄《春秋》經文附三傳,旁加評點。取三傳之文,選首尾連貫的段落,附於經文之後。而胡氏《春秋傳》擇其可出題之段落,刪其繁冗,置於簡端。且融合胡氏《春秋傳》之義,爲六字韻語,擬破題之法,以示科舉軌範。指出胡氏《春秋傳》採摭三傳,點明出處。涂氏之用意,即取三傳之事以補胡氏《春秋傳》之義理,取三傳之文,助益科舉文章。

涂氏認爲《春秋》三傳均有益於文章。"三傳傳事即所以傳義,論文即所以論事,其間奇偶正變,順逆徃復,離合疏速之故,自具天然法律。"(《序》)《春秋》三傳,"細論其思力格律,大段小節,句調順逆,呌應起滅,頓挫變幻,風神機態,爲後學作文津梁"(《凡例》)。胡氏《春秋傳》文辭不及三家,但仍以其經義條貫三家。

《纂言》錄郝楚望《論春秋》一篇,又錄馮李驊《左貫》十四篇,可見《左繡》在乾隆朝初期頗受追捧。郝楚望認爲不讀《左傳》,不薈撮其事,則不能領畧《春秋》之旨,而胡氏《春秋傳》襲三傳而穿鑿,《春秋》本義晦暗不通。三傳之事用以傳《春秋》義理,論文即論事。馮李驊《左貫》十四篇,根據《左傳》史事而縱橫議論,實爲科舉考試的範本。

《春秋四傳刈實》評晉文公城濮之戰:"文公一戰勝楚,遂主夏盟。以功利言則高矣,語道義則三王之罪人也。"採用宋胡安國《春秋傳》的經義,貶霸主。評《左傳》叙城濮之戰,"叙晉軍,插楚軍,用對句,牽搭得妙,斷續得妙"。評燭之武退秦師,"細按只是四段,若亡鄭,若舍鄭,且君,夫晉",層次非常整齊。評楚殺子玉,晉侯聞之而後喜,"文貴察聲,喜怒皆肖,此結聲傳紙上"。則是鼓勵通過誦讀領畧人物喜怒哀樂,同時學習文法。《左傳》叙晉先蔑奔秦一段,有提筆,有分段,有正叙,有帶叙。踐土之盟,用胡安國經義:"周室東遷,所存者,號與祭耳,其寔不及一小國之諸侯。……(踐土之盟)與其名存而寔亡,猶愈于名寔俱亡。"畧存周王室的顏面,而非一味貶天子。

乾隆朝初期,科舉仍用胡氏《春秋傳》,經生習《左傳》以助舉業,涂氏《春秋四傳刋實》不僅用《左傳》,還用《公羊》《穀梁》。此書名爲《春秋四傳刋實》,實際上用胡安國《春秋傳》的經義、《左傳》的叙事,《公羊》《穀梁》不用其義只用其文,故其重要性比不上《左傳》。

22. 1759 年孫從添、過臨汾輯《春秋經傳類求》十二卷,《四庫全書存目叢書》影印中國科學院圖書館藏清乾隆二十四年(1759)吴禧祖刻本

每半葉 12 行,行 34 字。左右雙邊,白口,單魚尾。卷首有乾隆己卯(二十四年)季春王南珍《春秋經傳類求序》、乾隆丁丑(二十二年)八月陳撰序、乾隆己卯十月沈德潛序、《春秋經傳類求自述》《春秋列國圖説》。

孫從添(1692—1767),字慶增,號石芝,江蘇常熟人。清代藏書家。過臨汾,字東岡,江蘇長州(今蘇州)人。

《春秋經傳類求》設一百二十類,十二卷,百餘萬字。每一義類,首列書法,後接事類,按《春秋》三傳、胡氏《春秋傳》、杜預注、林(堯叟)注等次序依次排比。三傳異同,不作辨別,如有一事而有兩義,則分別歸入不同事類。有一事而入不同類別,亦有一類而復分幾個小門類的。義類繁複,搜檢不易。

《春秋經傳類求》的撰作,源起於作者響應蘇軾"《春秋》之義當以類求"的主張。以"類"求《春秋》之義,實際是"屬辭比事"之意。學者屬辭比事,一般排比《春秋》經文,將相同的事例排列一處,比較異同,從而得到《春秋》之義。《春秋經傳類求》將原本限於《春秋》記載的條文擴展至《春秋》三傳,以及胡氏《春秋傳》,按照類別依次排列《春秋》經文及四傳(三傳及胡氏《春秋傳》)。從文獻的體量看,不容易直觀地看到事類的排比。《春秋》三傳之異同,胡氏《春秋傳》之擇採三傳,皆盤繞複雜而難以排比見義。《春秋經傳類求》不加選擇地排比傳注,不能有效地分析、歸納《春秋》之義。

《春秋經傳類求》堆積了寵大體量的材料,一無所取,但它透露

出乾隆朝初期經義闡釋的基本傾向,即在胡氏《春秋傳》之外,加上《左傳》《公羊》《穀梁》。特別是《左傳》,將其置於其他傳注之前,顯示出以事解經的重要性。

23. 1762 年鄒聖脈纂輯《春秋備旨》十二卷,光緒十二年(1886)刻袖珍本

牌記題"光緒十有二年王氏上海點石齋代印"。每半葉 8 行,行 20 字。卷首鈔錄乾隆二十三年(1758)秋月乾隆撰作之《春秋直解序》,又有不著名氏《春秋備旨序》。

鄒聖脈(1691—1762),字宜修,號梧岡,福建長汀人。編《五經備旨》《書畫同珍》等書。《春秋備旨》本藏於家塾以課兒孫,後由坊間刊刻。

《春秋備旨序》稱《春秋》隱寓微詞,索解維艱。幸有胡氏《春秋傳》,揭出經文蘊奧,開示後人。清代科舉考試,五經輪試,以發揮旨趣、言簡意賅爲導向。於是採擇各書,專宗胡氏《春秋傳》,又尊奉乾隆《春秋直解》爲正鵠。

作爲清代官方經學,乾隆《春秋直解》有意與宋胡安國《春秋傳》保持距離。乾隆《春秋直解》依據《左傳》之事實,而遠《公羊》《穀梁》之義,斥宋胡安國守《公》《穀》之說,而自爲經師,其間附會臆斷,往往不免。只不過胡氏《春秋傳》與《春秋》三傳並行,清代科舉考試沿襲不廢,故康熙製《春秋傳說彙纂》,乾隆製《春秋直解》,會通諸說,打破胡氏《春秋傳》一統之地位。《春秋備旨》將乾隆《春秋直解》置於卷首,又聲稱胡氏《春秋傳》有益於後世,可見科舉考試中胡氏《春秋傳》的影響仍然很大。

作者不會不知道乾隆帝對胡氏《春秋傳》的反感,但對胡氏《春秋傳》公開示好,而未觸犯時諱,其原因在於乾隆帝反對胡安國等人喜用《公羊》《穀梁》敷衍經義,衍生出貶天子、種族復讎、攘夷等學說,如果避開這些敏感問題,胡氏《春秋傳》不致有大的問題。乾隆《春秋直解》何嘗沒有採用《公羊》《穀梁》之義理,捨二傳又如何闡發《春秋》義理。

《春秋備旨》謂六經之理相通,《左傳》《國語》《公羊》《穀梁》與胡氏《春秋傳》互相發明。擇取諸説,供讀者取攜。在胡氏《春秋傳》易出考題的地方特意標示,有單題有合題。分析題中意義,諸家未盡意處,作者參考衆説,運以條緒,貫申講解。總之,《春秋備旨》就胡安國《春秋傳》擬題,参以多種資料,講八股文的作法。如某句要"發",某字要"玩",或對作、側作,或另設主意,皆詳細説明。

24. 1766年李文淵《左傳評》三卷,乾隆四十年(1775)李文藻刻本

此爲陳垣舊藏,序葉鈐"瓠室"章。兩册,三卷。每半葉11行,行22字,小字雙行,同。左右雙邊,黑口,單魚尾。卷首有錢大昕序,卷尾有李文藻乾隆四十年序。

李文淵(1741—1766),字静叔,李文藻之弟。事親孝,母死,因哀毀過甚,過早夭亡,年僅二十六歲。性好古文,奉柳宗元爲圭臬,親近桐城派,云方苞所授《左傳義法舉要》"於韓、城濮、邲、鄢陵諸戰,十僅得五,而已得其九"。其兄整理其遺著,發現城濮之戰以後諸戰,"静叔自謂所見勝于方氏者,今集内尚未著筆"(李文藻序)。甲午年冬(乾隆三十九年,1774),錢大昕督廣東學政,爲之作序,並命名爲《左傳評》,釐爲三卷付梓。

該書先録寫傳文,有圈點,有隨文注釋,有篇後總評。傳文頂格,評語另起,低三格書寫。隨文注釋,當爲讀書過程中隨手所記,有的點評人物、歷史,有的點明義理(如在鄭"取周之禾"之下注"以小國而侵凌王室,此《春秋》之所以作也"),傳文標"呼""應"等表示章節結構,篇後總評主要總結篇章結構。所述文章義法,包括樞紐、脈絡、關鍵、綱領,從宏大的視角解釋《左傳》的章法。將《左傳》"畢萬之後始大"之類的預言視爲篇章之結構。《齊連稱管至父弑襄公》《及瓜而代》等篇主要迻録方苞《左傳義法舉要》的内容。

李文淵以《春秋》書法爲"史官從當時之俗,而孔子因之者",不認爲孔子自創書法,寄寓微言大義;信賴《左傳》叙事,而不用其義理。這與方苞義理至上,甚至否定《左傳》叙事,是不一樣的。《左傳

評》雖以評文爲主,但對歷史有獨特的體會,不落前人窠臼。作者梳理春秋史事,形成自己獨特的華夷觀。李文淵將秦作爲蠻夷之國、中國的對立面。韓之戰,因晉惠公背秦之惠而起,前人論晉惠公背信棄義,故致伐,作者卻認爲晉惠公不與秦土地,保存了中國實力,牽制了秦的發展:"惠公賂秦之地大矣,使入國而踐言,則秦益强而晉不能制。蠶食之禍,豈待三卿分晉後哉。故背秦之賂,在惠公自謀則過矣,以天下之勢論之,則甚爲得計也。"(《韓之戰》)李文淵本着"尊王攘夷"的立場,稱讚虢國佐助周王室,其功績不亞於齊桓、晉文。"莊公十八年虢公朝王,二十一年伐子頽以納王,三十年奉王命討樊皮,執之歸於京師,閔公二年敗犬戎於渭汭,僖公二年敗戎於桑田,其尊王攘夷之功,雖齊桓弗能及矣。"(《晉假道于虞》)這樣鮮明的尊王攘夷觀念,在方苞的古文評點以及經義中,是不曾有的。

《左傳評》在每篇選文之後,將相關史事編排在一起,評論史事,頗顯示出識見。如論春秋晉國之興衰,聯繫而及戰國時期韓趙魏滅智伯。或許是因爲《左傳評》的史識和評鑒,使錢大昕認爲李文淵有超出寧都魏氏(禧)、桐城方氏(苞)之上者。

25. 1771年夏楓江《增補左傳分類對賦句解》四卷,嘉慶十六年(1811)德順堂刻本

每半葉8行,行20字,小字雙行,同。四周單邊,黑口,雙魚尾。卷首有李拔序、邱恩榮序、褚廷璋序。

夏楓江,字繼臨,湖南湘潭人。石鼓書院諸生。《左傳分類對賦》於乾隆三十六年(1771)即已成書,並請序於邱恩榮。褚序作於乾隆三十七年,褚廷璋曾見《左傳分類對賦》在乾隆三十六年於諸生中流傳。書名曰"增補""句解",當是嘉慶十六年重刊時所加。

李拔謂夏楓江《左傳分類對賦》"通《左氏》奇情巧思,更有出人意表者"(李序)。夏氏著作,將天道、人事、以至名物分爲七十一類,聯爲駢言,協以韻語,作七十一賦。詞按部以就班,事無獨而有對,此與其他分類纂輯、排比對偶的著作並無不同。此書與他書不同的地方在於體裁,作者名之曰"對賦"。所謂賦,文章筆法上鋪張揚厲,暢

所欲言,從創作來講,未嘗拘於一時一事一書。而《左傳分類對賦》,則局限於春秋時,所徵之事不過《左傳》一書,況且比類屬辭,依韻和聲,明顯是科舉讀物的性質。排比、對偶而成賦,易沉迷詞藻,招致玩物喪志的譏評。邱序則從《左傳》的記誦角度來認識《左傳分類對賦》,將《左傳》分類,並出之以對偶、韻語,舉此則悉彼,便於記誦《左傳》全書。

宋呂祖謙曾按類編纂春秋史事,取《左傳》《國語》事實、制度、議論,分十九門,爲《左傳內編》六卷,又著《左傳國語類編》二卷。夏楓江《左傳分類對賦》的體裁與之相似。若排比史事、對偶成文,據馬端臨《文獻通考》《宋史·藝文志》,則有北宋毛友《左傳類對賦》六卷、楊筠《魯史分門屬類賦》三卷,二者皆佚。夏氏《左傳分類對賦》考事徵文,自天象、地利,以迄蟲魚草木,經緯五倫,視毛友、楊筠所編卷目,倍蓰過之。褚序稱除編纂史事之外,《左傳分類對賦》還編纂經義及論斷,供課試者採掇。

《左傳分類對賦》全書由對偶句鋪排而成,句下注明出處。"丹書載書之焚,既安亂而安衆;鼎竹刑竹之用,實不度以不忠。楚烹石乞,宋醢南宫,昏墨之刑皋陶所作,僕區之法熊貲是崇。始禍必嚴,二臣當逐,制刑不隱,三罪皆同。"取《左傳》故事,比類出之,萃成駢語。"二臣""三罪"之類,若無解釋,實不知其所指。丹書載書、鼎竹刑竹等等,並無史事主體,亦不明其所指。每句之下,僅簡單指出其出處而已。作者不過是將語詞連綴在一處,徒有字句,而未見事件及人。全書如此編成,於經義亦無貢獻。

26. 1772年楊潮觀《春秋左鑒》十卷,乾隆三十七年(1772)刻本

每半葉10行,行19字,小字雙行,同。左右雙邊,黑口,單魚尾。卷首有乾隆壬辰(三十七年)夏楊潮觀《左鑒序》,卷尾附錄《春秋邦彦表》《春秋邦媛表》。

楊潮觀(1710—1788),字宏度,號笠湖,江南金匱(今無錫)人。乾隆元年(1736)舉人,歷官晉、豫、滇南三省,遷四川簡、邛、瀘州縣

令。乾嘉時期著名劇作家,著《吟風閣雜劇》《吟風閣譜》等。

楊潮觀有感於司馬光《資治通鑒》取義於資治,治無古今,雖事變無常,但理勢不變。司馬光對軍國大事尤其重視,裒輯群書,本末賅備,有體有要。楊氏有意將《左傳》視爲經世之書,其中關涉軍事、家國之史事,可以取爲資世之用。《春秋左鑒》作於作者由蜀赴燕,遊歷九州之際。

該書以杜預注作爲重要參考,對杜注多所補正。歷舉春秋當日軍國大事,條析興亡得失所由,生死存亡之道。杜注謂魯隱公是讓國之賢君,作者認爲,隱公攝政,無所謂"讓"。隱公元年,鄭伯克段于鄢。鄭莊公囚母之大惡,《左傳》無討伐之辭。鄭莊公伐周之大獄,《左傳》無罪詞聲討。《左傳》於大惡大獄不予追究,卻只稱穎考叔事母之孝,失輕重之道。謂鄭莊公不臣、不子、不友,鄭莊公作爲臣子、兒子、兄弟,失忠、孝、友三種品德。集矢於諸侯鄭莊公,而對共叔段、姜氏均無譴辭。

《春秋左鑒》並非就事論事,而是分析原因,提供借鑒。桓公五年,鄭敗王師于繻葛。作者認爲周王之敗,周王自己亦有原因。鄭莊公朝王,不禮;不朝,王伐之。鄭莊公之怨恨,其來有自。晉封桓叔于曲沃,尾大末重,制置失宜,埋下大亂之根本,桓叔、莊伯父子遂覆其宗而奪其國。作者由此提出天下治亂的道理:"有德者昌,無德者殃,是之謂天道。有天數而無道,則天下長亂而無治。"

《春秋左鑒》哀嘆周王軍事之弱、政權之弱,在男女禮儀方面,中原諸夏,反不若楚。論其原因,春秋時,楚雖蠻夷,但楚王室有賢女子鄧曼輔助;楚莊王放棄夏姬,不因女色累德;楚又有女子如息夫人持禮甚嚴。魯桓公十八年王子克之亂,作者指出女妾爭寵,是國家治亂的根本,誠如《左傳》所說:"並后、匹嫡,亂之本也。"

《春秋左鑒》對於莊公七年《春秋》"夏四月辛卯夜,恒星不見"的記載,牽連及佛祖降生之傳聞,並藉此認爲不應過分推崇佛教,則完全超出《左傳》的原有義理體系之外。

27. 1777年吳炳文摘錄《春秋左傳彙輯》四十卷,清乾隆四十

八年(1783)南麓軒刻本

每半葉9行,行22字,小字雙行,同。四周雙邊,白口,單魚尾。南麓軒藏板。卷首有乾隆四十二年丁酉春正月海陵侍朝序。

吳炳文,字梓園,安徽新安人。

侍朝序謂著書當有益於實用。魏禧《左傳經世鈔》以其所見者大而有益於實用,詞章之學則有宋呂祖謙《東萊左氏博議》,但在清代流傳不廣。《春秋左傳彙輯》師習呂祖謙,希望能幫助習舉業的讀書人寫作八股文,在此基礎上,再讀魏禧《左傳經世鈔》,讀書方爲有用。

《春秋左傳彙輯》仿呂祖謙《左傳類編》。陳振孫《直齋書錄解題》:《左傳類編》六卷,"分類內外傳,事實、制度、論議凡十九門",坊間罕見其書。吳炳文《春秋左傳彙輯》分四類,亦十九門:天文、輿地、人才、統緒(各國概說)、倫常(君道:君臣、君德、君道、王后、諸侯夫人、臣道、父道、夫婦)、人品、國事、人事、典禮、音樂、文辭、武備、飲食、忠烈、五行、貨寶、宮室、服物(禮制衣物器具)、物類(動物)。上自天文下至昆蟲草木,無所不賅。或一事而兼數門,或一語而統數類,兼收並錄,不厭其繁。如紀子帛,或以爲字裂繻,或以爲闕文;城小穀,或以爲齊地,或以爲魯地,皆並存其說。

《春秋左傳彙輯》按照康熙《春秋傳說彙纂》所定諸侯次序,分國彙編,而《春秋傳說彙纂》未收錄的虞、虢、於越、頹叟,附於卷末以備參考。注釋擇杜注而用之,字音主陸德明《經典釋文》。

28. 1787年李紹崧《新訂批註左傳快讀》十八卷首一卷,同治戊辰(七年,1868)緯文堂重刻本

分上下兩欄。上欄簡述諸侯國的歷史、文章的結構,下欄每半葉10行,行16字,小字雙行,同。四周單邊,白口,單魚尾。卷首有乾隆己酉(五十四年,1789)夏六月徐元辰序、丁未(乾隆五十二年)秋七月既望李駿嵒《刻左傳快讀說》《凡例》。封面加廣告語:"字畫音韻,考正詳明。"可見,在乾隆朝,即使《左傳》評點亦以考證相標榜。

李紹崧(1748?—1824?),字駿嵒,又字申甫,湖南善邑(今長

沙)人。貢生。

乾隆五十二年李駿昂著《左傳快讀》之時,大約四十多歲。自云幼時讀書僅得《左傳句解》,於篇法、句法、字法不知所謂,而弱冠時讀《左繡》,方知曉《左傳》"篇章字句,無法不備",於是確認了其父的觀點:《左傳》一書,"即制義之津梁","不徒作史氏權輿,直秦漢以來文章之鼻祖也"。習《左傳》二十餘年,李氏始點評《左傳》,參考前輩評點,點明字法句法,授予學生。其經義,取《公羊》《穀梁》《東萊左氏博議》《左翼》(按實爲周大璋《左傳翼》)等書。其評點,取"二孫、韓、鍾、俞、顧、劉、王"等人的評點,置於上欄,又錄馮李驊《讀左卮言》於卷首。《左傳快讀》錄取《左繡》評點,大概因其爲常見書,故不點明出處。

《左傳快讀》針對此時科舉制藝但取《左傳》敘事不取其經義,《左傳》選本首尾不全等特點,申明《左傳》是釋經之書,經傳之文應儘可能抄錄全篇,以明經傳互相發明;闡釋其經義,方能有益於制藝。徐氏序謂《左傳句解》過畧,《左繡》過雜,而讀者皆未能快於心。而《左傳快讀》旨在避免畧和雜,又考證輿地、典故,注釋音韻句讀,所以此書以"考證詳明"自稱。但考其《凡例》,音韻,依據《康熙字典》,逐一迻錄;輿地,則取《左繡》《春秋傳說彙纂》,考注證明,認爲杜注與今不合,所以盡棄杜注。無論是音韻、文字、地理,無不以鈔錄爲主,無所謂考證。所取前人傳注,以杜注過於高古,只以林注等啓蒙讀物充之,實難稱"考正詳明"。《左傳快讀》不過附庸乾嘉學者的治學風氣,妄爲比附而已。

李氏《左傳快讀》刻於《左繡》之後,論《左傳》的起承句法,不及《左繡》。但不同於其他評點,《左傳快讀》沒有將《左傳》僅僅視爲制藝的淵藪,而強調《左傳》的釋經價值。這是《左傳快讀》高出同時期其他評點學著作之處。李氏看到其他評點選本往往首尾割裂,故此本每篇必錄全文。聲稱不讀杜預《春秋經傳集解序》卻侈談《春秋》發凡言例,皆門外漢,故錄杜預《春秋經傳集解序》於卷首。(凡例)

《左傳快讀》凡例,稱《左傳》一書,羽翼經傳。近世學者執舉業爲正經,目《左傳》爲紀事,引其史事,用於制義,而於經傳相發明之處,則畧而不講。即便《左繡》,謀篇立局,命意措辭,無法不備,一字不苟,但對於經意,亦無發明。作者一再聲稱《左傳》是釋經之書,這更多是一種表態。作者並未深入討論《左傳》的義理,只不過相對完整地節錄了《左傳》某些段落的內容。

《左傳快讀》卷首《東周紀年》《列國紀年》,按順次排列各諸侯國,顯示出"尊王"之義,不以"夷狄"稱秦楚,但言內外。每篇篇尾總述文法,講明主腦、起承轉合等方法,上欄引他人說法,評點字句,點明線索、結構、虛實等寫作技巧。周鄭交質,呂祖謙《東萊左氏博議》譏《左傳》稱周鄭交質、周鄭交惡,不責鄭之叛周,而責周之欺鄭,此《左傳》之罪。明代孫鑛等人認同呂祖謙的觀點,而《左傳快讀》維護《左傳》的客觀性:"《左傳》依經作傳,……《左氏》何敢妄出臆見,……不過將'信'字對'質'字,作一篇直言歸趣而已,何誣之過刻哉!"

29. 1790 年潘相《春秋應舉輯要》十二卷,清嘉慶四年(1799)刻本

《潘相所著書·經學八種》之一。二冊,每半葉 10 行,行 24 字,小字雙行,同。左右雙邊,白口,單魚尾。誠恕堂藏板。卷首有嘉慶己未(四年)楊肇增序、嘉慶己未元日胡士範序。

潘相(1713—1790),字潤章,號經峯,湖南安鄉人。乾隆二十八年(1763)進士,官曲阜縣令、濮州知州。另著《春秋尊孟》《春秋比事》《琉球入學見聞錄》等書。

《春秋應舉輯要》爲科舉讀物,編場屋必出之題,遵照康熙、乾隆朝官方《春秋》學說,不違功令,融貫三傳與前人經說,多據己意刪改。科舉應試,三傳並立而經義愈廢,胡安國《春秋傳》附會臆斷,不一而足,至官方經義出,"《春秋》乃有定解"。但坊間仍然流行胡氏《春秋傳》,又有人標舉《春秋備旨》而謂功令盡在於此,實與官方經解相違背。《春秋應舉輯要》即爲此而作。

《春秋應舉輯要》遵從兩部官方經籍:康熙六十年(1721)刊刻的《春秋傳說彙纂》以及乾隆二十三年刊刻的《春秋直解》。謂《春秋》

無貶天子之意,天王使家父來聘,只陳例事實,不作褒貶。紀侯大去其國,無齊侯復讎之義。僖公二十八年《春秋》"天王狩于河陽",謂"天王自來,故没而不書,存君體也;會温,晉實召王,故書天王自狩,存臣禮也",這些意義皆存於《春秋傳説彙纂》《春秋直解》,而不同於當時仍用於科舉的胡安國《春秋傳》。《春秋應舉輯要》警示讀書人在這些地方不可師習胡安國《春秋傳》,謂《春秋》不貶天子而存君臣之禮,有意强化讀書人的"忠君"意識。

《春秋應舉輯要》嚴分華夏。僖公二十八年,晉侯、齊師、宋師、秦師及楚人戰于城濮,"是時,諸侯之從楚者幾半,天下侵齊圍宋,勢蓋岌岌焉。不有此戰,周室尚得安乎?"宣公元年《春秋》"楚子、鄭人侵陳,遂侵宋",謂"南北之分於是始。後十五年而宋楚平,後五十年而晉楚同盟於宋。諸夏之君,分爲晉楚之從矣"。用反問句式、排比句式表達情勢的危急。《春秋應舉輯要》此類戰事評點頗多,其議論的語勢强於其他議論。

30. 1803年羅典《讀春秋管見》十四卷,《續修四庫全書》影印中國科學院圖書館藏清刻本

每半葉8行,行22字,小字雙行,同。左右雙邊,單魚尾,黑口。經文大字,小字書"管見"。

羅典(1718—1807),字徽五,號慎齋,湖南湘潭人。乾隆十二年(1747)鄉試第一,十六年(1751)成進士。任江南道監察御史,兩次充任會試同考官,兩主河南鄉試,一爲四川學政,主持嶽麓書院27年。據《國朝耆獻類徵》,羅典《春秋管見》成書於嘉慶八年(1803),時年八十六。另著《凝園讀詩管見》《凝園讀書管見》等書。

《讀春秋管見》多採《公羊》《穀梁》之説,用宋人經義,而有適當變更。隱公二年《春秋》"無駭入極",無駭去氏,譏之,未經天子任命,擅兵權而無君。諸侯會盟因講信修睦而起,其禮見於《周禮·秋官》"司盟"。但春秋時期的盟會皆爲私盟,凡書盟者,惡之。此皆承用宋儒經義。但魯國和戎會盟,則不在"惡"之列。《春秋》記載,隱公二年"公會戎于潛",繼而書曰"秋八月庚辰,公及戎盟于唐",可知

和戎足以紓難而安定國家。

莊公四年《春秋》"紀侯大去其國",利用《禮記·曾子問》所載孔子問老子的典故,謂大去其國即"盡取群廟之主以從其去",敷衍出紀侯大去其國而悲憫百姓,百姓爲之送行的情景。此處虛構,與八股文"代聖人言"的手法相似。

31. 1808 年陳謨《讀左摘論》十二篇,上海圖書館藏鈔本

四周單邊,單魚尾,版心題"拙脩書屋遺書""當湖孫氏雪映廬鈔本",鈐印"當湖孫氏慧昧廬振麟藏"。每半葉 9 行,行 20 字,評論低一格。

陳謨(1723—1808),字汝師,號拙脩老人,浙江平湖人。著《讀史摘論》十二册、《春秋約指》四册、《古文稿》五册,俱入《拙脩書屋遺書》。卷首有光緒丙申(二十二年,1896)陳珍《識》、光緒丁未(三十三年)元日陳珍又識。卷首附録拙脩先生自撰墓誌銘、《讀史摘奇(論)自序》《讀史摘奇(論)商序》及陳氏二子的經史論文。其子陳珍曾從《讀史摘論》中摘出一册,名之曰《讀左摘論》,加以付梓。

拙脩老人年老耳聾,其子用筆寫下疑難問題,記録父親的回答,父子之間的經史問詢,積三百餘條而成書。先書拙脩老人的言論,後附"商曰",以示不同意見。《讀左摘論》實即《左傳》評點,排斥《左傳》的叙事,論僖公二十八年城濮之戰,子玉夢河伯索瓊弁玉纓一事,爲"《左氏》成見如村嫗之不堪者"。陳氏看到晋靈公和趙盾之間的深層矛盾,趙盾爲權臣,立靈公爲迫不得已,故靈公在位不殺趙盾,即爲趙盾所殺。提彌明是趙盾的私黨,被安置在靈公身邊,趙盾有難即出手相救,而鉏麑誤以爲趙盾是賢臣,故不殺盾而自殺。《左傳》對趙盾委曲回護,又虛造孔子之言以期取信於人。陳謨用後世的君臣之義評判春秋時期的史事,削足適履,這對認識《左傳》的本來面目是没有幫助的。

《讀左摘論》嚴華夏之防。周王室遭叔帶之難,兼戎狄來犯,内亂外患,卻没有勤王之師。陳謨之子謂秦晋同爲周臣,誅逆亂,莫共主,當共勉之。陳謨將春秋霸主分爲兩派,一爲諸夏之霸主,如齊桓、

晉文,一爲蠻夷之霸主,如秦穆、楚莊。陳譓之子則只將楚作爲中原文化的對立面,吳繼楚爲患,吳楚之外,均爲周天子之諸侯國。霸主陣營的不同,折射出清代春秋學中華夷觀念的不確定性,這是清代春秋學的一大特色。陳譓認爲中國和蠻夷各有霸主,實際消解了霸主的職責、功能,而陳譓之子強化了中原諸侯和楚國之間的緊張對立,投射出晚清外敵入侵帶來的華夷矛盾。

32. 1820年徐校《左傳樂府》一卷,嘉慶二十五年(1820)刻本

每半葉9行,行20字。左右雙邊,黑口,單魚尾。牌記題"嘉慶庚辰秋日開雕"。嘉慶庚辰指嘉慶二十五年。卷首有嘉慶二十四年十月孫原湘序,楊雲璈、王樹榖、趙允懷、周康封等兄弟、門人共四人題辭、嘉慶二十五年孟夏自序。

徐校(1760—1830),字石渠,江蘇太倉人。受明李東陽《詠史樂府》的影響,作《左傳樂府》,計一百二十首。取《左傳》之文命題,義取呂祖謙《東萊左氏博議》,敷衍成詩。以經義純正標榜,以古調新機爲事,以史事考證自詡。詠史樂府是科舉制度的衍生品,與八股文一樣,以史爲題材,以經義爲內容。與八股文不同的特點在於以簡短的韻語出之,便於記誦,號稱樂府。至於考證,則因乾嘉漢學風熾,附庸風雅而已。

時人認爲,創作詠史樂府,以類相從,而以前後貫串爲難。詠史樂府兼有史、經、論、文的特色。所謂史,指參考《春秋》三傳及諸史書。所謂經,則主啖助、趙匡說經之詭譎、無畏。其論斷,猶如評點。其文字,則合於唱誦。與單純爲科舉而作的分類賦、對賦等文體相較,詠史樂府多了一份閒適,也多了一份新奇,一韻三唱之調,可附經義,亦可付之樂章。

以史爲材料作樂府詩歌,起於明李東陽作《擬古樂府》,取材上自春秋,下逮明初,比事屬辭,號爲奇作。明楊慎輯二十一史爲《彈詞》,酒酣以往,曼聲高唱,與樂府相似。清代文人尤侗作《擬明史樂府》,學者洪亮吉作《詠史樂府》一卷,詩人舒位《春秋詠史樂府》專詠春秋時事,斷自晉悼公以前,成詩一百四十首。

徐校《左傳樂府》，或五言或七言，雜用三言，插入"嗚呼""吁嗟乎""君不見"等詞；時有散文句式，用"曰"字領句，加入"不然"等轉折詞，爲誦讀提供了便利。徐氏《詠史樂府》有的詩逐字成韻，三句成一章節，有的篇章隔句用韻，每篇換韻若干次，但不事對偶，保留了古風，此一特點與古樂府最爲接近。每篇詩歌以多個相關事件爲內核，不叙史實，只敷衍其教化意義，這一點不同於分類賦、對賦之專取史事以敷衍成對句，專意於技巧，不關教化。

《出君悔》《表伯姬》等詩，從篇名就可看出有勸誡教化之意。《出君悔》以襄公二十至二十九年出現的孫林父、甯殖、季氏三人爲例，痛貶三人逐君之惡。惡人必被惡名，告誡世人"得罪於君悔無及，惡名藏在諸侯策，曰惟林父與甯殖"。對歷史上的叛君者，切齒痛恨，甚至有掘墳鞭屍之憤慨："季氏逐君亦不怍，欲溝其墓謚以惡。"除了反面教訓，詩中還有正面説教："君入則掩君子責，不然有鬼不來食。"利用民間鬼神思想宣揚君權的威嚴。《表伯姬》讚揚被火燒死的宋伯姬，不認同《左傳》譏伯姬之義。可見，《左傳樂府》雖重娛樂，但仍維護君臣倫理。

在詩篇末尾，一般標示演唱此詩的情緒：如《出君悔》標"嚴切"，即對弑君、出君之人作聲色俱厲的譴責。《表伯姬》標"筆矯變而音節圓健"，則指此詩用詞多變，內容上或宣讚或譴責，皆應輔以高亢的聲調。在詩篇末尾，有時點出詩篇的作法，頗有科舉程墨評點之風。

《美延陵》，延陵，即季札退居之地，採用《公羊》記載的季札不受國的故事，頌美季札。"延陵審樂又知人，濁世翩翩無與論。或譏來聘窺中國，或以讓國斯稱賢。厥後闔閭行弑逆，不受爲義不殺仁。"又讚季札："我謂斯人真不朽，吳土清嘉始克有。至今禮讓濟濟多，試誦吳趨行一首。"在季札的問題上，《左傳樂府》採用《公羊》義，稱讚季札有禮讓之節，排斥胡氏《春秋傳》的陳舊觀念。

《周文盛》懷念春秋時賦詩言志的禮樂彬彬之盛。"想見周文盛，鬱鬱被華夷。不久入戰國，此道棄如遺。漢惟匡鼎來，説《詩》稱解頤。亦有鄭家婢，矢口皆詩辭。流風及魏晉，長嘯清談爲。"徐氏作《左傳樂府》，亦有追崇周代禮樂，褒獎漢代經學，寄寓教化之義。

33. 1844年黃式三《春秋釋》四卷，光緒十四年(1888)黃氏家塾刻儆居遺書本

每半葉9行，行22字。四周雙邊，白口，單魚尾。卷首有嚴可均序、道光甲辰(二十四年，1844)正月作者自序。

黃式三(1789—1862)，字薇香，號儆居，浙江定海人，黃以周之父。另著《論語後案》二十卷、《儆居集》二十二卷等書。

黃氏稱《春秋》之義不明，由儒者之不信《左傳》；《左傳》之不信，由儒者拘於成見，昧於舊史之凡例；舊史凡例，孔子不能不因之，而讀《春秋》者，不細究五十凡例，而持《左傳》一二不可信之處，肆意否定《春秋》經義。黃式三少時讀《左傳》杜注及姜炳璋《讀左補義》，其父教誡姜氏注《左》而駁《左》，妄議優劣。黃氏搜採各書，以解《左傳》疑義，久之，愈信《左傳》傳《春秋》，《左傳》有授受流傳，決非虛造。

《春秋釋》卷一舉《春秋》大綱、凡例，旨在辨杜預《春秋釋例》之是與非，以此補苴姜氏《讀左補義》。《春秋釋》卷二按周王世系，叙春秋時事，卷三以魯十二公爲序，叙魯國內政及外交，卷四評論其他諸侯國之史事及人物。

宋劉敞《春秋權衡》駁《左傳》五十凡例及經傳之異，多不允當。《左傳》"君子曰"稱潁考叔純孝、宋宣公知人、鄭莊公有禮，劉敞屢有批駁，遂謂《左傳》不受經於孔子。劉敞之説在後代附和者甚多，黃式三以《左傳》的傳授世系駁斥劉敞之説，認爲《左傳》"君子曰"有未合於道者，當是張蒼以前吳起諸人爲之。

黃式三認爲呂祖謙《東萊左氏博議》，文筆遜於呂氏《文集》其他篇章，沒有閱讀的價值。只不過《東萊左氏博議》用以示諸生科舉文，直到清代，四明郡仍以此書教弟子，黃氏不得不討論之。黃式三指責呂祖謙好爲新奇之論，如共叔段不負鄭莊公；宋宣公因爲"好奇"，而讓弟弟繼承王位；臧僖伯諫觀魚，失在臧伯未能悟之以心；齊桓公救衛，養亂以張其功而已；《左傳》賦詩，斷章取義，呂氏卻將它

作爲正解等等。吕氏務爲新奇而於經義有害,黄氏一一糾正。

《春秋釋》是黄氏塾課教材。《儆居遺書》卷首《黄氏塾課叙》稱黄氏私塾教育强調讀經,黄氏自編教材,以課子孫。塾課中有《史記》《漢書》《國語》《戰國策》,及先秦兩漢其他子書,作爲讀經之輔助。黄氏解經,在《春秋》三傳中擇善而從,而以《左傳》爲重。所利用的書籍都是常人習見之書,無奇異之編,認爲凡教子弟,嗜奇僻不如從簡確。塾課的核心,即提倡氣節修養,宣揚事君之忠。《春秋釋》本"尊王"的宗旨,樹立爲臣之道,納善於君。

34. 1870年李藝元《聽園讀左隨筆》二十卷,同治九年(1870)刻本

十册。每半葉8行,行20字。左右雙邊,白口,單魚尾。卷首有南峙衡序、楊岳斌序、無名氏序、李慶序、庚午(同治九年)黄佐昌序、掌教嶽麓書院周玉麟序。

李藝元,字賓門,湖南善化(今長沙)人。明經,同治庚午、辛未年間(九年、十年)入武陵篆延之幕。

自序謂年幼時讀《左繡》,施加評點於其上。後意識到《左傳》不應只論文,還應尋經之旨。《左傳疑非左氏傳說》採納朱子的説法,《左傳》的義理不爲孔子所讚同,《左傳》不是左丘明所作。左丘明若與孔子是同時人,春秋末年之時,即有八九十歲,這不合情理。《左傳疑即魯人所作說》否定《左傳》由楚人所作的觀點。他認爲秦以前著書不著名號,之所以名《左傳》,疑因經居右,而傳居左。《左傳》依經立傳,居全經於其右。這種説法完全是異想天開。

《讀左隨筆》議論、雜述占主體,仍少不了評點,其評點有時涉筆成趣,迥異於時藝試帖以獵功名者。《讀左隨筆》的評點將《左傳》看作一篇純粹的大文章,但其重心不在文法,而是設身處地,求古人立身行事之機,復古人音容笑貌於文字之中。《左傳》似一部充滿奇遇悲歡的傳奇故事,作者在重耳的故事中體會悲歡離合,兼論文辭之美:"'險阻艱難備嘗,民之情僞盡知'二語,特地寫生張本。時而短琴橫膝,雖閨閣亦有知音,時而拔劍揮空,即君公亦多掉臂。時而機

鋒相對,作本色之英雄,時而恐懼忽來,得戚施於燕婉。見禮,則歌鳴雁而駕鷖車;拂意,則作乞人而悲失路羈旅。況房闥情、巾幗流、上人士,並成一幅圖畫,令讀者奮袖低昂,是《左傳》中一道悲歡離合、風華掩映文字。"施展想象,體會重耳經歷的飢餓:"僖負羈饋飧,公子受飧,當時必然窮餓可知。""至其枵腹馳驅,跟蹌道左,量彼一甌白飯,詎少三百青銅,……正不解從亡諸人,其療飢又用何物也?天下奇人,不少奇事,此等處作一種傳奇觀,可也。"僖公二十八年,衛侯聽信讒言,以爲元咺已立叔武爲君,作者於是刻劃衛侯的内心:"或訴元咺於衛侯曰:'立叔武。'突如其來,所謂天外黑風,吹海立者也。無端綾斐,成是南箕,使一赤心漢子,痛心疾首,職爲厲階。當兩地睽違,讒構自甚易易。衛成一聽樊蠅,不辨虛實,遽殺其子,過矣。"這樣的閱讀感受當是在長期的細讀文本的過程中逐步體會並加深的,其中不無虛構、想象的成分。其人物内心描寫關注義理層面,缺少性格刻劃。晉文公的經歷雖則有"傳奇"之嘆,作者對晉文公本人,卻沿襲"譎而不正"的評價,"晉文一生未免陰鷙可畏",曾與子犯結誓後又背叛他,城濮之戰中,"真操勝算,弄子玉於掌中者也"。

　　《讀左隨筆》在文字閱讀中仍維護君臣、夫婦、長幼的倫理。"曲沃之立,長幼之分不明也。尹武之助,君臣之義不講也。失此二者,何以服天下?王命不行,端自晉始。"宋伯姬守婦人之禮而被火燒死,乃女中伯夷。《左傳》稱"女而不婦",這是"巧詆"宋伯姬,是《左傳》"以成敗論人"的一個例子。這些義理均承自宋儒。

　　《讀左隨筆》對宋儒之議亦有糾正。如襄公二十九年,季札來聘,胡氏《春秋傳》貶季札讓國是楚國禍患之源,議論刻深。《讀左隨筆》反其意而行之,論季札的人品非常人能及:"季子自衛如晉,將宿於戚,聞鐘聲遂去,此其潔清自好,秉正疾邪之概流露,……性情學識品概,洵第一流人物也。"

35. 1876 年王武沂輯、蕭士麟補輯《左傳紺珠》二卷,小娜嬛山館彙刊類書十二種,1876 年刻本

　　袖珍本。每半葉 10 行,行 20 字。卷首有《總論》,謂《春秋》局

勢凡三變,政在諸侯、大夫、陪臣,《春秋》譏之。

王武沂,字繩曾,梁溪(今江蘇無錫)人。著《春秋經傳類聯》一卷,佚。

《左傳紺珠》分天文時令、妖祥怪異、城邑宮室、家國、魯、衛、晉、齊、楚、秦、鄭、吳、越、杞、宋、陳滕、君德、儲貳、臣道、父子、宗族、夫婦、閨閣、朋友、政治、用人、賞罰刑訟、武事、田獵、禮樂、朝聘會盟宴享、祭祀、卜筮、人品、形體、言語、辭受取與、施報、譏刺規譴、疾病喪葬、車馬、舟、飲食、服飾、鳥獸、魚蟲、草木蔬果等 47 類,除《春秋》禮制之外,兼及諸侯各國的歷史。

《左傳紺珠》整篇以對偶的形式,借事而言義理,兼及《春秋》史事,同時,神怪、小說亦採入其中;又仿《世說新語》,鑒別人物,品評高下,其中不無民間游戲之作。觀其對偶,筆法嫻熟,當流傳已久,不斷積累,才能具備如此規模。《左傳紺珠》在民間流傳的書籍基礎之上,蒐輯眾多材料編纂而成。

《左傳紺珠》裁取《左傳》之文,每一事例,必有另一事例與之對應,各標明其出處,組成對偶。如"鄭蛇交鬥,其氣燄以取之;宋鶂退飛,非吉凶所生也",採《左傳》敘事,亦用其義理。"二陵風雨,因違蹇叔之言;三師幽囚,賴有文嬴之請",則站在秦的立場敘事。"天授楚未可與爭,天敗楚不可以待","退而入於泥,臣能射月;伏而監其腦,君實得天","伏而監其腦"原指城濮之戰中晉侯夢見楚子俯身吸食己腦,晉侯以為這是凶兆,於己不利,子犯解釋楚不得於天,於晉君有利,《左傳紺珠》沿用了《左傳》子犯的闡釋,以讚頌晉文公的霸業。《左傳紺珠》尊崇霸業,對齊楚秦等國之霸業皆極盡讚美之辭。

諸侯國史事,皆用對偶串連,除此之外,還以"附考"的形式推出議論。如論齊桓霸業,舉齊國都城臨淄的盛況:"吹竽鼓瑟,擊筑彈琴,鬥雞走狗,奕(六)博跂(踘)蹴之風俗,而一匡天下,猗歟盛哉!""臨淄亦海岱之間一大都會也。"這明顯加入了《戰國策》對於齊國臨淄的描寫,但戰國時的臨淄與管仲輔佐齊桓公"一匡天下"沒有直接關係,將戰國臨淄的情景錯植於春秋時期,以說明齊桓霸業,有些不倫不類。"附"不復以韻語、對偶組成,而是以散文的形式發抒議論。

《左傳紺珠》不避神怪,尊崇霸業,與清代科舉程文的標準並不相協。這說明《左傳紺珠》以科舉程墨之筆,而爲游戲之文。在民間相傳久遠,而有好事者爲之編輯,即得是書。

36. 1883 年張鼎《春暉樓讀左日記》一卷,民國二十五年(1936)盧學源鉛印本

《春暉樓讀左日記》與《春秋列國戰守形勢》合刊。每半葉 10 行,行 25 字。四周單邊,白口,單魚尾。前有李澄宇序、談文灯《張銘齋先生傳》、盧學源撰《年譜》。

張鼎(1827—1883),字守彝,號銘齋,浙江海鹽人。咸豐元年(1851)舉薦於鄉。曾受業於楊西屏,主杭州東城書院、海甯蔚文書院。學經史之學,旁及天文輿地、曆算河渠、象數五行,學宗程朱,必授學生以朱子《小學》《近思錄》諸書。生於清季,不爲漢宋門户之見,躬行實踐,以程朱理學爲歸。光緒八年(1882),辭賢良方正,絕意仕進,興地方公益。著有《四書説畧》《易漢學舉要》《禹貢地理舉要》《敬業編》《春秋列國戰守形勢》《春暉樓詩稿》等書。

《讀左日記》李序稱古君子内德而外學,内德經重,外學史重,重史尤不可不重地,重地則當講明天下厄塞,戰守事宜。李序稱許張鼎治地理,但張氏《讀左日記》主要講論作文之法,不涉地理。舉《左傳》之文,與其他經史子集相類的文章對照,傾向於以發展的觀點看待史事,點明開篇即定下全篇格局的重要性。如《管仲請救邢》篇,宜與《淮陰侯拜將告漢王》《武侯隆中對先主》二篇並讀。從題目來看,這三篇文章分別來源於《左傳》《史記》《三國志》。管仲爲救邢而引《詩》曰:"豈不懷歸,畏此簡書。"簡書,是天子戒命之辭,管仲引《詩》,表明方伯捍禦戎狄,本有天子任命之事。作者認爲當日諸侯無人念及天子簡書,唯獨管仲鄭重言之,管仲後來助齊桓公攘夷狄尊周室,即肇於此。從《管仲請救邢》可以看出後來齊尊王攘夷之格局,"朱子所謂古人起手先定下大局,後來終身不易,是也"。韓信、諸葛亮的後來成就,皆可追溯至其任命之初。又分析《晋侯作二軍》這篇文章,分三段看。首段叙事,次段論太子不得立,三段論

畢萬之後必大。自晉獻公崛興後,諸子爭位,三家篡弒,亂無窮已,其線索皆源於《晉侯作二軍》。看似論史,實則論文,這是將《左傳》看成一篇大文章,而講論其史事的呼應、發展,歸結到文章佈局的重要性。

張鼎又在《左傳》之文中尋找語音頓挫、語義對仗之法。如《晉侯蒐于黃父》,"以陳蔡之密邇"以下五句,頓在"陳蔡","在位之中"以下七句,頓在"鄭君臣自朝"。文公十七年《左傳》"鹿死不擇音","音"字與下"險"字對,"走險"謂鄭將與晉鬥。在讀誦中領會經義,並尋找文章做法,這是古代文章學的常見做法。

37. 1883年張鼎《春暉樓春秋列國戰守形勢》一卷,民國二十五年(1936)盧學源鉛印本

每半葉10行,行25字。四周單邊,白口,單魚尾。

張鼎(1827—1883)著,其《春暉樓讀左日記》已著錄。

《春秋列國戰守形勢》據地理論興衰。周室東遷之後,淪落爲弱國。"酒泉賜虢,虎牢賜鄭,至陸渾之戎,入居伊川,異姓逼處,莫可誰何。自是晉滅虢而鎬京之消息中斷,楚滅申而南國窺伺日張。至南陽之地與晉,則舉大河中以北,委而棄之,而東都之事去矣。"感嘆春秋時期楚國的强盛,並不爲楚之進逼諸侯而哀嘆,倒是讚嘆東周王室四百年續業,齊桓、晉文,功莫大焉。"余讀《春秋》,至莊六年楚文王伐申,未嘗不廢書而嘆也。曰天下之勢,盡在楚矣。使周曆綿延四百年不遂並於楚者,桓文之力也。"《春秋列國戰守形勢》客觀看待周王室的衰弱和楚國的强大,拋棄了"尊王"的經學思維,而帶史學的視角。

魯國,其君孱弱,其地亦不險固,能在諸姬中保持國命,不是說周公禮樂制度能夠使國祚久遠,只能說有乃祖周公之德的庇護在身。"以守則不足以固,以攻則不足以取勝也。徒以周公之後,世爲望國,見重晉楚,於諸姬最爲後亡,豈非周公之明德遠哉。"這一段評論與《春秋》公羊學"王魯"說大異。

38. 1884 年 錢大法《讀左參解》不分卷，1928 年太倉錢氏刻本

《讀左參解》一册，不分卷。牌記題"戊辰孟冬太倉錢氏鋟版"。戊辰，指民國十七年，即 1928 年。每半葉 10 行，行 21 字。四周單邊，黑口，單魚尾。卷首有朱邦彥《讀左參解序》(乙卯夏四月，1915)、朱文熊《讀左參解跋》(戊辰八月)、李澍跋(戊辰九月)、王保譿跋(戊辰八月)、錢大法自跋(光緒十年甲申三月，1884)、《凡例》。

錢大法，字守之，江蘇鎮洋(今太倉)人。光緒年間貢生，卒於清季。錢大法熟知《左傳》，又學有根柢，其制藝文聞名於當地。其制藝文嚴峻有法，爲時人所效法。其死後十年，其養子("猶子")李涌三作《行畧》，又謀刊刻《讀左參解》。《讀左參解》刊行之時，錢氏已離世二十餘年。

錢氏幼時即學《左傳》杜林合注，隨手作了許多筆記，太平天國運動之後，舊本無存，於是重作筆記，迻錄而成《讀左參解》，希望流行坊間。《讀左參解》彌縫杜林合注之失，計二百餘條，"或就其本事而論斷之，或綜其前後而貫通之，或於舊注有未安而斷以己意，或因前人所未備而贅以芻言"(《凡例》)。錢氏與晚清"漢學家"取向不同，"説經者每矜奇炫博而失之支離穿鑿，説三傳者又拘牽義例以褒貶"(王跋)，錢氏專注於科舉考試的文本，希望在經義上有所發明。

錢氏不滿於坊間只關注評點。當時杜林合注本多以明鍾惺、孫鑛、清韓菼等三家評點附於後，坊間流行的《左傳》評點，除三家之外，還有陳氏、林氏、儲氏、馮氏，"珠完錦碎，亦各極精能之至"(朱序)，但只是就《左傳》的文辭而馳騁筆墨，未及《春秋》之經義。錢氏《讀左參解》中文章評點的數量不多，評文止"屠蒯諷諫"一條，論文法不過三四條，且有誤"懷嬴"爲"文嬴"的錯誤。錢大法《讀左參解》不論文，不評點，卻關注坊間通行的《春秋》杜林合注的經義，爲之補苴、疏通證明。在衆多面向科舉考試的書籍中，顯得與衆不同。

錢氏《讀左參解》補苴杜林合注，參之以《公羊》《穀梁》，旁及《孔子家語》《説苑》《管子》《晏子》《吳越春秋》及《越絶書》等書。《讀左參解》採用《左傳》的叙事，討論史實，而不用《左傳》的議論。如點明鄭莊公梟雄之心事，又論子産善相小國之權術。《讀左參解》

不信《左傳》的鬼神叙事,謂宋武公欲貴其女,見手文形似魯字,遂謂其女後當爲魯夫人,魯惠公爲迎合宋武公,於是以夫人禮聘之,而其實宋武公之女與聲子皆非正室。《讀左參解》肯定"荀息爲君事而死之忠",申生聽從父命自縊而亡之孝,否定鬻拳兵諫。直到光緒年間,習舉業的人仍然遵守舊的君臣倫理。

《讀左參解》將科舉考試俗本的内容從杜林合注、三家評點擴大到先秦更多的書籍。錢氏本希望經他作注的杜林合注本能如評點本那樣獲得通行,但學力不及,也是枉然。《讀左參解》對《左傳》的訓詁乏善可陳,對天文曆算學可謂是一竅不通。如解釋"唯正月之朔"的"正"字,本爲"政","正月"即"布政"之月,爲避始皇諱而爲"正",何啻癡人説夢。至於其經義,除堅守君臣倫理之外,亦絶少發明。

39. 1887年徐壽基《經義懸解》五卷,光緒十三年(1887)武進徐氏刻本

每半葉11行,行22字,小字雙行,同。左右雙邊,黑口,單魚尾。牌記題"光緒十三年刊"。此書爲徐壽基《志學齋集》七種之一。

徐壽基(1836—1920),字桂珆,江蘇武進人。

《經義懸解》名爲"經義",其實多論文,以作科舉之用,卷五解《左傳》。

《左傳》五大戰役,其叙法不同而各有主腦。韓之戰,以卜筮爲始終;城濮之戰,以禮勝;邲之戰,以亂敗;鞌之戰,以敗爲勝;鄢陵之戰,以兩國對寫,而於楚之中叙晉,晉之中叙楚,格局變而益新。

作者在讀誦中體會文章的妙處。僖公四年屈完對齊侯,"凡語之有兩層,先客而後主者,皆當先輕讀而後重讀,惟屈完兩次對齊侯語,皆當先重讀,而後輕讀。蓋前半截語皆承順,重讀之若故作尊齊之勢;下半語意相對抗,輕讀之,方是談笑生風,辭令妙品,所謂剛語柔説也"。在誦讀中領會人物之間的關係,表現人物性格,頗有心得。

作者於訓詁頗爲生疏,地理考證亦不精確。不相信《左傳》記載的夾谷之會,認爲《公羊》《穀梁》亦不載此事,孔子的行爲不被接受。

40. 1888年方宗誠評點《春秋左傳文法讀本》十二卷,民國四年(1915)刻本

八册,不分卷。每半葉11行,行24字。牌記題"民國四年八月開印宜城後學潘部敬題"。

方宗誠(1818—1888)著,其《春秋傳正誼》《春秋集義》已著録。

方宗誠學宗鄉儒許玉峰、族兄方東樹,奉程朱理學。以諸生受知曾國藩,授棗强縣知縣。因學行,加五品卿銜。方苞以程朱之學、韓歐之文倡導後進,方宗誠守方苞之説,以格物致知爲首務,以子臣弟友爲實學,以明休達用爲要歸,而文足以達之,遠近傳播。

録《春秋》經文於前,選録《左傳》文章於後,並加以評點。多取追叙、倒叙、插叙等段落加以分析評點,有意避免平鋪直叙之法。所謂平,即按照時間綫索順次而下,不平,則逆時間順序而叙。在連貫的叙事之中,或叙他事,或加議論,即爲追叙,均爲得法。追叙中亦有追叙,可逆一層,再追逆一層,層剥遠紹,這是方氏所津津樂道的叙事方法。

追叙、倒叙在《左傳》文章中,有多種作用。隱公元年《左傳》交代孟子之事,爲"追叙法",叙母夫人之事以明隱公攝政之由。僖公四年《左傳》"初,晉獻公欲以驪姬爲夫人。"一"欲"字,一篇禍根。接下來,"或謂太子"之下是兩"折筆",將太子申生的仁孝傳達出來,避免了"平直"。又隱公元年,大叔出奔共,遂置姜氏於城潁,事本前後相連,特分爲兩段,中間夾《左傳》"書法",以作議論,這是"叙事中夾議論"、叙事之中的"斷續之法",此皆可免平鋪直叙之病。《左傳》記載鬻拳强諫,因巴人叛楚取那處,而追叙那處之來歷;因楚子之敗,而帶叙鬻拳弗納君而自殺;因鬻拳自殺,又追叙鬻拳此前因强諫而自刖,……層層遞進,皆爲不平之法。

41. 1890年朱運樞《春秋筆記》六卷,1926年石印本

牌記題"歲在丙寅孟秋校刊"。丙寅指民國十五年,即1926年。每半葉9行,行25字,四周雙邊,白口,無魚尾。《春秋筆記》六種:《列國年表》《箋經瑣説》《經文辨異》《讀左别解》《論古撮要》《世族

譜系》各一卷。《春秋筆記》作於光緒朝早期,成書於 1890 年前後。

朱運樞(1865—1913),初名錫祺,又名運純,號蝦常,江蘇婁縣(今上海松江)人。十四歲隨兄讀書,光緒年間,入蘇州學古堂。學古堂的學生每人課一經,朱運樞每以《春秋》見知。此《春秋筆記》分六種,多爲學古堂課業,當是朱運樞在二三十歲的年紀所作。

朱氏的考證不合學術規範。隱公四年《春秋》:"衛人殺州吁于濮。"杜注:濮,陳地水名。朱氏認爲衛有濮水,城濮、宛濮,以水得名,而皆爲衛地,衛侯又稱濮陽君。與濮有關的,都與衛相關,於是濮地屬衛。這樣的地理考證隨意比附,沒有文獻證據,不合規範。隱公三年《公羊》"尹氏卒",《左傳》作"君氏"。朱氏認爲春秋時沒有"君"的稱謂。杞侯,忽而稱杞伯,忽而成杞子,猜測杞侯被貶爵了。東宮得臣,以東宮爲氏,並非齊之太子,並以東郭氏、東門氏、南宮氏、北宮氏爲例證。其例證不能支持其論點,不足爲訓。

《左傳》兼通外史,於晋之三軍、楚之官職纖悉靡遺,《左傳》與《穀梁》異多而同少。三傳皆爲釋經而作,三傳俱有義理之失。"《左氏》之失也誇,《公羊》之失也鑿,《穀梁》文詞寂寥,其失也竭,且其中並有褒貶失當,不堪訓世者。""《左氏》以鬻拳兵諫爲愛君,文公納幣爲用禮;《公羊》以祭仲廢君行權,妾母稱夫人爲合正;《穀梁》以衛輒拒父爲尊祖,不納子糾爲內惡,如此之類,不一而足。……夫以兵諫爲愛君,是教人臣以脅主也。納幣爲用禮,是開後世以喪娶也。以廢君爲行權,是資强臣以口實也。以妾母爲夫人,是啓妾御以上凌也。以拒父爲尊祖,不納子糾爲內惡,是君父可得而校,仇讎可得而容也。傷教化,害禮義。……"訓詁無甚可取之處,君臣、父子、妻妾之倫理卻是牢不可破。

朱氏認爲宋襄、秦穆、楚莊不當列五霸。霸者,號令召天下,爲諸侯所畏服。宋襄意欲效齊桓公,而實力不至;秦穆僅能崛起西戎,楚未聞大合諸侯。晋攘夷之功視齊桓而有加。以是否號令天下諸侯衡量霸主,霸主實際上是新興的王,由此改寫了霸主"尊王攘夷"的定義。

朱氏謂讀書不應求辭章,亦不應求訓詁。"讀古人書,弋獵詞華,從事於訓詁句讀之末,是讀猶未讀也。"清代桐城派古文宣揚文章需義理、考證、辭章兼而有之。若不事辭章,亦無需訓詁考證,那麼,讀書貴在經世,於此可見光緒年間《春秋》經學的趨向。

42. 1911年蔣廷黻《讀左雜詠》不分卷,宣統三年(1911)刻本

每半葉9行,行22字,小字單行,同。左右雙邊,黑口,單魚尾。後有宣統三年辛亥蔣廷黻跋。

蔣廷黻(1851—1911),字直博,一字穉鶴,又名蒙,號盥廬,浙江海寧人。光緒十八年(1892)進士,官至廣東潮州府知府。通籍服官之後,在朋友高子鳴太史的鼓勵下開始作詠史詩,積一千首之後刊刻。高子鳴比之於梁溪顧氏詠史詩。

《讀左雜詠》皆四句七言詩,一首詩歌詠一個歷史人物,事跡取材於《左傳》,有時也羼雜了《公羊傳》事跡,詩句之下以小字注明出處。《雜詠》感嘆時世變遷,歌詠危難之中紓解時難之人。春秋是一亂世,亂世之中,大夫片言隻語折強敵,平民布衣堪當國士。曹翽(劌)富謀畧,建功名:"肉食紛紛遠見稀,軍前抵掌論兵機。登壇一鼓收全勝,國士由來屬布衣。"蔣氏注:"春秋時以徒步致功名,見於傳者,唯曹翽一人。"春秋之時,常見兄弟相殘,季札辭位,則避免了慘劇,值得肯定:"骨肉片言成敵國,輸他季子事躬耕。"不討論季札辭位是否符合君臣之義,而指出亂世之中逃脱骨肉斯殺的路徑。稱齊姜"俠烈",醉遣公子重耳上路,可惜重耳回到晉國後,未再迎齊姜:"醉中車馬去駸駸,女子偏存俠烈心。誰道錦衣歸國後,不求故劍訪遺簪。"歌詠遠離政治中心的小人物,將他們作為主角,寫入詩中,偏離了《春秋》經學義理的核心内容——君臣倫理,顯現出脱離《春秋》經學的跡象。

《讀左雜詠》在春秋史事中見時代之變遷。昭定之後賦詩之風邈不可徵,這是因為"時尚富強,置風雅於不問"。燭之武退秦師,可知縱橫之術風行於春秋中葉。刺客之風,始於春秋,鞫居、邢侯、尉止、齊豹,皆專戮殺伐,至戰國荆軻而刺客之風極盛。作為封建官員,作者對這些刺客並無好感,而且怪責司馬遷《史記》為刺客作傳,有

違是非之標準。

　　蔣氏嚴華夷之辨。衛出公爲吳所執,反效夷言。《春秋》用夷禮者自杞始,是爲趙武靈王之先聲。"武靈胡服此先聲,夷禮居然列會盟。更有姬宗偏好異,鈎輈蠻語擅縱橫。"在夷狄面前保持中國的文化優越感。在晚清,經學顯示出保守與落後的一面,士人習經,頗有些兀自尊大了。

八 索引

B

《兵謀》《兵法》魏禧 300

C

《茶香室經説》俞樾 233
《充射堂春秋餘論》魏周琬 18
《春暉樓春秋列國戰守形勢》張鼎 344
《春暉樓讀左日記》張鼎 343
《春秋稗疏》王夫之 239
《春秋備旨》鄒聖脈 327
《春秋本義》吳桓 51
《春秋比辨》章謙存 53
《春秋比事參義》桂含章 40
《春秋比事目録》方苞 24
《春秋筆記》朱運樞 347
《春秋筆削微旨》劉紹攽 30
《春秋不傳》湯啓祚 68
《春秋測微》朱奇齡 97
《春秋鈔》朱軾 88
《春秋程傳補》孫承澤 73
《春秋楚地答問》易本烺 244
《春秋大事表》顧棟高 116
《春秋大傳補説》何志高 56
《春秋地理考實》江永 241
《春秋改元即位考》戴震 184
《春秋古經箋》劉師培 261
《春秋古經舊注疏證》劉師培 260
《春秋古經説》侯康 280
《春秋管窺》徐廷垣 38
《春秋規過考信》陳熙晉 166
《春秋恒解》劉沅 54
《春秋燧餘》李光地 3
《春秋胡傳參義》姜兆錫 86
《春秋或辯》許之獬 108
《春秋或問》郝坦 28
《春秋集古傳注》郝坦 129
《春秋集解》應撝謙 81
《春秋集義》方宗誠 102
《春秋集傳》李文炤 320
《春秋集傳》汪紱 26
《春秋輯説彙解》曹逢庚 57
《春秋輯傳辨疑》李集鳳 85
《春秋家説》王夫之 69
《春秋簡書刊誤》毛奇齡 246
《春秋經論摘義》王亮功 65
《春秋經異》張漪 248
《春秋經傳比事》林春溥 98
《春秋經傳合編》楊丕復 96
《春秋經傳集解攷正》陳樹華 209

《春秋經傳類求》孫從添、過臨汾 326
《春秋究遺》葉酉 39
《春秋客難》龔元玠 90
《春秋列國官名異同考》汪中 200
《春秋亂賊考》朱駿聲 206
《春秋論》石韞玉 121
《春秋毛氏傳》毛奇齡 7
《春秋名字解詁》王引之 212
《春秋名字解詁駁》胡元玉 229
《春秋名字解詁補義》俞樾 230
《春秋內傳古注輯存》嚴蔚 131
《春秋女譜》常茂徠 205
《春秋偶記》汪德鉞 47
《春秋平義》俞汝言 76
《春秋平議》朱駿聲 100
《春秋取義測》法坤宏 44
《春秋闕如編》焦袁熹 38
《春秋三家異文覈》朱駿聲 257
《春秋三傳比》李調元 246
《春秋三傳事實廣證》106
《春秋三傳異同考》吳陳琰 83
《春秋三傳異文釋》李富孫 250
《春秋三傳約注》劉曾騄 67
《春秋三傳折中》廖平 282
《春秋三子傳》毛士 93
《春秋深》許伯政 43
《春秋慎行義》莊有可 45
《春秋媵義》應麟 29
《春秋識小錄初刻三書》程廷祚 195
《春秋氏族彙攷》金奉堯 203
《春秋世論》王夫之 72
《春秋世族輯畧》王文源 197
《春秋世族譜》陳厚耀 193

《春秋世族譜拾遺》成蓉鏡 207
《春秋事義慎考》姜兆錫 115
《春秋釋》黃式三 339
《春秋疏畧》張沐 82
《春秋說》惠士奇 180
《春秋說》陶正靖 25
《春秋說》鄭杲 274
《春秋說畧》郝懿行 46
《春秋四傳詁經》萬斛泉 104
《春秋四傳糾正》俞汝言 79
《春秋四傳刘寶》涂錫禧 324
《春秋隨筆》顧奎光 40
《春秋隨筆》吳勤邦 54
《春秋條貫》毛奇齡 10
《春秋通論》方苞 15
《春秋通論》劉紹攽 31
《春秋通論》姚際恒 4
《春秋圖表》廖平 60
《春秋詳說》冉覲祖 84
《春秋新義》朱兆熊 106
《春秋一得》閻循觀 89
《春秋疑年錄》錢保塘 122
《春秋疑義》華學泉 187
《春秋異地同名攷》丁壽徵 245
《春秋異文箋》趙坦 252
《春秋義》孫嘉淦 19
《春秋義補注》楊方達 31
《春秋義存錄》陸奎勳 5
《春秋應舉輯要》潘相 334
《春秋雜案》趙佑 92
《春秋札記》范爾梅 22
《春秋正辭》莊存與 262
《春秋正業經傳刪本》徐金甌 310

《春秋直解》方苞 12
《春秋直解》乾隆 35
《春秋呫嗶鈔》凌揚藻 99
《春秋指掌》儲欣、蔣景祁 303
《春秋衷要》李式穀 52
《春秋諸家解》毛士 95
《春秋傳》牛運震 34
《春秋傳服氏注》袁鈞 133
《春秋傳禮徵》朱大韶 188
《春秋傳說彙纂》康熙 16
《春秋傳議》張爾岐 78
《春秋傳正誼》方宗誠 101
《春秋傳注》李塨 21
《春秋傳注》嚴啟隆 294
《春秋宗朱辨義》張自超 14
《春秋鉆燧》曹金籀 267
《春秋左鑒》楊潮觀 330
《春秋左氏古經》段玉裁 247
《春秋左氏古義》臧壽恭 256
《春秋左氏疑義答問》章炳麟 284
《春秋左氏傳補注》沈欽韓 163
《春秋左氏傳答問》劉師培 63
《春秋左氏傳地名補注》沈欽韓 243
《春秋左氏傳古例詮微》劉師培 63
《春秋左氏傳集釋》王韜 225
《春秋左氏傳賈服注輯述》李貽德 140
《春秋左氏傳舊注疏證》劉文淇、劉毓崧、劉壽曾 174
《春秋左氏傳例畧》劉師培 64
《春秋左氏傳時月日古例考》劉師培 62
《春秋左氏傳述義拾遺》陳熙晉 169
《春秋左氏傳傳例解畧》劉師培 64
《春秋左氏傳傳注例畧》劉師培 64

《春秋左傳》胤禮 323
《春秋左傳辨譌》劉鍾英 178
《春秋左傳補疏》焦循 161
《春秋左傳補注》惠棟 145
《春秋左傳補注》馬宗璉 157
《春秋左傳讀》章炳麟 269
《春秋左傳讀本》英和 50
《春秋左傳讀叙錄》章炳麟 275
《春秋左傳杜氏集解辨正》廖平 177
《春秋左傳杜注》姚培謙 148
《春秋左傳杜注校勘記》黎庶昌 234
《春秋左傳分國土地名》沈淑 194
《春秋左傳服注存》沈豫 138
《春秋左傳詁》洪亮吉 128-130
《春秋左傳會要》李調元 202
《春秋左傳彙輯》吳炳文 331
《春秋左傳類纂》桂含章 42
《春秋左傳識小錄》朱駿聲 219
《春秋左傳事類年表》顧宗瑋 114
《春秋左傳釋人》范照藜 199
《春秋左傳文法讀本》方宗誠 347
《春秋左傳小疏》沈彤 182
《春秋左傳姓名同異考》高士奇 192
《春秋左傳注疏校勘記》阮元 214
《春秋左傳注疏考證》齊召南 149

D

《達齋春秋論》俞樾 58
《讀春秋》趙良霱 97
《讀春秋存稿》趙佑 91
《讀春秋管見》羅典 335
《讀春秋劄記》陳毓荃 65
《讀春秋劄記》朱景昭 103

《讀左補義》姜炳璋 150
《讀左參解》錢大法 345
《讀左瑣錄》王廷鼎 228
《讀左管窺》趙青藜 286
《讀左漫筆》常茂徠 293
《讀左評餘》史致準 190
《讀左日鈔》朱鶴齡 127
《讀左剩語》趙以錕 187
《讀左瑣言》倪倬 291
《讀左一隅初稿》姚東升 48
《讀左雜詠》蔣廷黻 349
《讀左劄記》劉師培 235
《讀左摘論》陳謨 336
《讀左卮言》石韞玉 291
《篤志齋春秋解》張應譽 55

G

《溉亭述古錄》錢塘 186
《古書疑義舉例》俞樾 232
《古書疑義舉例補》劉師培 237
《古文淵鑒》徐乾學 315

J

《經讀考異》武億 213
《經考》戴震 37
《經史問答》全祖望 33
《經義述聞》王引之 218
《經義懸解》徐壽基 346
《經韻樓集》段玉裁 216

L

《劉炫規杜持平》邵瑛 160
《鑢子政左氏說》章炳麟 277

Q

《潛研堂集》錢大昕 121
《求志居春秋說》陳世鎔 56
《群經補義·春秋》江永 184
《群經大義相通論》劉師培 276
《群經平議·左傳平議》俞樾 223

R

《日講春秋解義》康熙 23
《日知錄》顧炎武 208

S

《三傳經文辨異》焦廷琥 252
《三傳折諸》張尚瑗 87
《十三經校勘記·春秋左傳正義》孫詒讓 227
《十三經注疏校勘記識語》汪文台 226
《述學》汪中 290

T

《聽園讀左隨筆》李藝元 340

W

《王朝列國興廢說》江永 120

X

《香草校書》于鬯 238
《新訂批註左傳快讀》李紹菘 332
《新學偽經考》康有為 268
《續春秋左氏傳博議》王夫之 300
《學春秋理辯》凌堃 190

《學春秋隨筆》萬斯 1

Y

《雅歌堂全集》徐經 287
《義門讀書記》何焯 319
《繹史》馬驌 109
《于埜左氏錄》盛大謨 318

Z

《增補左傳分類對賦句解》夏楓江 329
《增訂春秋世族源流圖考》常茂徠 204
《枕菲齋春秋問答》胡嗣運 61
《左氏春秋古經説》廖平 280
《左氏春秋集説》朱鶴齡 125
《左氏春秋考證》劉逢禄 265
《左氏條貫》曹基 113
《左通補釋》梁履繩 155
《左繡》馮李驊、陸浩 306
《左傳補注》姚鼐 185
《左傳點勘》吴汝綸 235
《左傳杜解補正》顧炎武 143
《左傳杜解集正》丁晏 171
《左傳杜注辨證》張聰咸 158
《左傳杜注勘譌》林昌彝 165
《左傳杜注拾遺》阮芝生 154
《左傳杜注摘謬》朱景昭 177

《左傳分國纂畧》盧元昌 305
《左傳紺珠》王武沂、蕭士麟 341
《左傳古本分年考》俞樾 259
《左傳官名考》李調元 201
《左傳紀事本末》高士奇 112
《左傳嘉集》陳貽穀 309
《左傳經世鈔》魏禧 297
《左傳舊疏考正》劉文淇 136
《左傳列國職官》沈淑 194
《左傳評》李文淵 328
《左傳評》王源 316
《左傳器物宮室》沈淑 195
《左傳淺説》皮錫瑞 273
《左傳拾遺》朱元英 312
《左傳事緯》馬驌 110
《左傳釋》金聖嘆 297
《左傳釋地》范士齡 242
《左傳通釋》李惇 153
《左傳統箋》姜希轍 302
《左傳選》儲欣 315
《左傳義法舉要》方苞 322
《左傳約解》劉曾騄 66
《左傳樂府》徐校 337
《左傳札記》錢綺 220
《左傳札記》朱亦棟 50